충북대학교 인문사회 연구총서

0세기말 현대 러시아 문학사

레스뜨로이까'와 '글라스노스찌'

만 N. 쉬나이더만 저 / 김문황 번역

충북대학교 출판부

Russian Literature, 1988~1994
The End of an Era

Norman N. Shneiderman
Translated by Moonhwang Kim

University of Toronto Press, 1995

ISBN 0-674-78204-6

일러두기

* Norman N. Shneiderman의 『Russian Literature, 1988－1994: The End of an Era』에 등장하는 작가명과 작품명 그리고 저자가 강조하며 '영어로 전사한 단어'는 모두 '러시아어'로 바꿔 표기했다.
* 이 책은 1995년 출간되었다. 저자는 도서발행시점을 기준으로 내용을 정리했기 때문에 시간과 관련된 일부 문장의 번역이 다소 어색할 수 있다.
* 역자의 번역시점을 기준으로 할 때 작가들 중 일부는 생존해 있고 일부는 고인이 되었다. 역자는 원서에 없는 그들의 사망연도를 표기했다.
* 러시아어는 오늘날 영어, 중국어, 독일어, 일어, 프랑스어, 스페인어 등 대부분의 외국어를 전사할 때 사용하는 방식과 동일하게, 즉 원어에 가깝게 '소리 나는 대로' 표기했다. 다만 오랫동안 습관적으로 표기했던 모스크바, 우크라이나, 키예프, 볼셰비키, 프라우다, 크렘린, 체카, 옐친 등 일부단어들만 옛 방식으로 표기했다.
* 도서명은 『 』, 신문과 잡지명은 « », 출판사와 통신사명는 < >을, 단어와 문구의 강조는 ' ', 그리고 인용문은 " "을 사용했다.
* 도서명의 원어를 표기할 때 『 』 옆에 괄호를 사용했고, 세미콜론을 사용하여 발행연도를 함께 표기했다.

20세기말 현대 러시아문학사: '뻬레스뜨로이까'와 '글라스노스찌'

저 자 : Norman N. Shneiderman
역 자 : 김 문 황
발 행 처 : 충북대학교 출판부
발 행 인 : 김 수 갑
주 소 : 28644 충북 청주시 서원구 충대로 1(개신동)
전 화 : (043) 261-2952, 3014
팩 스 : (043) 274-1256
이 메 일 : presscbu@chungbuk.ac.kr
등 록 : 제1983-2001-7호
초판1쇄 : 2018.10.22
인 쇄 처 : 다해출판인쇄(02-2266-9247)

* 이 도서는 충북대학교 학술연구지원사업 및 대학인문역량강화사업단의 3차년도(2018년) 사업지원을 받아 발간되었음.

ISBN 978-89-7295-475-0 93890

값 25,000원

RUSSIAN LITERATURE SINCE THE REVOLUTION

목 차

옮긴이의 글 ········· 12

■ **제1장 정치, 문학 그리고 사회** ········· 13

'뻬레스뜨로이까'(Перестройка)와 '글라스노스찌'(Гласность)에 대한 재고 ········· 15
정치와 이데올로기 ········· 19
'작가동맹'(Союз писателей СССР) ········· 29
고르바초프, 옐친 그리고 '인쩰리겐찌야'(Интеллигенция) ········· 40
정기간행물 ········· 47
출판과 문화 ········· 57

■ **제2장 러시아 문단** ········· 65

전반적 상황 ········· 67
지방출신 작가 ········· 81
산문어 ········· 83
여류작가 ········· 85
문학비평 ········· 88
'부커상'(Букер) ········· 92
'사회주의 리얼리즘'(Социалистический реализм) ········· 96

■ **제3장 구세대 작가** ········· 105

빅또르 아스따피예프(Виктор П. Астафьев, 1924~2001) ········· 108

친기스 아이뜨마또프(Чингиз Т. Айтматов, 1928~2008) 113
유리 본다레프(Юрий В. Бондарев, 1924~) 121
바실 브이꼬프(Василь В. Быков, 1924~2003) 128
파질 이스깐제르(Фазиль А. Искандер, 1929~2016) 134

| 그 밖의 작가들 | 136

아나똘리 르이바꼬프(Анатолий Н. Рыбаков, 1911~1998) 136
보리스 모좌예프(Борис А. Можаев, 1923~1996) 138
바실리 벨로프(Василий И. Белов, 1932~2012) 139
뾰뜨르 쁘로스꾸린(Пётр Л. Проскурин, 1928~2001) 139
아나똘리 쁘리스따프낀(Анатолий И. Приставкин, 1931~2008) 140
예브게니 옙뚜쉔꼬(Евгений А. Евтушенко, 1932~2017) 141
유리 다브이도프(Юрий В. Давыдов, 1924~2002) 143
세르게이 잘르이긴(Сергей П. Залыгин, 1913~2000) 143
아나똘리 아나니예프(Анатолий А. Ананьев, 1925~2001) 143
그리고리 바끌라노프(Григорий Я. Бакланов, 1923~2009) 144
세묜 리쁘낀(Семён И. Липкин, 1911~2003) 144
불라뜨 오꾸드좌바(Булат Ш. Окуджава, 1924~1997) 145

■ **제4장 중간세대 작가** 147

블라지미르 마까닌(Владимир С. Маканин, 1937~2017) 150
아나똘리 김(Анатолий А. Ким, 1939~) 158
아나똘리 꾸르차뜨낀(Анатолий Н. Курчаткин, 1944~) 165

류드밀라 뻬뜨루쉡스까야(Людмила С. Петрушевская, 1938~) ········ 170
안드레이 비또프(Андрей Г. Битов, 1937~) ········ 179
빅또리야 또까레바(Виктория С. Токарева, 1937~) ········ 183
블라지미르 끄루삔(Владимир Н. Крупин, 1941~) ········ 186
알렉산드르 쁘로하노프(Александр А. Проханов, 1938~) ········ 188
유리 아락체예프(Юрий С. Аракчеев, 1939~) ········ 192

■ **제5장 '뻬레스뜨로이까' 시절 새롭게 등장한 작가들** ········ 197

1. 사실주의 전통 ········ 200

세르게이 깔레진(Сергей Е. Каледин, 1949~) ········ 200
레오니드 가브이셰프(Леонид А. Габышев, 1952~) ········ 204
올레그 예르마꼬프(Олег Н. Ермаков, 1961~) 그리고 아프가니스탄 전쟁 ········ 206
알렉산드르 쩨레호프 (Александр М. Терехов, 1966~) ········ 215
마리나 빨레이(Марина А. Палей, 1955~) ········ 219
안드레이 마뜨베예프(Андрей А. Матвеев, 1954~) ········ 223
이리나 뽈랸스까야(Ирина Н. Полянская, 1952~2004) ········ 225
알렉산드르 로슬랴꼬프(Александр В. Росляков, 1954~) ········ 228

| 그 밖의 작가들 | ········ 230

류드밀라 울리쯔까야(Людмила Е. Улицкая, 1938~) ········ 230
유리 부이다(Юрий В. Буйда, 1954~) ········ 230

겐나지 골로빈(Геннадий Н. Головин, 1940~2003) ········· 231
올가 노비꼬바(Ольга И. Новикова, 1950~) ········· 232

2. 절충주의 산문 ········· 233

마르끄 하리또노프(Марк С. Харитонов, 1937~) ········· 233
뱌체슬라프 삐에쭈흐(Вячеслав А. Пьецух, 1946~) ········· 238
아나똘리 꼬롤료프(Анатолий В. Королёв, 1946~) ········· 246
알렉산드르 까바꼬프(Александр А. Кабаков, 1943~) ········· 251
마하일 꾸라예프(Михаил Н. Кураев, 1939~) ········· 255
따찌야나 똘스따야(Татьяна Н. Толстая, 1951~) ········· 260
알렉산드르 이반첸꼬(Александр Л. Иванченко, 1954~) ········· 266
빅또르 뻴레빈(Виктор О. Пелевин, 1962~) ········· 268
뾰뜨르 꼬줴브니꼬프(Пётр В. Кожевников, 1953~2012) ········· 270
니꼴라이 야낌추끄(Николай А. Якимчук, 1961~) ········· 273

| 그 밖의 작가들 | ········· 274

알렉산드르 보로드이냐(Александр С. Бородыня, 1957~) ········· 274
알렉세이 슬라뽑스끼(Алексей И. Слаповский, 1957~) ········· 274

3. 포스트모더니즘 산문 ········· 275

빅또르 예로페예프(Виктор В. Ерофеев, 1947~) ········· 285
예브게니 뽀뽀프(Евгений А. Попов, 1946~) ········· 292

블라지미르 소로낀(Владимир Г. Сорокин, 1955~) 295
발레리야 나르비꼬바(Валерия С. Нарбикова, 1958~) 302
니나 사두르(Нина Н. Садур, 1950~) 306
알렉산드르 라브린(Александр П. Лаврин, 1958~) 308
알렉산드르 베르니꼬프(Александр С. Верников, 1962~) 310

| «독창»(Соло)의 작가들 | 312

아나똘리 가브릴로프(Анатолий Н. Гаврилов, 1946~) 313
이고리 끌레흐(Игорь Ю. Клех, 1952~) 315
주파르 가레예프(Зуфар К. Гареев, 1965~) 317
예브게니 라뿌찐(Евгений Б. Лапутин, 1958~2005) 319

■ **제6장 결론** 323

■ **참고문헌** 330

■ **색인** 347

옮긴이의 글

4년 만에 완성한 작업이었다. 저작보다 쉽지 않았다. 번역을 또 다른 창작물이라고 명명했던 19세기 낭만주의 시인 바실리 주꼽스끼의 말이 떠오른다. 캐나다 영어를 구사하는 망명한 러시아인의 파편화된 문체, 가끔 문법에도 맞지 않는 문장과 동사도 없는 긴 문장에서 번역의 실마리를 찾는 데 고통이 따랐다.

청주에 살고 있는 김성일 교수의 권고에 이끌려 작업을 시작했다. 중도에 그를 향한 불만도 많았지만, 마무리 짓는 단계가 되니 감사한 마음이 든다. 6년 전 브라운 교수의 『현대 러시아문학사』 번역을 완성했을 때도 그랬다. 『현대 러시아문학사』는 1917년 10월 혁명부터 1980년대 초반까지의 러시아문학을 다루고 있다. 반면 쉬나이더만 교수의 『20세기말 현대 러시아문학사』는 1980년대 중반부터 1990년대 중반까지 격동기 러시아문학을 다루고 있는데, 주요작가와 작품에 대한 분석 외에 러시아문단의 복합적인 상황도 잘 반영하고 있다. 현대 러시아문학을 이해하는데 큰 도움이 될 것으로 사료된다.

원고를 꼼꼼하게 읽어준 제자 박선영 교수와 김태옥 교수에게 지면을 통해 감사의 마음을 전한다. 그리고 온갖 식물과 동물의 천국이며 한밤중 빛나는 별을 헤아릴 수 있는 아름다운 인경리 전원마을의 이웃인 유문귀님, 홍성호님, 그리고 조경진님의 소박한 응원에도 깊은 감사를 드린다.

2018.08

인경리 전원마을에서

제1장

정치, 문학 그리고 사회

‘뻬레스뜨로이까’와 ‘글라스노스찌’에 대한 재고

미하일 고르바초프(Михаил С. Горбачёв, 1931~)[1]가 권력을 잡은 1985년 봄부터 소련의 붕괴와 공산당의 종말은 사실상 시작되었다. 고르바초프는 권력을 잡자마자 민주주의와 경제회복을 추구하는 ‘뻬레스뜨로이까’(Перестройка) 정책[2]을 선포했는데, 이 정책에는 ‘글라스노스찌’(Гласность)[3]가 포함되어 있었다. 글라스노스찌는 대중의 삶에 ‘공개’와 ‘다원주의’[4]뿐 아니라 어느 정도의 ‘표현의 자유’도 허용하고 있었다.

뻬레스뜨로이까 정책이 실시되면서 처음 2년 동안은 변화가 거의 없었다. 그러나 글라스노스찌가 국민들의 삶과 정기간행물에 어느 정도 영향을 끼치게 되자 소련의 시스템에 균열이 발생하기 시작했다. 1987년부터 1989년 사이에 소련의 정부기관들은 민주화를 추진했다. 이 시기에 ‘다당제’도 소개되었다. 그런데 이런 긍정적인 변화는 경제개혁에 의해 발생한 것이 아니었다. 소련의 계획경제는 이를 대체할 대안이 없는 상태에서 서서히 붕괴되고 있었다. 시장경제를 소개하지 않은 상태에서 발생한 계획경제의 실질적 붕괴는 소련을 경제위기로 몰아넣었다. 국민소득과 생활수준이 급격하게 떨어지고 국민들의 일상에 경제위기가 고조되었을 때에도 고르바초프는 아무런 희망도 없이 단지 그 위기를 바라보고만 있었다. ‘애국심’과 ‘극단적 민족주의’의 부활과 더불어 ‘외국인에 대한 혐오감’이 증폭되면서 소련의 상황은 더욱 악화되었다. 그 결과 소련 내 다양한 공화국에서 분리주의자들과 소수민족들의 분쟁이 발생하기 시작했다.

---

1) 역주 : 고르바초프는 1985~1991년 공산당 서기장을 역임했다.
2) 역주 : 고르바초프가 1985년 4월에 선포한 사회주의 개혁정책.
3) 역주 : ‘공개’, ‘개방’을 뜻하는 러시아어로 신문, 잡지, 방송 등의 미디어에 대한 규제를 완화하고 여론의 소통을 원활하게 하기 위해 뻬레스뜨로이까 정책에 포함된 지침. «프라우다»(Правда), «이즈베스찌야»(Известия), 그리고 <타스 통신>(TACC) 등은 관리들의 부정부패, 사회의 부조리 그리고 정책의 과오 등을 공개 보도했다.
4) 역주 : 개인이나 여러 집단이 기본으로 삼는 원칙이나 목적이 서로 다를 수 있음을 인정하는 태도.

1991년 8월에 발생한 '반(反)고르바초프 쿠데타'는 대부분의 소련 국민들뿐 아니라 고르바초프에게도 지대한 영향을 끼쳤다. 쿠데타 발생 직후 네 달 동안 그는 더 이상 공산당의 서기장도 아니었고, 소련정부의 수반도 아니었다. 대신 쿠데타에서 그를 구출해 낸 러시아연방공화국의 대통령 보리스 옐친(Борис Н. Ельцин, 1931~2007)이 소련의 중요한 기능과 모든 재정을 관리감독하게 되었다.

소련의 해체와 공산주의체제의 붕괴로 인해 과거 소련의 14개 공화국으로 구성된 '독립국가연합'(СНГ, CIS)이 탄생하면서 뻬레스뜨로이까 정책은 뒷전으로 조용히 사라졌다. 뻬레스뜨로이까는 사실상 소련의 신화로 전락하고만 것이다. 그런데 처음부터 이 정책은 큰 문제점을 안고 있었다. 고르바초프는 성공 가능성이 있는 경제개혁에 대한 포부나 미래의 러시아에 대한 분명한 구상을 전혀 가지고 있지 않았던 것이다. 사회주의체제를 포기하거나, 정부조직을 대폭 수정할 생각을 염두에 두지 않았기 때문에, 그는 자신의 경제정책 참모들이 제안한 새로운 정책들을 지속적으로 거부했던 것이다. 처음부터 그는 소련 정부조직의 완전한 해체는 염두에 두지 않았고, 단지 부분적인 개혁만을 원했던 것이다. 1991년 2월 말 벨라루스 지식인들에게 행한 연설에서 고르바초프는 "자신이 공산주의자인 것을 자랑스럽게 여긴다"는 것과 "사회주의 이념을 추종한다"는 것을 당당하게 피력했다. 그는 "오래전부터 품고 있던 이 신념을 죽을 때까지 갖고 있을 것"이라고 주장했다.[5)]

고르바초프는 자신이 소유한 권력을 강화할 목적으로 글라스노스찌를 추진했다. 그는 브레즈네프(Леонид И. Брежнев, 1906~1982)[6)] 시절부터 권력을 차지하고 있는 고령의 정치국 멤버들을 끌어내리고, 그 자리에 자신의 지지자들을 세울 목적으로 글라스노스찌를 이용했던 것이다. 뻬레스뜨로이까 정책이 실시되던 초기에 고르바초프는 대중으로부터 상당한 인기를 누렸다.

---

5) «프라우다», 1991년 3월 1일, 2면.

6) 역주 : 브레즈네프는 1964~1982년 공산당 서기장을 역임했다.

그리고 글라스노스찌는 모든 소련국민들로부터 전폭적인 지지를 받았다. 그러나 얼마 후 우유부단하고 무능한 경제정책으로 말미암아 국민은 그에게서 등을 돌리게 되었다. 심지어 자유주의 사상을 추종하고 있는 지식인들조차 그의 경제정책에 대해 좌절하고 실망하며 등을 돌렸다. 오늘날 과거 공산주의자뿐 아니라 평범한 러시아인 모두가 고르바초프를 '조국과 국민 그리고 공산당을 배신한 자'로 간주하고 있다. 그럼에도 불구하고 이와 다른 관점을 갖고 있는 일부 사람들은 역설적으로 이런 고르바초프의 정치·경제적 과오가 러시아의 새로운 시대를 여는 기폭제가 되었다고 지적한다.

이처럼 글라스노스찌는 뻬레스뜨로이까 정책에서 가장 중요한 핵심역할을 담당했던 것이다. 글라스노스찌는 주민들이 갖고 있는 두려움과 공포심을 서서히 제거했다. 글라스노스찌로 인해 주민들의 사회적 양심이 점차적으로 회복되었고, 공공기관도 점진적으로 탈바꿈하게 되었다. 그리고 글라스노스찌는 과거 볼셰비키들이 저지른 부당한 행위들을 폭로하고 정부기관과 공산당조직의 적법성에 의문을 제기하면서, 소련의 이데올로기 기반을 약화시키는 데 큰 공헌을 했다. 그러나 과거의 만행에만 국한했던 것을 미루어 볼 때, 고르바초프는 표현의 자유가 대중에게 끼치는 영향력을 제대로 이해하지 못한 것이 분명하다. 그는 러시아 사람들이 과거처럼 공산당노선에 복종하거나 복종하는 척하며 충실히 따를 것이라고 믿고 있었다. 글라스노스찌는 주민들에게 보다 나은 삶에 대한 희망과 자유를 제공했으나 그들의 높은 기대는 충족시키지 못했다. 단지 낡은 사회주의의 환상을 떨쳐버리고, 서방세계의 사람들이 누리고 있는 안락한 삶에 대한 희망 – 그러나 평범한 소련 사람들은 결코 이룰 수 없는 희망 – 을 품게 만들었다.

이처럼 고르바초프는 자신의 의도에 의해서가 아니라 단지 우연히 소련 국민들의 운명과 세상의 판도를 바꿔버렸다. 고르바초프가 예상하지 못했던 1989년 11월에 발생한 '베를린장벽붕괴'는 소련뿐 아니라 공산주의 국가들의 해체를 가속화시켰다. 그리고 사회주의 신화를 무너뜨리고 냉전을 종식시키는 역할도 했다. 서방세계에서 고르바초프의 인기도는 급상승했다. 그 결과 그는 1990년 10월 노벨평화상을 수상했다. 그러나 그가 약속했던 개혁을 성공적으로 이행할 능력이 없다는 것을 인식한 소련 내 그의 측근들은 그를 떠나기 시작했다.

1991년에 발생한 고르바초프의 퇴진은 사회주의국가인 소련의 종식을 의미했고, 러시아에서의 진정한 뻬레스뜨로이까 – 시장경제로의 전환 – 를 추진하는 계기가 되었다. 오늘날 과거의 뻬레스뜨로이까와 글라스노스찌에 대해 언급하는 사람은 아무도 없다. 표현의 자유는 국민들의 권리가 아니라 삶의 본질이 되어버렸다. 그러나 심각한 경제난과 불안정한 정치상황이 진행되는 가운데 민주주의 시스템, 완벽한 표현의 자유, 그리고 인권을 보장하는 명확한 법적 장치가 구축되지 않았고, 소수민족에 대한 거짓 증언, 정치권력의 남용 그리고 외국인에 대한 혐오감 등이 확산될 가능성이 존재하고 있었기 때문에 위험요소가 완전히 사라진 것은 아니었다. 이런 극단적인 우려는 1995년 초에 현실로 드러났다. 인내심, 새로운 정신적 각성, 그리고 민주주의에 대한 국민의 요구는 외국인에 대한 혐오감, 극우성향의 증폭, 그리고 과거 공산주의로의 복귀 요구와 더불어 발생했던 것이다.

탱크로 진압한 '1993년 10월 폭동'과 소련 붕괴 이후 처음 치렀던 국회의원 선거에서 보여준 블라지미르 쥐리놉스끼가 이끄는 '자유민주당'의 선전은 러시아가 예측불허의 불안한 상황이라는 것을 방증하는 징표가 되었다. 그리고 반(反)개혁성향의 소비에트최고회의를 강제 해산한 옐친의 일방적인 결정 역시, 이런 문제점들을 근본적으로 해결하지는 못했다. 실업률과 범죄율의 증가 및 인플레이션으로 인해 야기된 생활수준의 급격한 하락과 가난에 충격을 받고 분노한 대중은 다수의 '공산주의자'들과 '자유민주당원'들을 국회의원으로 선출했던 것이다. 자유민주당은 자유주의나 민주주의가 아니라 '민족주의', '팽창주의', 그리고 '네오파시스트'[7] 성향을 강하게 띠고 있는 정당으로 경제개혁에 반대하는 입장을 취하고 있었다. 1994년 초에 새롭게 출범한 국회와 새로 구성된 정부조각을 볼 때, 순조롭게 개혁이 추진될 수 없다는 것이 명확하게 드러났다. 1993년 12월에 국민투표를 거쳐 마련한 러시아의 새 헌법을 국회가 채택한 것만이 당시 러시아 정치에서 찾아볼 수 있는 유일한 긍정적 징표였다. 새 헌법이 채택됨으로써 대통령은 강력한 권력뿐 아니라 국민에게 필요한 민주적 기본 자유를 보장할 의무도 갖게 되었다. 마침내 1977년에 제정한 브레즈네프 헌법이 폐기되면서 소비에트 공산주의 정권은 공식적으로 종말을 고하게 되었다.

그러나 공산주의에서 민주주의로 가는 길은 험난한 가시밭길이었다. 자유를 얻은 주민들은 민주주의 사회와 정치를 근간으로 하는 시장경제시스템의 일부분이 되었다. 그런데 과거 소련시절의 주민들은 민주주의에 대한 이해도 거의 없었고, 타인의 의견에 대한 배려와 인내심도 많지 않았다. 러시아의 새로운 상황에 대처할 수 있는 극히 일부 주민들을 제외한 거의 모든 사람은 과거 소련의 생활양식과 심리적으로 긴밀하게 연결되어 있었다. 당시 그들은 자본주의체제의 경쟁적 환경이 요구하는 기술을 갖고 있지 않았고, 정부에서 무상으로 제공하는 지원금에만 의존하는 사람들이었다. 그들이 개인적 자유의 진정한 가치를 이해하고 자신들의 인생관을 바꾸는 데, 비록 한 세대는 아닐지라도 수년은 족히 걸릴 것이다. 사실상 소비에트시대는 막을 내렸다. 그러나 만만치 않은 과거와의 결별을 시도하는 과정 속에 소련의 잔재는 여전히 남아있는 것이다.

정치와 이데올로기

소련시절 문학과 정치는 본질적으로 상호 긴밀하게 연결되어 있었다. 소련당국은 문화 사업을 지원했고, 예술과 문학은 공산당의 정치적 이데올로기 목표를 홍보하는 역할을 담당했던 것이다. 그런데 뻬레스뜨로이까와 글라스

7) 역주 : 배타적 민족주의와 일당 독재를 주장하는 신흥 우익 집단.

노스찌가 이미 정착된 정부기관의 방식을 동요시키면서, 과거 소비에트의 사회문화기관들이 행했던 방식을 점진적으로 파괴하기 시작했다. '소비에트 작가동맹'(Союз писателей СССР), '문학 업무담당기관', 그리고 '작가집단'도 예외는 아니었다.

1960년대 말부터 획일적인 이데올로기로 무장된 작가단체에서 불협화음이 표출되기 시작했다. 19세기 러시아의 '대지주의'(大地主義)[8]와 '슬라브주의'[9]를 지지하는 자들이 '근대화', '자유사상', '세계시민주의'[10] 그리고 '서구의 가치'를 신봉하는 자들과 치열한 전투를 벌이고 있었다. 그리고 1970년대부터 1980년대 초까지 표도르 아브라모프(Фёдор А. Абрамов, 1920~1983), 바실리 벨로프(Василий И. Белов, 1932~2012), 그리고 발렌찐 라스뿌찐(Валентин Г. Распутин, 1937~2015) 등과 같은 '농촌작가'들이 농촌의 도시화와 서구문명의 진보된 기술의 농촌유입에 대항한 투쟁을 벌이고 있었다. 그들은 도시화와 서구문명의 유입이 러시아 농촌을 파괴하고, 러시아의 뿌리와 연관이 있는 영적·도덕적 가치를 소멸시키는 것이라고 주장했다. 그들은 조국과 민족을 연계한 자연의 본질을 근본으로 하는 철학적 삶의 개념을 선언했다. 이 개념은 민족의 도덕성과 직결되어 있는 '러시아의 대지'만이 영적 침체기로부터 러시아를 구원해 낼 수 있다는 주장을 담고 있다.

이런 이념적인 불화는 1980년대 말에 이르러 정치적 양상을 띠게 되었고, '신(新) 슬라브주의' 지지자들은 작가동맹의 권력을 장악하기 위해 '보수민족주의자'로 변모했다. '자유주의자'들과 '보수민족주의자'들은 작가공동체에서 공

---

8) 역주 : '대지주의'(почвенничество) : '러시아의 대지'로 돌아가야 한다는 주장. '서구주의자'에 대항했던 '슬라브주의자'의 주장과 유사하다.

9) 역주 : '슬라브주의'(славянофильство) : 뾰뜨르 대제 개혁 이전의 러시아 사회는 러시아정교와 농촌공동체인 '미르'(мир)를 근간으로 하여 도덕성이 보존되고 있었다는 주장. 즉 슬라브주의자들은 하나님의 뜻에 부합하는 러시아정교와 개인주의를 거부하는 '미르'를 통해 19세기 러시아 사회의 도덕성을 회복할 수 있다고 주장한다.

10) 역주 : '세계시민주의'(cosmopolitanism)는 현존하는 모든 국가가 해소(解消)되거나 개혁되면서 국가 간의 대립과 전쟁이 사라지고 유일한 세계연방이 실현되면서 모든 인류가 세계연방의 시민이 되는 것을 추구하는 주의를 일컫는다.

개적인 균열이 발생할 정도로 극단적인 투쟁을 벌였다. 과거 문학 토론에서 행해졌던 이데올로기 분쟁은 급기야 인신공격과 정치적 비난으로 비화되었다. 따라서 그들의 논쟁은 더 이상 문학과 철학에 관한 것이 아니었다. 그들의 논쟁은 정치적인 것으로 변질된 것이다.

소련이 해체되고 공산당의 통제와 검열이 완전히 제거됨으로써 지식인들의 폭넓은 정치적 견해가 수면 위로 떠올랐다. 그리고 온건한 자유주의자들과 극단적 보수민족주의자 사이에서의 갈등이 새로운 정치이슈로 부각되었다. 자유주의자들은 '표현의 자유', '민주적 개혁' 그리고 '시장경제로의 전환'을 지지한 반면, 스스로를 애국자라고 주장하는 보수민족주의자들은 '옐친정부 타도'와 '새로운 정권창출'을 외쳤다. 후자의 지도자들 가운데 한 사람인, 작가이자 주간신문 «일(日)»(День)의 편집장 알렉산드르 쁘로하노프(Александр А. Проханов, 1938~)는 다음과 같이 주장했다. "만일 파시즘이 위대한 러시아를 건립하는 데 필요한 비용이라면... 당연히 파시즘을 수용해야 한다... 우리는 러시아의 미래를 위해 기꺼이 내전을 치를 것이다."[11]

보수민족주의 운동은 과거 범슬라브주의 사상을 초월하는 러시아정교와 긴밀히 연결되어 있다. 알렉산드르 솔제니친(Александр И. Солженицын, 1918~2008)은 1990년 자신이 쓴 글 – "우리는 러시아를 어떻게 건설해야 하는가?"(Как нам обустроить Россию) –에서 소련의 모든 공화국이 자신의 운명을 스스로 결정하여 참여하는 '슬라브 연방'의 설립을 주장했다.[12] 그러나 농촌작가인 바실리 벨로프는 범슬라브주의를 종교적 관점에서 이해했다. 즉 슬라브족을 '정교회 슬라브족'과 '가톨릭 슬라브족'으로 분리했던 것이다. 그는 1992년 5월 22~23일 모스크바와 보로네슈에서 개최된 '슬라브문화 국제회의'에서 다음과 같이 주장했다. "슬라브족은 정교회를 수호하는 가장 중요한 민족에 속한다. 이 때문에 슬라브족은 유럽과 아메리카 대륙의 많은

11) «문학신문»(Литературная газета), 1992년 7월 8일, 4면.
12) Ibid., 1990년 9월 18일, 3~6면.

국가들로부터 미움을 받고 있다." 그는 '우크라이나 민족운동'[13]을 반(反) 러시아 선전·선동에 눈이 멀어 발생한 것으로 간주하고 이를 비난했다. 그리고 그는 러시아정부가 과거 유고슬라비아에서 내전이 발생했을 때 세르비아를 지지하지 않은 것도 질책했다. "도대체 왜 세르비아를 돕지 않았습니까? 크로아티아를 제대로만 알았다면, 세르비아를 도와 크로아티아에게 타격을 주었을 것입니다. 모든 사람들은 크로아티아가 정교회와 싸우고 있는 가톨릭 국가라는 것을 잘 알고 있습니다."

보수민족주의 그룹에 속하는 작가들은 극단적이고 광신적인 애국주의와 민족주의 색채뿐만 아니라, 파시즘 색채도 띠고 있었다. 게다가 그들은 소련시절의 특권계급, 군대 그리고 KGB와도 동맹관계를 형성하고 있었다. 1990년 3월 일부 보수민족주의 작가들은 소련과 러시아연방공화국의 '공산당 중앙위원회'와 '소비에트최고회의' 앞으로 보내는 소위 '74인의 서한'을 전달했다. 당시 유명세를 타고 있던 뾰뜨르 쁘로스꾸린(Пётр Л. Проскурин, 1928~2001), 레오니드 레오노프(Леонид М. Леонов, 1899~1994), 발렌찐 라스뿌찐(Валентин Г. Распутин, 1937~2015), 알렉산드르 쁘로하노프(Александр А. Проханов, 1938~), 블라지미르 끄루삔(Владимир Н. Крупин, 1941~), 마이야 가니나(Майя А. Ганина, 1927~2005), 그리고 스따니슬라프 꾸냐예프(Станислав Ю. Куняев, 1932~)를 포함한 74인의 작가들이 이 서한에 서명했다. 그들은 새로운 러시아 파시즘이 형성되고 있다는 허황된 주장에 의해 강화되고 있는 '러시아 혐오증'[14] 현상을 불식시켜 줄 것을 당국에 요청한 것이다. 그리고 그들은 역설적으로 러시아에서 발생하고 있는 이 모든 불행의

---

13) 역주 : '우크라이나 민족운동'(Народний Рух України). 고르바초프의 '글라스노스찌' 정책으로 인해 1989년에 발생한 우크라이나 재건을 위한 시민정치운동. 이 운동은 '우크라이나 작가동맹'이 주도했고, 1989년 2월 16일 신문 «우크라이나 문학»(Літературна Україна)에 이 운동에 관한 프로그램이 발표되었다. 첫 회의는 1989년 9월 키예프에서 개최됐고, 시인이자 극작가인 이반 드라치(Иван Драч)가 초대회장으로 선출됐다.

14) 역주 : '러시아 혐오증'(Russophobia)은 러시아, 러시아인 그리고 러시아문화에 대한 부정적인 생각, 혐오감, 공포감, 조롱 혹은 편견 등을 일컫는다.

주범은 다름 아닌 '시온주의자'[15]라고 주장했다. 그리고 자유주의자들이 파시즘을 들먹이는 것은 자신들이 신속하게 우위를 점하기 위한 것이고, 그 내막에는 '시오니즘'[16]을 퍼뜨리려는 불순한 의도가 담겨있다는 것이다.[17] 즉 보수민족주의자들은 파시즘을 들먹이는 범죄자들을 확실히 밝혀내고 그들을 정죄해야 된다는 논리를 명확하게 전개한 것이다. 그런데 범죄자를 찾아내서 정죄하는 것이 당시 러시아에서 발생하고 있는 문제점을 해결하는 데 전혀 도움이 되지 않는다는 것을 보수민족주의자들은 인식하지 못하고 있었다. 그 결과 '74인의 편지'에 서명한 작가들은 소위 '4월 위원회'(Апрель комитет)에 소속된 자유주의 작가들의 반박에 직면하게 된다. 예브게니 옙뚜쉔꼬(Евгений Е. Евтушенко, 1932~2017), 아나똘리 쁘리스따프낀(Анатолий И. Приставкин, 1931~2008), 블라지미르 소꼴로프(Владимир Н. Соколов, 1928~1997), 유리 체르니첸꼬(Юрий Д. Черниченко, 1929~2010) 그리고 미하일 샤뜨로프(Михаил Ф. Шатров, 1932~2010)는 공개서한을 통해 광신적인 애국주의가 보수민족주의자들에게 특권을 부여하는 수단으로 사용되고 있다고 반박했다. 공개서한의 주장은 조심스레 감추어진 보수민족주의자들의 재능결핍을 공개적으로 드러내는 시도이거나, 타락하기 시작한 보수민족주의자들의 재능을 폭로하는 시도였다. 즉 보수민족주의자들이 기발했으나 성공하지 못한 독선적인 자신들의 주장을 피해망상증으로 대체하며 스스로의 열등감을 표출했다는 것이다.[18] 그리고 공개서한에는 당시 90세가 넘은 고령의 작가 레오니드 레오노프가 '74인의 서한'에 서명을 강요당했다는 사실도 분명히 지적하며, 실망을 금치 못했다는 내용도 담겨 있다.

---

15) 역주 : 유대 민족주의자.

16) 역주 : 19세기 후반 러시아와 유럽을 휩쓸었던 '반(反)유대주의'(anti-Semitism)를 계기로 '시온'(팔레스타인) 땅에 유대 민족국가를 건설하려는 운동.

17) «문학신문», 1990년 3월 2일, 3면.

18) Ibid., 1990년 3월 7일, 2면.

역사의 수레바퀴를 거꾸로 돌려 소련에서 개혁의 흐름을 정지시키려고 애쓰는 '작가동맹' 소속의 극단적 민족주의자들의 의도는 '1991년 8월 쿠데타'가 실패한 후에 명확하게 드러났다. 일간지 «소비에트 러시아»(Советская Россия) 1991년 7월 23일자 1면에 '국민들에게 고하는 글'(Слово к народу)이라는 제목의 호소문이 실렸다. 이 호소문에 서명한 인사는 12명이다. 작가인 발렌찐 라스뿌찐, 알렉산드르 쁘로하노프 그리고 유리 본다레프(Юрий В. Бондарев, 1924~), 아프가니스탄 전쟁에 참여했던 발렌찐 바렌니꼬프(Валентин И. Варенников, 1923~2009) 장군과 보리스 그로모프(Борис В. Громов, 1943~2012) 장군, 그리고 몇몇 공산당 고위층 인사들. 그들은 소련국민에게 소련을 점령하고 파괴하려는 자들로부터 조국을 수호할 것을 공개적으로 촉구했다. 소련의 힘을 강화시키고 조국을 수호하기 위해 민족애국운동을 전개할 것을 강력하게 촉구했던 것이다.[19] 작가동맹에 소속된 몇몇 주요 인사들이 이 음모에 가담했다는 것이 1991년 8월 쿠데타가 실패한 직후 밝혀졌고, 그들이 고르바초프 정권을 전복시키고 권력을 잡기 위한 이데올로기의 이론적 근거를 마련하는 데 깊게 관여했다는 것도 드러났다.

실패한 '1991년 8월 쿠데타'는 역사의 뒤안길로 사라졌으나 러시아 지식인들의 삶속에 존재하고 있는 적대적 세력은 국민의 마음을 사로잡기 위해 계속해서 투쟁을 벌이고 있었다. 글라스노스찌에 의해 촉발된 다원주의는 상호비방, 폭언 그리고 폭력으로 변질되었는데, 이런 현상은 사실상 쿠데타가 일어나기 훨씬 이전부터 존재했다. 민족주의 성향을 띠고 있는 '반(反)유대주의협회'인 '기억'(Память) 출신의 폭력배들이 1990년 1월 18일 모스크바 중앙작가클럽에서 열린 '4월 위원회'의 공개회의를 방해하기 위해 폭력을 행사했다.[20] 회의에 참석했던 일부 사람들이 그들이 휘두른 폭력에 의해 중상을 당했음에도 불구하고, 처음에 수사를 담당했던 경찰은 이 사건을 사고로

---

19) «소비에트 러시아»(Советская Россия), 1991년 7월 23일, 1면.
20) «문학신문», 1990년 1월 24일, 2면.

처리하지 않았다. 그러나 결국 정의가 승리하면서 폭력을 주동했던 자들은 재판에 회부되었다.

정치적 성향을 띠고 있는 이데올로기 투쟁은 이전보다 더욱 강렬하게 전개되었다. 자유주의자들은 경제개혁과 정치개혁, 그리고 서구 민주주의 방식으로의 전환을 지속적으로 지지하는 반면, 애국성향의 보수민족주의자들은 자신들의 목표를 두 방향 – 정치와 이데올로기 – 으로 설정하고 이를 적극 추진했다. 그들의 정치적 주요 목표는 '옐친과 그의 정부를 타도'하는 것이었다. 당시 그들은 옐친 정부를 전환기의 임시정부로, 옐친의 권력을 단순한 직무상 권력으로만 간주했다. 그들은 소련의 특권계급, 과거 공산당의 주요 인사들, 러시아의 광신적 애국민족주의자들, 군대의 장성들 그리고 KGB의 주요 인사들과 동맹을 맺었다. 이 동맹은 소비에트최고회의를 완전히 장악했다.[21] 그 결과 그들은 새로 구성한 러시아 국회에서 자신들의 영향력을 행사하며 민주주의 개혁과정을 방해할 수 있게 되었다. 알렉산드르 쁘로하노프에 의하면, 상당히 잘 조직된 그들은 사기가 저하되면서 와해되고 있는 민주주의자들로부터 권력을 이양받을 준비를 미리 하고 있었다는 것이다.[22] 그들의 목표는 강력한 러시아와 보편적 사회제도가 보장된 러시아의 미래를 건설하는 것이었다. 그리고 주요 경제를 국가가 직접 소유하고 통제하는 국가의 건설이었다.[23]

보수민족주의자들의 이데올로기는 15세기말 모스크바가 지구상에 남은 유일한 기독교성지라고 주장하는 '모스크바 제3로마설'(Москва – третий Рим)[24]에 근거를 두고 있다. 보수민족주의 이론가들은 러시아가 박해와 고통을 당하고

---

21) 역주 : 소비에트최고회의는 1993년 10월에 해산됨.

22) "우리는 권력을 이양 받을 준비가 되었다." «일»(День), 1992년 6월 28일~7월 4일, 2면. (역주 : 알렉산드르 쁘로하노프는 «일»의 편집장이다.)

23) 알렉산드르 로마쇼프(Александр Ромашов), '러시아 벡터'(Русский вектор), «일»(День), 1992년 6월 21일~27일, 4면.

24) 역주 : 16세기 초 쁘스꼬프 소재 '옐레자로프 수도원'(Елезаровский монастырь)의 수도사 필로페이(Филофей, ?~1540)가 주장했다. 제1로마와 제2로마(동로마제국의 수도 콘스탄티노플)는 자신들의 죄로 인해 이단화되어 기독교 세계의 중심지 역할을 감당할 수 없게 되었고, 대신 제3로마인 모스크바가 그 중심지 역할을 담당하게 된다는 가설.

있는 인류를 구원할 메시아로 선택되었다고 주장한다. 그리고 위대한 영혼을 소유하고 있는 러시아인들은 다른 나라 사람들에게 고통을 줄 수도 있고 그들을 구원할 수도 있는 특별한 영성을 갖고 있다고 주장한다.[25] 이런 민족적이며 배타적인 이데올로기는 반(反)서구, 반(反)가톨릭 성향을 강하게 띠고 있다. 보수민족주의자들은 서구사회가 인류의 구원을 위한 필수적인 영적 기반이 결여되어 있고, 개인주의, 무신론, 가톨릭주의가 만연하고 있기 때문에 인류에게 필요한 지침을 제공할 능력이 없다는 견해를 피력했다. 따라서 인류의 구원을 위한 영적 기반은 오직 고대러시아와 비잔틴 문화유산에서만 찾을 수 있다는 것이다.[26]

오늘날 러시아제국주의 야망과 결합되어 있는 영적 우월성에 대한 러시아인들의 사고는 지정학적 맥락에서 볼 때 '유라시아주의'(Евразийство)[27]의 개념과 혼재되어 있다. 19세기와 20세기 초에 전개되기 시작하여 일부 망명러시아 지식인들에 의해 확립된 유라시아주의는 러시아의 미래가 유럽과 아시아의 교차로라는 지정학적 위치에 의해 결정될 것이라는 가정 하에서 발생했다. 뿐만 아니라 러시아는 서구에 적대감을 갖고 있는 이슬람국가와의 동맹이 상호이익에 상당히 부합할 것이라고 생각했다. 오늘날 러시아 애국민족주의자들의 유라시아주의에 대한 견해는 둘로 나누어져 있다. 첫 번째 그룹은 순수한 슬라브족으로 한정해야 한다는 러시아의 명확한 선언과 러시아의 역사적 사명을 강조하고 있다. 반면에 두 번째 그룹은 이슬람 근본주의자들을 동맹으로 간주하고 있다. 왜냐하면 이슬람 근본주의자들이 반(反)물질주의에 동조하고 있으며, 고리대금업과 자유경제제도에 적대적이기 때문이라는 것이다. 그들은 미국뿐 아니라 미국의 이미지와 깊은 연관이 있는

---

25) Ibid., '단일화된 세상의 인력'(Притяжение единного мира), «일»(День), 1992년 6월 21일~27일, 4면.

26) 미하일 안또노프(Михаил Антонов). '명백하게 밝힙시다.'(Давайте внесём ясность), «러시아 통보»(Русский вестник) 23/56 (1992년 6월 17일~24일), 4면.

27) 역주 : 슬라브 문화의 독자성과 서구 문화에 대한 우월성을 주장하는 신비주의 사상.

자유민주주의적, 세계시민주의적, 반(反)영적, 그리고 반(反)종교적 제도를 러시아와 이슬람국가의 지정학적 주적(主敵)으로 간주했던 것이다. 그리고 미국의 반(反)종교적인 프리메이슨 운동이 적(敵)그리스도의 개념과 일치한다고 주장한다.[28] 더 나아가 그들은 자본주의 본질이 생산의 경제적 유형이나 무역거래 형태에 의해 결정되지 않는다고 주장한다. 자본주의가 프로테스탄티즘의 부산물이기 때문에, 미국의 자유경제제도는 대부분의 유럽 국가들뿐만 아니라 모든 이슬람국가의 영적, 종교적 정신자세와 모순이 된다는 것이다.[29] 알렉산드르 쁘로하노프가 주관하는 주간신문 «일»에 의해 왜곡된 형태로 제기된 '수정 유라시아주의의 이념'은 소련이 더 이상 존재하지 않다는 것과 소련 내 공화국들이 독립했다는 사실을 결코 수용할 수 없는 러시아 극우정치인들이 품고 있던 제국주의 야망을 위장하기 위한 속임수였던 것이다.

경제개발과 현대화를 가장한 채 정적에 대한 보복정책을 전파하며 파시즘의 요소와 새롭게 부각되고 있는 러시아 산업경제 엘리트[30]들의 이익을 결합시키려 애쓰고 있는 자들이 주장하고 있는 이념들이 오늘날 발생하고 있는 현상들 중 가장 위험한 것이라고 말할 수 있다. 이처럼 파시즘으로 무장하고 새롭게 등장한 범법자들이 국가의 경제하부구조에 침투하여 권력을 잡으려는 시도를 하고 있는 것이다.

러시아정교회는 과거 정권과 타협을 했기 때문에 소련의 도그마인 '마르크스-레닌이즘'의 종식으로 인해 단기적으로 발생한 이념과 종교의 공동화 현상을 메울 수가 없었다. 그 결과 러시아 민족이념이 대중으로부터 지지를 받게 되었다. 심지어 자유주의 성향의 작가들과 정치인들조차 러시아 민족이념을 지지했던 것이다. 오늘날 지식인계급에서 폭넓게 사용되고 있는 '러시아성(性)'

---

28) 알렉산드르 두긴(Александр Дугин), '이슬람과 애국심'(Ислам и патриотизм), «일»(День), 1992년 6월 28일~7월 4일, 4면.

29) Ibid.

30) 다음 자료를 참조. 안드레이 노비꼬프(Андрей Новиков), '엔지니어 꾸르기냔의 쌍곡선'(Гиперболоид инженера Кургиняна), «문학신문», 1993년 12월 15일, 11면.

(русскость)이라는 단어의 새로운 의미가 '소비에트성(性)'(советскость)이라는 과거의 개념을 대체하고 있는 것을 발견할 수 있다. '러시아성'이라는 단어는 러시아인들이 이념의 부재로 인해 발생한 허탈감 속에서 느끼고 있는 열등감을 제거해줄 뿐 아니라, 자신들에게 정체성을 부여하는 역할도 하고 있다. 그러나 정치적 성향을 띠고 있는 러시아 민족이념은 특히 러시아연방에 거주하고 있는 다양한 소수민족에게 위험한 결과를 초래할 가능성이 존재하고 있다.

작가 공동체 가운데 일부 보수적인 부류들은 극단적인 민족이념을 조장하는 데 중대한 역할을 하고 있다. 발렌찐 라스뿌찐(Валентин Г. Распутин, 1937~2015), 블라지미르 끄루삔(Владимир Н. Крупин, 1941~), 블라지미르 리추찐(Владимир В. Личутин, 1940~), 블라지미르 구세프(Владимир И. Гусев, 1937~), 그리고 스따니슬라프 꾸냐예프(Станислав Ю. Куняев, 1932~)와 같은 저명한 작가들은 최근까지 소위 러시아 애국민족 저항운동의 이념적 역할을 감당하는 «일»의 편집위원을 역임하고 있었다. 무슬림 작가인 터키계 우즈베크인 띠무르 뿔라또프(Тимур И. Пулатов, 1939~)는 최근에 유라시아주의를 도모하고 있는 캠프에 합류했다. 그리고 그는 러시아정교회와 이슬람교회가 연합하여 악마 집단인 가톨릭교회와 시오니즘에 대항한 공동투쟁을 전개할 것을 요구했다.[31] 발렌찐 라스뿌찐과 같은 훌륭한 작가들이 자신들의 소명을 포기하고, 문학 창작활동에서 벗어나 정치와 이념투쟁으로 선회했다는 것은 불행한 일이다. 그들은 얼마 지나지 않아 세인들의 기억에서 사라질 사회평론이나 정치평론에 자신들의 재능을 낭비하고 있는 것이다.

오늘날 민주주의를 지지하는 자들과 보수주의 캠프 사이에서 발생하고 있는 정치투쟁은 과거와 마찬가지로 치열하게 전개되고 있다. 불법이 된 공산당은 다시 합법화가 되었고, 과거 소련공산당의 몇몇 주요 인사들은 '사람과 함께하는 사회주의 개념'을 '신과 함께하는 공산주의 개념'으로 대체해야한다고 주장

---

31) «모스크바 소식»(Московские новости), 1992년 6월 7일, 22면.

하고 있다. 그들이 제안하고 있는 공산주의와 종교의 융합은 터무니없는 것일지도 모른다. 그러나 이런 현상은 오늘날 지식인들의 사고의 위기와 당혹스런 사회상을 반영하고 있는 것이다.

'작가동맹'

과거 '소비에트작가동맹'(Союз писателей СССР)은 인류의 운명과 러시아의 운명에 대해 다양한 견해를 가진 지식인과 정치인 그룹 사이에서 발생하는 대립과 갈등을 잘 반영하는 소련의 중요한 전문기관이었다. 최근 작가동맹에서 벌어지고 있는 상황은, 얼마 전까지 만해도 소비에트와 러시아의 문화발전기반을 형성하고 있었던 사회기관들과 전문기관들이 붕괴되는 과정을 반영하고 있다.

1986년 6월에 개최된 '제8차 소비에트작가동맹회의'는 비교적 평화롭게 진행되었고, 공공연한 투쟁보다 양보를 통해 작가동맹의 리더십 교체가 이루어졌다.[32] 그럼에도 불구하고 소련공산당에서 활동하고 있는 고령의 문학관료들은 작가동맹뿐 아니라 작가동맹의 재정과 재원을 책임지고 있는 정부산하기관 '문학재단'(Литфонд)[33]을 지속적으로 관리 감독하고 있었다. 그런데 고르바초프 집권말기에 발생했던 정치적 혼란의 가속화는 작가동맹의 상황에도 큰 영향을 끼치게 되었다. 작가들 사이에서 발생한 이념적 갈등은 작가동맹의 재정을 장악하기 위한 공개적인 투쟁으로 변질되었고, 작가동맹 내의 다양한 분파들은 권력과 감독권을 장악하기 위한 투쟁을 전개하게 되었다.

1989년 3월 뻬레스뜨로이까를 지지하는 작가들이 새롭게 결성한 '4월 위원회'(Апрель комитет)가 결의안과 성명서를 선포하면서 작가동맹의

32) '작가동맹'의 역사에 대한 보다 자세한 내용은 다음 책을 참조하라. John and Carol Garrard, *Inside the Soviet Writers' Union* (New York, 1990).

33) 역주 : Литфонд(Литературный фонд) 문학과 관련된 재정을 담당하는 소련정부 산하기관.

분열은 가속화되기 시작했다. 이 위원회에는 알레스 아다모비치(Алесь М. Адамович, 1927~1994), 불라뜨 오꾸드좌바(Булат Ш. Окуджава, 1924~1997), 아나똘리 르이바꼬프(Анатолий Н. Рыбаков, 1911~1998), 뱌체슬라프 꼰드라찌예프(Вячеслав Л. Кондратьев, 1920~1993), 세르게이 깔레진(Сергей Е. Каледин, 1949~), 그리고 블라지미르 두진쩨프(Владимир Д. Дудинцев, 1918~1998) 등과 같은 저명한 작가들과 시인들이 대거 포함되어 있었다. 1989년 3월 10일 모스크바에서 개최된 4월 위원회 창립총회에서 초대의장으로 선출된 아나똘리 쁘리스따프낀(Анатолий И. Приставкин, 1931~2008)은 글라스노스찌와 뻬레스뜨로이까 정신을 지지하며, 작가동맹 관료체계의 민주화를 거부하고 있는 보수성향의 작가동맹 지도자들을 맹비난했다. 그는 과거 소련의 작가들을 억압하고 숙청하는 데 작가동맹이 어떤 역할을 했는지 이를 밝히라고 촉구했다. 4월 위원회에서 채택한 결의안에는 작가동맹이 문학 분야에서 뻬레스뜨로이까를 실천할 준비가 되어있지 않다는 내용이 명기되었다. 그리고 박탈당한 솔제니친의 작가동맹 멤버십을 복원시킬 것과 소련에서 그의 작품을 발행할 것을 촉구하는 내용도 포함되었다.[34]

1989년 5월 10일 네덜란드의 마스트리히트에서 개최된 '제53차 국제펜클럽 회의'에서 '소비에트펜클럽지부' 설립에 관한 결의문이 채택되었다. 소련당국이 작가들과 지식인들을 박해한다는 이유로 과거 국제펜클럽은 소련을 배제했고, 이에 반발한 소련정부는 국제펜클럽을 반(反)소비에트 기관으로 간주했다. 제53차 국제펜클럽회의에 참석한 아나똘리 르이바꼬프는 러시아의 훌륭한 작가들이 소비에트펜클럽지부에 가입할 것이라고 장담했다. 그러나 안드레이 비또프(Андрей Г. Битов, 1937~)는 소련당국이 소비에트펜클럽지부에 압력을 넣거나 지부를 직접 인수하여 영향력을 행사할 수도 있다고 경고했다.[35] 작가동맹의 공식적인 행정절차를 거치지 않고 모스크바에 소비에트펜클럽

34) «4월»(Апрель), 1989년, 1호, 9~15쪽.
35) *The New York Times*, 1985년 5월 11일, 22면.

지부가 설치되었다는 것은 고령의 모스크바 문학 관료에 대항한 내부반란의 적극적인 표출이라고 볼 수 있다.

당시 자유주의 작가들은 레닌그라드작가동맹 지부를 통제하고 있었다. 그런데 자유주의 작가들에 대항하기 위해 보수민족주의 작가 25인이 레닌그라드에 '연합(Содружество)협회'를 결성했다. 1989년 11월에 개최된 '제6차 러시아연방공화국 작가동맹위원회'에 참석한 연합협회 대표단은 연합협회를 작가동맹에 소속된 개별단체로 인정해 달라고 요청하고, 문학잡지 «레닌그라드»를 연합협회의 공식잡지로 지정해 달라는 요구도 했다. 이에 대해 작가동맹위원회는 아무런 반대도 하지 않고 그들의 요구를 승인했다.[36] 그리고 문학잡지 «10월»(Октябрь)의 편집장 아나똘리 아나니예프(Анатолий А. Ананьев, 1925~2001)를 해임하고 블라지미르 리추찐(Владимир В. Личутин, 1940~)을 새 편집장으로 임명했다. 작가동맹위원회는 아나똘리 아나니예프가 안드레이 시냡스끼(Андрей Д. Синявский, 1925~1997)의 『뿌쉬낀과의 산책』(Прогулки с Пушкиным; 1976)에서 다루고 있는 '뿌쉬낀에 관한 회상을 헐뜯었다는 점'과, 바실리 그로스만(Василий С. Гроссман, 1905~1964)의 소설 『계속해서 흐른다』(Всё течёт)를 1989년에 발행하여 '러시아 혐오증을 유포했다는 점'을 지적하며 그를 비난했다. 그러나 아나똘리 아나니예프는 위원회의 결정을 무시했고, 편집장 사임도 거부했다.

4월 위원회의 압력인지 혹은 그 당시 소련에 만연한 전반적인 분위기의 영향인지 정확히 알 수 없으나, 작가동맹위원회는 얼마 후 솔제니친을 작가동맹에서 축출한다는 내용을 담고 있는 '1969년 러시아연방작가동맹 결의안'을 폐기했다. 그리고 작가동맹위원회는 소비에트최고회의 위원을 맡고 있는 작가들에게 솔제니친의 시민권 박탈과 국외추방 등의 내용을 담고 있는 '1974년 2월 12일 결의안'을 폐지하는 탄원서를 소비에트최고회의에 제출할 것을

---

36) «문학신문», 1989년 11월 22일, 7면.

요청했다. 그로부터 1년 정도 지난 후, 솔제니친, 바실리 악쇼노프 (Василий П. Аксёнов, 1932~2009), 게오르기 블라지모프(Георгий Н. Владимов, 1931~2003), 그리고 블라지미르 보이노비치(Владимир Н. Войнович, 1932~) 등을 포함한 과거 추방되거나 희생되었던 작가 23명의 시민권이 회권되었다.[37]

작가들 사이에서 증폭되고 있는 정치양극화현상은 정치활동에 연루되는 것과 이데올로기 격론에 참여하는 것을 거부하는 일부 작가들을 소원하게 만들었다. 그 결과 1990년 6월 빅또르 아스따피예프(Виктор П. Астафьев, 1924~2001), 빅또리야 또까레바(Виктория С. Токарева, 1937~), 뱌체슬라프 슈가예프(Вячеслав М. Шугаев, 1938~1997), 아나똘리 김(Анатолий А. Ким, 1939~), 그리고 유리 르이뜨헤우(Юрий С. Рытхэу, 1930~2008) 등을 포함한 일부 작가들이 '독립작가동맹'의 설립을 선언했다. 그들은 정치성향을 띤 다양한 작가협회들이 작가들에게 긴장감, 적대감 그리고 반목을 야기하며, 뻬레스뜨로이까 정신에 위배되는 물질적 이익을 추구하는 개인적 야망과 감춰진 욕망에 의해 양극화가 진행되고 있다고 비판했다.[38] 그들은 문학의 순수한 목적과 조화로운 삶의 발전을 도모하기 위해 '독립작가동맹'을 탄생시켰다고 주장한다. 그리고 1989년 말 '여류작가연맹'이 소비에트작가동맹 소속으로 새롭게 결성되었다. 그러나 이 연맹은 서방세계의 여류작가협회와는 다소 거리가 있다. 이 연맹에서 채택한 결의문에는 성차별에 대한 언급이나 여성의 평등권 요구에 대한 내용이 결여되어 있다.[39]

모스크바 작가조직의 붕괴는 1990년 말에 개최된 총회에서 사실상 시작되었다. 모스크바의 가장 유명한 자유주의 성향 작가들을 포함해서 회원의 75% 이상이 총회참석을 거부했던 것이다. 새로 당선된 회장 블라지미르 구세프(Владимир И. Гусев, 1937~)는 회장출마연설에서 자신은 특별한

37) Ibid., 1989년 7월 5일, 1면. 그리고 1990년 8월 22일, 1면.

38) Ibid., 1990년 6월 6일, 7면.

39) Ibid., 1990년 1월 10일, 7면.

행정재능이나 야망이 전혀 없고 오로지 타고난 '정직한 성품'만을 갖고 있다고 주장했다. 그러나 선출된 직후 그는 작가사회에서 가장 강력한 보수 세력의 지지자가 되었다.[40)]

1990년 12월에 개최된 '제7차 러시아연방작가동맹회의'에 러시아 작가들이 대거 참석했다. 작가동맹위원회 신규회장으로 임명된 유리 본다레프(Юрий В. Бондарев, 1924~)는 당시 러시아문단의 상황을 언급하며, 문학에서 다루고 있는 개념, 양식, 주인공 그리고 윤리관 등의 혼란스러움을 지적하며 이를 비난했다.[41)] 총회에 참석한 대부분의 연사들은 자유주의자들이 온갖 종류의 범죄를 저지르고 있다고 비난하며 그들을 공격했다. 빅또르 아스따피예프(Виктор П. Астафьев, 1924~2001)와 같은 작가들은 진지한 목소리로 문학주제에 관한 토론을 전개하려 했으나, 대다수 작가들은 이를 무시했다. 총회에서 새로운 규정이 통과되었고, '제9차 소비에트작가동맹회의' 대의원들이 선출되었다. 그러나 제9차 소비에트작가동맹회의는 수차례 연기되었고 1991년 초에야 개최되었다.

쿠데타 발생 직전인 1991년 7월 진보성향의 작가들이 '독립작가동맹' 선언문을 공표했다. 친기스 아이뜨마또프(Чингиз Т. Айтматов, 1928~2008), 안드레이 비또프(Андрей Г. Битов, 1937~), 블라지미르 보이노비치(Владимир Н. Войнович, 1932~), 파질 이스깐제르(Фазиль А. Искандер, 1929~2016), 그리고 드미뜨리 리하쵸프(Дмитрий С. Лихачёв, 1906~1999)가 이 선언문에 서명을 했다.[42)] 그들이 당시 존재하고 있던 '소비에트작가동맹' 내의 하나의 그룹으로 행동하려했는지, 혹은 작가동맹과 분리된 별개의 그룹을 결성하려 했는지 그들의 의도는 분명하지 않다.

1991년 8월에 발생한 쿠데타는 당시 소련의 정치상황을 완전히 바꿔버렸다.

---

40) Ibid., 1990년 12월 5일, 2면.

41) «문학 러시아»(Литературная Россия), 1990년 12월 14일, 2면.

42) «문학신문», 1991년 7월 3일, 7월 10일.

그리고 작가동맹은 공식적인 정치이념을 해체했고, 이는 문화, 문학 그리고 예술 분야에 큰 영향을 끼치게 된다. 1991년 8월 23일 개최된 작가동맹 '서기국회의'에 그동안 작가동맹의 관료들에 의해 소외당했던 자유주의 작가들이 참석하여 당시 상황을 명백하게 설명했다. 그리고 세르게이 미할꼬프(Сергей В. Михалков, 1913~2009), 펠릭스 꾸즈네쪼프(Феликс Ф. Кузнецов, 1931~), 그리고 알렉산드르 쁘로하노프(Александр А. Проханов, 1938~)를 포함한 작가동맹의 관료들이 반(反)고르바초프 음모에 대해 반대하지 않았던 사실도 드러났다. 서기국회의에서 결의안이 채택되었고, 그 결의안에 의해 쿠데타를 지지했던 모든 사람들은 위원직에서 물러났다. 결의안에는 쿠데타가 발생하기 직전 유리 본다레프, 발렌찐 라스뿌찐, 그리고 알렉산드르 쁘로하노프 등이 서명하고 발행한 소위 '국민들에게 고하는 글'(Слово к народу)이라는 선언문이 반(反)국가적 음모의 성격을 띠고 있는 문건이라는 내용이 명기되었다. 그리고 본다레프, 라스뿌찐 그리고 쁘로하노프에게 러시아연방작가동맹과 소비에트작가동맹 서기국의 위원직에서 사임할 것을 요구하는 문구도 포함되었다.[43] 작가동맹은 새로운 지도부를 선출했는데, 그들의 대부분은 자유주의 성향의 작가들이었다.

그러나 작가동맹 내에 잔존하고 있던 보수주의 작가들은 쉽게 굴복하지 않았다. 러시아연방작가동맹 위원회에서 다수를 차지하고 있는 그들은, 러시아연방이 소련으로부터 독립한 국가이기 때문에 자신들은 더 이상 소비에트작가동맹에 소속되지 않는다는 것을 근거로 하여 새로운 결의안을 상정했다. 그리고 몇 주 후에 소집된 '러시아연방작가동맹 특별회의'는 이 결의안을 통과시켰다. 공식적인 선거를 통해 대의원들을 선출하지 않았기 때문에 특별회의는 법적권한을 갖고 있지 않았으나, 이는 아무런 문제가 되지 않았다. 특별회의에 참석한 사람들은 이미 '제9차 소비에트작가동맹회의' 대의원으로 미리 선출된 자들이

43) Ibid., 1991년 8월 28일, 9면.

었기 때문이다. 특별회의는 러시아연방작가동맹이 소비에트작가동맹의 법적 계승자이며 러시아의 모든 영토에 대해 관할권을 소유한다는 것을 선포했다. 그러나 대부분의 자유주의 작가들은 이처럼 새롭게 규정한 러시아연방작가동맹에 소속되는 것을 거부했다. 그들은 '새로운 러시아작가동맹'의 창립을 선언하고 규정을 공표했다.[44] 마침내 1991년 10월 21일 새로운 러시아작가동맹 창립회의가 개최되었다. 1,300명에 가까운 작가들이 이 단체에 등록했다. 그들 대부분은 '4월 위원회'를 지지했던 자들이며 '1991년 8월 쿠데타'를 반대했던 자들이다.

소비에트작가동맹이 공식적으로는 '문학재단'과 작가동맹의 자산을 지속적으로 관리하는 것으로 되어있었지만, 실질적으로는 서류상의 권리만을 소유하고 있었다. 발트공화국인 리투아니아, 라트비아 그리고 에스토니아의 작가들은 '그루지야'(Грузия) 작가들과 마찬가지로 1년 전에 이미 소비에트작가동맹에서 탈퇴했고, 러시아연방작가동맹도 쿠데타가 발생한 직후 소비에트작가동맹에서 탈퇴했다. 그리고 소비에트작가동맹의 지부에 많은 분파들이 형성되었고, 모스크바, 레닌그라드, 스몰렌스끄, 이르꾸츠끄, 그리고 그 밖의 다른 도시에서 다양한 작가단체들이 활동을 전개하기 시작했다. 1991년 12월까지, 2개의 전국규모 작가동맹이, 그리고 뻬쩨르부르그에는 3개의 작가단체가 존재하고 있었다. 그리고 모스크바에는 정치적 내분에 휘말리는 것을 거부했던 고령의 작가들인 세르게이 잘르이긴(Сергей П. Залыгин, 1913~2000), 세르게이 미할꼬프(Сергей В. Михалков, 1913~2009), 마르가리따 알리게르(Маргарита И. Алигер, 1915~1995), 그리고 빅또르 로조프(Виктор С. Розов, 1913~2004) 등이 가입한 '독립작가단체'를 포함해서 3개의 작가단체가 활동하고 있었다.[45]

1991년 12월에 발표된 소련의 공식적인 해체와 '독립국가연합'의 탄생으로

44) Ibid., 1991년 9월 18일, 2면.
45) Ibid., 1991년 12월 4일, 2면.

인해 새로운 상황이 발생했다.[46] 1992년 1월 11일 모스크바에서 소비에트 작가동맹을 대체하는 '독립국가연합작가동맹'이라는 새로운 단체가 설립되었다. 그리고 우즈베키스탄 출신 작가인 띠무르 뿔라또프(Тимур И. Пулатов, 1939~)가 집행위원회 제1서기로 선출되었다. 독립국가연합작가동맹의 창립위원들 가운데는 모스크바, 뻬쩨르부르그 그리고 '자치공화국'[47]의 작가동맹 소속작가들뿐 아니라, 다양한 작가단체에 소속된 사람들도 대거 포함되었다. 우크라이나 대표단은 창립회의에 참석은 했지만 문서에 서명하는 것은 거부했다. 그리고 라트비아 대표단은 참관인 자격으로 참석했다. 처음에 러시아연방작가동맹은 독립국가연합작가동맹에 대해 격렬한 반대운동을 전개했으나 시간이 흐르면서 약간의 관심을 표명하며 조건부 참석을 제시했다. 그러나 유리 본다레프와 알렉산드르 쁘로하노프의 강력한 지도력 아래 있던 러시아연방작가동맹의 일부 회원들은 새로 설립한 독립국가연합작가동맹에 항의하는 집회를 개최했다. 그들은 독립국가연합작가동맹의 정치적 태도를 비난하며 인신공격을 퍼부었다. 심지어 그들은 과거 소비에트작가동맹의 지위를 차지한 독립국가연합작가동맹 위원들에게 폭력을 행사하기도 했다.

그런데 독립국가연합작가동맹의 자유주의 작가들 사이에서도 불협화음이 발생하기 시작했다. 그들은 자신들의 진정한 목적을 위한 정치적 강령, 행정업무 혹은 명확한 개념을 확립하기 위한 통합작업을 수행하지 않고, 각기 독자적으로 행동하기 시작했다. 그러나 자유주의 작가들 사이에서 발생한 내분은 그리 오래 지속되지는 않았다. 집행위원회 제1서기 띠무르 뿔라또프는 얼마 후 직위

---

46) 역주 : '독립국가연합'은 1991년 소련의 해체로 독립한 10개 공화국(러시아, 우크라이나, 벨로루스, 몰다비아, 아르메니아, 아제르바이잔, 카자흐스탄, 우즈베키스탄, 타지키스탄, 키르기스스탄)과 1개 비공식 참관국(투르크메니스탄)이 결성한 '국가연합' 및 '군사동맹'이다. 그루지야는 러시아의 압력을 받고 1993년에 가입했다. 발트3국(에스토니아, 라트비아, 리투아니아)은 처음부터 불참했고, 비준을 미루고 있던 회원국 우크라이나는 2014년 크림사태로 인해 탈퇴를 선언했다.

47) 역주 : 당시 '자치공화국'(автономная республика)은 총 20개였다.(러시아연방에 16개, 그루지야에 2개, 아제르바이잔과 우즈베키스탄에 각각 1개)

에서 물러났고, 1992년 4월 중순에는 집행위원 두 명이 과거 '제9차 소비에트작가동맹회의'를 조직한 혐의로 기소되었다.[48] 균열된 자유주의 진영에서 추방당한 뽈라또프는 보수주의 성향의 러시아연방작가동맹에 가입했고, 모스크바에서 1992년 6월 2일에 개최될 예정인 '제9차 러시아연방작가동맹회의'를 조직하는 데 큰 도움도 주었다. 이 회의에는 모스크바, 뻬쩨르부르그, 그리고 소수민족 '자치구'[49]에 소속된 대표단들이 참석했다. 그리고 중앙아시아 5개 공화국의 대표단들도 참석했다. 그러나 자유주의 작가들과 독립국가연합작가동맹 회원들은 참석하지 않았다. 이처럼 러시아연방, 우크라이나, 벨로루스, 아르메니아, 그리고 그 밖의 공화국 출신 주요 작가들과 시인들의 대다수는 참석하지 않았던 것이다. 그리고 회의가 진행되면서 참석했던 일부 작가들은 러시아연방작가동맹에서 탈퇴하기 시작했다. 왜냐하면 집행위원회의 독선적인 지시와 명령이 회의석상에서 문학과 관련된 토론을 시도했던 모든 작가들을 침묵하게 만들었기 때문이었다.[50]

러시아연방작가동맹회의에 참석한 자들에 의해 채택된 선언문에는 소비에트작가동맹을 대체하는 기관으로 '국제작가동맹협회'를 신설한다는 내용과, 이 협회는 소비에트작가동맹의 자산과 '문학재단'을 관리할 수 있는 권리를 소유한다는 내용이 포함되었다. 그리고 러시아연방작가동맹회의에 참석한 러시아연방 대표단은 러시아연방작가동맹 산하에 '러시아작가협회'를 설립한다는 것과, 러시아문화의 전통적 가치에 충실하며 러시아어로 집필활동을 하는 작가들이 러시아작가협회에 가입할 수 있다는 내용을 발표했다.[51] 발렌찐 라스뿌찐, 뾰뜨르 쁘로스꾸린, 에른스뜨 사포노프(Эрнст И. Сафонов, 1938~1994), 미하일 로바노프(Михаил П. Лобанов, 1925~),

48) «문학신문», 1992년 4월 24일, 3면.
49) 역주 : 당시 러시아에는 10개의 '자치구'(автономный округ)와 1개의 '자치주'(автономная область)가 있었다.
50) «문학신문», 1992년 7월 15일, 3면.
51) «문학 러시아», 1992년 6월 12일, 4면.

블라지미르 구세프, 스따니슬라프 꾸냐예프, 그리고 블라지미르 끄루삔 등을 포함한 대부분의 보수주의 작가들이 이 발표문에 서명을 했다. 그런데 "과연 누가 러시아문화의 전통적 가치에 충실한 작가를 결정하는 것인가?" 발표문에 서명한 작가들은 안드레이 시냡스끼와 블라지미르 보이노비치 같은 자유주의 작가들이 전통적 가치에 충실하지만, 이들을 배제할 것이 분명했다.

1993년에 접어들면서 어떤 이유에서인지 자유주의와 보수주의 두 그룹의 열정은 점차 식어갔다. 두 그룹은 각기 자신들의 내부통합을 시도했으나 원만하게 진행되지 않았다. 자유주의 작가들은 조직력이 미약했고, 본질적인 많은 문제에 대해 서로 티격태격하며 내홍을 겪고 있었다. 한편 요직에 있는 일부 보수주의 작가들은 권력남용 죄로 일반 작가들로부터 고발을 당했다. 그들은 일반 작가들이 요구하는 것과 필요로 하는 것에 대해 거의 관심을 두고 있지 않았던 것이다. 이처럼 양쪽 그룹에서 진행하고 있는 조직통합의 표면 뒤에는 개인적인 갈등이 도사리고 있었다. 1992년 11월 보수주의 성향의 러시아연방작가동맹 서기 중 한 사람인 스뱌또슬라프 르이바스(Святослав Ю. Рыбас, 1946~)가 전면에 나서 유리 본다레프를 통렬하게 공격했다. 그는 본다레프가 위원회 의장직위를 이용하여 사적으로 재물을 긁어모은 혐의와 자신과 가까운 친구들에게 특혜를 준 혐의가 있다고 주장했다.[52] 사실상 1993년 중순경 대부분의 작가협회들은 출판업과 판매사업 같은 다양한 형태의 영리활동을 하는 공익단체로 변모해 있었다. 당시 공익단체라는 새로운 형태는 전직 문학 관료들에 의해 통제되고 있었고, 창작활동보다 이익창출에 보다 많은 관심을 갖고 있는 상황이었다. 1994년 6월 모스크바에서 개최된 '제9차 러시아연방작가동맹회의'에서 본다레프는 의장직에서 사임했다. 회의석상에서 많은 연사들은 자유주의 작가들뿐 아니라 옐친 행정부와 당시 정부조직에 대한

52) «문학신문», 1992년 11월 25일, 3면. 그리고 «일»(День), 1993년 3월 14일~20일, 6면에 실린 세르게이 루까쉰(Сергей Лукашин)의 '엑스트라들과 개혁가'(Статисты и 'реформатор')와 발레리 로고프(Валерий Рогов)의 '운명의 전환'(Поворот в судьбе) 기사를 참조.

공격을 감행했다. 그러나 일부 연사들은 러시아연방작가동맹회의에 젊은 작가들이 거의 참여하지 않았다는 것에 대해 개탄하며, 좀 더 포용적인 조화를 촉구했다. 그리고 자유주의 성향의 작가들도 이와 유사한 발언을 쏟아냈다. 당시 그런 상황에 실망을 금치 못한 유리 아락체예프(Юрий С. Аракчеев, 1939~)와 일부 작가들은 보수주의자들과의 관계회복을 위한 새로운 방도를 모색하기 시작했다.

한편 소비에트작가동맹의 자산을 승계하려는 상속권 투쟁도 활발히 진행되고 있었다. 1992년 6월 '국유재산위원회'와 문화재 보호를 책임지고 있는 '모스크바 공공부처'가 이 자산을 관리하게 되었다. 그리고 얼마 후 국유재산위원회는 이 자산을 둘로 나누어 분쟁중인 두 작가 그룹에게 분배한다고 결정했으나, 보수주의 성향의 '국제작가동맹협회'는 이 결정을 수용하지 않고 법원에 제소했다. 1993년 초 하급법원이 원고의 손을 들어주게 되자 자산 분배에 관한 결정은 다시 뜨거운 논쟁거리가 되면서 상급법원으로 넘어갔다. 그리고 1994년 1월 26일 러시아연방대법원은 소비에트작가동맹과 문학재단의 모든 자산을 '국제작가동맹협회'에게 양도하라는 최종판결을 내렸다. 재판이 진행되는 도중에 자유주의 작가 알레스 아다모비치(Алесь М. Адамович, 1927~1994)가 심장마비를 일으켰고, 이로 인해 판결은 잠시 연기되기도 했다. 판결이 난 이후에도 양측의 불화는 지속되었고, 마치 끝이 보이지 않는 터널 속에 갇힌 것 같았다.

"왜 작가동맹회의에서 많은 작가들이 문학과 아무런 관련이 없는 쓸데없는 일에 정력을 낭비하며 야단법석을 피웠을까?" "창작물은 집단적인 노력이 아니라 개인적인 노력에 의해 만들어지는 것이 아닌가?" 정치적 투쟁에 깊게 연루된 많은 작가들은 창작활동을 거의 접어버렸다. 그리고 그들에게 작가는 권력과 돈을 위해 투쟁하는 속물에 불과했던 것이다. 과거 소비에트작가동맹에 소속되었던 대부분의 회원들은 특별한 재능이 없는 그저 평범한 작가들이었다. 이제 그들은 새로운 자유시장경제의 경쟁구도 속에서 살아남을 가능성이 거의 없는 상황에 처해진 것이다. 따라서 그들은 문학잡지와 출판사에 자신들의 작품을 기고할 수 있는 최소한의 권리를 보장받기 위해, 그리고 공식적인 작가그룹의 회원이 되면 어떤 혜택을 받을지 알 수는 없지만, 단순히 회원이 되기 위해 권력에 가담했던 것이다. 오늘날 작가들의 심도 있는 문학토론은 그 어디에서도 찾아볼 수가 없다. 작가들의 삶도 고단해졌고, 국가도 심각한 위기상황에 빠져 있었다. 대부분 작가들의 수입과 연금은 현저하게 감소했다. 그들은 생사기로에 서게 된 것이다. 그러나 만일 과거 소비에트작가동맹의 모든 자산을 승계 받은 단체가 회원들을 위해 이 자산을 잘 활용한다면, 회원들에게 새로운 수입원이 발생할 수도 있을 것이다. 그리고 창조적인 작가는 다시 한 번 자신의 재능, 천재성, 그리고 인내심에 의존하며 작품 활동을 전개하게 될 것이다.

고르바초프, 옐친 그리고 '인쩰리겐찌야'

1989년 고르바초프가 대중의 지지를 받으며 명성을 얻게 되자 기존 공산당의 정책은 급격히 쇠퇴하기 시작했다. 그럼에도 불구하고 공산당은 지속적으로 '인쩰리겐찌야'[53]와 엘리트층에게 영향력을 끼치며 그들을 통제하고 있었다. 민주주의 개혁이라는 명목 하에 고르바초프는 우리나라의 국회에 해당하는 소비에트최고회의를 두 단계 – '인민대의원회'와 인민대의원들이 선출하는 '소비에트최고회의' – 로 나누었다. 일부 인민대의원들은 자유선거로 선출되었으나 대부분의 인민대의원들은 다양한 정치·사회기관들에 의해 지명되었다. 이렇게 함으로써 공산당은 의회를 통제할 수 있었고, 고르바초프는 대통령에 당선될 수 있었던 것이다. 소비에트작가동맹은 새롭게 재편된 인민대의원회에서 12석의 의원직을 배당받았으며, 인쩰리겐찌야는 의회에서 중요한 역할을 담당하게 된다. 소비에트작가동맹에서 인민대의원

53) 역주 : '인쩰리겐찌야'(интеллигенция)는 러시아의 지식계급을 지칭함.

으로 지명한 작가들 가운데는 빅또르 아스따피예프(Виктор П. Астафьев, 1924~2001), 바실 브이꼬프(Василь В. Быков, 1924~2003), 세르게이 잘르이긴(Сергей П. Залыгин, 1913~2000), 레오니드 레오노프(Леонид М. Леонов, 1899~1994) 그리고 발렌찐 라스뿌찐(Валентин Г. Распутин, 1937~2015)이 포함되어 있었다. 그리고 '소련공산당중앙위원회'(Центральный комитет КПСС) 위원으로 지명된 인물들 가운데는 친기스 아이뜨마또프(Чингиз Т. Айтматов, 1928~2008), 바실리 벨로프(Василий И. Белов, 1932~2012), 이반 바실리예프(Иван А. Васильев, 1924~1994), 다니일 그라닌(Даниил А. Гранин, 1919~2017), 블라지미르 까르뽀프(Владимир В. Карпов, 1922~2010) 그리고 보리스 올레이니끄(Борис И. Олейник, 1935~2017)가 포함되었다. 그리고 예브게니 옙뚜쉔꼬(Евгений Е. Евтушенко, 1932~2017), 파질 이스깐제르(Фазиль А. Искандер, 1929~2016), 드미뜨리 리하쵸프(Дмитрий С. Лихачёв, 1906~1999), 유리 까랴낀(Юрий Ф. Карякин, 1930~2011), 알레스 아다모비치(Алесь М. Адамович, 1927~1994), 유리 체르니첸꼬(Юрий Д. Черниченко, 1929~2010)는 일반대중에 의해 인민대의원으로 선출되었다. 1990년 고르바초프는 소수인원으로 구성된 '대통령자문위원회'를 만들었는데, 친기스 아이뜨마또프 와 발렌찐 라스뿌찐이 작가를 대표하는 인쩰리겐찌야로 임명되었다. 이데올로기와 정치적 성향이 극과 극인 두 작가를 임명함으로써, 고르바초프는 양 진영 사이에서 격동기의 위험한 전략일 수도 있는 중립을 지키려는 의도를 드러낸 것이다.

인민대의원회는 작가들이 자신들의 불만을 토로하고 옹졸하고 배타적인 견해를 피력하는 새로운 토론장으로 변모했다. 자유주의 작가들은 완전한 민주주의, 경제개혁, 그리고 러시아에서 공산당의 통치를 합법화하는 내용을 담고 있는 '소련헌법 제6조'의 폐기를 요구했다. 반면에 보수주의 작가들은 민주주의의 수용을 반대하지는 않지만, 새로운 민주주의 정책시행이 초래할 수 있는 급격한 변화를 반대한다고 주장했다. 보수주의 작가 발렌찐 라스뿌찐은

“극단적인 자유는 가혹한 노예제도를 만들 수 있고... 도덕성의 다원주의는 어떤 종류의 폭탄보다 훨씬 더 위험하다.”라고 말했다.[54] 다양한 소수민족 대의원들이 참석한 인민대의원회에서 라스뿌찐은 소련의 소수민족 공화국에서 폭발적으로 발생하고 있는 반(反)러시아 정서를 부정적으로 지적하며, 자신들이 받는 고통을 러시아 탓으로 돌리는 소수민족을 비난하며 그들 모두가 소련을 떠나는 것이 러시아를 위해 더 좋지 않겠냐고 반문했다. 보수주의 작가 바실리 벨로프는 라스뿌찐보다 더 호전적인 발언을 쏟아냈다. 그는 글라스노스찌와 뻬레스뜨로이까를 가장한 도덕적 부패상을 지적했다. 그리고 일간지 «꼼소몰스까야 프라우다»(Комсомольская правда)에서 시행하고 있는 청소년을 위한 성교육프로그램을 강하게 비난하고, 이런 행위를 방지할 수 있는 새로운 검열제의 도입을 강력히 요구했다.[55]

의회에서 정치적 성향이 서로 다른 인쩰리겐찌야들을 통제하는 것이 불가능해지자, 공산당은 다른 방식으로 그들에게 압력을 가해 영향력을 행사하려 했다. 1989년부터 1991년 사이에 고르바초프는 자신의 정책을 뒷받침하려는 목적으로 크렘린에서 개최되는 몇몇 회의에 주요 과학자, 지식인 그리고 작가들을 초청했다. 그는 처음에 소련공산당중앙위원회 서기장 자격으로 그들을 초청했으나 나중에는 국가원수로서 그들을 초청했다. 회의석상에서 그는 그들에게 자신의 정책을 지지하도록 설득하려 했다. 그러나 참석한 일부 인사들이 정부의 무능과 뻬레스뜨로이까 정책의 목적상실을 지적하며 고르바초프를 힐책했고, 그는 그들의 공격을 방어하기에 급급했다. 1989년 1월 6일에 행한 연설에서 고르바초프는 사회주의와 다원주의를 옹호하는 발언뿐 아니라, 글라스노스찌의 탈을 쓰고 공산당의 권위를 실추시키려는 자들에게 단호히 대응하겠다는 의지를 밝혔다.[56] 그는 분쟁을 일삼는

---

54) «문학신문», 1989년 6월 14일, 3면.

55) Ibid., 1989년 12월 20일, 7면.

56) Ibid., 1989년 1월 11일, 1~4면.

고위직 인쩰리겐찌야 작가들을 비난하며 그들에게 좀 더 품위 있는 처신을 요구했다. 그러나 그들은 서로 상대방을 헐뜯는 것을 멈추지 않았다. 문학잡지 «젊은 친위대»(Молодая гвардия)의 편집장인 아나똘리 이바노프(Анатолий С. Иванов, 1928~1999)는 블라지미르 보이노비치 (Владимир Н. Войнович, 1932~)의 1975년 작 『병사 이반 촌낀의 유별난 모험과 삶』(Жизнь и необычайные приключения солдата Ивана Чонкина)이 문학잡지 «청춘» (Юность)에 실린 것에 대해 맹렬한 비난을 퍼부었다.[57] 왜냐하면 이 작품은 선량한 소련군인의 명예를 훼손시킬 뿐 아니라 파시즘으로부터 인류를 구원한 소련군대를 폄하하고 있기 때문이라는 것이다.[58]

1990년 7월 '제28차 소련공산당전당대회'가 모스크바에서 열렸다. 소련의 경제는 이미 최악의 상황이었고, 소비에트 문학과 예술은 상업주의와 자유시장체제로 인해 심각한 위협을 받고 있었다. 게다가 공산당은 더 이상 중앙관료체제의 통제 하에 있는 통합된 조직이 아니었다. 공산당은 이미 이데올로기적으로, 민족적으로, 그리고 정치적으로 분열되어 있었다. 전당대회 결의안에는 예술창작의 자유, 경쟁력 있는 다양한 문화적 트렌드와 스타일의 수용, 윤리와 도덕을 준수하기 위한 법률안 채택, 그리고 소련공산당중앙위원회 산하에 문화, 교육, 과학 분야를 다루는 위원회의 설치에 관한 내용이 포함되었다.[59] 전당대회 성명서에는 예술분야의 정치적·이념적 개입에 관한 직접적인 언급은 없었다. 그러나 공산당은 예술과 문화 사업에 재정적 지원은 하지만, 예술작품의 상업화와 자유시장체제로의 접근은 강력히 반대한다는 입장을 표명했다. 그런데 예술과 문화 사업에 필요한 자금을 누가 제공한다는 내용은 누락되어 있었다. 그리고 몇 달 후 소련 문화부장관 니꼴라이 구벤꼬 (Николай Н. Губенко, 1941~)는 1991년도 소련예산안에 문화 분야에 대한

---

57) 역주 : 60년대 소비에트 당국과 비밀경찰을 풍자하고 있는 이 작품은 당시 '사미즈다뜨'(самиздат, 지하출판사)를 통해 비밀리에 유포되었으며, 서방세계로 유출되어 그곳에서 출판되었다.

58) «문학신문», 1989년 1월 11일, 4면.

59) «프라우다», 1990년 7월 14일, 2면.

예산이 책정되지 않기 때문에 소련의 공화국들이 스스로 재정을 마련해야한다는 내용을 발표했다.[60] 그의 발언은 더 이상 소련 통합문화정책을 지속하는 것이 불가능하다는 것을 의미했다. 제28차 소련공산당전당대회에서 블라지미르 까르뽀프(Владимир В. Карпов, 1922~2010), 바실리 벨로프(Василий И. Белов, 1932~2012), 뾰뜨르 쁘로스꾸린(Пётр Л. Проскурин, 1928~2001), 그리고 알렉산드르 겔만(Александр И. Гельман, 1933~)이 공산당중앙위원회 위원으로 임명됐다. 그들 중 일부는 공산당과 반대되는 노선을 지지하는 자들이었다. 블라지미르 까르뽀프는 얼마 후 소비에트작가동맹 제1서기 직에서 사퇴했고, 알렉산드르 겔만은 소련당국과 공산당 정책에 반대를 표명하고 공산당중앙위원회 위원직에서 사퇴했다. 그러나 당시 그들의 사퇴는 그다지 부각되는 행동은 아니었다. 왜냐하면 이미 공식적인 권력을 상실한 공산당이 급격히 붕괴되고 있는 상황이었기 때문이었다. 전당대회가 끝난 후 공산당중앙위원회는 문화 분야에서 상업화가 가속화되는 상황을 극복하기 위한 방도에 대한 논의를 진행했다.[61] 상업화는 국가의 도덕적 근간을 무너뜨릴 뿐 아니라 예술 분야에서 호전성, 에로티시즘 그리고 저속한 취향을 촉진시킨다는 이유를 들며, 중앙위원회는 문화의 상업화를 차단할 것을 정부에 요구했다. 그리고 윤리와 도덕을 보호하기 위한 법률안 채택도 요청했다.

공산당전당대회가 끝나고 몇 달이 지난 후, 고르바초프는 문화 분야의 요직에 있는 인쩰리겐찌야들을 크렘린으로 초청하여 회의를 진행했다. 그의 목적은 분명했다. 그는 인쩰리겐찌야들의 명성을 이용하여 약화되고 있는 자신의 정치영향력을 회복시켜 소비에트사회가 분열되는 것을 막으려 했던 것이다. 그러나 그는 회의석상에서 자신이 기대했던 것을 전혀 얻지 못했을 뿐 아니라, 인쩰리겐찌야들로부터 그 어떤 존경도 받지 못했다. 인쩰

60) Ibid., 1990년 10월 3일, 2면.
61) Ibid., 1990년 9월 20일, 1~2면.

리겐찌야들은 두 패로 나누어져 서로가 서로를 신랄하게 비난하면서 자신들의 정치적 입장만을 내세웠다. 과거와 달리 무기력한 공산당의 서기장이자, 정치적 혼돈상태에 놓여있는 국가의 수반인 고르바초프가 회의석상에 참석한 인텔리겐찌야들에게 영향력을 끼치는 것은 거의 불가능했다. 왜냐하면 문화와 관련이 있는 기관들이 해체되고 있는 것을 목격한 그들은 뻬레스뜨로이까에 대한 믿음을 상실한 상태였기 때문이었다. 회의석상에서 고르바초프는 인텔리겐찌야의 도움을 받지 않고는 뻬레스뜨로이까를 완성할 수 없다며 참석자들에게 도움을 요청했다. 이에 대해 작가 미하일 샤뜨로프(Михаил Ф. Шатров, 1932~2010)는 인텔리겐찌야가 평지풍파를 일으킬 수 있다는 것과 험난한 파도가 몰아치는 상황에서 인텔리겐찌야가 어떻게 배를 파선되지 않도록 할 수 있는지 의문이라고 말하며 맞받아쳤다.[62] 소련의 영화 사업을 책임지고 있는 정치관료 알렉산드르 깜샬로프(Александр И. Камшалов, 1932~)는 인간의 영혼을 말살하는 예술의 상업화는 국가의 건강한 윤리관도 파괴할 것이라고 지적하며 고르바초프를 나무랐다.[63] 유리 본다레프는 고르바초프 정책의 핵심을 꼬집으며 공격을 가했다. 그는 현재 겪고 있는 소련의 혼란스러운 상황은 국가의 자주성, '민족성'(народность) 그리고 넓은 의미의 신뢰가 파괴된 결과라고 지적했다. 그리고 "글라스노스찌는 진실 그 자체보다는 '진실에 가까운 거짓'에 불과하며... 글라스노스찌는 우리의 과거와 우리의 근간... 우리의 역사, 우리의 뿌리, 우리의 영성, 우리의 문화, 우리의 경제를 파괴해버렸다"고 주장했다.[64] 발렌찐 라스뿌찐 역시 같은 맥락의 주장을 되풀이했다. "문화는 반(反)문화로 변했고... 공격적인 언어, 플롯, 그리고 주인공 등이 문학작품에 등장했으며, 우리 같은 인텔리겐찌야가 아니라

---

62) Ibid., 1990년 10월 3일, 1면.

63) Ibid., 2면.

64) Ibid., 2면. 그리고 '민족성'(народность)과 '당성'(партийность)에 대한 자세한 의미는 다음 논문을 참조. N.N. Shneidman, "The Russian Classical Literary Heritage and the Basic Concepts of Soviet Literary Education," *Slavic Review* 31/3 (September, 1972), pp. 626~38.

반(半)인쩰리겐찌야가 주도권을 잡게 되었다."[65] 고르바초프는 보수주의자들과 자유주의자들이 지적한 경고를 주의 깊게 받아들이지 않는 것 같았다. 그는 회의를 정리하는 마지막 발언에서 절망감을 드러내며, "오직 양측의 통합과 양보만이 현 상황을 타개하고 새롭게 출발할 수 있다"고 말했다. 거친 풍랑이 이는 역사의 바다에서 방향을 잃고 방황하고 있는 배의 키를 잡고 있는 무기력한 선장의 발언이었다. 며칠 후 일부 주요 지식인들은 문화발전 사업에 예산편성이 전혀 잡히지 않은 1991년도 예산안의 재편성을 요청하는 공개서한을 언론을 통해 고르바초프에게 전달했다.[66]

소련의 붕괴와 새로운 국가체제의 구성은 명망 있는 인쩰리겐찌야의 추락을 촉발시켰다. 대표직을 맡고 있던 대부분의 인쩰리겐찌야는 권력을 내려놓고 직위에서 물러났다. 그런데 러시아연방공화국 대통령 옐친은 고르바초프와는 달리 인쩰리겐찌야의 정치적 입장에 큰 관심을 갖고, 그들과의 접촉을 시도했다. 그리고 옐친이 소비에트최고의회에서 의사진행을 방해하는 의원들을 해산시키는 중대결정을 내리기 며칠 전인 1993년 9월 15일에 중요한 회의가 개최되었다. 이 회의에는 옐친과 자유주의 성향의 인쩰리겐찌야들이 참석했다. 회의석상에서 유리 체르니첸꼬(Юрий Д. Черниченко, 1929~2010), 마리에따 추다꼬바(Мариэтта О. Чудакова, 1937~), 안드레이 누이낀(Андрей А. Нуйкин, 1931~) 그리고 유리 까랴낀(Юрий Ф. Карякин, 1930~2011)을 포함한 대부분의 참석자들은 친공산주의 성향의 의회를 해산하고 새로운 선거를 실시할 것을 옐친에게 강력히 촉구했다.[67] 그리고 거의 비슷한 시기에 불라뜨 오꾸드좌바(Булат Ш. Окуджава, 1924~1997), 다니일 그라닌(Даниил А. Гранин, 1919~2017), 그리고리 바끌라노프(Григорий Я. Бакланов, 1923~2009), 빅또르 아스따피예프(Виктор П. Астафьев, 1924~2001), 유리

65) «프라우다», 1990년 10월 3일, 3면.
66) Ibid., 1990년 9월 30일, 2면.
67) «문학신문», 1993년 9월 22일, 3면.

나기빈(Юрий М. Нагибин, 1920~1994), 세르게이 깔레진(Сергей Е. Каледин, 1949~) 그리고 그 밖의 많은 작가들이 서명한 공개서한이 언론을 통해 발표되었다. 그들은 파시즘, 인종차별 그리고 맹목적 애국주의의 선전·선동에 반대한다는 것을 분명히 하고, 정부에게 모든 공산주의자들의 활동과 민족주의 성향의 정당들과 기관들을 불법화시킬 것을 촉구했다. 그리고 보수주의 성향의 주간신문 «일»(День), 일간지 «프라우다»(Правда), «소비에트 러시아»(Советская Россия), 그리고 «문학 러시아»(Литературная Россия)의 폐간도 강력히 요청했다.

정기간행물

빼레스뜨로이까가 출현하기 전까지 소련의 정기간행물은 이데올로기의 교육수단으로 간주되었으며, 국가가 승인한 기관에 의해서만 발행되었다. 그리고 모든 창작물은 문학관련 정기간행물 편집진의 통제를 받았을 뿐 아니라, 국가기관인 '글라블리뜨'(Главлит)가 주관하는 공식적인 검열을 통과해야만 했다.[68] 문단과 언론을 완벽하게 통제하는 이 시스템은 1985년 글라스노스찌와 빼레스뜨로이까의 도입으로 인해 서서히 붕괴되기 시작했다. 그리고 5년 후 이 시스템은 완전히 붕괴되었다.

1990년 소비에트최고회의에서 새로운 법률안 – '정기간행물과 그 밖의 대중매체에 관한 법률안' – 이 통과됨으로써 기존의 문학을 관리하는 국가통제 시스템은 붕괴되었다. 이 법률로 인해 공식적인 검열제는 폐지되었고, 언론출판의 자유가 선언되었다. 새 법률은 소비에트 시민단체와 노동자단체뿐 아니라 종교협회, 예술협회, 협동조합, 사회기관 및 정부기관 등이 신문, 잡지 그리고 다양한 대중매체를 발행할 수 있도록 만들었다.[69]

---

68) 역주 : '글라블리뜨'(Главлит)는 '문학과 출판을 담당하는 총 관리국'이라는 러시아어 '**Глав**ное управление по делам **лит**ературы и издательств'의 약자다.

이 법률은 대중매체와 출판물들로 하여금 기존의 상태에 반기를 드는 행동을 촉발시켰다. 그 결과 신문과 잡지를 포함한 많은 정기간행물들은 자신들의 후원기관으로부터의 완전한 독립을 요구하게 되었다. 수년간 소비에트작가동맹 위원회의 기관지였던 «문학신문»(Литературная газета)은 1990년 5월 2일 후원기관으로 작가동맹을 지정했던 것을 철회했다. 그리고 1990년 9월 '문학신문 노동조합'은 «문학신문»을 '러시아연방 언론정보부'에 새로 등록했다. 즉 노동조합이 «문학신문»의 설립주체가 된 것이다. 그 결과 1990년 9월 18일부터 발행된 «문학신문»은 작가들이 자유롭게 기고할 수 있는 독립신문이 되었다. 그리고 다수의 정기간행물도 «문학신문»과 동일한 절차를 밟았다. 문학잡지 «깃발»(Знамя)은 소비에트작가동맹으로부터의 독립을 선언했고, 문학잡지 «10월»(Октябрь)은 러시아연방의 작가협회를 새로운 후원기관으로 선정했다. 그러나 소비에트작가동맹은 그들의 반기에 쉽게 굴복하지 않았다. 소비에트작가동맹은 «문학신문»의 결정에 대해 필사적으로 투쟁했다. 그리고 «깃발»의 편집진을 법정에 세우기까지 했다. 이 투쟁은 이데올로기와 재정문제 때문에 발생한 것이다. 표도르 부르라쯔끼(Фёдор М. Бурлацкий, 1927~2014)가 편집을 맡고 있는 주요일간지 «문학신문»은 자유주의 정책을 고수하고 있었고, 소비에트작가동맹 위원회는 여전히 보수주의 작가들에 의해 통제되고 있는 상황이었다. 그리고 «문학신문»과 해당 신문의 인쇄소는 작가동맹의 주 수입원이었다.

공식 대변인을 잃게 되자, 소비에트작가동맹 위원회는 과거 주간 신문이었던 «일»(День)을 일간지로 바꾸고, 보수민족주의자 알렉산드르 쁘로하노프(Александр А. Проханов, 1938~)를 편집장으로 임명한 후, 이 일간지를 소비에트작가동맹 기관지로 결정했다. 새 일간지의 발행목적은

---

69) «문학신문», 1989년 12월 13일, 7면에 실린 기사 "법률안. 간행물과 그 밖의 대중매체에 관한 소련의 법률"(Проект. Закон СССР о печати и других средствах массовой информации)을 참조.

분명했다. «문학신문»의 독자들을 빼앗고, «문학신문» 인쇄소에 대한 소유권을 주장하려는 것이 그들의 목적이었다. 보수민족주의 및 맹목적 애국주의 정책을 지지하는 일간지 «일»은 고르바초프의 개혁정책에 반대의사를 적극적으로 표명했다. 편집장 쁘로하노프는 표현의 자유를 남용하며 공개적 선동을 유발하는 터무니없는 주장을 담은 기사를 실었다. "표현의 자유는 자유주의자들과 자유주의 인쩰리겐찌야 대변인들의 손아귀에서 놀아나고 있다... 이런 불균형 상태가 초래되면서, 모든 사람이 표현의 자유를 누리지 못하고 있는 실정이다."[70] 1991년 8월 쿠데타가 실패한 이후, 결국 «일»은 새롭게 구성된 '소비에트작가동맹'의 자유주의 성향의 위원회에 의해 폐간되었다. 왜냐하면 반(反)고르바초프 음모의 선봉에 섰다는 이유로 고발을 당했기 때문이었다. 그러나 며칠 후 '러시아연방작가동맹'의 보수주의자들은 «일»을 인수하고 발행을 재개했다. 다른 애국단체로부터 재정지원을 받을 수 있었기 때문에, 쁘로하노프는 «일»의 발행에 재정지원이 필요하지 않다고 선언했다. 쿠데타가 발생하기 전부터 «일»이 군부의 지휘관들과 사령관들로부터 재정적 후원을 받고 있었다는 것과 군부를 위해 운영되고 있다는 것은 모스크바 문단에 이미 널리 알려져 있었다.[71] 당시 매일 15만부 정도 발행되었던 «일»은 극우보수주의 '구국전선'의 대변인 역할을 충실히 수행하고 있었다. 극우보수주의자들은 일간지 «일»을 영적으로 투쟁하는 신문이라고 불렀다. «일»은 문학관련 기사를 거의 다루지 않고, 반(反)옐친, 반(反)개혁, 그리고 민족주의 선동에 관한 기사들을 주로 게재했다. 게다가 그들은 정부정책에 대항할 것과 대통령의 명령에 불복종할 것을 군부에 은근히 호소하기까지 했다. 정치적 혼란을 막기 위해 정부는 1992년 초 «일»의 발행을 금지할 목적으로 이 일간지를 신속하게 법원에 제소했다. 그러나 법원은 이 소송에서 피고의 손을 들어주었다. 그 결과 «일»은 1993년 10월까지만 발행될

70) Ibid., 1991년 2월 13일, 3면.
71) Ibid., 1991년 8월 28일, 3면.

수 있었다. 결국 1993년 10월 반(反)정부 반란이 진압되면서 «일»은 폐간되었다. 그러나 얼마 후 새로운 주간신문 «내일»(Завтра)이 «일»을 대체하게 되었고, 편집장 쁘로하노프의 지도하에 이 신문은 폐간된 «일»과 마찬가지로 극우 보수주의 견해를 표방했다.

1993년에 주간신문 «문학 러시아»(Литературная Россия), 그리고 보수주의 문학잡지 «모스크바»(Москва)와 «우리의 동시대인»(Наш современник)을 제외한 대부분의 정기간행물 – «깃발»(Знамя), «10월»(Октябрь), «별»(Звезда), «청춘»(Юность), «네바»(Нева), «민족 우호»(Дружба народов) 등 – 은 노동자단체가 러시아연방 언론정보부에 등록한 독립편집진에 의해 운영되는 독립간행물들이었다. 그리고 당시 모스크바에는 두 개의 주간신문이 발행되고 있었다. 그 중 하나는 러시아연방작가동맹의 보수주의 작가들에 의해 운영되고 있는 1958년에 창간된 «모스크바 작가»(Московский литератор)이고, 나머지 하나는 진보성향의 '모스크바 작가동맹'과 '«4월»(Апрель)협회'가 공동으로 운영하는 자유주의 성향의 «문학 소식»(Литературные новости)이었다.

글라스노스찌가 실시되기 전에 소련의 정기간행물은 이데올로기의 수단으로 사용되었지만, 사회와 정치의 흐름을 일반적인 대중매체보다 훨씬 더 잘 반영하고 있었다. 비록 약간의 제약을 받기는 했지만, 소비에트문학은 이솝식의 언어와 교묘한 문학 장치를 사용하여 소비에트 일상생활의 실제 모습을 묘사할 수 있었던 것이다. 검열제의 점진적 폐지는 시민들로 하여금 폭넓은 견해를 갖게 만들었고 정기간행물의 면모도 변화시켰다.

1986년부터 1988년 사이에 문학잡지들은 과거 소련당국에 의해 금서로 분류되었던 작가들 – 알렉산드르 베끄(Александр А. Бек, 1903~1972), 아나똘리 르이바꼬프(Анатолий Н. Рыбаков, 1911~1998), 보리스 빠스떼르나끄(Борис Л. Пастернак, 1890~1960), 바실리 그로스만(Василий С. Гроссман, 1905~1964), 예브게니 자먀찐(Евгений И. Замятин, 1984~1937),

안드레이 쁠라또노프(Андрей П. Платонов, 1899~1951), 안드레이 비또프(Андрей Г. Битов, 1937~), 블라지미르 나보꼬프(Владимир В. Набоков, 1899~1977), 프란츠 카프카(Franz Kafka, 1883~1924), 그리고 조지 오웰(George Orwell, 1903~1950) 등 — 의 작품을 게재했다. 그리고 1989년부터 1992년 사이에는 소련의 반체제작가 블라지미르 보이노비치(Владимир Н. Войнович, 1932~), 안드레이 시냡스끼(Андрей Д. Синявский, 1925~1997), 블라지미르 막시모프(Владимир Е. Максимов, 1930~1995), 그리고 바실리 악쇼노프(Василий П. Аксёнов, 1932~2009)의 소설들도 게재했다. 1990년도는 알렉산드르 솔제니친(Александр И. Солженицын, 1918~2008)의 공식적인 해로 간주되었고, 문학잡지 «신세계»(Новый мир), «우리의 동시대인»(Наш современник), «네바»(Нева), «별»(Звезда) 그리고 «민족 우호»(Дружба народов)는 거의 동시에 그의 작품을 게재했다. 그리고 문학잡지들은 과거 소련에서 알려지지 않은 작가이며 현재 서방세계에 거주하고 있는 프리드리흐 고렌슈떼인(Фридрих Н. Горенштейн, 1932~2002)의 작품[72]과 유리 밀로슬랍스끼(Юрий Г. Милославский, 1948~)의 작품[73]도 게재했고, 글라스노스찌 이전에 집필한 유리 까랍치옙스끼(Юрий А. Карабчиевский, 1938~1992)의 작품[74]도 게재했다. 1992년 중반에 접어들자 대부분의 금서들의 게재는 완료되었다. 따라서 주요 문학잡지들은 빅또르 아스따피예프(Виктор П. Астафьев, 1924~2001), 바실 브이꼬프(Василь В. Быков, 1924~2003), 세르게이 잘르이긴(Сергей П. Залыгин, 1913~2000) 그리고 바실리 벨로프(Василий И. Белов, 1932~2012) 등과 같은 훌륭한 구세대작가들의 작품과 발랄하고 신선한 신세대작가들의 작품을 함께 게재하기 시작했다. 문학잡지에 실린 작품들의 질적 수준은 다양했으나 대중의 관심을 끌기에는

---

72) 『속죄』(Искупление), «청춘», 1990년 11~12호; 『침상』(Койко－место), «깃발», 1990년, 1~2호; 『시편』(Псалом), «10월», 1991년 10~12호, 1992년 1~2호.

73) 『요새화된 도시들』(Укреплённые города), 1980년 예루살렘에서 처음 발행된 작품.

74) 『알렉산드르 질베르의 삶』(Жизнь Александра Зильбера), «민족 우호», 1990년 6~7호.

충분하지 않았다. 왜냐하면 검열제가 폐지된 이후 대중은 문화에 대한 이해와 정보에 목말라 있었기 때문이었다.

정기간행물의 인기는 '문학주제'와 급격히 변화하는 '사회정치주제'에 배분된 양에 의해 결정되었다. 당시에는 전자보다 후자가 더 중요한 역할을 하고 있었다. 따라서 경제와 정치 이슈에 관한 논쟁과 니꼴라이 슈멜료프(Николай П. Шмелёв, 1936~2014), 가브리일 뽀뽀프(Гавриил Х. Попов, 1936~), 그리고 아나똘리 스뜨렐랸느이(Анатолий И. Стреляный, 1939~)와 같은 주요 경제 및 정치전문가들의 기고가 문학잡지들의 고정 칼럼이 되어버렸다. 그 결과 1990년 이전에 문학잡지들의 판매량은 크게 증가했다. 1985년에 43만부를 발행했던 «신세계»는 1989년에 150만부를, 그리고 1990년에 260만부를 발행했다. 그리고 «문학신문»은 1988년 35만부에서 1989년 62만부를 발행했다. 대부분의 문학잡지 발행부수는 1989년과 1990년 사이에 최소 25%이상 증가했다. 그런데 문학잡지의 성공은 더 많은 종이 공급을 필요로 하게 되었고, 인쇄소에 더 큰 부담을 주게 되었다. 따라서 인쇄소를 소유하고 있지 않은 잡지사들은 자신들의 문학잡지를 기한 내에 출판할 수 없는 상황에 처하게 되었다. 예를 들어 월간지 «신세계»는 1990년에 8권만을 출판할 수 있었다.

그러나 전문학술지는 이런 혜택을 누리지 못하는 상황이었다. 정기간행물들이 재정적으로 안정을 누리게 되자, 정부는 모든 간행물에게 제공했던 보조금을 끊어버렸고 이로 인해 전문학술지들은 위기에 처하게 되었다. 1990년 소비에트작가동맹은 전문학술지들의 폐간을 막기 위해 «문학 리뷰»(Литературное обозрение), «문학의 제 문제»(Вопросы литературы), «현대 드라마»(Современная драматургия) 그리고 «연극»(Театр)에 재정지원을 하게 되었다. 그리고 «소비에트문학»(Советская литература)은 프랑스어판과 스페인어판을 폐간하고, 러시아어판, 영어판 그리고 독일어판만을 발행하게 되었다.

그러나 정기간행물의 호황은 1990년부터 서서히 소멸하기 시작했고, 1991년에 막을 내리게 된다. 왜냐하면 소련시절 금서들은 이미 출판이 완료된 상황이었고, 대중은 실용적 이익과 관계가 없는 글에 이미 식상해 있었다. 그리고 독자들은 다양한 부류의 인쩰리겐찌야가 서로를 헐뜯으며 티격태격하는 것에 신물도 났고, 새로운 경제시스템 하에서 과거 문학잡지를 구독했던 인쩰리겐찌야와 중산층의 주머니 사정도 나빠졌기 때문이었다. 게다가 종이 값과 인쇄비용의 상승은 편집진의 삶을 궁색하게 만들뿐 아니라, 출판업의 미래를 불확실하게 만드는 시장경제로의 전환에 영향을 끼치게 되었다. 이처럼 1988년부터 1990년 사이에 누렸던 문학잡지들의 호황은 1991년부터 막을 내리게 되었다. 이때부터 문학잡지의 판매량은 급격히 하락하기 시작했다. 예를 들어 «깃발»의 발행부수는 1990년 100만부에서 1994년 10월에 4만8천부로, «10월»은 1990년 33만5천부에서 1994년 11월에 3만8천부로, «신세계»는 1990년 260만부에서 1992년에 25만부로, 그리고 1994년 11월에 2만9천부로 하락했다. 이는 브레즈네프 시절의 «신세계» 발행부수 33만5천부보다 훨씬 적은 것이었다. 주간문학신문의 상황도 문학잡지와 거의 동일했다. «문학신문»의 발행부수는 1989년 620만부에서 1991년 12월에 120만부로, 1992년에 51만부로, 그리고 1994년 12월에 31만부로 급감했다.

오늘날 러시아에서 발행되는 정기간행물은 정치, 이데올로기, 그리고 미학에 관한 다양한 견해를 반영하고 있다. 수차례에 걸친 편집방식의 변경에도 불구하고 오랜 전통을 갖고 있는 문학잡지들은 뻬레스뜨로이까가 실시되던 초창기에 자신들이 채택했던 정책과 이념을 고수하고 있었다. 외국인 혐오증과 과격한 민족주의 견해를 표방하고 있는 «우리의 동시대인»과 «젊은 친위대»는 과거 소련시절의 영광을 칭송하며, 예술과 삶의 새로운 모든 실험에 대한 공격을 감행했다. 상기 두 잡지와 유사한 노선을 따르고 있는 «모스크바»는 '신(新)친로주의'(Новое Руссофилство)[75]와 보수주의 견해를 표방하며, 대부분의 지면을 러시아정교와 애국주의에 관한 기사에 할애했다. 반면에

«깃발», «10월» 그리고 «청춘»은 자유민주주의를 표방하며 지면에 다양한 예술경향을 소개했다. 그리고 중도성향을 표방하고 있는 «신세계»에 대해 일부 인쩰리겐찌야는 보수주의에 가깝다는 비판을 제기했다. 심지어 그들은 «신세계»를 «우리의 동시대인»의 '2중대'라고 부르며 노골적으로 비아냥거렸다.[76] 그러나 넓은 의미에서 볼 때 «신세계»는 알렉산드르 솔제니친의 견해를 반영하고 있고, «깃발»은 안드레이 사하로프(Андрей Д. Сахаров, 1921~1989)[77]가 추구했던 길을 걷고 있다.[78]

«신세계»의 대중 선호도가 감소한 것은 부분적으로 편집정책을 수정했기 때문이었다. «신세계»의 편집을 책임지고 있던 세르게이 잘르이긴(Сергей П. Залыгин, 1913~2000)은 긴장과 논쟁을 불러일으키는 주제를 의도적으로 피했고, 19세기와 20세기 초 블라지미르 솔로비요프(Владимир С. Соловьёв, 1853~1900)[79]와 바실리 로자노프(Василий В. Розанов, 1856~1919)[80] 등이 추구했던 중도성향의 민족·종교·철학 방향으로 선회했다. 왜냐하면 그들의 중도성향이 오늘날 러시아의 중산층이 추구하는 방향과 동일했기 때문이었다. 그럼에도 불구하고 이 잡지는 논쟁을 필요로 하는 중요한 주제도 다루었고, 젊은 작가들의 실험소설의 게재도 허용했다.

모스크바와 뻬쩨르부르그에서 발행되는 주요 월간잡지와 더불어, 사라또프의 «볼가»(Волга), 예까쩨린부르그의 «우랄»(Урал), 노보시비르스끄의 «시베리아의 불꽃»(Сибирские огни), 뻬뜨로자보쯔끄의 «북방»(Север), 보로네슈의 «상승»(Подъём), 끄라스노다르의 «꾸반 강»(Кубань) 그리고 하바롭스끄의 «극동»(Дальний восток)과 같은 지방월간잡지도 계속 발행

---

75) 역주 : 오늘날 러시아에서 과거 소련의 정치사회제도, 러시아의 문화와 전통 등을 추종하는 운동.
76) «문학 소식»(Литературные новости), 1992년 4호, 10쪽.
77) 역주 : 소련의 유명한 핵물리학자, 반체제 활동가, 인권 활동가. 1975년 소련에서 인권 향상을 위한 운동을 전개한 공로로 노벨평화상을 수상했다.
78) 노비꼬프(В.И. Новиков), '중간 결승점'(Промежуточный финиш), «깃발», 1992년 9호, 225쪽.
79) 역주 : 19세기 말 러시아의 상징주의 시인이자 종교·철학자, 문학비평가.
80) 역주 : 19세기 말과 20세기 초 러시아의 종교·철학자이자 문학비평가.

되었다. 심각한 재정난과 대중으로부터의 인기하락에도 불구하고, 거의 매일 새로운 문학잡지와 문학연감이 출시되었다는 것은 대단히 흥미로운 현상이다. 1991년 한해에만 공식적으로 정부에 등록한 새로운 정기발행물이 400종이 넘었다.[81] 그들 중 일부는 사회단체, 교육단체, 정치단체 혹은 일반단체에 의해, 일부는 사업체에 의해, 그리고 일부는 개별 작가와 시인에 의해 발행되었다. 그런데 불행하게도 그들 중 대부분은 발행되고 얼마 지나 폐간되고 말았다. 새로 등장한 정기간행물들 가운데 유명한 월간잡지로는 1990년 12월에 발행을 시작한 «동의»(Согласие)를 꼽을 수 있다. 이 잡지는 모스크바의 편집발행 네트워크 <자비>(Милосердие)에 의해 발행되었는데, 소설과 시를 진지하게 다루고 있는 간행물이다. 몇 년 전부터 새롭게 발행된 잡지들 가운데 눈에 띄는 것으로는 «모스크바 통보»(Московский вестник), «독창»(Соло), «황금시절»(Золотой век), «기부»(Лепта), «신문학 통보» (Вестник новой литературы), «바냐 아저씨»(Дядя Ваня), «세기말»(Конец века) 그리고 «순례자»(Странник)를 꼽을 수 있다. «청춘»과 «문학 리뷰» 같은 일부 잡지들은 내부 분쟁으로 인해 분열되면서, «새 청춘»(Новый юность)과 «신문학 리뷰»(Новое литературное обозрение)가 새롭게 발행되었다. 그리고 1991년에 레닌그라드와 '스베르들롭스끄'[82] 출신 작가들이 연합하여 만든 정기간행물 «기이한 미로»(Эксцентр－Лабиринт)는 중요한 문학잡지로 평가되었다. 이 잡지는 젊은 작가들이 집필한 실험소설과 시의 토론장을 제공하고 있으며, 뻬쩨르부르그와 예까쩨린부르그에서 번갈아 발행되었다. 이 간행물은 자신들의 고유한 언어를 사용하며 자신들의 가치와 세계관을 표명하고 있다는 점에서 독창적이며 야심찬 문학잡지로 평가된다.

일부 간행물들은 자신들을 후원하는 기관들의 견해를 옹호했으나, 대부분

---

81) *The Toronto Star*, 23 January 1993, D5.

82) 역주 : 스베르들롭스끄(Свердловск)는 우랄지방에 소재한 도시이다. 이 도시는 제정러시아시절에 '예까쩨린부르그'(Екатеринбург)라고 불렸다가, 소련시절인 1924년부터 1991년까지 '스베르들롭스끄'로 개명되었다. 그리고 1992년부터 다시 옛 도시명인 '예까쩨린부르그'로 불리고 있다.

의 간행물들은 정치진영에 합류하는 것을 거부하고 오직 문학과 사회문제에만 관심을 표명했다. «신문학 통보»와 «독창» 같은 잡지들은 과거 소련의 '지하문학'과 '포스트모더니즘 문학'을 다루고 있는 반면, «모스크바 통보»와 «바냐 아저씨» 같은 잡지들은 과거 '사실주의 전통문학'을 다루고 있다. «순례자»는 '볼셰비키정책과 소비에트시스템을 비난하는 글'을 주로 싣고 있으며, «세기말»은 젊은 작가들의 '실험적인 소설과 시'뿐 아니라 과거 '소련과 러시아의 망명 작가들의 작품'도 함께 싣고 있다. 그러나 대부분의 새 간행물들은 예술의 혁신, 실험소설 그리고 옛 소비에트 가치의 부정을 고수하고 있기 때문에, 새로운 변화에 반대하며 검열제의 부활을 주장하고 있는 보수주의 비평가들로부터 따가운 눈총을 받고 있다.

과거 소련당국에 거칠게 대항했던 두 잡지 – 프랑크푸르트와 마인에서 발행했던 «국경»(Грань)과 파리에서 발행했던 «대륙»(Континент) – 는 소련이 붕괴되자 출판사를 모스크바로 옮긴 후 잡지발행을 계속했다. 그리고 «궁수자리»(Стрелец) 역시 출판사를 서방세계에서 러시아로 옮겨 발행을 지속했다.

정기간행물들의 인기하락에도 불구하고, 문학잡지들은 러시아의 사회, 정치 그리고 문화 분야에 지속적으로 중요한 역할을 수행하고 있다. 즉 문학잡지들은 러시아 지식인들의 정치관, 국가관 그리고 경제관뿐 아니라, 이데올로기와 철학관에 대한 토론장의 역할을 수행하고 있는 것이다. 그들은 러시아의 젊고 참신한 작가들뿐 아니라, 기존작가들의 작품을 출판할 수 있는 무대를 제공하고 있다. 그러나 오늘날 정기간행물이 문학이론에 대한 진지한 토론과 현재 출판되고 있는 산문과 운문에 대한 심도 있는 논평에 대해 큰 관심을 보이지 않는다는 점은 유감이라고 말할 수 있다.

출판과 문화

시장경제로의 전환은 러시아문단의 상황을 복잡하게 만들었다. 뻬레스뜨로이까가 실시되기 이전에는 관대한 국가보조금으로 인해 많은 정기간행물의 발행뿐 아니라, 이데올로기 측면에서는 문제가 없지만 예술적 측면에서 결함이 있는 작품의 출판도 가능했다. 그리고 국가보조금은 특별한 독자들만을 위한 전문 학술도서의 출판도 가능하게 만들었다. 그러나 1990년 이후 출판사들은 출판을 해도 되는 작품과 출판을 하면 안 되는 작품을 '스스로' 결정하게 되었다. 검열제가 폐지되었기 때문에 더 이상 당국의 계획을 충족시킬 필요가 없어진 출판사들이 이익을 추구하는 사업을 하게 된 것이다. 노동자 단체들에게 국가출판기업을 임대하고, 그들에게 운영권을 부여한 정부의 결정과, 우후죽순 늘어가는 소규모 신규 독립출판사들의 발생은 러시아 출판정책에 큰 영향을 끼치게 되었다. 그 결과 출판사들은 별 이익이 되지 않는 학술서적과 고전문학작품의 발행을 자제하고, 큰 이익을 창출하는 외국탐정소설, 안내서 그리고 에로물 등을 발행하는 데 주력하게 되었다. 그리고 일부 출판사들은 작가들이 직접 출판비용을 대는 조건 하에 그들의 저급한 작품을 발행해 주기도 했다.

이처럼 <소비에트 작가>(Советский писатель), <예술 문학>(Художественная литература), 그리고 <동시대인>(Современник)과 같은 과거 소련의 거대한 국영출판사들을 포함한 대부분의 출판사들은 고전문학작품과 학술서적의 발행을 축소하고, 대신 큰 이익을 창출할 수 있는 다양한 분야의 서적들을 출판하게 되었다. <예술 문학>의 편집국장 겐나지 이바노프(Геннадий В. Иванов, 1950~)는 절망감을 느끼며 다음과 같이 토로하고 있다. "과거에는 검열제가 우리를 고통스럽게 만들었지만, 지금은 '루블'이 우리를 고통스럽게 만들고 있다."[83] 이런 상황은 현대러시아문학 발전에 큰 영향을 끼치게 된다.

---

83) «문학신문», 1992년 2월 26일, 7면.

특히 젊은 현대작가들이 집필한 작품의 발행은 해를 거듭하면서 줄어들고 있다. 1990년 <예술 문학>에서 출판한 젊은 현대작가들의 작품은 70편이었으나, 1991년에는 25편, 1992년에는 5편으로 줄었다. 이 숫자를 통해 우리는 현대러시아문학의 위기를 감지할 수 있다.

출판사 <소비에트 작가>가 받는 고충도 <예술 문학>과 크게 다르지 않았다. 전자의 편집위원장을 맡고 있는 아나똘리 쥬꼬프(Анатолий Н. Жуков, 1931~)는 다음과 같이 불만을 토로했다. "1991년에 발행이 승인된 서적 70%가 출판되지 못했다. 출판사는 작가들과 다양한 계약을 체결하고 인세의 25%를 작가들에게 미리 지불했지만, 책은 거의 출판되지 않았다. 왜냐하면 인쇄용지가 부족했기 때문이다."[84] 1991년도에 <소비에트 작가>는 약 4백만 루블의 적자가 예상되었다. 따라서 <소비에트 작가>는 협동기업과 협력하고, 참고서, 안내서, 외국탐정소설, 에로물 그리고 포르노물과 같은 상업적으로 성공할 수 있는 서적을 발행하며 적자를 메우려는 시도를 감행했다.

하지만 이런 상황은 '조인트벤처사업'이라는 젊은이들의 기발한 아이디어로 다소 완화되었다. 그들은 출판사 대표를 서방세계에 위촉하거나, 본인들이 최소한의 경비만 지출하여 아주 작은 규모의 벤처출판사를 설립했다. 이런 새로운 형태의 벤처출판사는 수백 권의 소책자, 팸플릿, 연감 등을 비롯하여 과거 소련의 '사미즈다뜨'(самиздат, 지하출판사)에 대한 새로운 안내책자와 신문도 발행했다. 1989년 레닌그라드에서만 약 2백만 부가 발행되었다.[85] 그러나 대부분의 벤처출판사는 러시아문학에 거의 관심을 두지 않았다. 그들은 단지 대중의 취향을 만족시키거나 정치적 목적에 봉사하면서, 자신들의 이익을 창출하는 데만 급급했던 것이다. 나름대로 수준이 높은 문학작품의 발행을 추구하고 있는 출판사로는 과거 소련시절 거대 국영출판사였던 모스크바 소재 <테라>(Терра), <텍스트>(Текст) 그리고 <엑스리브리스>(Эхлибрис), 그리고

84) «일»(День), 1991년 7월, 13호, 5면.
85) «문학신문», 1990년 1월 10일, 11면.

뻬쩨르부르그 소재 <북서(北西)>(Северо－запад)를 꼽을 수 있다.

당시 러시아의 출판업은 상당히 어려운 상황에 처해 있었다. 러시아는 핀란드처럼 인구가 적은 국가에서 필요로 하는 양의 인쇄용지조차 생산하지 못하는 실정이었다. 인쇄용지는 계속해서 부족한 상황이었고, 용지의 가격은 가파르게 상승했다. 러시아의 인쇄소 장비는 낙후했고, 인쇄기술 또한 형편없었다. 1993년에 당국에 등록된 출판사는 6만여 개였으나, 새로 설립된 인쇄소는 하나도 없었다.[86] 물가상승을 초래하는 심각한 인플레이션과 생활수준의 하락으로 인해 상황은 더욱 악화되었다. 게다가 독자층의 관심과 취향이 바뀐 것도 적지 않은 영향을 끼치게 되었다. 이런 환경에서 가장 먼저 타격을 받은 것은 값비싼 전문서적과 러시아 고전작품이었다. 문예학자 바짐 바쭈로(Вадим Э. Вацуро, 1935~2000)는 학술적으로 우수한 문학서적의 발행이 거의 중단된 것에 대해 절망감을 표출했다. 기껏해야 오래전에 출판된 인쇄결함이 있는 작품들이 이따금 재발행 되는 것이 고작이었다.[87] 그리고리 바끌라노프 (Григорий Я. Бакланов, 1923~2009)는 1992년에 구세대작가들이 쓴 작품을 단 1권도 재발행할 수 없다는 사실에 대해 개탄을 금치 못했다.[88] 외국작품의 불법번역판이 러시아에서 출판되고 있는 서적의 약 90%를 차지하고 있었다.[89] 비록 오래전부터 갈망했던 창작의 자유를 만끽했지만, 러시아의 많은 작가들과 학자들은 러시아문학과 문화를 보존할 기회뿐 아니라, 자신들의 작품을 출판할 기회도 상실하게 된 것이다.

재정지원이 완전한 예술의 자유를 보장하기 위한 필수조건인지 혹은 아닌지에 대한 질문은 탁상공론일지도 모른다. 대중의 지지를 얻지 못한 예술과 문학이 살아남을 수 없다는 것은 주지의 사실이다. 극히 일부이지만 자신들의

86) 옐레나 또까레바(Елена Токарева), '출판업의 붕괴, 두 얼굴의 야누스'(Двуликий Янус книжного развала), Ibid., 1993년 6월 9일, 7면.
87) Ibid., 1992년 12월 11일, 6면.
88) «독립신문»(Независимая газета), 1992년 10월 1일, 7면.
89) *The Toronto Star*, 23 January 1993, D5.

책을 판매하여 얻은 수입에 의존하며 창작활동을 하고 있는 작가들과 시인들이 서방세계에도 존재하고 있다. 그러나 대부분의 서방세계 작가들은 예술가들을 위한 문화기관을 후원하는 자선재단과 연구재단, 그리고 국가로부터 지원을 받고 있다. 반면에 러시아 작가들을 지원하기 위한 러시아의 시스템은 아직 유아기 상태에 머물러있었다. 많은 작가들이 정부의 눈치를 보며 손을 내밀고 있으나, 과도기에다 눈덩이같이 불어나는 적자로 인해 재정적 난관에 봉착한 러시아정부는 그들을 도울 여력이 거의 없는 상황이었다. 이런 상황에서 러시아 정부로부터 지원금을 받는 작가는, 민주주의라고 주장하고 있으나 아직도 과거 공산주의 관료들에 의해 통제되고 있는 정부에게 신성한 창작의 자유를 포기하고 정부를 위해 집필활동을 하는 어용작가라는 의심을 받고 있다.

과거 소련은 서방세계의 국가들보다 문화조성사업에 훨씬 많은 투자를 했다. 예술가들이 공산당과 정부가 주창한 가치와 이상을 대중에게 선전해주기 때문에, 정부는 그 대가로 그들에게 많은 지원을 했던 것이다. 소련에서 문학, 예술, 문화 분야에 종사하고 있는 자들은 수백만 명에 달했다. 납세자들에게 이해를 구해야 되는 민주주의 국가에서는 생각조차 할 수 없는 구조였던 것이다. 오늘날 러시아의 많은 작가, 시인, 번역가들은 자신들의 전공과 거의 관련이 없는 분야에서 직업을 구하고 있는 실정이다. 소비에트 시스템에 의해 교육받고 양육된 러시아 작가들과 예술가들은, 문화조성사업의 쇠퇴뿐 아니라 수입이 감소될 수도 있고 명예도 잃을 수 있는 이런 새로운 상황을 받아들이는데 고통을 받고 있다. 자유주의와 보수주의 작가들이 유일하게 동의하는 것은 문화 분야에 대한 공적지원을 요구하는 것이었다. 예브게니 옙뚜쉔꼬는 문학의 상업화가 문학에 대한 정치적 통제만큼이나 위험하다는 것을 지적하고 있다. "소위 흥미위주의 문학작품의 번창은 결국 독자들의 취향을 오염시키게 된다... 따라서 진정한 문학작품으로 인해 출판사가 초기에 큰 손해를 보는 것은 어쩌면 당연한 일이다."[90] 그리고 저명한 작가 보리스 모좌예프(Бирис А. Можаев, 1923~1996)는 "문화의 쇠퇴는 국가의 퇴보와

멸망의 첫 번째 징조이다."라고 경고했다.[91]

러시아망명 작가이자 미국 다트머스대학교 교수인 레프 로세프(Лев В. Лосев, 1937~2009)와 저명한 러시아학자이자 비평가인 블라지미르 라끄쉰(Владимир Я. Лакшин, 1933~1993)이 «문학신문» 칼럼에서 진행한 격렬한 논쟁은 시사하는 바가 크다. 레프 로세프는 "모든 작가가 요구하는 것은 창작의 자유이며, 이를 위해 작가는 시장경제에 참여해야 하고, 참여에 대한 비용을 치러야만 한다."라고 주장했다. 그의 주장에 대해 블라지미르 라끄쉰은 다음과 같이 반박했다. "러시아문화를 위해 지불해야 하는 비용이 얼마인가? 만일 그 비용이 어마어마하게 크다면, 차라리 '축복의 왕국'으로 가는 티켓을 환불하는 편이 더 낫지 않겠는가?"[92] 그런데 러시아정부는 실제로 작가들에게 지원금을 제공했다. 1994년에 바실리 벨로프(Василий И. Белов, 1932~2012), 드미뜨리 갈꼽스끼(Дмитрий Е. Галковский, 1960~), 그리고 게오르기 블라지모프(Георгий Н. Владимов, 1931~2003) 등을 포함한 약 2백 명의 자유주의 및 보수주의 작가들에게 국가 보조금을 지불했던 것이다. 정기간행물에도 지원했으나 전문서적과 문학작품을 발행하는 데는 상당히 부족한 액수였다. 언론출판정보 장관 미하일 뽈또라닌(Михаил Н. Полторанин, 1939~)에 의하면, 극우 보수주의 일간지 «일»과 «소비에트 러시아»를 포함한 모든 신문과 문학잡지는 1992년 국가로부터 지원을 받았다.[93] 그리고 문학잡지 «깃발»은 정부로부터 받은 지원금으로 빚을 청산할 수도 있었다.[94]

자유주의자들과 보수주의자들은 문화에 대한 공공지원의 기본원칙에 합의했다. 그러나 그들이 지원하고자 하는 문화의 본질과 정의에 대한 격렬한 논쟁이 벌어졌다. 자유주의자들은 문화의 정의에 러시아 전통과 유산뿐 아니라,

---

90) «문학신문», 1990년 10월 31일, 3면.
91) Ibid., 1992년 7월 15일, 3면.
92) Ibid., 1992년 5월 20일, 3면.
93) Ibid., 1992년 11월 25일, 10면.
94) Ibid., 3면.

보편적 인간가치도 포함돼야 한다고 주장했다. 즉 민주화, 관용, 그리고 인권이 반드시 포함돼야 한다는 것이다. 반면에 보수주의자들은 문화를 러시아민족과 러시아정교회 가치관의 반영으로, 그리고 러시아국익과 관련이 있는 것으로 보았다. 보수주의자들 중 한 사람은 다음과 같이 주장했다. "최근 사람들을 현혹시키고 있는 다양한 형태의 '다원주의'는 매우 교활하고 위험한 이론이다. 왜냐하면 다원주의는 보편적 인간가치라는 탈 속에 그 본질을 감추고 있기 때문이다... 오늘날 자유주의자들은 자신들의 이념적 수단을 공공연하게 사용하며 문화의 본질을 흐리고 있다. 즉 아주 교묘한 수단을 사용하고 있는 것이다. 다시 말해 포르노물의 도움을 받고, 잔학행위를 숭배하며, 자유, 평등, 인류애라는 계몽적인 단어로 실체를 감추고 있는 것이다... 그러나 그 이면에는 항상 민족적인 독특한 것들을 무너뜨리고 뿌리째 뽑아버리려는 동일한 목적이 감추어져 있다."[95] 일간지 «프라우다»는 출판업에 대한 근본 원칙에 의문을 제기하면서, 공개적으로 문학에 대한 보수주의자들의 주장을 지지하고 나섰다. «프라우다»에 의하면, "새롭게 출범하는 출판업계는 새로운 것을 발견하는 길로 나아가지 못하고 있고, 오히려 판매를 목적으로 서둘러 집필한 작품들을 범람하게 만들고 있다... 오늘날 출판업계는 문학의 발전을 저해하고 있다. 즉 독자에게 접근하는 길을 차단하고 있는 것이다."[96]

시장경제로 전환하는 혼란스런 상황에서 독자들의 관심을 충족시키면서, 동시에 러시아문화유산을 보존하려는 목적을 완벽하게 수행할 수 있는 체계적인 간행과정을 기대한다는 것은 불가능하다. 오늘날 러시아에서 발생하고 있는 인플레이션, 인쇄용지의 가격상승, 그리고 수요 감소 등은 문학서적과 정기간행물의 발행에 치명적인 장애물로 작용하고 있다. 출판업계에서 확고한 자리매김을 하고 있는 «민족 우호»과 «깃발» 같은 정기간행물조차 1994년에 접어들면서

95) 스쩨빤 보꼬치(Степан Бокоч), '러시아문화에 관한 질문'(К вопросу о русской культуре), «가훈집»(Домострой), 1991년 7월 2일, 13면.
96) «프라우다», 1990년 10월 13일, 3면.

폐간 위기에 처하게 되었다. 출판업을 포함한 일반적인 러시아경제와 무역이 행해지는 무대는 체계적인 상설시장이라기보다, 비정기적으로 열리는 일종의 자선시장으로 간주할 수 있다. 이데올로기와 정치적 이념을 추구하거나 수익을 추구하는 출판업계의 다양한 실험이 자행되고 있는 시장인 것이다. 그러나 새로운 시도를 무조건 비난하는 행위나, 일부 보수주의자들이 주장하는 과거로의 회귀는 결코 정당화될 수 없다.[97]

러시아정부는 시장경제로부터 문화를 지키려는 최선의 노력을 경주하고 있으나, 사용할 수 있는 수단은 극히 제한적이었다. 1991년 12월 정부는 문화관련 기관을 민영화할 수 없다는 내용을 담은 '러시아문화유산보호에 관한 결의안'을 채택했다.[98] 그리고 1992년 4월 정부는 경제개혁기간 중에 문화와 예술을 지원할 수 있는 또 다른 결의안도 채택했다. 그런데 소비에트 스타일의 결의안이 러시아문화를 보호하는 데 적합한 수단이 될 수 있는지는 여전히 의문이다. 게다가 많은 사람들은 '예까쩨린부르그' 출신 작가들에 대한 옐친의 오만한 태도를 잘 기억하고 있다.[99] 옐친은 모스크바 소재 문학연구소 소장을 역임하고 있는 저명한 문학비평가 예브게니 시도로프(Евгений Ю. Сидоров, 1938~)를 문화부 장관으로 임명했다. 그의 임명은 약간의 도움이 될 수 있을지 모르지만, 오늘날의 문화부는 미미한 권력을 소유하고 단지 재정을 관리하는 부처에 지나지 않는다.

러시아에서 문화와 문학의 발전은 정치·경제·사회의 변혁과 밀접한 관계를 형성하고 있다. 문학은 더 이상 이데올로기를 전달하는 수단이 아니라, 서방세계처럼 평범한 예술형태로 서서히 전환되고 있는 것이다. 이데올로기의 중요성이 사라지면서, 문학은 러시아정부에게 필요한 우선순위에서 점차 밀려나고 있다. 작가, 비평가 그리고 발행인들은 얼마 되지 않는 재원확보를 위해 다른

97) «가훈집», 1991년 7월 2일, 13면.
98) «소비에트 러시아»(Советская Россия), 1992년 5월 30일, 2면.
99) «모스크바 소식», 1992년, 11호, 19쪽. «문학신문», 1992년 5월 20일, 3면에서 인용.

부처와 경쟁을 해야만 하는 상황이 되었다. 러시아문화의 미래는 작가와 비평가, 그리고 문화관련 기관들이 이런 새로운 상황에 얼마만큼 빨리 적응하느냐에 달려있다고 해도 과언이 아니다. 대중과 정부의 지원뿐 아니라 작가들의 독창성은 러시아문학의 성공적인 탈바꿈을 위한, 다시 말해 과거 공산주의 교화를 위한 수단에서 민주적 문화계몽과 교육을 위한 수단으로 탈바꿈하기 위한 필수적인 조건이 되었다.

제2장

러시아 문단

전반적 상황

과거 소련에서 작가는 단순히 창작예술가뿐 아니라 역사가, 철학자, 사회학자, 정치인 그리고 '인간관계에 관심이 많은 사람'의 역할도 담당했다. 당시 대중매체가 지식과 정보에 목말라하는 대중을 만족시키지 못했기 때문에, 문학은 사회적으로 금기시되는 주제를 다루면서 사회기관을 비판하고 일반적인 사회윤리가치에 의문을 제기하는 역할을 했던 것이다. 문학에서 다루고 있는 이 모든 것은 소비에트 기관들과 공산당 지도부에 적지 않은 영향을 끼치기 때문에, 정부는 그들의 지적을 경청할 수밖에 없었다. 왜냐하면 문학작품에서 제기된 이슈는 대중에게 상당히 민감한 것이기 때문이다.

소비에트작가들이 작품에서 다루고 있는 사회·정치 현상은 당시 소비에트의 사회·정치상황을 잘 반영하고 있다. 대부분의 작가들은 공식적인 공산당정책과 다른 방향으로 집필하려는 의도를 갖고 있었고, 작품의 결론은 마르크시즘과 상반되었다. 그런데 작가들은 자신들의 의도를 명확하게 드러내지는 않고 넌지시 암시만 했다. 그리고 중요한 메시지는 텍스트 이면에 깊숙이 감추었다. 소비에트 정부는 공산당정책에 불복종하는 작가들에게 강력하게 대처했다. 어떤 시절에는 과실이 있는 작가들이 작가동맹으로부터 축출, 구금, 그리고 국외 강제추방을 당했고, 또 어떤 시절에는 가벼운 문책만을 당했다. 브레즈네프 시절에 작가는 소비에트 당국에 위험하면서도 동시에 유용한 인물이었다. 당국은 소비에트사회가 불순한 사상으로부터 자유롭다는 것을 대중에게 확신시켜주는 문학작품을 교육수단으로 활용했던 것이다.

1980년대 중반까지 소비에트정부는 작가들을 선별한 후 '당근과 채찍'을 사용하여 그들을 관리했다. 정부는 작가들에게 최종 조치를 내리기 직전에, 어느 작가가 유용한지 혹은 위험한지를 조심스레 저울질했던 것이다. 작가들에 대한 정부의 대규모 공격은 1980년 여름 모스크바올림픽이 개최되기 전에 발생했다.

1979년 일부 소비에트작가들은 연감 «메뜨로뽈»(Метрополь)을 비밀리에 발행하여 문학 관료들이 설정한 기준에 저항하며 그들에게 도전장을 내밀었다. 이 잡지의 발행은 권력을 쥐고 있던 문학 관료들을 성가시게 만들었다. 정부는 올림픽이 개최되기 전에 이 문제를 해결하기 위해 이 연감에 글을 게재한 바실리 악쇼노프(Василий П. Аксёнов, 1932~2009)와 블라지미르 보이노비치(Владимир Н. Войнович, 1932~)를 국외로 추방했다. 그리고 빅또르 예로페예프(Виктор В. Ерофеев, 1947~)와 예브게니 뽀뽀프(Евгений А. Попов, 1949~)도 작가동맹에서 축출했는데, 그들이 소련에 거주하는 것은 허락했다.

그런데 고르바초프시절 글라스노스찌가 실시되면서 이런 상황은 급변하기 시작했다. 1990년 검열제가 폐지되면서 문학 관료들은 막강한 권력을 상실하게 되었다. 1991년 소련의 붕괴는 소비에트 문화기관들을 와해시켰고 그들의 재정 기반도 약화시켰다. 그리고 과거 소련에서 금서로 분류되었던 반체제작가들과 서방세계작가들의 작품들이 봇물 터지듯 쏟아져 나왔다.

글라스노스찌가 실시되기 전에 러시아망명문학과 소비에트문학의 관계는 상당히 예민한 이슈였다. 작가의 거주지와 상관없이 러시아어로 집필한 모든 작품을 러시아문학에 포함시켜야 된다는 주장과, 러시아 망명 작가들의 작품과 소련에 거주하는 작가들의 작품을 분리해야 된다는 주장에 대한 논쟁이 소련과 서방세계에서 벌어졌다. 대부분의 소련학자들과 비평가들은 이데올로기의 차이가 있다는 점을 강조하며 망명 작가들의 작품을 러시아문학으로 간주하는 것을 거부했다. 그러나 대부분의 서방세계 학자들은 하나의 러시아문학을 지지했다. 이 논쟁은 문화와 예술의 관점이 아니라 정치적 감정에 의해 촉발된 것이다. 오늘날 이 문제는 학술적인 이슈가 되었다. 어쨌든 세계 각처에 거주하고 있는 러시아작가들을 가로막고 있던 경계선이 무너졌고, 작가는 자신이 원하는 장소에서 자신이 집필한 작품을 발행할 수 있게 되었다.

그럼에도 불구하고 망명 작가들의 해외이주와 외국에서의 생활이 그들의 창작물에 전혀 영향을 끼치지 않았다고 말할 수는 없다. 따라서 '이주하기 전에 출판되었던 그들의 작품'과 '해외이주 후 새로 집필된 작품'을 면밀히 비교분석하고 후자를 평가할 필요가 있다. 경우에 따라 평가결과는 다르게 나타날 수도 있다. 예를 들어 19세기의 유명한 작가인 이반 뚜르게네프, 표도르 도스또옙스끼, 니꼴라이 고골은 오랜 기간 동안 외국에 거주하면서 그곳에서 작품을 집필했다. 그러나 당시의 상황은 지금과 사뭇 달랐다. 19세기 작가들은 러시아에서 추방된 것도 아니었고, 자신들의 이데올로기 때문에 국가로부터 압력을 받지도 않았다. 게다가 그들은 지방 신문사나 대중매체로부터 영향을 거의 받지 않았고, 외국에서 집필한 원고를 항상 러시아로 갖고 들어와서 출판했던 것이다. 그런데 지금은 그때와 전혀 다른 상황인 것이다. 미국에서 오랫동안 거주하면서 사회로부터 거리를 두고 은둔생활을 했던 솔제니친을 제외하고, 대부분의 망명 작가들은 서방세계의 문명과 사회가치, 그리고 상업화된 환경의 영향을 받고 있다. 환경이 인간의 삶에 영향을 끼친다는 것은 만고의 진리이다. 작가들이 어느 정도 영향을 받는지는 개인별 차이가 있다. 오늘날 국외로 추방되었던 작가들과 반체제인사들은 자유롭게 러시아로 돌아올 수 있게 되었다. 그러나 보수주의 정치캠프에 가입하기 위해 귀국한 알렉산드르 솔제니친, 유리 마믈레예프(Юрий В. Мамлеев, 1931~2015), 그리고 에두아르드 리모노프(Эдуард В. Лимонов, 1943~)를 제외한 대부분의 작가들은 러시아를 정기적으로 방문만 할 뿐 외국에 계속해서 거주하고 있다. 바실리 악쇼노프는 워싱턴 D.C.에, 안드레이 시냡스끼는 파리에, 그리고 블라지미르 보이노비치는 독일에 거주하고 있다.

솔제니친은 1994년 5월 27일 비행기를 타고 블라지보스또끄에 도착했다. 영국 BBC방송국으로부터 모든 여행경비를 제공받은 솔제니친은 호화로운 기차차량 2대를 이용하여 러시아횡단여행을 했다. 여행을 하면서 그는 수차례 기자회견을 가졌다. 그러나 75세 고령의 시인은 새로운 것에 대해 언급할 것이 더 이상 없는 듯 했다. 기자회견에서 그는 정치활동에 관여할 의사가 없다는 것을 강조했다. 그러나 그는 고르바초프와 자유주의들뿐 아니라, 극우보수주의 성향의 '러시아자유민주당' 대표 블라지미르 쥐리놉스끼(Владимир В. Жириновский, 1946~)와 공산주의자들도 비난했다. 그는 옐친을 직접 공격하는 것은 자제했다. 그러나 작금의 러시아는 탐욕스러운 상업주의와 특권층의 관료주의가 교활하게 혼합되어 있는 '사이비 민주주의' 상황이라고 지적하면서 현 정부시스템을 경멸하는 발언을 쏟아냈다. 그리고 러시아의 젊은이들이 자신의 작품을 읽지 않는 것과 그들이 자신이 주는 교훈에 거의 관심을 두지 않는다는 사실에 대해 불만을 토로했다.[100] 대부분의 러시아인들은 솔제니친의 방문과 그의 정치적 입지에 대해서 엇갈린 반응을 보였다. 그들은 솔제니친이 러시아를 좀 더 일찍 방문했다면 좋았을 것이라며, 그가 방문시기를 잘못 택했다고 이구동성으로 말했다. 그들은 그의 방문이 현 러시아의 정치·문화 상황에 영향력을 끼칠 수 있다는 것에 대해 의구심을 드러냈다.

1990년대 초 러시아 문단에는 많은 변화가 발생했다. 과거에 문학은 국정과 관련될 정도로 중요했지만, 지금은 개별 예술분야 중 하나로 전락하고 말았다. 한때 작가들과 학자들이 사회여론을 형성하는 데 중요한 역할을 했으나, 지금은 저널리스트들과 TV방송 프로그램에 종사하는 자들이 그 역할을 대신하며 대중으로부터 호응을 받고 있다. 그리고 한때 작가들이 자신들의 작품을 통해 이데올로기 투쟁을 벌였지만, 지금은 돈과 재산과 권력을 위해 투쟁하는 상황이 되었다. 과거에 문학은 공산주의 윤리와 도덕을 주제로 한 것들이 대부분이었다. 그러나 오늘날은 비록 소비에트 윤리를 대체할 것이 없는 상황이지만, 많은 사람들은 이런 주제를 달갑게 받아들이지 않고 있다. 한때 작품의 주제가 국가의 이데올로기와 편집정책에 의해 결정되었으나, 지금은 시장상황에 의해 결정되고 있다. 그리고 과거 문학의 규범은 공식적인 국가정책에 의해 확립되었으나, 현재는 대중의 취향에 의해 결정되고 있다. 한때 러시아문학은 침묵의 저항 수단으로 사용되었다. 국가가 결정한 규범을 따르도록 지속적인 압력을 받았기 때문에,

100) «문학신문», 1994년 6월 8일, 3면.

작가는 특별한 예술적 기법을 사용하여 텍스트 이면에 혹은 교묘하게 자신의 의도를 드러내곤 했었다. 그런데 지금은 작가가 자신이 의도한 메시지를 전달하기 위해 더 이상 교묘한 문학 장치를 사용할 필요가 없을 뿐 아니라 메시지 자체를 감출 필요도 없게 되었다. 비록 소련시절에 표현의 자유는 부재했지만 정치 및 경제상황은 비교적 안정적이었다. 그런데 현재 공공기관들은 무질서한 상황에 처해있고, 경제는 혼란스런 상황에 빠져있으며, 새로운 이상이 부재한 사회가 되어버렸다. 확고한 미래상을 갖고 있는 작가는 거의 찾아볼 수 없고 지나간 과거에만 의미를 두고 있는 작가들이 대부분이다. 대다수의 작가들은 과거 소비에트 삶의 일상적 현상을 묘사하는 데만 중점을 두고 있다. 과거 작가들은 일종의 소명감을 갖고 문학에 종사하는 자들이었으며 자신들이 집필한 작품의 판매에 대해서는 전혀 관심을 두지 않았었다. 그런데 오늘날의 작가는 시장경제에서 살아남기 위해 다른 작가들과 치열하게 경쟁을 해야 하는 상황에 처하게 되었다. 뿐만 아니라 자신들이 집필한 작품 또한 과거와 달리 사회에 큰 영향을 끼치지 못하게 되었다. 따라서 작가는 정치·경제·사회 문제에 개입하는 것을 그만두게 되었고, 순수예술 문학작품을 집필하는 데 몰두하게 되었다.

글라스노스찌가 실시되기 이전에 대부분의 소비에트 작가들은 그들이 주로 다루고 있는 주제에 의해 분류되었다. 예를 들어, 농촌을 주제로 많은 소설을 집필한 표도르 아브라모프(Фёдор А. Абрамов, 1920~1983), 바실리 벨로프(Василий И. Белов, 1932~2012), 그리고 바실리 슉쉰(Василий М. Шукшин, 1929~1974)과 같은 작가들은 '농촌작가'로 불렸다. 바실 브이꼬프(Василь В. Быков, 1924~2003)와 유리 본다레프(Юрий В. Бондарев, 1924~)는 '전쟁을 주제로 한 소설'을 주도적으로 집필한 작가로 분류됐다. 그리고 유리 뜨리포노프(Юрий В. Трифонов, 1925~1981)와 유리 나기빈(Юрий М. Нагибин, 1920~1994)은 도시의 일상 혹은 도시 중산층의 삶, 그리고 도시 인쩰리겐찌야의 복잡한 가족관계를 다루는 작품을 주로 집필했다. 이와 유사하게 '노동자를 주제로 한 소설', '역사소설', 그리고 소련의 무역과 산업을 다루는 소위 '상업소설'(деловая проза) 등을 전문적으로 다루는 작가들도 있었다. 그러나 오늘날 이런 식의 주제별 분류는 더 이상 아무런 의미를 갖지 못하게 되었다. 많은 작가들은 자신들이 다루고 있는 주제의 영역을 확장하게 되었고, 작품을 통해 자신들의 고유한 견해를 피력하고 있다. 이제 바실리 벨로프와 발렌찐 라스뿌찐은 더 이상 본인들의 보수주의 견해를 '농촌산문'의 이면에 감출 필요가 없게 되었다. 이제 그들의 견해는 작품에서 직접 확인할 수 있게 된 것이다.

전쟁을 주제로 한 소설은 다양한 이유 – 독자들의 무관심, 냉전, 독일의 통일, 제2차 세계대전 생존자들의 감소 – 로 인해 몰락의 길을 걷게 되었다. 그렇다고 전쟁을 주제로 한 소설이 완전히 사라진 것은 아니었다. 예를 들어, 빅또르 아스따피예프(Виктор П. Астафьев, 1924~2001)는 자신이 제2차 세계대전에서 직접 겪은 경험을 토대로 사실주의 비극소설 『저주받은 자들과 살해된 자들』(Прокляты и убиты)을 집필하고 있는데, 제1권이 1992년에 발표되었다.[101] 그런데 오늘날 러시아인들은 과거 소련군대의 명성을 더 이상 대단하게 생각하지 않고 있다. 현재 전쟁을 주제로 한 소설들은 주로 아프가니스탄 전쟁을 다루고 있다. 그 가운데 아프가니스탄 전쟁의 패배를 주제로 한, 참전 작가 올레그 예르마꼬프(Олег Н. Ермаков, 1961~)의 작품이 주목을 받고 있다. 알렉산드르 쩨레호프(Александр М. Терехов, 1966~), 유리 뽈랴꼬프(Юрий М. Поляков, 1954~), 그리고 세르게이 깔레진(Сергей Е. Каледин, 1949~)의 작품에는 아프가니스탄 전쟁의 참혹상과 러시아 군인들의 가혹한 운명이 묘사되어 있다.

러시아와 소비에트의 과거역사를 다루고 있는 문학은 항상 작품에 묘사된 시대보다 작품이 쓰여진 시대를 정확하게 반영하고 있다. 이런 현상은 과거뿐 아니라 지금도 마찬가지이다. 한때 작가들은 공산당에서 요구하는 것을

101) «신세계», 1992년, 제10호, 60~106쪽 / 제11호, 188~226쪽 / 제12호, 168~248쪽.

충족시키기 위해 역사적 사실을 왜곡했다. 그러나 오늘날 많은 작가들은 과거 소비에트의 기록을 새로운 접근방식으로 면밀히 검토하며 소비에트 작가들과 역사가들이 자행한 역사왜곡을 바로 잡으려는 시도를 하고 있다. 하지만 일부 작가들은 아직도 자신들의 입맛에 맞게 역사적 진실을 지속적으로 조작하고 있다. 뻬레스뜨로이까 시절 초기에는 스탈린(Иосиф В. Сталин, 1878~1953)[102]과 그의 공포정치를 비난하는 것은 특별한 것이 아니라 당연한 것이었다. 그런데 오늘날 바실리 벨로프(Василий И. Белов, 1932~2012)와 뾰뜨르 쁘로스꾸린(Пётр Л. Проскурин, 1928~2001)과 같은 보수주의 및 신(新)공산주의 작가들은 스탈린의 잔악행위에 정당성을 부여하며 그에게 아무 죄가 없다는 주장을 펼치고 있다. 그리고 현재 발생하고 있는 러시아의 모든 위기는 비(非)러시아인들과 외국인들에 의해 촉발되었다고 주장하며 그들을 비난하고 있다.

1990년대 초에 발생한 급변하는 정치상황은 러시아문단의 공식적인 획일화정책을 무너뜨렸다. 오늘날 작가들은 이데올로기, 사회적 관점, 그리고 미학적 관점에 따라 뿔뿔이 흩어졌고, 자신들이 추구하는 정치적 견해와 상업적 이익에 의해 다시 하나로 뭉치면서 다양한 그룹과 협회들이 형성되었다. 그리고 작가들의 나이와 과거 소비에트 문단에서의 지위가 새로운 그룹과 협회에서의 직책을 결정하는 데 중요한 요인이 되었다. '구세대 작가'들의 사회현상에 대한 견해는 어느 정도 변모했으나 근본적으로 그들의 세계관과 문학관은 전혀 변하지 않았다. 구세대 작가들 가운데 아나똘리 르이바꼬프(Анатолий Н. Рыбаков, 1911~1998), 보리스 모좌예프(Бирис А. Можаев, 1923~1996), 아나똘리 아나니예프(Анатолий А. Ананьев, 1925~2001), 그리고 유리 본다레프(Юрий В. Бондарев, 1924~)는 계속해서 과거 전통적인 사실주의 소설을 집필하고 있다. 그들의 작품에는 초기 뻬레스뜨로이까 시절에 자신들이 주장했던 것과 동일한 문학관이 제시되어 있다. 친기스 아이뜨마또프(Чингиз

102) 역주 : 스탈린은 1922~1953년 공산당 서기장을 역임했다.

Т. Айтматов, 1928~2008)와 같은 일부 구세대작가들은 러시아의 새로운 상황에 적응하는 데 어려움을 겪고 있다. 그들은 혼란스럽고 허탈한 상태에 빠져있으며, 알맹이가 없는 작품을 발표하고 있다.

브레즈네프 시절에 활발하게 활동했고 지금 50대에 접어든 대부분의 작가들은 러시아의 변환기과정에 비교적 잘 적응하고 있다. 과거 '40대 작가들'(сорокалетние) 혹은 '모스크바파'에 소속된 작가들은 자신들의 예술철학 영역을 넓혀가면서 활발히 활동하고 있다. 블라지미르 마까닌 (Владимир С. Маканин, 1937~2017)은 양면성을 소유한 자기성찰 작가로 문단에서의 입지를 굳혀가고 있다. 그는 새로운 환경에 스스로를 적응해 가면서 형이상학적 사고력을 십분 발휘하고 있다. 아나똘리 김(Анатолий А. Ким, 1939~)은 『아버지－숲』(Отец－лес)[103]에서 인간과 자연의 관계에 대한 탐구를 하고 있으며, 지난 세기의 러시아사회사에 대한 철학적 해석도 시도하고 있다. 그리고 소비에트 젊은 세대의 심리적 상태와 윤리관도 분석하고 있다.

뻬레스뜨로이까 시절 이전에 대부분의 편집인들은 긍정적인 메시지와 낙관적인 징후를 찾아볼 수 없었던 류드밀라 뻬뜨루쉡스까야(Людмила С. Петрушевская, 1938~)의 암울한 작품들이 문학잡지에 게재되는 것을 거부했다. 그런데 오늘날 러시아의 어려운 경제상황은 그녀가 자신의 작품에서 이야기했던 것과 부합하고 있다. 그녀의 작품에는 개인의 역경과 고통이 가족의 해체와 도덕성의 타락을 통해 잘 표현되고 있다. 즉 사회의 도덕성 붕괴과정이 설득력 있게 묘사되어 있는 것이다. 그러나 그녀는 주인공들이 겪는 고통에 동참하며 공감을 표하고는 있으나 그들의 고통을 덜어주지는 못하고 있다. 그리고 그들이 겪는 고통을 극복하기 위해 개인의 인내력과 사회의 건강한 환경이 필요하다는 것을 강조하고 있다.

발렌찐 라스뿌찐(Валентин Г. Распутин, 1937~2015)은 가장 재능 있는

103) «신세계», 1989년, 제4호, 5~48쪽 / 제5호, 42~115쪽 / 제6호, 111~145쪽.

1970년대 중년 작가들 가운데 한 사람이었다. 그런데 그는 최근 정치적 입장으로 인해 갑자기 창작력이 무디어진 작가들 가운데 가장 돋보이는 작가가 되어 버렸다. 1985년 글라스노스찌가 실시되었을 때 그는 이 정책에 저항하는 소설 『화재』(Пожар)를 발표했다. 이 작품에서 그는 시베리아 외딴 농촌사회의 윤리 붕괴 과정을 묘사하면서 소비에트 당국의 글라스노스찌 정책을 비난하고 있다. 그런데 이 작품을 발표한 이후 그는 단 한편의 문학작품도 발표하지 않았다. 대신 그는 정치인, 대중연설가, '바이칼 호수 보호를 주장하는 인물'[104], 그리고 열렬한 민족주의 러시아정교회 지지자가 되어버렸다. 그는 자신의 논문과 연설에서 민주주의 개혁을 폄하하고, 과거 역사 속의 위대한 러시아정교회와 러시아를 이상화하고 있다. 그는 "러시아의 고유성은... 러시아 민중에 의해 대대로 내려온 종교적·영적 특질이다."라는 주장을 펼치고 있다.[105] 그리고 귀에 거슬리는 욕설을 퍼부으며 현실과의 시대적 타협을 적극적으로 반대하고 있다.

오늘날 일부 러시아문학 비평가들은 1970년대에 발표된 라스뿌찐의 초기작품의 재분석을 시도하며, 그가 자신의 문학관을 변경하게 된 근원을 조사하고 있다. 빠벨 바신스끼(Павел В. Басинский, 1961~)는 당시 라스뿌찐이 항상 심각한 수준의 염세주의를 표방하고 있었다는 점을 지적했다. "그는 항상 삶에 대한 믿음이 결핍되어 있었으며, 죽음과 관련된 모든 것에 대해 이상하리만큼 병적인 관심을 갖고 있었다."[106] 바신스끼는 라스뿌찐이 소설의 주인공들을 불필요할 정도로 참혹하게 취급하고 있다는 점도 지적했다. 고통만이 그들을 구원할 수 있다고 확신했기 때문에 라스뿌찐이 그들을 고통스럽게 만들었다는 것이다. 그는 라스뿌찐이 객관적 관찰자가 아니라, 주관적 심판자의 역할을 담당하고 있다

104) «우리의 동시대인»(Наш современник), 제4호, 188~226쪽에 실린 『바이칼 호수』(Байкал)를 참조. 공업화로 인해 발생하는 공해로부터 바이칼 호수를 보호하려는 라스뿌찐의 노력을 엿볼 수 있는 작품이다.

105) 발렌찐 라스뿌찐, '먼 곳으로부터 퍼져 나오는 친근한 빛'(Ближний свет из далека), «젊은 친위대»(Молодая гвардия), 1992년, 제9호, 11쪽.

106) 빠벨 바신스끼, '죽음을 기억하라'(Memento Mori), «문학신문», 1992년 10월 28일, 4면.

는 점도 지적하고 있다. 그럼에도 불구하고 라스뿌찐이 러시아의 뛰어난 작가라는 것과 러시아 문단에서 확고부동한 위치를 차지하고 있다는 것에 대해 어느 누구도 이견을 제시할 수는 없다. 그러나 그가 내부와 외부의 적에 대항하는 러시아의 구세주라는 달갑지 않은 역할을 떠맡게 되면서 자신의 창작재능을 저버리게 되었다는 것은 매우 안타까운 현실이다.

뻬레스뜨로이까 시절에 새롭게 등장한 작가들을 분류하는 작업은 그리 만만치 않다. 지하문학 활동을 하다가 최근에 새롭게 모습을 드러낸 작가들의 나이는 이미 50대에 접어들었고, 개인적으로 집필은 하고 있으나 과거에 작품을 전혀 출판하지 않았던 젊은 작가들의 나이는 20대 혹은 30대 초반이다. 그들 중 일부는 장편을 시도하고 있지만, 대부분은 단편, 중편, 그리고 수필을 집필하고 있다. 1980년대 말 그들의 일부 작품은 '이전과 다른 부류의 산문'(другая проза)이라고 명명되었다. 1990년대 초에 접어들면서 새로운 작가들의 산문에는 이전과 차별되는 주제와 문체가 확연히 드러나기 시작했다. 그리고 비록 임시방편이지만, 새로운 작가들은 다양한 카테고리의 그룹으로 분류되었다. 어떤 그룹에 속한 작가들은 주제 면에서 혁신적인 산문을 집필하고 있으나, 그들의 작품은 과거 전통적 사실주의에 속한다고 볼 수 있다. 그리고 또 다른 그룹에 속한 작가들은 과거에 전통적으로 사용했던 서술방식을 거부하고 문학을 단지 '언어유희'(игра слов)라는 측면에서 접근하고 있다. 이 두 그룹에 속한 작가들이 행하고 있는 언어와 의미에 대한 실험은 사회적·윤리적 측면에서 문학작품의 예술성을 반감시키고 있다. 그들 중 대부분은 오늘날 소위 '러시아 포스트모더니즘'이라고 불리는 사조에 속한다고 볼 수 있다. 그런데 극과 극인 이 두 그룹의 경계는 처음 출발할 때와는 달리 명확히 구분할 수 없게 되었다. 마르끄 하리또노프(Марк С. Харитонов, 1937~), 아나똘리 꼬롤료프(Анатолий В. Королёв, 1946~), 알렉산드르 라브린(Александр П. Лаврин, 1958~), 그리고 알렉산드르 베르니꼬프(Александр С. Верников, 1962~) 등을 포함한 많은 작가들은 이 두 그룹의 중간에 속한다고 볼 수 있다. 그들은 사실주의와 모더니즘 서술방식을 혼용하고 있는데, 비록 서술방식에서 문체적 특징을 강조하고 있지만, 그들의 산문은 사회 혹은 철학의 중요한 메시지도 함께 제공하고 있다.

사실주의 경향의 새로운 작가들은 사회적 메시지를 담고 있는 도발적이며 논쟁의 여지가 있는 플롯을 작품에 적용하고 있다. 그들은 전례 없는 파격적인 등장인물들과, 과거 러시아와 소비에트문학에서는 찾아볼 수 없는 새로운 배경을 제공하고 있는 것이다. 예를 들어 세르게이 깔레진(Сергей Е. Каледин, 1949~)은 공동묘지, 공병대, 그리고 교회를 소설의 배경으로 설정하고 있다. 레오니드 가브이셰프(Леонид А. Габышев, 1952~)가 1989년에 발표한 장편 『오들랸, 혹은 자유의 공기』(Одлян, или воздух свободы)[107]는 청소년 교도소가 배경으로 설정되어 있다. 그리고 올레그 예르마꼬프(Олег Н. Ермаков, 1961~)의 대부분의 작품은 아프가니스탄이 배경으로 설정되었다. 알렉산드르 로슬랴꼬프(Александр В. Росляков, 1954~)의 중편들 가운데 한 작품은 창녀가 여주인공으로 설정되었고, 알렉산드르 쩨레호프(Александр М. Терехов, 1966~)가 집필한 단편들은 인생에 환멸을 느낀 젊은이들이 등장인물로 설정되어 있다. 군인들의 삶을 다루고 있는 단편에서 그는 일반소설에서 흔히 볼 수 있는 전우애가 존재하지 않는다는 것을 밝히고 있다. 그리고 고등학생들의 삶을 다루고 있는 작품에서 고등학교를 타락과 도덕적 부패의 온상으로 묘사하고 있다. 드미뜨리 바낀(Дмитрий Г. Бакин, 1964~), 이반 알렉셰예프(Иван А. Алексеев), 유리 부이다(Юрий В. Буйда, 1954~), 이반 오가노프(Иван Оганов), 그리고 알렉세이 바를라모프(Алексей Н. Варламов, 1963~) 등을 포함한 사실주의 경향의 젊은 작가들은 현대 러시아의 다양한 생활양식을 탐구하는 훌륭한 문장가이다.

오늘날 러시아 포스트모더니즘은 포스트소비에트의 독특한 현상으로

---

107) «신세계», 1989년 제6호 149~237쪽, 제7호 85~133쪽.

간주할 수 있다.108) 러시아 포스트모더니즘이라는 용어는, 어떤 면에서 거창한 문구에 집착했던 과거 소비에트의 결과물일지도 모른다. 과거 소비에트 당국은 항상 의미심장하고 멋진 슬로건과 문구의 사용을 대단히 선호했다. 이런 성향을 고려할 때 러시아에서는 더 이상 사용할 수 없게 된 사회주의 리얼리즘을 대체하는 사조로, 서방세계에서 오래전부터 폭넓게 사용되고 있는 포스트모더니즘을 선택했다고 볼 수 있다. 일반적으로 포스트모더니즘은 모더니즘에 대한 반발과 모더니스트들의 아이디어가 인간성을 표현하기에는 부적합하다는 논리에 의해 탄생한 사조이다. 그런데 오늘날 러시아에서 포스트모더니즘은 과거 소비에트의 가치와 사회주의리얼리즘의 미학을 반박하는 사조로 인식되고 있다. 그리고 현대 러시아 소설을 분류할 때 포스트모더니즘 작품은 고양된 자의식, 작가의 자아반영, 그리고 부차적인 문학과 문화자료의 의존도라는 잣대에 의해 결정되고 있다. 따라서 오늘날 러시아에서는 빅또르 예로페예프(Виктор В. Ерофеев, 1947~), 예브게니 뽀뽀프(Евгений А. Попов, 1949~), 블라지미르 소로낀(Владимир Г. Сорокин, 1955~), 그리고 발레리야 나르비꼬바(Валерия С. Нарбикова, 1958~) 등과 같은 다양한 부류의 작가들이 포스트모더니즘 작가로 불리고 있다. 그들은 각각 나름대로의 독특한 방식으로 작품을 쓰고 있으나, 과거 소비에트문학을 거부하고 있다는 점은 동일하다. 포스트모더니즘은 대중을 위한 문학이 아니고 교양 있는 세련된 독자들과 '예술을 위한 예술'을 신봉하는 자들을 위한 문학이다. 포스트모더니즘은 과거 지하문학에 매료되었던 자들과 젊은 지식인들 사이에서 인기를 얻고 있다. 그러나 오랫동안 판에 박힌 세속적인 사실주의 작품을 접했던 일반 독자층 가운데 극히 일부이지만 포스트모더니즘 문학을 선호하는 독자들도 있다. 그런데 포스트모더니즘 작품의 발행부수는 얼마 되지 않는다. 일부 포스트모더니즘 작품은 외부의 재정지원에 의존해서 가까스로 발행되고 있는

108) 러시아 포스트모더니즘에 대한 자세한 내용은 제5장의 "포스트모더니즘"을 참조하라.

상황이다.

러시아 포스트모더니즘 이론은 뱌체슬라프 꾸리쯔인(Вячеслав Н. Курицын, 1965~), 마르끄 리뽀베쯔끼(Марк Н. Липовецкий, 1964~), 그리고 미하일 예쁘슈떼인(Михаил Н. Епштейн, 1950~)과 같은 러시아의 젊은 비평가들과 학자들에 의해 정립되고 있다. 그들은 러시아 포스트모더니즘과 서방세계의 포스트모더니즘을 비교분석하면서, 전자의 특질과 본질을 도출하려는 시도를 꾀하고 있다. 예를 들어 뱌체슬라프 꾸리쯔인은 "러시아 포스트모더니즘의 진수는 러시아의 공동체와 밀접한 관계를 맺고 있다... 수직적이고, 획일화되고, 경직되고, 고정 관념화된 세상의 이미지는 오늘날 수평적이고, 다원화되고, 유연하고, 파괴적인 이미지로 대체되고 있다."[109]고 주장한다.

대부분의 구세대 비평가들과 작가들은 포스트모더니즘을 격렬하게 반대하고 있다. 솔제니친은 포스트모더니즘을 노골적으로 비난하는 구세대 작가들 중 하나이다. 그는 포스트모더니즘에 대해 다음과 같은 주장을 펼치고 있다. "포스트모더니스트들은 세상을 '현실세계의 가치를 소유하고 있지 않는 대상'으로 간주하고 있을 뿐 아니라, 부차적인 텍스트 혹은 작품상의 텍스트로만 간주하고 있다. 포스트모더니스트들의 주요 관심사는 '창작물과 연관관계를 맺고 있는 작가의 자아성찰'이다. 그들의 주장에 의하면, 문화는 사회와 전혀 관련이 없고 단지 문화 그 자체만이 현실성과 가치를 갖고 있다는 것이다."[110] 솔제니친은 포스트모더니스트들에 대해 다음과 같이 말하고 있다. "예술가들은 창작의 자유가 위험을 초래할 수 있다는 것을 명심해야 한다. 왜냐하면 작가가 작품을 집필할 때 예술에 대한 제한이 적으면 적을수록 성공할 가능성이 희박해지기 때문이다...

109) 뱌체슬라프 꾸리쯔인, '부커상 수상 시기에 즈음하여'(До и во время Букера), «문학신문», 1993년 12월 29일, 4면.

110) 알렉산드르 솔제니친, '새로운 것에 대한 끈질긴 맹신이 세상을 파괴하고 있다'(The Relentless Cult of Novelty and How It Wrecked the Century), *The New York Times Book Review,* (7 February 1993), p.17.

오늘날 많은 젊은 작가들은 염세적 상대주의로의 접근이 용이하게 되었다... 그들은 이 세상 어디에도 절대적인 진리가 존재하지 않는다고 믿고 있다... 절대적인 진리를 추구하는 노력은 전혀 무의미하고 무가치하다고 그들은 주장하고 있다."[111] 솔제니친은 예술뿐 아니라 이데올로기 측면에서도 포스트모더니즘을 반대했다. 그는 일부 포스트모더니스트들이 주장하는 혼란스러운 인생관을 수용할 수 없을 뿐 아니라 그들이 사용하고 있는 언어, 이미지, 혹은 아이디어에 결코 동의하지 않는다. 그리고 포스트모더니즘을 러시아 문화에 위협적인 존재로까지 간주했다. 왜냐하면 영성이 부재한 상태에서 새로운 것을 추구하고 있고, 실체와 본질이 없는 상태에서 목적을 향해 나아가기 때문이라는 것이다.

솔제니친만이 러시아에서 포스트모더니즘의 확산에 대해 이의를 제기한 유일한 작가는 아니다. 캐럴 에머슨(Caryl Emerson)은 다음과 같이 지적하고 있다. "예술에 대해 피상적으로 접근하고 있는 우리 서방세계의 상업화된 포스트모더니즘 작품들이, 과거 소련에서 금기시되었던 새롭고 참신한 내용을 다루고 있다는 이유로 인해 일시적으로 러시아에서 베스트셀러 자리를 점할 수는 있지만, 그 인기는 그리 오래 지속되지 않을 것이다... 사려 깊은 러시아 지식인들은 다음과 같이 지적하고 있다. 서방세계가 예술에 대한 깊이와 강도가 아니라 '속임수를 강조하며' 포스트모더니즘을 제공할 수는 있다... 그러나 조만간 러시아인들은 사실주의로 돌아갈 것이다. 포스트모더니즘은 러시아인들에게 단 한가지만을 가르칠 수 있다. 즉 과정으로서의 예술을 철학적으로 표현하는 방법만을 가르칠 수 있는 것이다."[112]

111) Ibid., p.3.

112) Caryl Emerson, '포스트공산주의 시기의 러시아 문화비평 양상'(The Shape of Russian Cultural Criticism in the Postcommunist Period), *Canadian Slavonic Papers,* 34/4 (December 1992), p.369.

지방출신 작가

1980년대 말부터 1990년대 초 사이에 출현한 일부 지방출신 작가들은 러시아문학 발달에 긍정적인 영향을 끼쳤다. 과거에는 러시아연방작가동맹에 가입한 작가들 가운데 과반수 정도가 모스크바와 레닌그라드에 거주하고 있었다. 그리고 유명작가들 가운데 극히 소수만이 지방에 거주하고 있었다. 바실리 벨로프는 볼로그다(Вологда)에, 발렌찐 라스뿌찐은 이르꾸쯔끄(Иркутск)에 거주하고 있었는데, 자신들의 작품이 주요문학잡지에 게재된 이후, 혹은 모스크바의 주요출판사에서 발행된 이후에야 전국적인 유명세를 타게 되었다. 그런데 오늘날의 상황은 과거와 다르게 전개되고 있다. «우랄»(Урал), «볼가»(Волга), «시베리아의 불꽃»(Сибирские огни), 그리고 «상승»(Подъём)과 같은 지방문학잡지들은 모스크바의 작가동맹으로부터 재정지원을 더 이상 받지 않게 되었다. 그 결과 과거에 자신들이 반드시 따라야만했던 발행정책으로부터 자유로워졌고 독립성도 회복하게 되었다. 게다가 검열제 폐지와 자유시장경제로의 전환은 지역주민들이 요구하고 있는 새롭고 다양한 '지방 연감', '지방 잡지', 그리고 '개별 출판물'의 출현도 가능하게 만들었다. 이런 상황은 다양한 지방에서 새롭게 등단한 작가들이 전국적인 명성을 얻고 유명세를 타는 데 적지 않은 도움을 주게 되었다. 새롭게 등단한 지방작가들 가운데 유명세를 타게 된 인물들은 다음과 같다. 예까쩨린부르그 소재 – 알렉산드르 이반첸꼬(Александр Л. Иванченко, 1954~), 안드레이 마뜨베예프(Андрей А. Матвеев, 1954~), 그리고 알렉산드르 베르니꼬프(Александр С. Верников, 1962~); 스몰렌스끄 소재 — 올레그 예르마꼬프(Олег Н. Ермаков, 1961~); 볼고그라드 소재 – 레오니드 가브이셰프(Леонид А. Габышев, 1952~); 사라또프 소재 — 알렉세이 슬라뽑스끼(Алексей И. Слаповский, 1957~); 블라지미르 소재 — 아나똘리 가브릴로프(Анатолий Н. Гаврилов, 1946~); 뻬름 소재 — 니나

고를라노바(Нина В. Горланова, 1947~). 특히 이반첸꼬의 『개와 함께 그려진 자화상』(Автопортрет с догом)과 『모노그램』(Монограмма), 그리고 예르마꼬프의 『야수의 몸짓』(Знак зверя)은 최근 러시아에서 주목받는 산문들 가운데 최고의 걸작으로 꼽힌다. 『모노그램』은 '1992년 부커상' 후보 명단에 올라갔고, 『야수의 몸짓』은 '1993년 부커상'의 강력한 경쟁 작품 중 하나였다.

최근에 모스크바와 뻬쩨르부르그의 작가들이 일부 예까쩨린부르그 작가들에게 러시아문학의 주도권을 내주었다고 주장하고 있는 것은 매우 흥미롭다. 예까쩨린부르그 작가들은 '제3의 수도'(Третья столица)[113]라는 제목의 특별기획 시리즈물을 발행했는데, 예까쩨린부르그가 '러시아문학의 제3로마'이며 '러시아예술의 중심지'라고 주장하고 있다. 사실상 알렉산드르 이반첸꼬, 안드레이 마뜨베예프, 알렉산드르 베르니꼬프, 발레리 이스하꼬프(Валерий Э. Исхаков, 1949~), 뱌체슬라프 꾸리쯔인(Вячеслав Н. Курицын, 1965~), 그리고 마르끄 리뽀베쯔끼(Марк Н. Липовецкий, 1964~)를 포함한 많은 예까쩨린부르그 작가들은 지방뿐 아니라 중앙에서도 활발하게 활동하고 있다. 그들의 산문과 작품에 내재된 사상은 상당히 독특하며 혁신적인 성격을 띠고 있다. 그러나 비록 그들이 양적으로 많은 작품을 발표했다 하더라도 그 가운데 질적으로 뛰어난 작품이 포함되어 있다는 보장은 없다. 그리고 예까쩨린부르그의 소수의 작가가 훌륭한 작품을 발행했다는 것은 그곳에 거주하고 있는 다수의 평범한 작가들에게는 아무런 의미가 없다. 최근에 예까쩨린부르그의 대표적인 산문작가로 알려진 알렉산드르 이반첸꼬는 자유주의 성향을 띠고 있는 러시아연방작가동맹의 관료가 되었고, 모스크바에서 대부분의 시간을 보내고 있다.

---

113) Вадим Дубичев, Александр Верников, Вячеслав Курицын, *Срамная проза* (Свердловск, 1991)를 참조

산문어

소련의 독재정책에 의해 촉진된 문학어는 대체로 단순하고 간단명료하며 추상적이지 않다. 소비에트 당국은 미묘한 뉘앙스와 불필요한 메타포를 함유한 언어를 단호히 거부했다. 왜냐하면 그런 언어들은 독자의 상상력을 자극하기 때문이다. 독재정책에 의해 촉진된 언어는 단지 기능적인 역할만을 수행하며 어휘수도 상당히 제한적이었다. 뻬레스뜨로이까 이전의 소비에트문학에서 사용한 작품구조와 구성요소, 그리고 언어는 작품에 내재하고 있는 메시지를 단순히 강조하는 수단으로만 사용되었고, 서술어조는 대체로 중립을 유지했다. 편집진은 작가가 선택한 단어가 작품의 메시지를 모호하게 만드는지, 혹은 정해진 문체규정에 위배되는지를 철저히 관리 감독했다. 오늘날 대부분의 구세대작가들은 자신들의 초기작품에서 사용했던 서술방식을 계속해서 사용하고 있다. 글라스노스찌는 유리 본다레프(Юрий В. Бондарев, 1924~), 빅또르 아스따피예프(Виктор П. Астафьев, 1924~2001), 그리고 보리스 모좌예프(Бирис А. Можаев, 1923~1996)의 작품에서 다루는 주제에 영향을 끼쳤으나, 그들은 여전히 과거에 사용했던 것과 동일한 언어를 사용하고 있다. 그들은 회상장면, 대화, 내적독백으로 수놓은 단순한 3인칭서술방식에 의존하고 있는 것이다. 그리고 파질 이스깐제르(Фазиль А. Искандер, 1929~2016)의 언어 역시 거의 변하지 않았다. 그의 언어는 재치 있고 역설적이며, 사소한 사건의 이면에 내재된 진정성을 전달하고 있다. 그런데 새롭게 등장한 많은 작가들의 언어에는 새로운 의미가 담겨져 있다. 세르게이 깔레진(Сергей Е. Каледин, 1949~)과 레오니드 가브이셰프(Леонид А. Габышев, 1952~) 같은 사실주의 작가들의 소위 '가혹한 산문'(жёсткая проза)은 '자연주의' 작품 혹은 '심리학적인 스케치'에 가깝다. 그리고 그들의 작품에서 사용되고 있는 어조와 어법은 러시아인들의 생활에서 불결한 상태를 묘사할 때 사용하는 불경스러운 속어 '체르누하'(чернуха)와 유사하다. '가혹한 산문'은 정신적인 측면에서 과거 소비에트 정권의 범죄와 권력남용을 까발리는 것을 목적으로 하고 있는 고발 문학 혹은 '폭로 문학'(обличительная проза)과 유사한 장르로 분류할 수 있다. 이 산문에서 사용되고 있는 언어는 절망을 표출하고 있는 문학작품의 언어와 상당히 유사하다는 것을 발견할 수 있다. 류드밀라 뻬뜨루쉡스까야(Людмила С. Петрушевская, 1938~)는 자신의 일부 작품에서 개인의 고뇌와 절망, 그리고 암울한 세상에서 출구를 찾지 못하고 있는 인간들의 감정을 강조하며 이를 표출하는 독특한 언어를 사용하고 있다. 그녀는 '설화'(сказ), 혹은 구연동화에서 사용되고 있는 저속한 표현, 비속어, 그리고 은어와 유사한 부류의 언어를 사용하고 있다.

오늘날 많은 현대작가들에게 언어는 그 자체가 메시지이다. 그리고 그들은 독특한 서술기법을 사용하여 다양한 주제의 변이를 제공하고 있다. 예를 들어 뱌체슬라프 삐에쭈흐(Вячеслав А. Пьецух, 1946~), 아나똘리 꼬롤료프(Анатолий В. Королёв, 1946~), 빅또르 뻴레빈(Виктор О. Пелевин, 1962~), 그리고 알렉산드르 라브린(Александр П. Лаврин, 1958~) 등의 작품에는 현실세계와 환상세계가 혼재되어 있다. 마르끄 하리또노프(Марк С. Харитонов, 1937~)와 예브게니 뽀뽀프(Евгений А. Попов, 1949~)의 산문에는 2차 텍스트가 플롯 전개의 근거를 제공하고 있고, 가끔 현실적인 텍스트가 운문형태의 서술과 뒤얽혀있다. 그리고 빅또르 예로페예프(Виктор В. Ерофеев, 1947~)의 작품에는 하급문체와 고급문체가 혼용되고 있다. 그는 부패한 세계의 허황된 이상을 일반인이 이해하기 쉽게 설명하며 이를 조롱하고 있다. 일부 작품에서 그는 서한문 형식의 독백을 사용하고 있으며, 또 다른 작품에서는 인간의 저속하고 불경스러운 언어를 사용하고 있다.

블라지미르 소로낀(Владимир Г. Сорокин, 1955~)의 작품에는 현실적인 서술과 비논리적이며 황당한 문장과 단어가 혼재되어 있는데, 아무런 의미가 없을 뿐 아니라 논리에도 전혀 맞지 않는 다수의 문장을 쉽게 발견할 수 있다.

그는 텍스트 상에서 언어의 본래 의미를 전복시키고 파괴한다. 그러나 콘텍스트 상에서 볼 때 현실적인 서술과 불합리한 언어의 결합은 감추어진 상징을 암시하는 효과를 유발하고 있다. 발레리야 나르비꼬바(Валерия С. Нарбикова, 1958~)는 다소 인위적인 느낌이 드는 언어를 사용하고 있다. 그녀가 사용하고 있는 저속어, 생소한 관용구, 그리고 상투적인 표현 등은 작품에서 묘사하고 있는 무절제하고 변덕스러운 배경을 반영할 뿐 아니라, 이야기를 서술하는 데 어느 정도의 문체의 통일성도 함께 제공한다. 미하일 꾸라예프(Михаил Н. Кураев, 1939~)의 언어는 은유적이며 수사학적으로 화려하다. 니나 사두르(Нина Н. Садур, 1950~)의 서술은 무의식과 초현실세계를 탐구하는 데 주안점을 두고 있다.

빅또르 예로페예프, 발레리야 나르비꼬바, 그리고 블라지미르 소로낀은 적나라한 '섹스장면'을 묘사할 뿐 아니라, 고상한 표현과 저속한 언어를 자유롭게 혼용하고 있다. 이런 경향은 과거 러시아문학에서 찾아볼 수 없는 특이한 현상이다. 그런데 많은 작가들과 비평가들은 그들의 이러한 경향을 용인하지 않고 있다. 비록 오늘날 러시아 작가들이 완전한 표현의 자유를 누리고는 있지만, 많은 문학잡지의 편집인들은 자신들이 수용할 수 없다고 판단한 언어로 집필한 작품의 출판을 거부하고 있다. 그러나 문학잡지의 편집정책은 시장경제의 현실을 거부하기에는 역부족이다. 빅또르 예로페예프와 블라지미르 소로낀 같은 작가들은 문학잡지가 아니라 개별 출판사를 통해 자신들의 작품을 출판하고 있다. 오늘날 러시아에서 '에로문학'과 '포르노물'의 경계를 확실히 구분하는 것은 거의 불가능하다.

여류작가

과거 소련에서 활발하게 활동한 여류작가는 그리 많지 않았다. 1986년 작가동맹 소속 여류작가는 작가동맹 전체작가들 가운데 약 15%를 차지하고 있었다. 1986년 6월에 개최된 '제8차 소비에트작가동맹회의'의 대의원들 가운데 여성이 44명이었는데, 이는 전체 대의원의 7.7%에 불과했다. 그리고 작가동맹 위원회에 직접 선출된 여성의 비율은 5%밖에 되지 않았고, 작가동맹의 최상위 기관인 '서기국'(секретариат)에는 단 한 명의 여류작가도 포함되지 않았다. 이처럼 소비에트의 저명한 산문작가들 가운데 여류작가는 한 명도 없는 상황이었다. 마리야 갈리나(Мария С. Галина, 1958~)를 제외한 대부분의 작가동맹 소속 여류작가들은 서방세계에서 이해하고 있는 '페미니스트'나 '여성해방운동'에는 전혀 관심을 갖고 있지 않았다. 그 이유는 소비에트 시절에 스스로를 페미니스트로 간주했던 여류작가들이 소비에트 당국으로부터 박해를 받았고, 지하 감옥에 수감되거나 시베리아로 유배되었기 때문일지도 모른다.[114] 류드밀라 뻬뜨루쉡스까야(Людмила С. Петрушевская, 1938~), 따찌야나 똘스따야(Татьяна Н. Толстая, 1951~), 그리고 나딸리야 이바노바(Наталья Б. Иванова, 1945~)와 같은 소비에트의 주요 여류작가들의 작품은 당시 '여성 산문'(женская проза)으로 불렸다. 이 용어는 여류작가들의 작품이 주제와 예술적인 측면에서 남성작가의 작품보다 뒤떨어지며 다소 기이하다는 것을 암시하는 경멸적인 의미도 내포하고 있었다.[115] 소련당국은 '여성 산문'이라는 용어에 대한 분명한 정의를 내리지 않은 채 이 용어를 오용하고 있었던 것이다. 심지어 지금까지도 '여성 산문'이라는 용어가 '작가의 성', '다루고 있는 주제', 혹은 '사회현상과 인간성에 대한 페미니스트 접근방식' 가운데 과연 어떤 것을 기준으로 정의를 내려야하는지 불분명한 상태로 남아있다.

그런데 1980년대 후반에 접어들면서 여류작가사회에 급격한 변화가 발생하기 시작했다. 마리야 쁘릴레좌예바(Мария П. Прилежаева, 1903~

114) T. Mamonova, edited, *Women in Russia* (Boston, 1984)를 참조.

115) Sigrid McLaughlin, 'Contemporary Soviet Women Writers,' *Canadian Women Studies*, 10/4 (1989), p.77~80을 참조.

1989)와 이리나 벨렘봅스까야(Ирина А. Велембовская, 1922~1990)가 사망했고, 구세대 여류작가인 이리나 그레꼬바(Ирина Грекова, 1907~2002, 본명은 옐레나 벤뜨젤 Елена С. Вентцель)와 나딸리야 바란스까야(Наталья В. Баранская, 1908~2004)는 작품 활동을 서서히 줄이기 시작했다. 그리고 중년 작가들 가운데 류드밀라 뻬뜨루쉡스까야(Людмила С. Петрушевская, 1938~)를 제외한 빅또리야 또까레바(Виктория С. Токарева, 1937~), 따찌야나 똘스따야(Татьяна Н. Толстая, 1951~), 그리고 따찌야나 나바뜨니꼬바(Татьяна А. Набатникова, 1948~)는 집필활동을 계속했으나, 기대치보다 적은 결과물을 발표했다. 이런 상황에서 새로운 여류작가들이 등장하여 작품을 발표하기 시작했다. 그들 중 일부는 젊은 여성이었고, 일부는 고리끼문학 연구소를 졸업한 다소 나이가 많은 여성인데, 그들 대부분은 지방에 거주하고 있다. 그들 가운데 마리나 빨레이(Марина А. Палей, 1955~), 이리나 뽈랸스까야(Ирина Н. Полянская, 1952~2004), 발레리야 나르비꼬바(Валерия С. Нарбикова, 1958~), 니나 사두르(Нина Н. Садур, 1950~), 마리암 유제폽스까야(Мариам Юзефовская, 1941~2007), 니나 고를라노바(Нина В. Горланова, 1947~), 스베뜰라나 바실렌꼬(Светлана В. Василенко, 1956~), 그리고 류드밀라 울리쯔까야(Людмила Е. Улицкая, 1943~) 등은 당시 비평가들에게 어느 정도 인정을 받고 있고, 그들의 산문은 주요 문학잡지에 정기적으로 게재되고 있다. 마리나 빨레이와 이리나 뽈랸스까야는 전통적인 사실주의 산문을, 니나 사두르는 인간 정신세계의 어두운 면을 탐구하는 작품을 집필하고 있다. 그리고 발레리야 나르비꼬바는 포스트모더니즘 경향의 산문을 발표하고 있다. 최근 모스크바에서는 『악을 기억하지 않는 여인』(Не помнящая зла; 1990), 『새로운 여전사들』(Новые амазонки; 1991), 그리고 『여성 금욕주의자들』(Абстинентки; 1991)과 같은 '여성 산문'이 출판되었다. 대부분의 여류작가들은 여성인물 탐구에 집중하고 있다. 작품에 묘사된 사건을 관조하는 여성 특유의 통찰력을 제공하기 위해, 그리고 모성애, 낙태, 고독감, 불륜 등과

같은 여성관련 문제를 다루기 위해 그들의 산문에는 여성 화자가 등장하고 있다. 특히 이리나 뽈랸스까야, 마리나 빨레이, 그리고 류드밀라 뻬뜨루쉡스까야의 작품이 그러하다.[116)]

문학비평

과거 소련시절에 검열을 통과하지 않은 작품과 철저한 편집을 거치지 않은 작품은 공식적으로 발행될 수 없었다. 그럼에도 불구하고 문학비평은 그 작품과 작가의 운명을 결정짓는 중요한 요인이 되었다. 소비에트 당국은 산문을 이데올로기와 사회적 메시지를 전달하는 다큐멘트로 간주했는데, 이는 당시 문학비평의 관점과도 일치하는 것이었다. 정치적 요소를 강조하는 당국의 공식적인 문학비평은 예술성이 아니라 사회주의 리얼리즘 노선을 철저히 고수했던 것이다. 그런데 오늘날의 산문은 더 이상 정치 혹은 이데올로기의 도구로 간주되지 않고 있다. 비록 이데올로기와 사회적 메시지를 담고 있는 산문이라 할지라도 예술작품으로 평가되고 있다. 최근 문학비평의 역할은 과거와는 다른 양상으로 전개되고 있다. 작가사회에서 발생하고 있는 이데올로기의 분열은 정치적 성향이 다른 캠프에서 활동하고 있는 비평가들의 견해에 큰 영향을 끼쳤다. 포스트모더니스트들의 작품과 자유주의자들이 집필한 거의 모든 작품은 보수주의 비평가들에게 혹평의 대상이 되고 있고, 민족주의 메시지를 담고 있는 보수주의자들의 작품 역시 자유주의 비평가들의 공격대상이 되고 있다.

70년대와 80년대에는 '60년대 비평가들'(шестидесятники)과 문학의 사회적 기능과 윤리적 규범을 강조하는 '온건자유주의 비평가들'이 문학비평을 거의 독점하다시피 했다. 그들은 니끼따 흐루쇼프(Никита С. Хрущёв, 1894~

116) Helena Goscilo, 'Domostroika or Perestroika? The Construction of Womanhood in Soviet Culture under Glasnost,' in Thomas Lahusen and Gene Kuperman, eds., *Late Soviet Culture: From Perestroika to Novostroika* (Durham, NC, 1993), p.223~55.를 참조

1971)[117]의 해빙기 시절에 성장했고, 브레즈네프의 정체기 시절에는 정부 출판사에서 활발하게 활동했다. 그들은 반체제작가들에게는 동정적이었으나, 자신들이 반체제작가 그룹에 직접 참여하는 것은 거부했다. 그들 가운데 레프 안닌스끼(Лев А. Аннинский, 1934~), 이고르 졸로뚜스끼(Игорь П. Золотусский, 1930~), 안드레이 뚜르꼬프(Андрей М. Турков, 1925~), 베네딕뜨 사르노프(Бенедикт М. Сарнов, 1927~2014), 그리고 이고르 비노그라도프(Игорь И. Виноградов, 1930~2015)는 지금도 활발히 활동하고 있다. 그들은 자유주의사상과 민주주의를 적극 지지하고 있으나, 극단적인 급진주의사상이 문학에 침투하는 것에 대해서는 조심스러운 반응을 보이고 있다. 그들은 러시아의 혼란스런 생활상과 새로운 사회질서 아래에서 문학의 역할이 점차 줄어드는 상황을 쉽게 받아들일 준비가 되어있지 않았다. 그리고 본인들이 수용할 수 없는 용어와 외설스러운 어휘가 러시아문학어로 침투하는 것에 대해서도 불편한 심기를 드러냈다. 그들은 자유로운 세계에서 외부의 도움 없이 예술과 문화가 생존할 수 있다는 사실을 받아들이지 않았다. 그들은 민주주의 사회에서 누리는 창작의 자유는 높이 평가하지만, 상업화로 인해 예술이 부패하고 타락하는 것에 대해서는 강하게 질타하고 있다. 이런 견해는 본인들이 예술의 상업화과정을 인정하는 것이 결코 쉽지 않다는 것을 표현한 것이다. 그들은 새롭게 누리게 된 표현의 자유, 출판의 자유, 그리고 국외여행허용을 적극적으로 환영한 반면, 과거 자신들이 누렸던 안위와 명성이 차츰 사라지는 것에 대한 섭섭함도 드러내고 있다.

신세대 비평가들은 구세대 비평가들과 달리 어떤 장애물도 갖고 있지 않다. 일부 신세대 비평가들이 정치적 투쟁에 관여하기는 하지만, 대부분은 당시 러시아문학의 일반적 상황과 새로운 작품에 대한 예술적 분석에 주력하고 있다. 러시아 일간지와 정기간행물에 자주 등장하는 신세대 비평가들은 다음과 같다.

117) 역주 : 흐루쇼프는 1955~1964년 공산당 서기장을 역임했다.

알렉산드르 아게예프(Александр Л. Агеев, 1956~), 미하일 졸로또노소프(Михаил Н. Золотоносов, 1954~), 마르끄 리뽀베쯔끼(Марк Н. Липовецкий, 1964~), 드미뜨리 레꾸흐(Дмитрий В. Лекух, 1965~), 뱌체슬라프 꾸리쯔인(Вячеслав Н. Курицын, 1965~), 안드레이 넴제르(Андрей С. Немзер, 1957~), 올레그 다르끄(Олег И. Дарк, 1957~), 그리고 세르게이 꼬스뜨이르꼬(Сергей П. Костырко, 1949~).

글라스노스찌가 실시되기 이전에 비평가들이 다루었던 소설은 전체 작품 가운데 약 10%정도에 불과했다. 이 소설들은 크게 두 부류로 나눌 수 있다. 하나는 예술적으로 그리 뛰어나지 않으나 정치적으로 중요한 소설이고, 다른 하나는 예술적 측면에서 신선하고 혁신적인 내용을 담고 있는 소설이다. 전자에 속하는 작가로는 게오르기 마르꼬프(Георгий М. Марков, 1911~1991), 미하일 알렉세예프(Михаил Н. Алексеев, 1918~2007), 그리고 알렉산드르 차꼽스끼(Александр Б. Чаковский, 1913~1994)를 꼽을 수 있고, 후자에 속하는 인물로는 유리 뜨리포노프(Юрий В. Трифонов, 1925~1981), 유리 나기빈(Юрий М. Нагибин, 1920~1994), 바실리 악쇼노프(Василий П. Аксёнов, 1932~2009), 그리고 안드레이 비또프(Андрей Г. Битов, 1937~)와 같은 자유주의 성향의 작가를 들 수 있다. 오늘날 대부분의 출판사들이 작품의 예술성을 우선적으로 판단하여 비평할 작품을 선택하고 있는데 반해, 보수주의 성향의 출판사들은 작가의 정치적 관점을 우선순위에 두고 비평대상을 선택하고 있다. 그러나 일반적으로 대부분의 작품은 비평가들의 관심을 끌지 못하고 있다. «문학신문»(Литературная газета)과 «문학 러시아»(Литературная Россия)와 같은 주간신문들은 문학비평 기고란을 거의 제공하지 않고, 대신 정치사회문제에 많은 지면을 할애하고 있다. 대부분의 월간잡지들 또한 문학비평 기고란을 줄이고 있는 실정이며 출판물에 대한 리뷰기사만을 이따금 제공하고 있다. 나딸리야 이바노바(Наталья Б. Иванова, 1945~), 세르게이 추쁘리닌(Сергей И. Чупринин, 1947~), 그리고 발렌찐 오스꼬쯔끼(Валентин

Д. Оскоцкий, 1931~2010)와 같은 저명한 비평가들은 과거 비평가들이 했던 것과는 전혀 다른 형태의 업무를 요구하고 있는 주요 잡지사의 정규직으로 근무하고 있다. 이런 상황은 문학잡지 «문학 리뷰»(Литературное обозрение), 일간지 «이즈베스찌야»(Известия), «오늘»(Сегодня), 그리고 «독립신문»(Независимая газета)에 의해 다소 완화되고는 있지만, 전국에 우후죽순처럼 늘어나고 있는 새로운 잡지와 연감들은 문학비평에 지면을 거의 할애하고 있지 않다.

서방세계의 문학비평은 문학이론과 밀접한 관계를 형성하고 있다. 반면 과거 소련의 문학비평은 이데올로기뿐 아니라 사회제반문제와 상호연관관계를 맺고 있었고, 예술이론에 대한 탐구는 항상 뒷전이었다. 그런데 오늘날 러시아에는 과거와는 전혀 다른 상황이 전개되고 있다. 즉 비평가들이 자신들의 오랜 염원이었던 지적이고 과학적인 문학이론을 탐구할 수 있는 자유를 누리게 된 것이다. 그런데 불행하게도 현재 러시아에서 문학이론에 대한 연구는 사실상 빈사상태라고 말할 수 있다. 과거 비평가들이 소비에트 정권과 결탁하며 사회주의 리얼리즘을 열성적으로 추종한 결과, 비평가들의 명성은 회복할 수 없을 정도로 훼손되었고, 그들은 새로운 문학이론을 전개하거나 발전시킬 수 있는 위치에 있지도 않았다. 지금은 일부 젊은 비평가들만이 서방세계의 문학이론을 탐구하며 실험하고 있다. 서방세계의 문학이론은 그들에게 낯설고 파편적인 것이기 때문에, 그들은 광범위한 서방문학이론 가운데 자신들에게 적합한 것을 추출하느라 애를 쓰고 있는 상황이다. 러시아문학이론가들이 1920년대 초 소비에트 비평가들과 사상가들이 확립해 놓은 문학비평을 거부하고 새로운 문학이론을 정립하는 데는 아마도 많은 시간이 소요될 것으로 추정된다. 현재 많은 비평가들이 과거 검열제와 공산주의 이데올로기로 인해 발생한 러시아문학사의 빈 공간을 메우기 위한 고된 작업을 수행하고 있다.

‘부커상’

1992년에 발생한 주요 사건들 가운데 하나는 ‘러시아 장편소설 문학상’이라고 불리는 ‘부커상’(Букер)을 신설한 것이었다. 그해 ‘제1회 부커상’ 후보로 추천된 51편 가운데 6편이 비평가 알라 라뜨이니나(Алла Н. Латынина, 1940~)를 위원장으로 하는 심사위원단에 의해 최종후보에 선정되었다. 심사위원단에는 러시아의 안드레이 시냡스끼(Андрей Д. Синявский, 1925~1997)와 안드레이 비또프(Андрей Г. Битов, 1937~)뿐 아니라, 영국 비평가 존 베일리(John Bayley, 1925~2015)와 미국 작가 엘렌디 프로퍼(Ellendea Proffer, 1944~)가 포함되었다. 최종후보에 선정된 6편의 소설은 다음과 같다. 마르끄 하리또노프(Марк С. Харитонов, 1937~)의 『운명의 선, 또는 밀라셰비치의 작은 트렁크』(Линии судьбы, или сундучок Милашевича; 1992), 블라지미르 마까닌(Владимир С. Маканин, 1937~2017)의 『맨홀』(Лазь; 1992), 류드밀라 뻬뜨루쉡스까야 (Людмила С. Петрушевская, 1938~)의 『밤 시간』(Время ночь; 1992), 알렉산드르 이반첸꼬(Александр Л. Иванченко, 1954~)의 『모노그램』 (Монограмма; 1992), 블라지미르 소로낀(Владимир Г. Сорокин, 1955~)의 『4개의 심장』(Сердца четырёх), 그리고 망명 작가 프리드리흐 고렌슈떼인 (Фридрих Н. Горенштейн, 1932~2002)의 『공간』(Место; 1991). 5명의 심사위원단 가운데 3명 — 알라 라뜨이니나, 존 베일리, 안드레이 시냡스끼 - 이 마르끄 하리또노프의 소설을 수상작으로 선정했다. 1992년 ‘제1회 부커상’ 상금은 10,000파운드(약 1,620만원)였다. 6편 가운데 2편이 1991년 작품 이었는데, 그중 1편 - 소로낀의 소설 - 은 출판도 되지 않은 원고상태였다. 그리고 3편만 장편이었고, 나머지 3편은 단편이었다.(러시아 작가들이 장편소설 집필을 꺼리고 있다는 것을 확인할 수 있는 대목이다.) «문학신문» 기고란에 뱌체슬라프 세밀레또프(Вячеслав

Семилетов)는 금전에 매수된 일부 작가들이 부커상 최종후보를 선정하는 과정에 개입했다고 주장했다. 그는 심사위원단이 문학잡지 «깃발»(Знамя)에서 추천한 스몰렌스끄 작가 올레그 예르마꼬프(Олег Н. Ермаков, 1961~)의 『야수의 몸짓』(Знак зверя)을 심사대상에 포함시키지 않고, 대신 원고상태인 소로낀의 소설을 심사대상에 포함시켰다는 점을 지적하며 그들을 비난했다.[118)]

1993년 '제2회 부커상' 후보에는 39편의 작품이 추천되었다. 후보작은 1992년 4월부터 1993년 3월 사이에 출판된 소설로 한정했다. 심사위원장으로는 저명한 언어학자 뱌체슬라프 이바노프(Вячеслав В. Иванов, 1929~2017)가, 심사위원으로는 영국 학자 지오프리 호스킹(Geoffrey Hosking, 1942~), 불라뜨 오꾸드좌바(Булат Ш. Окуджава, 1924~1997), 그리고 망명 비평가 알렉산드르 게니스(Александр А. Генис, 1953~)가 임명되었다. 1993년 10월에 최종후보로 선정된 6편은 다음과 같다. 빅또르 아스따피예프(Виктор П. Астафьев, 1924~2001)의 『저주받은 자들과 살해된 자들』(Прокляты и убиты; 1992), 올레그 예르마꼬프(Олег Н. Ермаков, 1961~)의 『야수의 몸짓』(Знак зверя; 1992), 세묜 리쁘낀(Семён И. Липкин, 1911~2003)의 『거주자의 일기』(Записки жильца; 1992), 블라지미르 마까닌(Владимир С. Маканин, 1937~2017)의 『한가운데 유리병이 놓여있는, 천으로 덮인 테이블』(Стол, покрытый сукном и с графином посередине; 1993), 류드밀라 울리쯔까야(Людмила Е. Улицкая, 1943~)의 『소네츠까』(Сонечка; 1992), 그리고 발레리야 나르비꼬바(Валерия С. Нарбикова, 1958~)의 『주위에, 주변에...』(Около еколо...; 1992).

그런데 1993년도 최종 후보작 역시 예술적 관점보다 정치적 입김에 의해 선정되었다. 최종후보 명단에 오른 소설 가운데 2편 — 예르마꼬프와 리쁘낀의 소설 – 만이 장편이었고, 아스따피예프의 소설은 1부만 출판된 미완성 작품이었

118) 뱌체슬라프 세밀레또프(Вячеслав Семилетов), '전투가 끝난 후 풍경'(Пейзаж после битвы), «문학신문», 1993년 3월 10일, 4면.

다. 그리고 마까닌과 울리쯔까야의 작품은 장편이라기보다 중편에 가까웠고, 나르비꼬바의 중편은 한 권의 소설이 아니라 모음집 형태였다. 더군다나 그녀의 작품에는 1990년 문학잡지 «청춘»(Юность)에 게재된 작품도 포함되어 있었다. 심사위원단은 최종 수상작을 결정하기 전에 그녀의 작품을 배제함으로써 자신들의 실수를 인정하는 꼴이 되었다.

1993년 12월 14일 마까닌의 소설이 '제2회 부커상' 수상작으로 결정됐다. 당시 마까닌이 현대 러시아 최고의 작가들 가운데 한 사람이라는 데는 어느 누구도 이의를 제기하지 않으나, 그의 수상작은 장편이 아니라 44쪽에 불과한 중편이었다. 더군다나 수상작은 그가 집필한 소설 가운데 그리 뛰어난 작품도 아니었다. 심사위원단이 마까닌의 중편을 수상작으로 결정한 것은 "작가의 우수한 창작재능이 아니라 해당연도에 출판된 장편소설 가운데 최고의 작품을 선정한다"는 부커상 선정기본원칙을 위반한 것이었다.

부커상 시상식에는 부커상 외에 2,500파운드(약 400만원)의 상금이 걸린 '소(小)부커상'(Малый букер) 수상자도 함께 발표되었다. 1992년 '제1회 부커상' 시상식에서는 문학잡지 «독창»(Соло)과 «신문학 통보»(Вестник новой литературы)가 러시아어문학 발전에 기여한 공로를 인정받아 '소(小)부커상'을 공동수상했다. 그리고 1993년 '제2회 부커상' 시상식에서는 빅또르 뻴레빈(Виктор О. Пелевин, 1962~)의 «푸른 램프»(Синий фонарь; 1992)가 최우수 단편소설로 선정되어 '소 부커상'을 받았다.

부커상 후보로 올라온 대부분의 소설들이 자유주의 성향의 잡지와 출판사에서 추천을 받았다는 데 주목할 필요가 있다. 보주주의 잡지 «우리의 동시대인»(Наш современник)는 단 1편 − 보리스 모좌예프(Бирис А. Можаев, 1923~1996)의 『버림받은 사람』(Изгой; 1993) − 을 추천했다. 사실상 에두아르드 리모노프(Эдуард В. Лимонов, 1943~)와 블라지미르 본다렌꼬(Владимир Г. Бондаренко, 1946~)를 포함한 대부분의 보수주의 작가들과 비평가들은 부커상 수상식에 참석하는 자체를 거부했다. 그들은 부커상 수상이 외국인의 러시아문단개입일 뿐 아니라, 러시아의 존엄을 모독하는 행위라고 주장했다. 그리고 그들은 영국 제국주의자들이 강제노동착취로 취득한 돈을 부커상 상금으로 제공한다고 주장하며 참석을 거부했다. 부커상이 상반된 정치성향을 띠고 있는 러시아 문단의 지도자들 사이에서 진행되고 있는 투쟁의 노리개 역할을 하고 있는 것은 분명해 보인다.

'제3회 부커상' 후보로 추천된 39편이 1994년 5월 초 대중에게 공개되었다. 후보작은 1993년 1월 1일부터 1993년 12월 31일 사이에 출판된 소설로 한정했다. 심사위원장으로는 러시아 작가이자 비평가인 레프 안닌스끼(Лев А. Аннинский, 1934~), 그리고 심사위원으로는 블라지미르 보이노비치(Владимир Н. Войнович, 1932~), 문학잡지 편집인이자 번역가인 나따샤 뻬로바(Наташа Перова), 영국인 교수 마틴 드웰스트(Martin Dewhirst), 그리고 미국인 교수 마리나 레드콥스키(Marina Ledkovsky)가 임명되었다.

후보로 추천된 작품 가운데는 바실 브이꼬프(Василь В. Быков, 1924~2003), 불라뜨 오꾸드좌바(Булат Ш. Окуджава, 1924~1997), 유리 다브이도프(Юрий В. Давыдов, 1924~2002), 안드레이 비또프(Андрей Г. Битов, 1937~), 미하일 꾸라예프(Михаил Н. Кураев, 1939~), 아나똘리 꾸르차뜨낀(Анатолий Н. Курчаткин, 1944~), 그리고 류드밀라 뻬뜨루쉡스까야(Людмила С. Петрушевская, 1938~)와 같은 유명한 작가들의 소설이 포함되었다. 그리고 뾰뜨르 알레쉬꼽스끼(Пётр М. Алешковский, 1957~), 알렉산드르 보로드이냐(Александр С. Бородыня, 1957~), 유리 부이다(Юрий В. Буйда, 1954~), 빅또르 뻴레빈(Виктор О. Пелевин, 1962~), 미하일 쉬슈낀(Михаил П. Шишкин, 1961~), 이고르 돌리냑(Игорь В. Долиняк, 1936~1990), 그리고 사라또프 출신 알렉세이 슬라뽑스끼(Алексей И. Слаповский, 1957~)와 같은 젊은 작가들의 소설도 포함되었다. 그런데 알렉세이 슬라뽑스끼의 소설은 각기 다른 문학잡지에 의해 3편이나 추천되었다. 1994년 9월 27일에 발표한 최종 후보에 오른 6편은 다음과 같다. 뾰뜨르 알레쉬꼽스끼의 『족제비의

전기』(Жизнеописание Хорка), 유리 부이다의 『돈 도미노』(Дон домино), 이고르 돌리냐의 『제3세계』(Мир третий), 미하일 레비찐(Михаил З. Левитин, 1945~)의 『무례함의 극치』(Сплошное неприличие), 불라뜨 오꾸드좌바의 『폐관된 극장』(Упразднённый театр), 그리고 알렉세이 슬라뽑스끼의 『첫 번째 재림』(Первое второе пришествие).

불라뜨 오꾸드좌바의 소설이 1994년 12월 19일에 거행된 '제3회 부커상' 시상식에서 수상작으로 선정되었다. 그리고 '소 부커상'은 모스크바와 뻬쩨르부르그가 아닌 사라또프에서 발행하고 있는 문학잡지 «볼가»(Волга)에게 돌아갔다. 심사위원단은 «볼가»를 러시아소설을 지원하는 데 가장 큰 공헌을 한 잡지로 평가했다. 심사위원들은 수상작을 선정하는 데 많은 고심을 했다. 불행하게도 유명한 작가들의 후보작은 그들이 이전에 출판한 작품들과 비교할 때 별 차이가 없었다. 반면에 젊은 작가들의 후보작은 세련미와 깊이는 부족했지만, 신선하고 혁신적인 작품으로 평가되었다.

'사회주의 리얼리즘'

과거 소련의 검열제는 작품의 출판을 최종적으로 결정하는 역할을 담당했다. 그리고 문학이론은 정치적으로 정확한 이데올로기를 독자들에게 전달하는 데 도움을 주는 도구로만 사용되었다. 그런데 서방세계에서 문학이론은 문학의 유형과 기본원칙에 관한 연구와 밀접한 관계를 맺고 있다. 즉 문학이론은 장르, 문체, 그리고 소설양식 등을 다루는 시학을 탐구하는 역할을 하고 있는 것이다. 반면에 과거 소련의 문학이론가들은 작품을 분석하는 작업은 하지 않고 작품을 규제하고 통제하는 역할만을 오랫동안 담당했던 것이다.

1934년 '제1차 소비에트작가동맹회의'에서 채택된 '사회주의 리얼리즘'(Социалистический реализм)은 소련문학의 공식적인 문학사조였다. 이 사조에 의하면 모든 작가는 "혁명 발전과정에서 현실을 역사적으로 진실하게 묘사해야만 한다." 그리고 "예술적 묘사의 진실성과 역사적 완벽성은 반드시 사회주의 정신에 입각한 노동자의 이데올로기 확립 및 교육과 결합되어야 한다."[119] 그런데 사실상 사회주의 리얼리즘은 모든 예술작품에 문체의 다양성을 제한했을 뿐 아니라, 긍정적 주인공을 양산하며 교훈적인 메시지만을 전달 하도록 만들었다. 그리고 대부분의 경우 공산당은 문학이 국가의 정치적 목표와 보조를 맞추고 있는가를 확인하기 위해 창작과정에 직접 개입했다. 스탈린 사후, 사회주의 리얼리즘을 적용하는 것이 적지 않은 문제점을 갖고 있다는 것을 인정한 당국은 사회주의 리얼리즘을 문학작품에 반드시 적용해야 한하는 원칙을 다소 완화했다.

글라스노스찌는 작가가 누리는 표현의 자유와 창작에 대한 당국의 공식적 가이드라인 사이에서 불균형을 초래했다. 1988년 10월, 공산당중앙위원회 정치국은 공산당중앙위원회에서 1946년 8월 14일에 채택한 결의문에 문제가 있다는 것을 인정하고 이를 폐지할 것을 제안했다. '문학잡지 «별»(Звезда)과 «레닌그라드»(Ленинград)에 관해'라는 결의문에는 이 잡지들이 이데올로기 측면에서 유해한 작품을 게재하고 있다는 내용과 미하일 조쉔꼬(Михаил М. Зощенко, 1894~1954)와 안나 아흐마또바(Анна А. Ахматова, 1989~1966)를 비난하는 내용이 담겨 있었다. 1988년 중반에 접어들면서, 사회주의 리얼리즘이 예술적 혹은 윤리적 사조가 아니고, 정치적 혹은 이데올로기적 경향을 강하게 띠고 있다는 것은 더 이상 비밀이 아니었다.[120] 그럼에도 불구하고 사회주의 리얼리즘은 문학토론장에서 여전히 주요주제로 부각되었고, 소비에트의 많은

---

119) '사회주의 리얼리즘'에 대해서는 다음 서적을 참조. Katerina Clark, *The Soviet Novel: History as Ritual*, 2nd ed. (Chicago, 1985). 그리고 '1980년대 사회주의 리얼리즘'에 대해서는 다음 서적을 참조. N.N. Shneidman, *Soviet Literature in the 1980s: Decade of Transition* (Toronto, 1989), p.22~32.

120) 블라지미르 구세프(Владимир И. Гусев), '우리는 사회주의 리얼리즘을 포기할 것인가?' (Отказываться ли нам от социалистического реализма?), «문학신문», 1988년 5월 25일, 3면.

작가들과 비평가들은 사회주의 리얼리즘을 미학적 이론으로 간주하고 있었다.[121] 1988년 작가동맹은 사회주의 리얼리즘이 소비에트문학에 반드시 필요한 가이드라인이라고 주장했다.

이처럼 오랫동안 유지되었던 사회주의 리얼리즘에 저항하는 목소리가 1989년 처음 표출되었다. 1989년 초에 채택한 새로운 작가동맹 규정에는 사회주의 리얼리즘에 대한 언급이 누락되었다.[122] 대신 "작가동맹은 '사회주의와 민주주의 원칙', '글라스노스찌', '개인의 자주성', 그리고 '개인의 책임감'에 의해 운영되어야 한다."라는 문장이 새로 추가되었다. 그리고 창작의 자유가 러시아문학 발전에 꼭 필요한 조건이라는 문장도 추가되었다. 그러나 이 규정에는 '당성'(партийность)과 '민중성'(народность)이 소비에트문학의 기본원칙이라는 문구와, 작가동맹이 다양한 의견을 수용하지만 사회주의 이상을 고수하고 있는 사실주의 작품을 적극 지원한다는 내용도 포함되었다.[123]

1989년 12월 소비에트작가동맹의 새로운 규정이 «문학신문»에 발표되었다.[124] 새 규정에는 예전과 마찬가지로 사회주의와 민주주의 원칙, 글라스노스찌, 그리고 창작의 자유가 포함되었다. 그러나 국가기밀 및 국방기밀을 보호할 필요가 있는 경우와 소비에트연방 및 개별공화국의 법에 어긋나는 경우를 제외하고, 그 어떤 검열제도 창작의 자유를 제한할 수 없다는 내용이 추가되었다. 그리고 새 규정에 포함된 내용 중 가장 중요한 것은, 작가의 사회관과 예술관이 사회에서 논란을 초래한다하더라도 작가의 표현의 자유는 제한할 수 없다는

---

121) 다음 자료를 참조. 세르게예프(E. Сергеев), '구태의연한 몇 가지 질문'(Несколько застарелых вопросов), «신세계», 1988, №8, c.142~46. 미하일 골루꼬프(Михаил Голуков), '확실한 방법'(Конкретика метода), «문학신문», 1988년 8월 24일, 3면. 바짐 꼬프스끼(Вадим Ковский), '문화적 방법: 원인과 결과'(Культметода: причины и следствия), «문학신문», 1988년 9월 7일, 3면.

122) «문학신문», 1989년 3월 22일, 3면.

123) '당성'(партийность)과 '민중성'(народность)에 대해서는 다음 자료를 참조. N.N. Shneider, 'The Russian Classical Literary Heritage and the Basic Concepts of Soviet Literary Education', *Slavic Review*, 31/3 (September 1972), p.626~38.

124) «문학신문», 1989년 12월 20일, 2면.

것이었다.

1991년 5월에는 1989년 12월에 발표된 규정보다 더 많이 바뀐 새로운 규정이 공표되었다.[125] 이 규정에는 이데올로기에 관한 내용보다는 작가동맹 내의 조직과 구성원의 권리에 관한 내용이 대거 포함되었다. 즉 모든 작가동맹 회원의 평등권, 표현의 자유, 그리고 작가동맹의 틀 안에서 이데올로기, 지역, 혹은 민족을 공통분모로 하는 다양한 분파, 협회, 그룹을 자유롭게 조직할 수 있는 권리가 포함되었다. 그리고 작가동맹은 공산당에 종속되지 않으며 정치적 목적을 절대 추구하지 않는다는 내용도 포함되었다. 반(反)고르바초프 쿠데타가 발생하기 몇 달 전에 발표한 이 규정은 어떤 면에서 서방세계 작가협회의 규약과 상당히 유사하다. 이 규정은 '소비에트최고회의'가 소비에트헌법 제6조 − "소련공산당은 소비에트 정치구조의 핵심이며 소비에트 사회를 이끌어가는 최고 권력기관이다." − 를 폐기한 후, 소비에트 사회와 작가들 사이에서 발생하고 있는 사회, 정치, 이데올로기의 격변을 반영하고 있다. 헌법 제6조의 폐기는 사실상 공산당 일당통치의 종식과 다당제 도입을 의미하는 것이었다.

새로운 규정은 소비에트 독재체제 하에서 인위적으로 제작한 사회주의 리얼리즘이라는 신화에 일격을 가했다. 이 사조는 생존능력을 갖고 있는 문학이론이기 때문이 아니라, 소비에트 당국이 무자비하게 강요했기 때문에 50년 넘게 지속되었던 것이다. 그러나 아직도 러시아에서 사회주의 리얼리즘의 잔재가 완전히 소멸되지 않고 있다는 점에 주목할 필요가 있다. 사회주의 리얼리즘은 수십 년 동안 소비에트 작가들의 정신세계에 둥지를 틀고 있었다. 그 결과 일부 작가들은 사회주의 리얼리즘의 규범을 광범위하게 사용하면서 자신들의 작품에 소비에트의 가치와 정책을 지속적으로 반영하고 있었다. 반면에 또 다른 일부 작가들은 아이러니하게도 사회주의 리얼리즘에서 사용했던 문학기법과 장치를 사용하면서 과거 사회주의 리얼리즘에서 추구했던 목표와 상반되는 것을 도출하고 있었

125) ibid., 1991년 5월 29일, 9면.

다. 그런데 소비에트문학의 신화적 요소를 제거하는 과정에서 긍정적 주인공은 '부정적 주인공' 혹은 '주인공답지 않은 주인공'으로, 사회주의 리얼리즘 작품에서 묘사되고 있는 공산주의 유토피아는 '디스토피아'[126]로, 그리고 사회주의 리얼리즘 소설에서 중요한 장치로 간주되는 낙관적인 결말은 침울한 '비관적인 결말'로 바뀌고 있다. 그리고 사회주의 리얼리즘 작품에서 개인의 비극에 대한 보상으로 묘사되고 있는 긍정적 사회상은 침체되고 '부패한 사회상'으로 대체되고 있다. 대중이 쉽게 이해할 수 있는 사회주의 리얼리즘 작품의 전형적인 구조와 언어는 평범한 독자들이 이해하기 어려운 '혁신적이고 실험적인 구조와 언어'로 바뀌고 있다. 이처럼 대부분의 현대 러시아소설에서 우리는 완전히 거꾸로 된 사회주의 리얼리즘을 쉽게 발견할 수 있다. 한쪽 극에서 반대쪽 극으로 뒤바뀌는 이런 현상은 문학뿐 아니라 소비에트의 전반적인 생활에서도 쉽게 발견할 수 있다.

일상적인 표현을 빌리자면, 현대 러시아문학은 역동적이며 생기가 넘치고 있으나, 다른 한편으로는 불안하고 불안정한 상태에 놓여있다. 현대 러시아문학의 특징은 예술적 다양성과 주제의 다양성이라고 말할 수 있다. 새로운 러시아소설의 파편적인 양식은 현대 러시아사회의 분열된 사회상을 반영하고 있다. 예술적 측면에서 볼 때, 현대 러시아산문은 중구난방으로 튀고 있다. 심각한 사고에 고취되어 있는 대부분의 장편소설은 예술적 결함을 갖고 있다. 반면에 예술적 정교함을 갖춘 일부 소설들은 심오한 의미가 결핍되어 있다. 그리고 전도유망한 새로운 작가들은 존재론적 문제에만 매달리고 있다. 즉 그들은 인간의 신념, 새로운 가치, 그리고 삶의 진정한 의미를 탐구하고 있으나, 도덕성, 인간성, 그리고 정신세계의 복합적인 문제를 논리적으로 명쾌하게 다루지는 못하고 있다.

126) 역주 : 유토피아와 반대되는 개념으로 반(反)유토피아라고도 부른다. 현실세계에 존재하지 않는 이상향을 묘사하는 유토피아 문학과 정반대로, 가장 부정적인 현실세계를 묘사하며 이를 날카롭게 비판하는 문학을 디스토피아 문학이라고 한다. 대표적인 작품으로 자먀찐의 『우리』(Мы, 1924)와 1949년과 1954년에 각각 발표한 조지 오웰의 『1984년』과 『동물농장』(Animal Farm)을 꼽을 수 있다.

1993년 말 러시아문학은 중대한 시점에 도달했다. 소련시절 '사미즈다뜨'와 '따미즈다뜨'(тамиздат, 해외출판사)에서 발행된 대부분의 작품은 러시아에서 이미 출판되었고, 오랫동안 '서랍 속에' 감추어진 지하문학 작가들도 공개적으로 이미 모습을 드러낸 상황이었다. 오늘날 정기간행물에서 출판한 서적의 원고는 최근 몇 년 동안에 쓰인 것들이며 러시아의 새로운 시대상을 잘 반영하고 있다. 그런데 알렉산드르 발쩨프는 "현대 러시아문학의 수준이 그리 높지 않다"고 지적하면서,[127] 창작의 자유가 '문학을 혼수상태로 몰고 가는 버거운 짐'이 되어 버렸다고 주장한다.[128] 발쩨프의 주장에 동조하고 있는 빠벨 바신스끼(Павел В. Басинский, 1961~)는 블라지미르 소로낀(Владимир Г. Сорокин, 1955~), 발레리야 나르비꼬바(Валерия С. Нарбикова, 1958~), 예브게니 라뿌찐(Евгений Б. Лапутин, 1958~2005), 그리고 드미뜨리 갈꼽스끼(Дмитрий Е. Галковский, 1960~)와 같은 작가들의 새로운 문학이 러시아문학의 성장 가능성을 근본적으로 박탈하고 있다고 주장한다. 왜냐하면 그들이 도덕적으로 천박하기 때문이 아니라, 문학에서 가장 중요하게 간주하고 있는 미학을 무책임하게 다루고 있기 때문이라는 것이다.[129]

대부분의 사실주의 경향의 새로운 작가들은 자신들이 즐겨 다루었던 주제만을 계속해서 고집하기 때문에, 그들 스스로가 주제를 다양화한다는 것은 사실상 불가능하다. 그들이 사회를 관조하는 시각은 상당히 협소하다. 반면에 포스트모더니즘과 아방가르드 작품은 초창기와 달리 신선함을 점차 상실하면서 독자의 관심으로부터 멀어지고 있다. 결국 이런 상황은 대중의 저급한 취향을 충족시키며 저속한 소설을 집필하고 있는 블라지미르 샤로프(Владимир А. Шаров, 1952~)와 같은 작가들이 시장을 파고들 수 있는 틈새를 제공하게

127) 알렉산드르 발쩨프(Александр Вяльцев), '문학과 도덕'(Литература и мораль), «깃발»(Знамя), 1993년, №6, 193쪽.

128) ibid., 195쪽.

129) 빠벨 바신스끼(Павел Басинский), '각하들의 부관들'(Адъютанты их превосходительств), «문학신문», 1993년 12월 15일, 4면.

되었다.[130] 드미뜨리 갈꼽스끼(Дмитрий Е. Галковский, 1960~)와 같은 작가들이 집필한 작품들은 미미하지만 창작소설과 어느 정도 연관이 있다고 볼 수 있다. 갈꼽스끼의 『끝이 없는 난관』(Бесконечный тупик; 1992)[131]은 텍스트 분량이 너무나 길기 때문에, 그 어떤 정기간행물도 작품 전체를 게재할 엄두를 내지 못하고 있다. 이야기 형식으로 진행되고 있는 이 작품은 실존하지 않는 텍스트에 대해 화자가 코멘트를 하는 내용을 담고 있다. 그런데 화자가 내뱉은 코멘트에 대해 자신이 다시 코멘트를 하고, 그 코멘트에 또 다시 코멘트를 하고... 이런 과정이 지속적으로 반복되고 있다. 많은 비평가들은 작가의 자전적 내용과 문화지성사가 융복합된 이 작품을 도발적인 산문으로 간주하고 있다. 왜냐하면 이 작품이 모순된 통찰력과 변덕스러운 다양성을 제공하고 있기 때문이다. 갈꼽스끼는 안똔 체홉(Антон П. Чехов, 1860~1904)과 레프 똘스또이(Лев Н. Толстой, 1828~1910)를 폄하하며, 바실리 로자노프(Василий В. Розанов, 1856~1919)를 존경한다는 자신의 견해를 당당하게 피력하는 작가이다.

현재 러시아문학은 과도기 상황에 처해 있다. 일부 비평가들은 현대작가들의 혁신정신과 실험적 양식 속에 러시아문학의 미래가 있다고 확신한다. 그러나 대부분의 비평가들은 깊이가 없는 문학은 결코 러시아문학의 미래가 될 수 없다고 주장한다. 이리나 로드냔스까야(Ирина Б. Роднянская, 1935~)는 위대한 문학에 대해 다음과 같이 언급했다. "이 세상의 모든 작품은 위대한 문학 혹은 형편없는 문학으로 양분된다. 만일 어떤 작품이 위대한 문학이라면, 그 작품은 예술적 기교를 초월한 그리고 문학보다 더 위대한 영역으로부터 흥분과 영감을 불러일으킨다."[132] 예술적 다양성과 비현실적인 양식을 실험하기 위한

---

130) 다음 자료를 참조. '리허설'(Репетиция), «네바», 1992, №1, c.6~91, №2, c.98~188. '과거와 현재'(До и во время), «신세계», №3, c.6~76, №4, c.11~77.

131) 이 작품의 발췌본은 «신세계», 1992, №9, c.78~120, №11, c.228~81.에 게재되었음.

132) 이리나 로드냔스까야(Ирина Б. Роднянская), 'Shall We Live Without a Great Author?', *Russian Studies in Literature* 28/4 (Fall 1992), p.59. («문학신문», 1991년 5월 29일

공간이 러시아문학에 존재하지 않는다고는 말할 수 없다. 그러나 러시아산문의 미래는 독특한 발상을 함유하고 있는 새로운 형태의 사실주의문학 속에 분명히 존재한다. 신진작가들이 계속해서 문단에 유입된다는 것은 러시아문학의 미래가 밝다는 것을 의미한다. 그들은 경험이 부족하기 때문에 지속적으로 창작을 연마할 필요가 있으나, 젊기 때문에 성숙한 작가가 되기 위한 충분한 시간도 갖고 있다. 아직까지 기억에 남을 정도의 훌륭한 예술작품을 집필한 신진작가는 거의 없는 상황이다. 그러나 재능 있는 소수의 작가가 불현듯 등장한다면, 러시아문학의 불만족스런 현 상황은 완화될 것이다. 그리고 그들은 러시아 창작산문의 수준을 끌어올릴 것이고 젊은 현대작가들의 본보기가 될 것이다.

11면에서 인용)

제3장

구세대 작가

1989년부터 1994년 사이에 작고한 소비에트문학과 관련된 주요 인물들은 다음과 같다. 베니아민 까베린(Вениамин А. Каверин, 1902~1989), 사바 단굴로프(Савва А. Дангулов, 1912~1989), 발렌찐 삐꿀(Валентин С. Пикуль, 1928~1990), 문학잡지 «민족 우호»(Дружба народов) 편집장을 역임했던 세르게이 바루즈딘(Сергей А. Баруздин, 1926~1990), '소비에트작가동맹' 의장을 역임했던 게오르기 마르꼬프(Георгий М. Марков, 1911~1991), 아르까지 스뜨루가쯔끼(Аркадий Н. Стругацкий, 1925~1991), 게오르기 세묘노프(Георгий В. Семёнов, 1931~1992), 유리안 세묘노프(Юриан С. Семёнов, 1931~1993), 뱌체슬라프 꼰드라찌예프(Вячеслав Л. Кондратьев, 1920~1993), 알렉산드르 차꼽스끼(Александр Б. Чаковский, 1913~1994), 이반 스따드뉴끄(Иван Ф. Стаднюк, 1920~1994), 그리고 유리 나기빈(Юрий М. Нагибин, 1920~1994). 1980년대 말과 1990년대 초 소련에서 발생한 정치상황의 급격한 변화는 현재 60세가 넘은 구세대 작가들에게 적지 않은 영향을 끼쳤다. 그들은 변화의 물결에 빠르게 적응하지 못했으며, 적응기간 동안 자신들의 문학적 재능을 올바르지 않은 곳에 사용하기도 했다. 일부 작가들은 단순히 돈을 벌기 위해 자신들이 누리고 있는 표현의 자유를 남용하며 과거 소비에트의 검열이나 문학잡지 편집진이 수용할 수 없었던 주제를 다루었다. 또 다른 일부 작가들은 자신들이 이미 결론을 내렸던 이슈를 다시 거론하며 과거와 상반된 해석을 내리기도 했다. 그리고 과거 자신들이 집필했던 작품에 대폭 수정을 가한 후 이를 재출판하는 작가들도 있었다. 그런데 대부분의 구세대 작가들은 문학의 본질을 외면하고 에로티시즘, 불륜, 속물근성(пошлость) 등을 다루고 있는 신세대 작가들의 실험적이고 혁신적인 작품이 확산되고 있는 데 내심 불만을 품고 있었다. 빅또르 아스따피예프(Виктор П. Астафьев, 1924~2001)는 "인생경험이 부족한 젊은 작가들, 그리고 삶의 시련을 인내하지 못하는 젊은 작가들로부터는 진정한 창작물을 기대할 수 없는 상황이 되었다."고 지적하며 개탄했다. 이런 지적에 대해 사람들은 그에게 반문했다. "그렇다면 젊은 시절 요절한 레르몬또프와 뿌쉬낀은 어떻게 된 건가?" 사람들의 반문에 대해 그는 다음과 같이 답변했다. "이 두 사람은 천재작가이기 때문에 특별한 케이스이다. 불행하게도 오늘날 러시아 젊은 작가들의 산문은 문체적 측면에서 볼 때 깔끔하지 못하다는 느낌을 받는다. 이제 막 집필을 시작한 젊은 작가들은 혈기가 넘치기 때문일 것이다."[133] 1990년에 출판한 신세대 작가 빅또르 예로페예프(Виктор В. Ерофеев, 1947~)의 『러시아 미녀』(Русская красавица)에 대한 서평을 쓴 아나똘리 르이바꼬프(Анатолий Н. Рыбаков, 1911~1998) 역시 아스따피예프와 유사한 견해를 피력했다. "나는 예로페예프의 소설을 읽는다... 무슨 말을 할 수 있을까? 작품에는 온통 속물근성이 난무하고 있다. 어디에서도 작가의 재능을 발견할 수 없다."[134]

구세대 작가들 가운데 최근에 문학적으로 뛰어난 작품을 발표한 이는 거의 없다. 그들이 집필한 대부분의 산문은 자전적 성격을 띠고 있고, 급변하는 러시아의 정치·사회 상황만을 반영하고 있다. 그리고 그들은 문단에서 개인적으로 체험한 극적인 사건을 간접적으로 조명하고 있을 뿐이다. 일부 구세대 작가들은 과거 자신들의 문학관에서 탈피하고 새롭게 출발하려는 시도를 하고 있으나, 대부분의 구세대 작가들은 과거 자신들이 다루었던 주제와 가치관을 계속해서 고수하고 있다.

빅또르 아스따피예프(Виктор П. Астафьев, 1924~2001)

빅또르 아스따피예프는 글라스노스찌를 잘 활용한 작가들 중 한 사람이다. 그는 자기 자신에게 충실한 인물이었고, 그의 관심사는 언제나 사건의 본질을

133) '나는 무엇을 쓰고, 무엇을 읽고 있는가?'(Что пишу, Что читаю?), «문학신문», 1991년 1월 9일, 9면.

134) «문학신문», 1991년 5월 22일, 9면.

파헤치는 것이었다. '뻬레스뜨로이까' 초기에 그는 소설 『슬픈 탐정』(Печальный детектив; 1986)을 서둘러 집필하여 발표했다. 약간의 예술적 결함을 갖고 있는 이 작품에는 소비에트 일상에서 만연되고 있는 악과 불의에 대한 질타와 러시아의 미래에 대한 번민이 표출되어 있다. 그리고 그는 과거에 자신이 발표했던 『마지막 경례』(Послений поклон)에다 새로운 장을 추가한 작품도 발표했다. 새롭게 추가된 장에는 30년 전에 발생한 단편적인 사건들 – 친구, 가족, 그리고 자신의 고향 시베리아 — 이 다소 느슨한 연결고리로 서술되고 있는데, 특히 자신이 사랑하는 이타적이고 인정 많은 할머니의 성품이 강조되고 있다.[135] 그리고 『동정심이 부족하다』(Не хватает сердца; 1988)[136]와 『류도치까』(Людочка; 1989)[137]에는 작가가 느끼고 있는 러시아의 전반적인 상황에 대한 '환멸과 절망'이 묘사되어 있다.

1976년 아스따피예프는 서정적이고 철학적인 알레고리를 담고 있는 『황제－물고기』(Царь－рыба)를 발표했다. 이 작품에서 그는 인간의 탐욕스런 성품과 평화로운 자연의 위대함을 대비하고 있다. 『동정심이 부족하다』는 원래 『황제－물고기』에 추가되었던 장이었는데, 어떤 이유에서인지 1976년에 발표되지 못했다. 『동정심이 부족하다』는 화자가 시베리아의 북쪽에 위치하고 있는 노릴스끄에서 온 관료를 예니세이 강을 따라 여행하는 기차객실에서 우연히 만나는 장면이 도입부에 묘사되어 있다. 화자는 죽어가고 있는 자신의 동생에게 도움을 주기위해, 그리고 무명의 관료는 파리를 관광할 목적으로 장교들과 무리지어 여행을 하고 있었다. 두 사람의 대화에서 화자는 관료의 거만한 태도와 거들먹거리는 말투를 역겨워한다. 그리고 노빌스끄의 잔혹한

135) 빅또르 아스따피예프의 초기산문에 대한 보다 자세한 내용은 다음 글을 참조하라. N.N. Shneidman, 'Victor Astaf'ev: The Soviet Bard of Siberia,' *Russian Language Journal,* 33/114 (1979), pp. 99~107. 그리고 N.N. Shneidman, *Soviet Literature in the 1980s: Decade of Transition* (Toronto 1989), pp.108~13.

136) «우리의 동시대인», 1988, №8, c.3~30.

137) «신세계», 1988, №9, c.3~27.

과거사를 전혀 모르는 관료가 자신이 살고 있는 도시를 아주 훌륭한 곳이라고 끊임없이 자랑하는 것에 대해 분개한다.

두 사람이 대화를 나누는 장면은 원근법에 의해 1930년대로 전환된다. 그리고 화자는 툰드라 지역에서 강제노역자들에 의해 이 도시가 건설되는 장면을 회상한다. 비인간적 취급을 받으면서 생활하고 있는 그들은 공포정치를 실시했던 스탈린 정권의 희생양이었고, 죽음으로 내몰린 상황에 처해있었다. 탈출을 시도한 일부 노역자들은 타이가 지역에서 굶어죽거나, 붙잡혀서 다시 끌려온 후 광산이나 채석장으로 이송되었다. 이 작품에는 탈출을 시도하는 과거 소련군 대령이었던 노역자가 등장한다. 그는 수많은 역경을 겪으면서도 선한 사람들과 함께 생활하며 자신이 믿고 있는 러시아정교신앙을 결코 저버리지 않은 인물이다. 순진무구한 그는 노역자들이 겪는 잔혹한 상황을 스탈린이 인지하지 못하고 있다고 굳게 믿고, 스탈린에게 실상을 전달하기 위해 그와의 만남을 추진한다.

이 작품에 묘사된 혹독한 상황은 아스따피예프가 직접 체험한 것이다. 탈출한 노역자들이 타이가 지역에서 생존을 위해 인육을 먹었다는 것도 역사적 사실이다. 작가는 소비에트 정권에 의해 인위적으로 만들어진 인간들이 비양심적이고 잔인하며 사악하다는 것을 폭로하고 있다.[138] 이 작품에 등장하는 무명의 관료가 노릴스끄에서 누리고 있는 행복한 삶은 죄 없는 희생자들이 흘린 피의 대가라는 것이다.

3인칭화자에 의해 사실적으로 기술되고 있는 『류도치까』에는 암울한 분위기가 작품 전체를 지배하고 있다. 새로운 삶을 기대하며 농촌에서 도시로 이주한 순박한 시골 처녀 류도치까는 장사하는 법을 배우며 생활한다. 비록 능력도 부족하고 교육도 변변찮게 받았으나, 그녀는 타인에 대한 연민의 정이 넘치는 따뜻한 인물이다. 그런데 그녀는 냉정하고 잔혹한 도시생활에 적응하지 못한다. 그리고 사람들에게 학대뿐 아니라 성폭행까지 당하게 된다. 순수한 영혼을 갖고 있는

---

138) «우리의 동시대인», 1988, №8, c.29.

그녀는 이런 굴욕을 견디어내지 못하고 결국 자살을 감행한다. 『류도치까』는 관찰자인 화자가 소망을 이루지 못하고 허무하게 막을 내린 시골 처녀의 슬픈 인생을 객관적 시각으로 묘사하고 있는 비극적인 이야기이다. 작가는 이 작품에서 어느 누구를 심판하거나, 도덕적으로 나무라지 않는다. 단지 참담한 실상을 적나하게 폭로할 뿐이다. 어떤 면에서 이 작품은 외딴 농촌을 배경으로 한 아스따피예프의 초기작품 혹은 러시아의 일반적인 '농촌산문'을 연상시킨다. 농민들이 오랫동안 살던 곳을 떠나게 되면서 러시아의 농촌은 점차 황폐화된다. 보다 나은 삶을 기대하며 도시로 이주한 농민들은 시간이 지나면서 실망하게 되고, 결국 진보적인 도시문명에 의해 도덕적으로 타락하거나 파멸의 길을 걷게 된다.

아스따피예프는 최근에 제2차 세계대전을 배경으로 한 비극소설 『저주받은 자들과 살해된 자들』(Прокляты и убиты; 1992)을 발표했다. 비록 전쟁을 소재로 하고 있지만, 이 소설은 농촌산문에서 다루고 있는 주제와 유사한 것을 다루고 있다. '악마의 구덩이'(Чертова яма)라는 부제가 붙은 제1권은 작가가 1942년부터 1943년까지 시베리아의 노보시비르스끄에서 겪은 체험을 토대로 한 것이다. 이 소설은 전시상황의 러시아 군인들에 관한 이야기를 다루고 있는데, 아이러니하게도 대부분의 사건은 전방에서 멀리 떨어진 후방의 병영 — 시베리아 유형소와 유사한 형태의 병영 – 에서 발생한다. 그리고 나치 독일군이 등장하는 장면은 거의 찾아볼 수 없다. 전방에 투입하기 위해 후방의 병영에서 훈련을 받고 있는 군인들은 죄수와 같은 취급을 받는다. 그들은 굶주림, 학대, 착취, 그리고 괴롭힘을 당한다. 인근 농촌에 살고 있는 연로한 어머니를 찾아뵙기 위해 잠시 병영을 이탈했던 두 형제를 처형하는 장면은 독자에게 큰 충격을 준다. 아스따피예프는 이 작품에서 전쟁을 하는 진정한 이유를 제시하며, 젊은이들의 타락과 군대에서의 도덕성 부재에 대한 문제점을 부각시키고 있다. 그는 일반적인 '농촌산문'에서 한 걸음 더 나아가 러시아 농민의 이상적인 이미지도 묘사하고 있고, 악과 부정부패가 외부세계에서 농촌사회로 침입했다는 것도 지적하고 있다. 아스따피예프에 의하면 모든 사람은 내면에 악의 요소를 품고 있는데, 이는 다름 아닌 인간의 본성이라는 것이다. 부제 '악마의 구덩이'는 권력을 소유한 강자가 약자를 억압하고 지배하며, 약자의 인간성을 말살시키고 있는 소비에트 제도에 대한 메타포로도 간주할 수 있다.

아스따피예프는 이 작품에서 관찰자와 참관인의 역할을 충실하게 수행하고 있다. 이야기 서술 방식은 상당히 사실적이고, 묘사는 자연주의에 가깝다. 사소하게 보이는 사건들이 나열되면서 극적 긴장감이 고조되며 비극적인 상황으로 전개된다. 작가는 군인들이 사용하는 속어와 시베리아 농민들이 사용하는 언어를 꾸밈없이 사용하고 있다. 그런데 이 소설의 예술성에 대해 최종 판단을 내리는 것은 거의 불가능하다. 왜냐하면 아직까지 제1권만 발행되었기 때문이다. 이 작품은 소련에서 글라스노스찌가 실시되기 이전에는 결코 출판될 수 없었는데, 그 이유는 이 작품이 소비에트 시스템과 공산당의 실체를 폭로하는 '폭로 소설'(обличительная проза)이기 때문이다.

최근에 아스따피예프는 주제적 측면에서 볼 때 어느 정도 혁신적인 작품을 발표하고 있지만, 그의 초기 작품들과의 차별성은 그리 커 보이지 않는다. 그의 작품에는 주로 생활고에 직면한 단순하고 소박한 인물, 그리고 육체적으로는 나약하나 정신적으로는 강인한 인물이 등장한다. 등장인물이 거주하는 환경에서 실제 사용되고 있는 언어와 거칠고 강렬한 사실적 이미지가 함께 제공되고 있다. 과거에 거주했던 농촌과 연관된 등장인물들의 내면에 자리 잡고 있는 선의 이미지와, 고향을 떠나 친밀하거나 안락하지도 않은 새로운 삶을 시도하는 등장인물들의 비정상적인 충동이 상호 대비되고 있다. 빠르지 않게 전개되는 줄거리는 긴장감을 고조시키며 비극적인 종말로 치닫는다. 브레즈네프 사후에 집필한 그의 소설에는 염세주의 경향이 짙게 물들어 있다. 일부 주인공들의 내면세계에 자리 잡고 있는 선은 대부분의 등장인물들에게 만연한 악에 의해 제압을 당한다. 70년 간 소비에트 통치로 인해 일그러진 러시아 미래에 대한 작가의 불안감이 텍스트에 노출되고 있는 것이다. 그리고 이런 현상은 그의 최근 작품에서도 쉽게 찾아볼 수 있다.

친기스 아이뜨마또프(Чингиз Т. Айтматов, 1928~2008)

친기스 아이뜨마또프는 자신만의 독특한 방법으로 소련의 급격한 정세변화에 현명하게 대처한 작가이다. 특이한 인생을 살아온 아이뜨마또프는 키르기스 출신에도 불구하고 러시아어를 모국어인 키르기스어처럼 완벽하게 구사했다. 젊은 시절 키르기스 동료작가들이 그에게 반감을 표했기 때문에, 그는 대부분의 작품을 러시아어로 집필했다. 그러나 러시아 보수민족주의 작가들 역시 그를 달갑게 여기지는 않았다. 그들은 순수한 러시아문화에 이질적 요소를 주입하는 아이뜨마또프와 같은 이민족 작가들이 러시아 민족성을 오염시킨다고 생각했다.[139] 과거 소비에트 당국에서 작가들에게 허용한 마지노선에서 위험한 곡예를 하는 작품들을 집필하였음에도 불구하고, 그는 항상 공산당정책을 지지하는 소련의 인쩰리겐찌야였다. 1989년 그는 소련인민대의원으로 임명되었고, 얼마 후 고르바초프 대통령 자문위원으로 위촉되었다. 그리고 1990년 11월에는 룩셈부르크 대사로 임명되었다.

정치적으로 민감한 변환기에 아이뜨마또프는 정권의 요구에 재빠르게 반응하는 인물이었다. 브레즈네프 집권 말기의 숨 막히는 분위기 속에서 소비에트당국이 작가들에게 긍정적 인물을 요구했을 때, 그는 주저 없이 장편소설『백년보다 긴 하루』(И дольше века длится день; 1980)를 집필했다. 이 작품에는 자연을 사랑하고 자신의 직업, 가족 그리고 친구들에게 헌신하는 정직하고 예절바른 주인공 '예디게이'(Едигей)가 등장한다.[140] 그리고 글라스

139) 친기스 아이뜨마또프의 초기산문에 대한 보다 자세한 내용은 다음 글을 참조하라. N.N. Shneidman, 'Soviet Literature at the Crossroad: The Controversial Prose of Chingiz Aitmatov,' *Russian Literature Triquarterly*, 1979, no.16, pp.244~63. pp.340~41, 그리고 N.N. Shneidman, *Soviet Literature in the 1980s: Decade of Transition* (Toronto 1989), pp.194~208.

140) «신세계», 1980, №11, c.3~185. 문학잡지 «신세계»에 원고를 제출했을 때 이 소설의 원제목은『띠』(Обруч)였다. 이 소설은 인류가 우주에 대한 정보와 지식을 습득하는 것을 금지하기 위해 대기권에 쏘아올린 로켓들로 형성한 '띠'와, 죄수를 "터키신화에 나오는 자신의 과거를 기억하지 못하는 '만꾸르뜨'(манкурт)"와 같은 헌신적인 노예로 바꾸는

노스찌가 실시되던 초기에 아이뜨마또프는 소련 사회에 만연한 악과 부정부패를 폭로하는 소설 『단두대』(Плаха; 1986)를 서둘러 발표했다.

아이뜨마또프는 현실세계를 신화, 민담, 그리고 상상의 세계와 적절하게 융합하여 묘사하는 훌륭한 작가이다. 그가 작품에서 다루고 있는 갈등은 항상 드라마틱한 긴장감으로 가득하고, 그의 문체는 간결하지만 표현력이 돋보인다. 그러나 근본적으로 스탈린 치하의 소비에트 시스템에서 성장한 작가이기에, 그가 정치적 혹은 사회적 접근을 시도하면 할수록 독자들은 그의 작품에 대해 회의를 품으며 싸늘하게 반응한다.[141] 양심의 가책을 느낀 아이뜨마또프는 최근 들어 진정성 있는 작품을 집필하려 애쓰는 모습을 보이고 있다. 새로운 마음가짐으로 그는 자신의 초기 작품에 수정을 가하는 작업도 수행하기 시작했다. 진정성을 보여주려는 자신의 시도에 대해 독자들이 냉랭하게 반응하고 있다는 것을 아이뜨마또프는 잘 알고 있다. 독자들의 반응에 대해 그는 "지금 우리는 이전과 전혀 다른 생각을 가진 시민이 되었다."라고 주장하며 자신을 방어하고 있다.[142] 그의 주장에 대해 사람들은 다음과 같이 반박했다. "오랫동안 고수했던 집필방식을 어떻게 하룻밤사이에 바꿀 수 있단 말인가? 그리고 자신이 변했다는 것을 보여주려는 시도는 다름 아닌 '기회주의' 발상이 아니겠는가?"

아이뜨마또프가 1990년에 발표한 중편 『칭기즈칸의 하얀 구름』(Белое облако Чингизхана)[143]은 스탈린 시절의 실제상황과 칭기즈칸의 전설을 혼합하여 제작한 중편인데, 1980년에 발표한 원작 『백년보다 긴 하루』에 새로운 장으로 추가된 작품이다. 원작에는 '아부딸리쁘 꾸뜨이바예프'(Абуталип Куттыбаев)가 두 번째 주요 인물로 등장한다. 그는 어느 도시의 학교에서 교사로

도구로 사용되는 '낙타의 젖통으로 만든 모자'에 관한 이야기를 다루고 있다. 그런데 단행본 형태로 출판될 때 이 소설의 제목 『백년보다 긴 하루』는 간행물 «젊은 친위대»(Молодая гвардия)에 의해 『부란느이 간이역』(Буранный полустанок)으로 수정되었다. 아이뜨마또프는 얼마 후 재판이 발행될 경우 이 제목을 원제목 '띠'로 재수정하려는 생각을 품었다.

141) «모스크바 소식», 1990년 7월 29일 ~ 8월 5일, 14면.

142) «문학신문», 1990년 6월 27일, 4면.

143) «깃발», 1990, №8, с.7~57.

근무하다 해고당한 후, 카자흐 평야에 위치한 '보란르이 – 부란느이'(Боранлы – Буранный) 철도변에서 작업을 하기 위해 가족과 함께 이주한다. 한때 러시아 군인이었고, 나치 독일의 전쟁포로와 유고슬라비아에서의 빨치산 생활을 체험했던 아부딸리프는 교사직을 그만둔 이후부터 교육에 대한 책임감을 느끼지 않는다. 나치 독일의 전쟁포로였을 때 그는 조국을 배신한 자로 낙인까지 찍혔던 인물이다. 교사시절 아부딸리프는 가족들과 함께 평온한 생활을 누리고 있었다. 학교에서 학생들을 가르치며, 여가시간에는 자신의 포로시절과 빨치산의 기억과 민간전설에 관한 글을 쓰며 생활했다. 그러던 중 어느 날 그는 소비에트 당국에 의해 체포 구금당하게 된다. 1953년 3월 5일 스탈린이 사망한 날 그의 부인 '자리빠'(Зарипа)는 당국으로부터 남편이 감옥에서 심장마비로 사망했다는 소식을 전달받는다. 그러나 실제 그는 목숨을 잃지는 않았다. 1956년 제20차 공산당전당대회가 끝난 후 만신창이가 된 채 집으로 돌아온 아부딸리프는 이웃사람들과 그의 친구인 주인공 예디게이의 도움으로 재활치료를 받는다.

아이뜨마또프는 독자들에게 중편 『칭기즈칸의 하얀 구름』이 원작 『백년보다 긴 하루』와 분리된 작품이 아니라 후자의 일부분으로 간주되기를 원했다. 『칭기즈칸의 하얀 구름』은 원작과 다른 관점에서 집필되었고, 아부딸리프의 생애도 대폭 수정되었다. 그리고 원작에는 없는 새로운 민간전설과 스탈린의 철권정치를 직접적으로 암시하는 다양한 상징이 추가되었고, 스탈린 시절의 비밀경찰과 재판과정이 사실적으로 디테일하게 묘사되었다. 이 작품에서 아이뜨마또프는 비밀경찰들이 자행했던 수법을 상세하게 폭로하고 있다. 비밀경찰들은 소련이 위기에 처해있다는 왜곡된 정보를 양산하며, 이를 근거로 자신들의 승진을 위해 온갖 만행을 저지른다. 그리고 수사관들은 증거를 조작하고 무고한 죄수들에게 허위자백도 강요한다. 그러나 아부딸리프는 그들의 압력에 굴하지 않는다. 순수하고 깨끗한 양심을 가진 아부딸리프는 허위자백 대신 자살을 선택한다.

이 소설의 핵심은 수사관들이 의심쩍은 눈초리로 조사하는 아부딸리프가 집필한 민간전설과 긴밀하게 연결되어 있다. 아부딸리프가 쓴 '칭기즈칸에게 성공의 길을 보여주는 하얀 구름에 관한 이야기'에는 잔인성, 우월감, 그리고 무한한 권력과 정복을 추구하는 칭기스칸의 탐욕이 드러나 있다. 이 작품에는 칭기즈칸 군대의 군기에 자수를 놓는 여인 '도굴랑'(Догуланг)의 애절한 이야기도 포함되어 있다. 칭기즈칸은 모든 여인에게 자신의 군대가 대승을 거둘 때까지 출산을 금지하도록 명령한다. 그러나 도굴랑은 이를 어기고 비밀리에 아기를 출산한다. 사람들에 의해 고발당한 그녀는 결국 사형에 처해지게 된다. 사형집행자들로부터 아기 아버지의 이름을 대라는 고문을 당하나, 그녀는 결코 입을 열지 않는다. 절망 속에서 그녀를 향한 사랑과 죄책감으로 고통 받는 백부장 '에르데네'(Эрдене)는 자살을 고민하다가 자신이 아기의 아버지라는 것을 당당하게 밝힌다. 결국 두 사람은 함께 교수형을 당한다. 도굴랑의 늙은 하녀 '알뜬'(Алтун)은 아기를 데리고 초원지대로 가까스로 피신했으나, 아기에게 줄 우유를 구할 수 없는 절망적인 상황에 처하게 된다. 그런데 갑자기 그녀의 가슴에서 젖이 나오기 시작한다. 그리고 칭기즈칸의 머리위에 떠있는 하얀 구름이 사라지고 알뜬과 아기 앞에 나타난다.

'세로제크 처형' 전설에는 민담, 전설, 신화를 다루는 아이뜨마또프의 초기작품뿐 아니라, '만꾸르뜨'(манкурт)에 관한 전설과도 잘 어울리는 이야기가 묘사되어 있다. 작가는 '개인'과 '권력자' 사이에서 일어나는 영원한 투쟁을 묘사하기 위해 칭기즈칸의 전설을 소재로 사용하고 있다.[144] 이 전설은 예술가와 권력자의 관계에 대한 이야기로 확대 해석할 수도 있다. 즉 도굴랑을 예술가로 간주할 수 있다는 것이다. 칭기즈칸의 군대는 그녀가 예술적으로 아름답게 자수를 놓은 군기를 앞세우며 출정했고, 그 군기는 그들에게 승리와 영광을 안겨주었다. 그런데 그녀가 처형된 후 그녀의 이름을 기억하는 자는 아무도 없다. 아이뜨마또프는 칭기즈칸이 예술가를 처형하고 그녀의 예술품을 몰수한 후,

144) «문학신문», 1990년 6월 27일, 4면.

그것을 자신에게 유리하게 사용한다는 것을 설득력 있게 제시하고 있는 것이다. 즉 스탈린이즘의 교활한 수법을 분명하게 암시하고 있다. 아이뜨마또프는 과거 19세기와 20세기 초에 집필된 많은 러시아문학작품들이 스탈린과 소비에트 당국에 의해 작가들의 의도와는 다르게 해석되었을 뿐 아니라, 오용되고 조작되었다는 것을 지적하고 있다. 이 전설에는 절대 권력자를 오류를 범하지 않은 완벽한 자로 간주하지 말라는 경고 메시지도 포함되어 있다. 그리고 누구든지 높은 자리에 오르면 오를수록 더 큰 위험과 파국에 처하게 된다는 메시지도 제시되어 있다. 아부딸리프를 심문했던 수사관들은 '세로제크 처형' 전설을 통해 두려움을 갖게 된다. 결국 그들은 자신들이 영원하지 않은 '거짓 우상'을 위해 봉사하고 있다는 것을 마음 깊이 인식하게 된다.

최근에 집필한 이 작품에서 아이뜨마또프가 비밀경찰들의 삶과 업무, 그리고 아부딸리프가 고문을 당하는 장면 등을 상세하게 묘사했다는 것은 그의 문학관이 새롭게 변화되고 있는 것을 의미한다. 소련의 관료이자 작가였던 그는 뻬레스뜨로이까 이전에는 반(反)소비에트에 관한 민감한 사안을 전혀 건드리지 않았다. 1970년대와 1980년대 초에 그가 발표한 새로운 유형의 소설은 당시 소련 비평가들 사이에서 큰 이슈가 되었다. 그러나 뻬레스뜨로이까와 글라스노스찌의 영향으로 소련의 정치, 경제, 문화가 붕괴되면서 그의 작품은 대중들로부터 인기를 얻게 되었고, 비록 제한적이지만 비평가들로부터도 적지 않은 관심을 받게 되었다. 이런 반응은 새로운 세대의 취향이 변하고 있다는 것을 의미한다.

1994년 아이뜨마또프는 장편 『백년보다 긴 하루』에 또 다른 새로운 작품을 추가했다.[145] 이 작품의 주인공 역시 아부딸리프로 설정되었다. 그는 소비에트 사회에서 존경받는 학자 '차아다이'(Чаадаи)를 방문한 후, 자연, 신, 그리고 영생에 대한 차아다이의 철학사상을 접하고 큰 충격을 받는다. 스탈린 시절의 숨 막히는 상황에서 그에게 차아다이의 사상은 흥미롭고 도전적이고

145) Ibid., 『차아다이와의 만남』(Встреча с Чаадаем), 1994년 1월 19일, 7면.

신선했으나, 이와 동시에 상당히 위험한 것이었다.

아이뜨마또프는 자신이 1957년에 발표한 『얼굴과 얼굴을 맞대고』(Лицом к лице)의 개정판 집필에 착수했다. 원작에는 농촌에 살고 있는 키르기스 여인이 주인공으로 등장한다. 자신의 남편이 전시 중에 탈영했다는 이유로 그녀는 그를 자신의 남편과 아이들의 아버지로 받아들이지 않는다. 이처럼 그녀는 개인적인 관계보다 사회적인 관계를 더 중시하는 인물이다. 그러나 개정판에서는 사회에 대한 의무와 개인의 관심 사이에서 고뇌하는 여인의 모습과, 농촌에서 벌어지고 있는 계급투쟁과 그 영향을 깊이 있게 다루고 있다. 그러나 원작과 비교할 때 포스트소비에트 메시지가 유연하게 전달된다는 것과 이야기 분량이 다소 줄였다는 것 외에 큰 변화는 거의 찾아볼 수 없다.[146)]

1988년 아이뜨마또프는 새로운 소설 『눈(雪) 속의 성모마리아』(Богоматерь в снегах)를 발표할 것이라고 선언했다. 이 소설은 1989년 문학잡지 «신세계»에 발표될 예정이었다.[147)] 소설의 발췌문들이 정기간행물에 게재되었다. 그중 한 발췌문이 1988년 12월 12일 일간지 «프라우다»에 게재되었는데, 얼마 후 문학잡지 «소비에트문학»(Soviet Literature)에 영어로 번역되어 소개됐다.[148)] 이 작품에는 소련군 장교이자 젊은 예술가인 주인공이 등장한다. 독일 드레스덴 갤러리에 소장된 예술품을 러시아로 이송하는 임무를 띠고 있는 그는, 개인적으로 현대판 '성모마리아와 아기 예수' 그림을 제작하려는 생각에 사로잡혀 있는 인물이다. 이 그림은 제2차 세계대전이 종식된 후 마치 지옥과도 같은 주인공 세대의 삶을 과거 선조들이 누렸던 인문주의적 이상으로 회복시키려는 것을 상징하고 있다. 그리고 또 다른 소설 『바히아나』(Бахиана)의 발췌문이 «문학신문»(Литературная газета)에 게재되었다.[149)] 이 작품은 전시 중 터키 서북부 마르마라 해에 있는 섬의 수도원으로 들어가려고 애쓰는

146) Ibid., 1990년 7월 25일, 7면.
147) Ibid., 1988년 12월 21일, 6면.
148) *Soviet Literature*, 1989, no.5, pp.3~14.
149) «문학신문», 1988년 12월 21일, 6면.

미스터리한 젊은 불가리아 여인에 대한 이야기를 다루고 있다. 상기 언급한 두 발췌문은 아이뜨마또프의 간결하고 강렬한 문체와 플롯의 긴장감이 돋보인다. 그러나 불행하게도 이 소설은 아직 완성되지 않은 상태이다. 최근에 아이뜨마또프는 『눈 속의 성모마리아』를 완성할 수 있을지 의구심이 든다는 견해를 밝혔다. 왜냐하면 최근에 작가들이 많이 다루는 진부한 주제일 뿐 아니라, 스탈린이즘과 스탈린의 이미지와도 깊은 연관이 있기 때문이라는 것이다.[150]

«깃발»(Знамя)에 게재하기로 예정된 중편 『죽일 것인가, 죽이지 않을 것인가』(Убить – не убить)의 발췌문이 1992년 1월 «문학신문»에 실렸다.[151] 이 작품에는 고향 사라또프를 떠나 전방으로 투입되는 젊은 군인이 등장한다. 부친은 그의 아들에게 전쟁에 승리하기 위해서는 반드시 적군을 죽여야만 된다고 말한다. 그러나 모친은 적군을 죽여서는 안 된다고 아들을 설득한다. 그녀는 승리한 살인자들만이 살아남는 세상에서 사람들이 어떻게 그들과 함께 살아갈 수 있겠냐고 반문한다.

십계명 중 하나인 "살인하지 마라"(Не убивай)를 주제로 한 『만남』(Встреча)의 발췌문이 1992년 9월 «문학신문»에 게재되었다.[152] 이 소설은 아이뜨마또프가 어린 시절에 겪은 경험담을 토대로 한 자전적 소설이다. 그의 부친은 1937년 스탈린의 심복에 의해 살해되었고, 과부가 된 모친은 자식들과 힘든 생활을 영위하고 있었다. 4남매 중 장남인 아이뜨마또프는 당시 15살이었는데, 아버지를 대신해 집안의 가장노릇을 하고 있었다. 그런데 궁핍한 전시상황에 누군가가 아이뜨마또프의 집에서 키우고 있는 암소를 훔쳐 달아나는 사건이 발생했다. 분노한 그는 도둑놈들을 살해하려고 총을 들고 길을 나선다. 그들을 추적하는 길에 그는 작은 당나귀를 타고 가는 노인을 우연히 만나게 된다. 흥분한 상태로 총을 들고 가고 있는 아이뜨마또프를 보고 무언가 잘못되고

150) Ibid., 1994년 6월 29일, 3면.
151) Ibid., 1992년 1월 1일, 7면.
152) Ibid., 1992년 9월 9일, 7면.

있다는 것을 알아차린 노인은 그에게 말을 건넨다. 자초지종을 들은 노인은 어린 아이뜨마또프에게 악한 마음을 버리라고 설득하며 다음과 같이 충고한다. "죽이러가지 마라... 죄를 지은 사람은 자신의 삶에 의해 반드시 벌을 받을 것이다... 그 벌은 밤낮 지속될 것이다... 그것을 통해 너는 보상을 받는 것이다... 복수할 생각을 하지 마라..."[153] 노인의 말을 듣고 화가 누그러진 어린 아이뜨마또프는 추적을 포기하고 집으로 발걸음을 옮긴다.

그가 이 소설에서 "살인하지 마라"라는 계율을 주제로 다룬 것은 현재 러시아의 정치상황이 변했기 때문인지, 혹은 나이가 들어 자신의 과거 삶을 재평가하려는 의도 때문이었는지는 명확하게 알 수 없다. 이 계율은 소비에트의 이데올로기나 무슬림의 교리와는 전혀 상관이 없고, 평화주의자인 레프 똘스또이의 신조와 유사하다. 아이뜨마또프는 이 작품에서 다루고 있는 계율을 자신의 정치사회 활동에도 적용했다. 그는 '인터내셔널리즘'[154]과 민족 간의 형제애를 강조하며 '독립국가연합'(CIS) 창설을 적극 지지했다. 그런데 최근 러시아에서 진행되고 있는 변화의 물결은 그에게 일련의 충격을 안겨다주었다. 이로 인해 그는 자신의 과거 행적에 대해 불편한 감정을 품게 되었을 뿐 아니라, 급변하는 상황에 대처하는데도 큰 어려움을 겪게 되었다. 그는 «문학신문» 편집장에게 쓴 편지에서 예상 밖의 큰 변화에 적응할 준비가 안 됐다는 것을 진솔하게 고백했다. 그리고 시장경제의 수용을 거부하고 있는 그는 계속해서 글을 쓸 것인가를 심각하게 고려했다. 아이뜨마또프는 포스트모더니즘에 대해 다음과 같이 언급하며 러시아 산문의 새로운 경향을 강하게 비판하고 있다. "포스트모더니즘은 독자들에게 행복감을 제공하지 않는다... 포스트모더니즘의 특징으로 꼽을 수 있는 '삶에 대한 정신분열적인 관점'과 '잠재의식에 대한 집착'은 독자들에게 작품에 대한 통찰력을 제공하지 않는다... 과거 독자들이 누렸던 긍정적인 사고는 불행하게도 포스트모더니

153) Ibid..
154) 역주 : 국제사회에서 개별국가의 이해를 초월하여 모든 민족과 국가 간의 협조·연대·통일을 지향하는 사상이나 운동.

즘에 의해 부정적인 사고로 전환되고 있다."155)

아이뜨마또프의 운명은 대부분 구세대 작가들의 곤경을 잘 반영하고 있다. 그는 과거 소비에트의 무자비한 정책에 이의를 제기하지 않고 충실하게 봉사했다. 그 결과 당국으로부터 보상도 받았다. 그런데 거짓된 우상숭배를 하다가 잘못됐다는 것을 뒤늦게 깨달았을 때, 그는 큰 충격을 받게 되었고 창작기능 또한 거의 마비되다시피 했다. 아이뜨마또프의 상황은 대부분의 동년배 러시아 작가들보다 훨씬 더 복합적이다. 키르기스에서 성장하며 문학재능을 쌓았기에 아이뜨마또프는 소련에서 독자층을 많이 확보하지 못했다. "그는 키르기스 작가인가? 혹은 러시아 작가인가?"라는 질문은 단지 탁상공론에 지나지 않는다. 그가 자신의 창작물을 통해 양쪽 문화에 상당한 기여를 했다는 점은 분명하다. 아이뜨마또프의 창의적인 플롯, 극적인 전개방식, 그리고 신화와 현실세계를 교묘하게 융합하는 재능을 높이 평가하는 독자들에 의해 그는 훌륭한 작가로 오랫동안 기억될 것이다.

1994년 초 그는 룩셈부르크 대사직에서 물러날 것과 여생을 문학에만 전념하겠다는 의사를 표명했다. 그리고 향후 «깃발»에 게재될 신작 『카산드라의 낙인』(Тавро Кассандры)을 완성하겠다는 의지도 표명했다.156)

유리 본다레프(Юрий В. Бондарев, 1924~)

1960년대와 1970년대에 발표한 유리 본다레프의 소설은 당국의 지시를 충실하게 따르는 전형적인 소비에트작품이다. 그의 작품에는 당시 변화하는 소비에트사회의 정치상황이 잘 반영되고 있다. 『침묵』(Тишина; 1962)에는 1956년에 개최된 '제20차공산당전당대회'와 흐루쇼프의 온건한 문화정책이,

155) 친기스 아이뜨마또프, '젊은 작가에게 쓴 편지'(Письмо молодому писателю), «문학신문», 1993년 1월 13일, 4면.

156) «문학신문», 1994년 1월 19일, 7면. 그리고 1994년 6월 29일, 3면.

그리고 이후에 발표한 전쟁관련 소설에는 브레즈네프가 대중들에게 제시했던 사회가치관이 잘 반영되고 있다. 1970년대 중반부터 본다레프는 제2차 세계대전 이후의 소비에트 지식인들에 대한 연구에 착수했다. 삼부작으로 불리는 『해안가』(Берег; 1975), 『선택』(Выбор; 1980), 그리고 『게임』(Игра; 1985)에서 그는 제2차 세계대전에 참전했던 러시아 지식인들이 종전 후 소비에트사회에서 겪는 고통을 과거 전쟁장면과 대비하며 묘사하고 있다. 삼부작에는 소비에트사회의 인쩰리겐찌야인 작가 니끼찐, 화가 바실리예프, 그리고 영화감독 끄르이모프가 각각의 작품에 주인공으로 등장한다.[157] 1990년대에 발표된 그의 소설 역시 과거와 동일한 주제를 다루고 있다. 고르바초프 시절의 새로운 정치상황을 반영하고 있는 『유혹』(Искушение; 1991)에는 예술가 대신 과학자와 고위층 관료가 주요 인물로 등장한다.[158]

『유혹』의 플롯은 시베리아에 거대한 수력발전소를 건설하는 계획에 찬성하는 사람들과 반대하는 사람들 사이에서 벌어지는 인위적 갈등과 깊은 연관이 있다. 이 계획을 실행에 옮기기 위해서는 소비에트 당국과 공산당 고위층의 지지뿐 아니라, 소련과학아카데미 산하 생태학연구소의 입장표명이 반드시 필요하다. 공산당 중앙위원회는 이 개발안을 적극적으로 지지하며 밀어붙이려했으나, 예상치 않은 생태학연구소의 반대에 직면하게 된다. 연구소장은 연구소의 최종결정에 중요한 역할을 하는데, 연구소장 그리고리예프의 갑작스런 사망으로 인해 그 자리는 공석이 된다. 그리고 두 명의 부소장 – 체르느이셰프(Чернышев)와 드로즈도프(Дроздов) – 은 소장 자리를 차지하기 위해 치열하게 경쟁한다. 그리고리예프의 사위인 드로즈도프는 외부의 권력에 휘둘리지 않는 학자이다. 그는 생태학과 관련된 사안을 적당히 처리하는 인물이 아니며, 발전소 건설계획에 반대하는 의견을 제시할 수 있는 중도주의자

157) 본다레프의 초기산문에 대한 보다 자세한 내용은 다음 글을 참조하라. N.N. Shneidman, *Soviet Literature in the 1970s: Artistic Diversity and Ideological Conformity* (Toronto 1979), pp.54~60, N.N. Shneiderman. *Soviet Literature in the 1980s*. pp.124~32.

158) «우리의 동시대인», 1991, №1, c.28~119, №2, c.62~115.

이다. 반면 체르느이셰프는 공산당에서 요구하는 것은 무엇이든지 충실히 수행하는 나약한 인물이다.

시베리아 '칠림'(Чилим) 수력발전소 건설을 둘러싼 찬반의견은 환경을 보존하려는 과학자들과 환경을 파괴하고 발전소를 건설하려는 공산당 관료들 간의 투쟁으로 비화된다. 이 소설에는 환경보존을 주장하는 대표적인 인물로 알코올 중독자이자 이혼남인 따루찐(Тарутин) 박사가 등장한다. 주인공 드로즈도프의 친구인 그는 충동적인 성격을 갖고 있으며, 자신의 주장을 강력하게 피력하는 인물이다. 그러나 그의 충동적이고 극단적인 성격은 대부분의 연구소 과학자들로 하여금 그로부터 등을 돌리게 만든다. 열렬한 민족주의자인 따루찐은 순수한 '러시아 정신'의 보존을 강력하게 주장한다. 그는 진보된 과학기술을 시베리아 벽지에 적용하려는 자들을, 마치 미국을 위해 러시아의 천연자원을 헐값에 팔아넘기는 매국노로 간주한다.

따루찐은 발전소 건설의 타당성 조사를 하기위해 혼자 시베리아의 칠림으로 떠난다. 그곳에 도착해서 그는 소비에트당국 고위층의 공식적인 결정도 나지 않았는데 이미 공사가 진행되고 있다는 것을 알게 된다. 그러나 불행하게도 그는 무명의 범죄자들에 의해 살해되고, 이로 인해 공사가 이미 진행되고 있다는 사실은 모스크바에 전달되지 못한다. 비보를 접한 드로즈도프는 시베리아로 가서 친구 따루찐의 사망원인을 조사했으나 아무런 수확도 얻지 못한다. 따루찐의 죽음은 사실상 권력층의 음모에 의한 것이었고, 지방경찰 조사관들은 살인사건의 원인을 철저히 은폐했던 것이다. (따루찐이 이 소설의 주요 등장인물임에도 불구하고 작가는 그의 성격묘사를 짜임새 있게 전개하지 못하고 있다. 따루찐은 단지 작가의 정치적 이데올로기를 전달하는 역할만을 수행하고 있다.) 친구의 죽음에 심한 충격을 받고 모스크바로 돌아온 드로즈도프는 당국으로부터 연구소 장직 제안을 받았으나 이를 거절한다. 그는 학자의 양심상 칠림 수력발전소 건설을 지지할 수 없었던 것이다. 그리고 비록 소장이 된다 하더라도 건설을 지지하지 않으면 소장 직에서 물러날 것이 뻔했기 때문이다. 소설의 말미에서 드로즈도프는 심각한 피해망상증환자가 된다. 그는 집으로 침입해서 자신을 공격하며 죽이겠다고 협박하는 무명의 범죄자들에 대한 꿈을 꾼다.

이 소설을 집필하기 시작했던 1985년 12월에 본다레프는 놀랍게도 따루찐이 갖고 있는 것과 유사한 견해를 실제로 표명했다. '제6차 작가동맹회의'에서 행한 연설에서 그는 새로운 수력발전소를 건설하기 위해 북부러시아의 볼로그다와 아르한겔스크에 위치한 일부 강의 수로를 변경하려는 당국의 계획에 대해 신랄한 공격을 퍼부었다. 그리고 진보된 과학기술, 세계시민주의, 그리고 서방세계의 영향력을 러시아문화를 파괴하는 주적으로 간주하고 이를 맹렬히 비난했다.[159]

주인공 드로즈도프의 성격은 소설의 시작과 결말을 연결하는 서술의 토대를 제공하고 있다. 그러나 그의 성격은 불분명하고 모호하게, 그리고 그의 이미지 역시 명쾌하지 않으며 흐릿하게 묘사되어 있다. 소설의 도입부에는 구시대의 종말과 새로운 시대의 도래를 상징하는 죽음과 장례식 장면이, 그리고 소설의 결말 부분에는 드로즈도프와 아들 '미쨔'(Митя)가 서로 사랑하며 의지하는 장면이 묘사되어 있다. 미쨔는 아버지를 보호하기 위해 모든 외부인들의 접근을 차단한다. 그는 심지어 아버지가 진심으로 사랑하는 여인이 방문하는 것조차 거부한다. 그런데 이 장면에는 중요한 상징이 내포되어 있다. 즉 포스트스탈린시대의 중산층의 유복한 삶이 소비에트 인쩰리겐찌야들을 부패시켰다는 것과 어린 아이만이 조상의 유산을 보호하며 '러시아 정신'을 회복시킬 유일한 희망이라는 것이 상징적으로 묘사되어 있다.

본다레프는 주인공 드로즈도프를 현실세계에 실존하고 있는 성실하고 인상적인 인물로 묘사하려고 애썼으나, 그의 문학적 재능이 이를 충분히 뒷받침하지 못하고 있다. 소설의 제목 '유혹'은 드로즈도프가 연구소장직을 거절함으로써 '권력과 악의 유혹'을 물리치고 숭고한 인간으로 남는다는 것을 암시한다. 그러나 연구소장의 딸과 결혼한 출세주의자 드로즈도프가 연구소장직을 거절함으로써

159) «문학신문», 1985년 12월 18일, 4면.

따루찐이 제기했던 부정부패에 대한 투쟁을 이어받을 수 있는 지위에 있지 않다는 사실을 본다레프는 인식하지 못하는 것 같다. 드로즈도프의 거절은 실패를 자인하고 권력층의 부정부패를 묵인하는 행동이다. 따라서 중도주의자인 드로즈도프는 러시아 자연생태에 관한 사안을 처리할 때 자신의 신념보다 안위를 추구하는 비겁한 인물로 간주할 수 있다.

본다레프가 이 소설에서 시도한 서술방식은 문학적으로 그다지 뛰어나지 않다. 작품에 묘사된 주요 갈등은 부실하게 설정되었고, 등장인물들의 성격도 부적절하게 묘사되었다. 대부분의 등장인물들은 마치 생명이 없는 마네킹 같은 느낌을 주고 있고, 주요 인물의 행위의 근거가 되는 명확한 동기와 심리적 구체성 역시 부재하다. 더군다나 이 소설에는 문체적 결함이 있을 뿐 아니라, 작가가 선호하는 정치메시지와 이데올로기도 담겨있다. 당시 글라스노스찌는 자신과 다른 견해를 갖고 있는 상대방을 공격하는 도구로 사용될 수 있었기 때문에, 본다레프는 이 작품에 등장하는 자신과 다른 성향을 갖고 있는 공산당 고위층관료와 학자들을 희화하고 있다. 그는 소위 '공산당 마피아'라고 불리는 자들을 양심과 도덕성이 부재한 권력에 굶주린 타락한 집단으로, 그리고 목적을 달성하기 위해 수단과 방법을 가리지 않는 속물로 묘사하고 있다. 그런데 이런 묘사는 본다레프의 편협한 민족주의 성향과 상대방의 견해를 수용하지 못하는 옹졸함을 드러내는 것으로 간주할 수 있다.

추상적이고 이상적인 개념을 주제로 설정한 소설을 훌륭하게 집필하는 것은 그리 쉽지 않다. 왜냐하면 극적인 이야기가 전개되면서 자신의 이상을 심각하게 주장하는 등장인물들을 예술적으로 승화시켜야하기 때문이다. 그런데 『유혹』에서 다루고 있는 '환경보존'이라는 이상적인 주제는 소설의 종결부에서도 여전히 추상적인 상태로 머물러 있다. 그리고 주요 등장인물들이 품고 있는 이상은 자신들의 운명, 경험, 감정과 분리되어 있고, 행동으로 옮겨지지도 않는다.

러시아 인쩰리겐찌야를 다루고 있는 『유혹』은 본다레프의 삼부작 — 『해안가』, 『선택』, 그리고 『게임』 — 과 동일한 부류의 작품으로 간주할 수 있다. 따라서 이 네 작품을 '사부작'이라고 명명해도 무방하다. 여러 측면에서 볼 때 드로즈도프는 삼부작의 주인공들과 유사한 부류의 인물이다. 네 작품의 주인공들은 침울하고 혼란스럽고 모순적인 성격을 공통적으로 갖고 있다. 그리고 작품의 종결부에서 그들의 육체와 정신세계는 와해된다. 『유혹』의 등장인물들 가운데 이타적 성격에 숭고한 도덕적 가치를 소유한 따루찐(Тарутин)은 『해안가』의 끄냐슈꼬(Княжко)와 『게임』의 스끄보르쪼바(Скворцова)와 유사한 인물이라고 말할 수 있다. 이 세 사람은 현실과 동떨어진 이상을 추구하는 인물이고, 모두 원인불명의 죽임을 당한다. 이 세 사람은 주변의 부패한 인물들과는 비교할 수 없는 도덕적으로 숭고한 정신을 갖고 있다. 일반적으로 본다레프의 소설에 등장하는 여성은 주로 남자 주인공과 결혼을 하며 전문분야에 종사하는 강인한 성품의 인물로 묘사된다. 그들은 남편으로부터 사랑과 존경을 받고 있으나, 남편이 위기에 처할 때 그를 따뜻하게 위로하며 감싸지는 않는다. 생태학연구소의 젊은 과학자 발레리야(Валерия)는 『유혹』에 등장하는 유일한 여성이다. 이혼녀인 그녀는 드로즈도프의 동료이자 모든 비밀을 털어놓을 수 있는 그의 여자 친구로 등장한다. 그러나 두 사람의 관계와 그녀의 역할은 모호하고 불투명하게 묘사되고 있다. 드로즈도프는 과거에 결혼을 했던 발레리야가 처녀라는 것을 깨닫고 깜작 놀란다. 이 장면에서 본다레프는 그녀가 레즈비언이라는 것을 넌지시 암시한다.

『유혹』은 제2차 세계대전 중에 발생한 사건들이 서술과정의 구성요소로 사용되지 않은 본다레프의 첫 번째 소설이다. 그리고 대부분의 등장인물들은 전후세대에 속한다. 이 소설에는 단 하나의 전쟁장면이 묘사되고 있는데, 참전용사였던 자신의 부친과 모친과의 전시경험을 드로즈도프가 회상하는 장면이 바로 그것이다.

일부 소비에트 비평가들은 '나치 독일과의 전쟁'을 러시아 '내부 적들과의 전쟁'을 비유하고 있는 것으로 이해했다. 주인공의 관점에서 볼 때 '대(大)조국전쟁'[160]과 러시아 내부 적들과의 전쟁 사이에 어떤 연관성이 있다는 견해가 당시 문학잡지 «러시아문학»에 실렸다.[161] 나치 독일과 전쟁을 하는 시기에 러시아 극우 민족주의자들은 러시아사회에 대한 범(汎)세계주의 가치의 확산과 서구 문명의 영향을 러시아의 생존에 대한 위협으로 간주했다. 비록 전쟁장면이 묘사되지 않고 서방세계가 배경으로 설정되지 않았지만, 『유혹』은 그와 유사한 메시지를 담고 있다. 본다레프는 서방세계의 문명을 배우기 위해 독일, 프랑스, 그리고 미국을 더 이상 방문할 필요가 없다고 주장한다. 그러나 오늘날 서방세계의 문명은 러시아를 압도하고 있다. 이 소설에는 서방세계의 가치인 '민주화'가 '미국화'(americanization)로 변형되어 러시아 깊숙이 파고들고 있다는 부정적인 메시지를 제공하고 있다.[162]

소설 『유혹』에 대한 비평은 당시 러시아문학의 상황을 잘 반영하고 있다. 당시 본다레프는 러시아 보수민족주의자이며 정치엘리트 지도자 중 한 사람이었다. 이 작품은 우파성향의 간행물 «문학 러시아»[163]와 «젊은 친위대»[164]로부터 극찬을 받았다. 그러나 객관성을 담보로 하는 공정한 간행물 «독립신문»(Независимая газета)은 이 작품에 대해 다음과 같은 평론을 실었다. "본다레프는 무한한 능력을 소유하고 있으며, 성공할 가능성이 충분한 주제를 다루고 있는 작가이다. 그러나 불행하게도 그는 훌륭한 걸작을 집필하기 위해 반드시 필요한 언어학적 능력과 심리적 접근능력이 부재하다."[165]

『마쪼라와의 이별』(Прощание с Матёрой; 1976)을 집필한 발렌찐 라스뿌찐도 본다레프의 문체를 지적하며 감지하기 힘들 정도로 추상적으로 글을 쓴다는 점을 지적하고 있다. 『마쪼라와의 이별』은 현실적인 문제에 당면한

---

160) 역주 : 러시아에서는 나폴레옹이 모스크바를 침공한 1812년 전쟁을 '조국전쟁', 그리고 제2차 세계대전을 '대 조국전쟁'이라고 부른다.

161) 이리나 스뜨렐꼬바, '유혹과 통찰'(Искушения и прозрения), «러시아문학», 1985년 12월 18일, 4면.

162) «우리의 동시대인», 1991, №1, с.79.

163) 1991년, 4월 5일, 10, 19면.

164) 1991, №4, с.247~77.

165) 올레그 다브이도프, '유리 본다레프의 『유혹』'(Искушение Юрия Бондарева), «독립신문»(Независимая газета), 1991년 7월 4일, 4면.

실재인물들을 다루고 있는 작품이다. 라스뿌찐은 시베리아 변방 시골의 전통적인 삶의 방식에 갑작스럽게 닥친 문명의 물결에 큰 영향을 받은 사람들의 운명에 초점을 맞추고 있다. 반면에 본다레프는 개인의 경험과 감정을 무시한 채 추상적인 아이디어에만 초점을 맞추고 있다. 일반적으로 산문에서 제시하는 철학적 또는 사회적 메시지는 그것을 표현하는 등장인물들의 예술성만큼이나 중요하다. 라스뿌찐과 본다레프의 서로 상이한 서술기법은 예술작품과 언론매개물을 예로 들어 설명할 수 있다. 본다레프의 작품을 읽는 독자는 짧은 신문칼럼에서 쉽게 전달받을 수 있는 메시지를 구태여 수백 쪽에 달하는 문학작품을 통해 이해해야 하는지 의구심을 품게 된다.

오늘날 본다레프는 문학작품 집필에 많은 시간을 할애하지 않고 있으며, 주로 비즈니스와 정치에 많은 시간을 할애하고 있다. 그는 과거 자신이 입었던 공산주의 외투를 벗고, 러시아정교와 민족주의의 외투를 걸치고 있는 꼴이다. 그는 혁신적이고 창의적인 작가들의 사고에 역행하는 견해를 계속해서 피력하고 있다. 최근에 그는 소련의 사회주의 리얼리즘 문학에 경의를 표하고 '러시아 정신'과 영성을 강조하며, 현대 러시아문학작품과 서방세계문학작품에 대해 공격을 가하는 기사를 발표했다.[166] 그리고 그는 문학의 심리적 관점, 정직성 그리고 평이성을 강조하는 이론도 펼치고 있다. 그의 이런 주장은 훌륭한 문학이론으로 간주할 수도 있다. 그러나 본다레프의 작품에서 그가 주장하는 이론은 찾아볼 수 없다.

바실 브이꼬프(Василь В. Быков, 1924~2003)

소비에트문학에서 바실 브이꼬프는 전쟁을 주제로 하는 작품을 주로 다루는 작가로 알려져 있다. 대부분의 그의 작품은 제2차 세계대전 시절에 활동했던

166) 유리 본다레프, '...에 관한 소고'(Записки по поводу...), «젊은 친위대», 1991, №10, с.3~34.

게릴라와 소비에트 병사의 운명을 다루고 있으며, 짧은 시간을 배경으로 한 간결한 이야기로 구성되어 있다. 그리고 혹독한 상황에 처하게 되는 제한된 등장인물들이 묘사되고 있고, 단순한 농민들이 주인공으로 등장한다. 『불행의 징표』(Знак беды; 1983)를 발표하기 전까지 브이꼬프는 전장에서 일어나는 개인의 운명을 주로 다루었다. 등장인물들은 적군과의 전투상황에서 자신들이 극복하기 어려운 내면의 윤리관과 치열하게 갈등한다. 생과 사의 기로에 선 그들의 선택은 결국 자신들이 품고 있는 윤리관에 의해 결정된다. 『불행의 징표』 역시 제2차 세계대전을 배경을 한 작품이다. 이 작품에는 독일군과 전투를 벌이는 젊은 장교나 사병이 아니라, 고향에서 나치 점령군에 의해 학대받고 굴욕을 당하는 늙은 농민들이 주인공으로 등장한다.[167] 『불행의 징표』는 전시상황에서 벌어진 러시아 농촌의 집단주의를 주제로 다루고 있는 브이꼬프의 첫 번째 소설이다. 브이꼬프는 나치 점령군에게 협조하는 대부분의 벨라루스 인들이 과거 소비에트 치하에서 억울하게 고통 받았던 사람들이라는 사실을 설득력 있게 제시하며, 불공정과 죄악은 항상 더 큰 고통과 죄악을 잉태한다는 것을 폭로한다.

『포위망』(Облава; 1990)[168]은 전시를 배경으로 하지 않은 그의 첫 번째 소설이다. 1930년대 말을 시대배경으로 설정한 이 작품에는 고향 인근의 늪지대에 숨어서 외롭게 생활하는 흐베도르 로브바가 주인공으로 등장한다. '불행'이라는 뜻을 내포한 그의 고향 '네돌리쉐'(Недолище)의 마을명은 주인공의 운명을 상징한다. 1917년 이전에 가난한 농부였던 그는 혁명 후 약간의 토지를 소유하게 되면서 행복하게 살 수 있는 기회를 얻게 된다. 그러나 그가 농사일에 혼신을 다한 것은 결국 실패의 원인이 된다. 몇년 후 집단농장화가 실시되면서 로브바를 시기하고 질투하는 이웃사람들은 그를 '부농'(кулак)으로

---

167) 브이꼬프의 초기 산문에 대한 자세한 내용은 다음 글을 참조하라. N.N. Shneidman, *Soviet Literature in the 1970's*, p. 47~54와 N.N. Shneidman, *Soviet Literature in the 1980's*, p.132~8.

168) «신세계», 1980, №1, c.97~140.

몰아붙였다. 그 결과 그와 그의 가족들은 시베리아 북단으로 추방당했고, 공산청년동맹원인 외아들 미꼴까는 가족과의 연을 끊고 고향에 홀로 남는다. 미꼴까는 나중에 지역공산당의 지도자가 된다.

시베리아 유형지에서 부인과 딸을 잃고 고통과 환란을 겪는 와중에도 로브바는 고향으로 돌아가겠다는 강한 의지를 불태운다. 유형지에서의 험난한 삶은 그에게 인내를 가르쳤으나, 고향에 대한 그리움을 가로막지는 못했던 것이다.[169] 물론 귀향은 사실상 불가능한 것이었다. 어느 누구도 그를 반기지 않을 것이고, 만일 체포되면 투옥되거나 유형지로 돌아가게 될 것이 뻔했기 때문이다. 그는 스탈린의 집단화정책이 자신을 프롤레타리아 계급의 적으로, 그리고 정처 없이 떠도는 나그네로 만들었다는 것을 이해하지 못하고 있었다. 고향으로 돌아온 그는 이웃들에 의해 고발당했고, 자신의 아들 미꼴까가 이끄는 경찰과 군인들에게 추적을 당하는 신세가 된다. 로브바는 자수하지 않고 늪지에 몸을 던져 자살한다. 고통과 굴욕 대신 영원한 안식을 택한 것이다. 아들이 아버지를 죽음으로 몰아넣고 있는 상황에서 삶을 영유할 가치가 있는 것인가? 이런 고통과 시험을 당하는데도 불구하고 로브바는 어느 누구도 탓하지 않는다. 다만 아들의 행동을 용서하려고 애쓴다. 로브바는 시도 때도 없이 스스로에게 던지는 질문들 – "무엇 때문에?", "왜 이렇게 불공정한가?", "왜 착하고 멀쩡한 사람들이 잔인한 맹수로 변했는가?" "어느 누구도 해치지 않았는데, 왜 모든 사람이 나를 적대시하는가?" – 에 대한 답변을 찾지 못한다.

이 작품에는 스탈린이즘, 계급투쟁, 그리고 집단화정책에 대한 통렬한 비난이 담겨져 있다. 집단화정책은 농민들의 성품을 사악하게, 그리고 그들의 삶을 불안하게 만들었다. 뿐만 아니라 그들에게 음식을 풍족하게 제공하지도 못했다. 계급투쟁은 이웃, 친구, 그리고 친척간의 투쟁을 야기했다. 도스또옙스끼를 포함한 19세기 러시아 사상가들은 육체적 고통과 강압적인 복종이

169) Ibid., p.121.

도덕성 회복과 영적 부활을 일깨운다고 주장했다. 그러나 비평가 오스꼬쯔끼(B. Оскоцкий)는 "고통과 굴욕, 그리고 도덕적 인내는 인간의 운명에 큰 재앙을 초래한다."[170]고 토로한다. 사실상 스탈린은 세뇌와 협박을 통해 인민들로 하여금 당국에 복종하도록 만들었다. 그리고 아무것도 이해하지 못하는 인민들에게 집단화정책을 지지하도록 강요했던 것이다.

이 작품의 제목 '포위망'은 심오한 상징을 담고 있다. 브이꼬프는 주인공의 운명에만 관심을 두지 않았다. 로브바에 대한 공격은 소련의 농촌과 인민, 그리고 소비에트 사회에 대한 총체적인 공격인 것이다. 개인의 운명은 모든 계급의 운명을 대변한다. 스탈린이즘에 오염된 인민은 선과 악에 대한 이성적 판단을 상실했다. 브이꼬프에 의하면 인민의 수동적인 복종이 전체주의 통치의 토대가 되었다는 것이다. 그러나 작가는 순종적인 로브바를 부정적인 시각으로 바라보지는 않는다. 왜냐하면 작가가 주인공의 처지를 자신의 것과 동일시하고 있기 때문이다. 브이꼬바는 로브바의 착한 성품에 찬사를 보내고, 그에게 동정심도 표하고 있다. 그러나 작가는 권력에 굶주린 자들에게 사회정의를 기대할 수 없다는 것을 분명히 지적한다. 대신 확고하고 강력한 의지를 가진 자들만이 사회정의를 세울 수 있다고 말한다. 어떤 면에서 로브바의 죽음은 스탈린이 저지른 죄악에 대한 승리를 상징한다. 독재 권력을 남용하며 인간을 억압하는 부패한 사회에서, 다시 말해 악으로 물든 세상에서 정직하고 존경받는 사람들의 설자리는 존재하지 않는다는 것이다. 그리고 작가는 그 어떤 독재자도 죽은 자 위에 군림할 수 없다는 것도 지적한다.

『포위망』은 예술적인 측면에서 브이꼬프의 이전 소설과 유사하나, 일부 새로운 특징이 추가되었다. 작가는 전통적인 3인칭 서술방식을 사용하여 흐베도르 로브바의 생애를 묘사하고 있다. 독자는 회상장면, 내적독백, 명상 등을 통해 로브바와 그의 가족, 그리고 그의 과거를 이해하게 된다. 이야기가 진행되면서

---

170) В. Оскоцкий, 'За что?' «깃발», 1990, №4, с.225.

시간과 공간은 지속적으로 이동하며, 네돌리쉐 마을 인근의 늪지대가 최종 공간으로 설정된다. 그곳에서 불행한 주인공은 삶을 마감한다. 로브바가 스스로를 긍정적인 인물로 인식하듯, 독자 역시 그를 긍정적인 주인공으로 인식한다. 그리고 화자는 로브바를 통해 자신의 견해와 감정을 표현한다. 느리게 진행되는 서술방식을 채택했기 때문에 브이꼬프의 전쟁소설과 달리 극적인 장면이 많지 않다. 갈등과 충돌, 그리고 분쟁당사자도 전쟁소설과 다르다. 전투를 치르며 적군과 대치하는 장면 대신, 주인공이 도주하며 은신처에 몸을 숨기는 장면이 묘사된다. 그는 추적으로부터 벗어날 수 없는 약자이다. 그러나 작품의 결말은 브이꼬바의 전쟁소설과 마찬가지로 상당히 극적이며, 비극적인 긴장감을 제공한다. 복수심에 불타는 무리를 이끌고 부친 살해를 시도하는 장면에서, 작가는 사악한 생각을 품은 부패한 권력이 만연하다는 것과 이 권력이 인간으로 하여금 극악무도한 행동을 하도록 만들 수 있다는 것을 암시한다.

1985년 뻬레스뜨로이까 초기에는 소비에트문학에 대한 견해를 공공연하게 발표하거나 토론하는 데 제한이 있었다. 그러나 1990년 검열제가 유명무실하게 되자 브이꼬프는 집단화정책을 비판하는 『포위망』을 발표할 수 있게 되었다. 이 작품은 세르게이 잘르이긴(Сергей П. Залыгин, 1913~2000)의 『이르뜨이슈 강에서』(На Иртыше; 1964)[171]보다 집단화정책을 훨씬 강하게 비판하고 있다. 잘르이긴이 절제하며 집단화정책 초기단계를 묘사한 것과 달리, 브이꼬프는 농부들의 심리상태를 묘사하며 집단화정책의 문제점을 폭로하고 있다. 그리고 농촌에 대한 소비에트 당국의 집단화정책이 농부들의 마음과 영혼에 치유할 수 없는 손상을 입혔다는 것도 지적하고 있다.

전쟁과 집단화정책을 주제로 다루고 있는 브이꼬프의 소설 『한기』(Стужа; 1993)[172]에는 주인공 예고르 마제비치가 거짓과 속임수에 농락당하는 이야기가 묘사되어 있다. 교육은 받지 못했으나 선량한 예고르는 소비에트 당국으로부터

---

171) «신세계», 1964, №2, c.3~80.
172) «깃발», 1993, №11, c.7~76.

하급관리 제안을 받고 이를 수락한다. 그런데 그는 자신도 모르는 사이에 당국이 저지른 범죄의 공범자가 된다. 몇 년 후 독일군이 벨라루스를 점령했을 때, 예고르는 지방소비에트 공무원들과 함께 숲속에 숨어 나치 점령군에 대항하는 레지스탕스 활동을 전개한다. 그러나 얼마 후 레지스탕스는 와해된다. 그들 중 대부분은 사망했고 일부는 지역 경찰에 가담한다. 예고르는 숲속에 홀로 남아 고통스러운 생활을 하며 연명한다. 종말에 그는 자신이 거짓된 우상을 위해 봉사했다는 것과 환경의 희생양이 되었다는 것을 깨닫는다. 태생적으로 강직한 인물인 예고르는 양심상 나치에 가담하는 것을 허락하지 않았다. 그는 젊었을 때 자신이 저지른 실수를 인정하고 겸손하게 대가를 치르고 있는 것이다.

『한기』는 브이꼬프의 이전 소설과 유사한 양식의 작품이다. 이 소설에는 3인칭 서술방식이 사용되고 있고, 대화와 내적독백이 혼재되어 있다. 그리고 당국의 지나친 통제와 고위층의 부패상이 곁가지로 제시되어 있다. 등장인물은 많지 않고 시간적 배경도 비교적 짧게 설정되었다. 그리고 각각 다른 시간에 두 사건이 발생한다. 집단화정책을 다루고 있는 장(章)은 1941년 예고르가 곤경에 처하는 장면과 교대로 묘사된다.

『한기』는 1994년 부커상 후보에 올랐다. 그러나 이 작품은 브이꼬프의 이전 작품들과 비교해볼 때 작품성이 다소 떨어진다. 주요 갈등이 분명하게 제시되지 않았고 플롯에서 극적인 긴장감도 찾아볼 수 없다. 그리고 내적투쟁이 많고 진정한 적이 눈에 보이지 않는다는 점에서 이야기 진행에 박진감이 없고 지루한 느낌마저 준다.

1994년 6월 19일 70세 생일을 맞이한 브이꼬프는 새로 독립한 벨라루스의 수도 민스크에 거주하고 있다. 그러나 그는 지속적으로 러시아문학에 관심을 갖고 작품 활동을 하고 있다. 그는 항상 과거 소련의 다양한 시대를 배경으로 한 산문을 집필하고 있다. 이전의 문학양식을 다변화할지, 혹은 다른 주제를 채택할지 지켜볼 일이다.

파질 이스깐제르(Фазиль А. Искандер, 1929~2016)

파질 이스깐제르는 그루지야의 아브하지아에서 태어났다. 그는 모스크바에 거주하면서 러시아어로 집필활동을 하고 있으며, 글라스노스찌 이전 시절 소련의 공식적인 문학잡지에 작품을 기고한 몇몇 안 되는 작가들 중 한 사람이다. 검열에 통과되지 못한 그의 작품들은 서방세계의 잡지에 게재되었다. 이스깐데르는 작가동맹에서 추출되거나 유형지로 추방되지 않으면서 예술의 독립성을 고수하며 자유롭게 창작활동을 한 인물이다. 당국이 그에게 이런 관용을 베푼 이유는 작품의 독특한 특징 때문이었다. 즉 그는 항상 소비에트 주류 문단에서 다루고 있는 소재와 주제에서 벗어난 산문을 집필했던 것이다. 그의 대부분 산문들은 아브하지아를 배경으로 하고 있으며, 소련사회의 예민한 문제는 건드리지 않고 있다. 그의 대표작 『체겜에서 온 산드로』(Сандро из Чегема; 1983)는 옴니버스 형태의 이야기들로 구성된 '피카레스크 소설'이다. 이 작품에서 그는 소련 시스템의 저속성을 풍자하며 관료 제도를 조롱하고 있는데, 비교적 가볍고 유머러스한 풍자만을 사용하고 있다. 유머와 위트가 넘치는 그의 작품에는 환상적인 이야기와 다양한 일화가 소개되고 우스꽝스런 인물들이 등장한다.

최근에 이스깐제르는 새로운 소설 『인간과 그의 주변 환경』(Человек и его окрестность)을 집필하기 시작했다. 이 소설의 구성과 양식은 『체겜에서 온 산드로』와 유사하다. 소설의 첫 장은 1992년 «깃발»[173)]에 발표된 작품인데, 아브하지아를 배경으로 하고 있으며 대부분의 사건은 무후스의 부둣가에 위치한 아므라 레스토랑에서 발생한다. 『체겜에서 온 산드로』에는 스탈린을 재현한

---

173) 'Ленин на Амуре'(아무르 강의 레닌), «깃발», 1992, №2, с.2~33; 'Рапира'(장검), 'Красота нормы, или Мальчик ждёт человека'(규범이 되는 미녀, 또는 소년이 사람을 기다린다.), 'Кремовый китель'(크림색 제복) «깃발», 1992, №6, с.100~147; 'Кутеж стариков над морем'(바닷가에서 벌어진 노인들의 주연) «깃발», 1992, №11, с.3~17.

인물이 등장하고, 『인간과 그의 주변 환경』에는 레닌을 재현한 인물이 등장한다. 이 소설의 첫 번째 이야기 『아무르 강의 레닌』에는 전직 시인이자 마르크스 주의를 전공한 미치광이 교수가 등장하는데, 자신을 레닌이라고 상상한다. 이스깐제르는 이 시인을 통해 레닌의 성격을 해부하고 있다. 작가는 레닌의 열정적인 마음과 속물근성 사이에서 당황하는 시인의 모습을 잘 묘사하고 있다.[174] 편견과 교만으로 가득한 레닌은 지독할 정도로 자기절제를 잘하며 공황상태에 절대 빠지지 않는데 반해, 편견과 교만이 충만한 시인은 사람들의 마음을 움직이지 방법은 알지 못한다.

이스깐제르는 최근에 1인칭화자를 사용한 자전적 소설을 집필하고 있다. 현실과 환상의 세계가 융합되어 있는 이 작품에는 서정적 일탈, 회상장면, 그리고 철학적 상고가 묘사되어 있다. 초기 소설에 등장하는 산드로를 포함한 일부 등장 인물들이 이 작품에서는 다른 역할을 담당한다. 비록 최근의 작품에는 유머러스하고 다양한 일화가 소개되고 있지만, 다소 심각한 메시지도 담겨있다. 그는 더 이상 본질을 위장하거나 풍자할 필요가 없다고 생각했을지도 모른다. 소비에트최고의회 의원으로 선출된 이스깐제르는 자신의 작품에서 정치가들과 혁명가들의 비윤리적이고 편협한 생각과 아브하지아에 거주하고 있는 보통사람들의 선한 도덕성을 대비하고 있다. 그리고 소비에트 사회에 만연한 부패상이 아직 제거되지 않았다는 것도 암시하고 있다. 이스깐제르는 소비에트 사회의 병폐에 대한 간접적인 비판을 가하고 있는 것이다.

이스깐제르는 고향 아브하지아에 대한 향수와 그루지야에서 발생한 내전에 영향을 받고 집필한 단편 『프샤다』(Пшада)[175]를 1993년 발표했다. 체겜 출신인 소비에트 사령관에 대한 이야기를 다루고 있는 이 단편은 작가의 자전적 요소를 담고 있다. 이 작품에서 이스깐제르는 자신의 직관력을 동원해서 소련 내 소수민족에 대한 차별을 정교하게 묘사하며, 전문직에 종사하는 소수민족들이

---

174) «깃발», 1992, №2, c.6.

175) Ibid., 1993, №8, c.3~36.

쉽게 승진을 하지 못한다는 것을 지적하고 있다. 주인공 사령관은 나이가 들어 노인이 되자 모국어인 아브하지아어를 완전히 잊어버린다. 그런데 아이러니하게도 러시아어를 원어민처럼 완벽하게 구사하지도 못한다. 그는 화자와 마찬가지로 시대가 변하면서 찾아온 새로운 현상들 – 자유, 물질적 풍요, 극심한 빈곤, 가치관의 상실, 새로운 사상의 출몰 – 에 당황해 한다. 그는 종교를 통해 새로운 가치관을 추구하나, 노령의 나이에 자신을 변화시킨다는 것은 그리 만만치 않다. 작품의 제목 '프샤다'는 상징을 내포하고 있다. 프샤다는 항상 평화가 지배한다는 마을의 이름이다. 이 마을의 자연은 휴식을 취할 수 있는 평안한 분위기를 제공한다. 그리고 격변하는 복잡한 도시생활에서 탈출한 사람들이 이 마을로 이주해 살고 있다. 화자와 사령관은 현대의 복잡한 환경에서 평화를 얻지 못하는 인물인 것이다. 결국 사령관은 낯선 이방인들 사이에서 고독한 죽음을 맞이한다. 3인칭 서술방식을 사용한 이 작품은 이스깐제르의 이전 작품과 전혀 다른 양상을 띠고 있다. 즉 과거와 달리 유머, 과장, 환상 등은 거의 찾아볼 수 없고, 미래에 대한 절망, 실의, 낙담, 체념 등 염세적 경향이 두드러진다.

그 밖의 작가들

고령에도 불구하고 **아나똘리 르이바꼬프(Анатолий Н. Рыбаков, 1911~1998)**는 상당히 활발하게 창작 활동을 하는 작가이다. 뻬레스뜨로이까 초기에 발표한 『아르바뜨의 아이들』(Дети Арбата; 1987)은 예술성이 다소 떨어지나 당시 시대상황에 적합한 작품으로 평가되며 독자들로부터 많은 흥미와 관심을 받고 있다. 그리고 스탈린의 대숙청을 다루는 3부작을 계획한 그는 1988년에 1부 『1935년 그리고 그 밖의 해』(Тридцать пятый и другие годы)[176]를,

176) «민족 우호», 1988, №9, c.5~110, №10, c.7~115.

그리고 이듬해 2부 『공포』(Страх)[177]를 각각 발표했다. 이 두 작품은 『아르바뜨의 아이들』과 연결고리를 맺고 있는 작품인데, 크게 두 가지 주제를 다루고 있다. 하나는 아르바뜨에 살고 있는 젊은이들의 운명, 그리고 다른 하나는 스탈린과 그의 주변 인물들의 성격묘사이다. 『아르바뜨의 아이들』의 시대적 배경은 1933년~1934년, 『1935년 그리고 그 밖의 해』는 1935년~1936년, 그리고 『공포』는 1937년~1938년이다. 『아르바뜨의 아이들』은 1930년대 말에 발생한 대숙청의 전주곡이라고 할 수 있는 끼로프 암살사건을 다루고 있다. 그리고 『공포』는 뚜하쳅스끼(Михаил Н. Тухачевский, 1893~1937) 원수와 브류헤르(Василий К. Блюхер, 1890~1938) 원수를 포함한 수천 명의 군지도자들과 정치지도자들의 처형을 다루고 있다. 그리고 1994년에 발표한 3부 『먼지와 재』(Прах и пепел)의 시대적 배경은 1944년인데, 1939년을 회상하는 내용이 담겨져 있다.

『아르바뜨의 아이들』에 주인공으로 등장하는 사샤 빤끄라또프는 대학생이며 철두철미한 공산당원이다. 그런데 그는 스탈린에 의해 반역죄로 체포되어 유죄선고를 받고 시베리아로 유형을 떠난다. 그는 3부작에서도 중심인물로 등장한다. 사샤는 시베리아 유형 중 사면을 받고 풀려났으나 모스크바로 돌아가는 것을 거부한다. 그리고 정처 없이 떠돌아다니며 공포에 사로잡힌 채 생활을 영위한다. 3부 『먼지와 재』의 마지막 장면에서 사샤는 러시아 중부도시 깔리닌에서 생활하던 중, 이 도시에 새로운 거주증명제도가 도입되면서 24시간 안에 도시를 떠나야 하는 운명에 처하게 된다.

대부분의 르이바꼬프 작품들은 훌륭한 걸작은 아니다. 짜임새가 없는 이야기 진행은 서둘러 집필했다는 느낌마저 준다. 그리고 줄거리도 다소 엉성하게 연결되어 있다. 일부 등장인물은 지나치게 단순화되었고, 등장인물 행동의 근거가 되는 심리적 동기도 명확하게 제시되지 않고 있다. 따라서 최근에 발표되는 르이

---

177) Ibid., 1990, №9, c.6~123, №10, c.6~132.

바꼬프의 작품에 독자들이 큰 관심을 표명하지 않는 것은 어쩌면 당연한 것일지도 모른다. 뻬레스뜨로이까 초기에는 스탈린의 대숙청시기에 발생한 사건들에 관한 서류들이 부분적으로 비밀에 붙여지고 있는 상황이었기에, 『아르바뜨의 아이들』은 독자들에게 신선한 충격을 줄 수 있었다. 그러나 지금은 이 모든 서류들이 대중에게 공개되고 있기 때문에 독자들은 1930년대 숙청을 다루는 르이바꼬프의 작품에 더 이상 관심을 갖지 않게 되었다.

르이바꼬프의 작품은 예술성보다 사회성과 정치성을 띠고 있다고 볼 수 있다. 그의 작품에서 다루는 주제가 당국이 공식적으로 허락하는 범위를 벗어났다는 점에서 그를 선구자로 간주할 수도 있다. 그는 독자뿐 아니라 작가들을 위해 러시아문학의 새로운 지평선을 여는 역할을 감당했던 것이다. 따라서 억압적인 검열제 하에서 이룬 그의 업적을 과소평가할 수는 없다.

1987년 **보리스 모좌예프(Борис А. Можаев, 1923~1996)**는 스탈린의 집단화정책을 비판하는 소설 『농부들과 아낙네들』(Мужики и бабы)을 발표했다. 그는 1993년에 1950년대 극동지방을 배경으로 이와 유사한 주제를 다루고 있는 소설 『버림받은 사람』(Изгой)[178]을 발표했다. 이 작품에는 확고한 의지를 갖고 진리를 추구하는 해군장교 보로진이 주인공으로 등장한다. 그의 부친은 1930년대 자신의 고향에 설립된 집단농장에 가입하는 것을 거부했기 때문에 시베리아 유형지로 추방당한 인물이다. 작품 말미에 보로진은 해군보직에서 사임하고 시인 겸 저널리스트가 된다.

이 작품에는 훌륭한 문체가 사용되고 있으나 줄거리 구성은 다소 엉성하다. 그리고 주인공을 제외한 등장인물들의 묘사가 너무 간략하기 때문에, 독자들의 뇌리에 오래 남지 않는 결점이 있고 주인공이 지나치게 이상화되어 있다. 과연 1950년대 중반 보로진이 행한 반(反)소비에트 행동이 가능했는가에 대해 독자들은 의구심을 품는다. 『버림받은 사람』 1권에서 사용한 문체와 양식은 모좌예프

178) «우리의 동시대인», 1권, 1993, №2, c.5~49, №3, c.19~70.

가 이전작품에서 사용했던 것과 유사하다. 그러나 이 작품에서 작가가 강조하는 것은 이전작품과 사뭇 다르다. 즉 그는 지방 관리들과 인쩨리겐찌야를 조롱하고 풍자할 뿐 아니라, 자연을 황폐화시키는 것, 주민을 헐벗게 하는 것, 그리고 구교도[179)]들의 공동체를 파괴하는 것을 강하게 비난하고 있다.

1960년대 대표적인 '농촌산문'으로 기억되는 『관습』(Привычное дело; 1966)을 집필한 **바실리 벨로프(Василий И. Белов, 1932~2012)**도 집필활동을 활발하게 하는 작가이다. 그런데 그는 순수문학보다 역사와 정치문제를 다루고 있는 작품에 치중하고 있다. 최근에 발표한 『대(大)변혁의 해. 9개월의 연대기』(Год великого перелома. Хроника девяти месяцев; 1989~1991, 1994)[180)]는 이전에 발표한 『전야. 1920년대 말의 연대기』(Кануны. Хроника конца 20-х годов; 1976, 1987)의 후속 작품이다. 전자는 집단화정책이 실시되던 시기의 러시아 농촌상황을 다루고 있다. '사회주의 리얼리즘'을 철저히 신봉하는 작가 **뾰뜨르 쁘로스꾸린(Пётр Л. Проскурин, 1928~2001)**도 소설 『운명』(Судьба; 1973)과 『너의 이름』(Имя твоё; 1978)에서 이와 유사한 주제를 다루고 있다. 그런데 벨로프와 쁘로스꾸린은 자신들의 작품에서 스탈린의 성품에 대해 각별한 애정을 표현하고 있다. 특히 쁘로스꾸린은 소설 『거부』(Отречение; 1987, 1990)[181)]에서 글라스노스찌를 악용하여 스탈린이 까가노비치(Лазарь М. Каганович, 1893~1991)[182)]의 도구였다는 엉뚱한 주장을 펼치고 있다. 1970년대에 발표한 쁘로스꾸린 산문의 중심테마는 계급투쟁과 공산당정책을

179) 역주 : 17세기 러시아 정교회 총주교 니콘이 기도서의 개정과 예배의식을 변경하자 이에 반발하며 일어난 보수적인 종파를 가리킨다. '구교도'(староверы) 혹은 '분리교도'(раскольники)라고 불리는 이 종파의 대표적 지도자로는 아바꿈과 네로노프를 꼽을 수 있다. 그들은 정부와 정교회의 박해를 피해 주로 시베리아의 외진 곳에서 공동생활을 했다.

180) «신세계», 1989, №3, с.6~95, 1991, №3, с.4~44, №4, с.91~134. «우리의 동시대인», 1994, №1, с.11~51, №2, с.7~51.

181) «모스크바», 1987, №9, с.3~92, №10, с.5~143, 1990, №7, с.16~146. №8, с.33~131, №9, с.116~145.

182) 역주 : 까가노비치는 스탈린과 생사고락을 함께한 인물로 1930년대 대숙청에 깊게 관여했고, 소련군대의 주요보직을 두루 역임한 인물이다.

적극적으로 지지하는 것이었고, 작품에서 '부농'은 인민의 적으로까지 묘사되고 있다. 오늘날은 과거 소련당국에 의해 희생된 사람들의 명예가 회복되고, 공산당 정치위원들에 대한 부정적 견해가 표출되는 상황으로 발전하고 있다. 쁘로스꾸린은 이런 변화에 발맞춰 작품의 메시지를 이전과 다르게 바꾸고 있다. 그러나 그는 여전히 스탈린과 집단화정책, 그리고 계급투쟁을 공식적으로 찬양하고 있다. 그는 과거 공산주의와 러시아 민족주의 그리고 러시아정교 사상을 혼합하여 만든 '민족 애국주의'를 새로운 기치로 내세우고 있다.

1987년 이전까지 **아나똘리 쁘리스따프낀(Анатолий И. Приставкин, 1931~2008)**은 시베리아 타이가 지역의 공사현장에서 발생한 노동자의 영웅적 행위를 주제로 하는 진부한 작품들을 집필한 소련의 공식적인 작가로 알려져 있다. 그런데 1987년 『황금빛 먹구름이 밤을 지샜다』(Ночевала тучка золотая)[183]가 발표되자 독자들은 그의 재능을 이전과 다른 시각으로 바라보기 시작했다. 그러나 잠시뿐 이었다. 1944년을 시대배경으로 하는 이 작품은 전시 중에 발생한 고아들의 고난과 운명을 다루고 있다. 그리고 소련 내 소수민족공화국에 대한 민감한 내용도 포함되어 있다. 작가가 전시 중 직접 경험한 사실을 근거로 집필한 이 작품은 나치에게 협력했다는 이유로 러시아 남부에 위치한 체첸공화국의 주민들을 고향에서 추방하고, 소련 각지에 살고 있는 러시아인들을 체첸으로 이주시키는 과정을 그리고 있다. 이주한 자들 가운데는 중부 러시아에서 온 500명의 고아들이 포함되어 있고, 그중 11살 먹은 쌍둥이 형제가 이 작품의 주인공으로 등장한다. 형제 중 한 명은 뜻밖의 사고로 횡사하고, 살아남은 다른 한 명이 체첸 고아를 자신의 의형제로 받아들인 후 그와 함께 체첸을 떠난다.

뻬레스뜨로이까 초기 시절에 발표한 이 작품은 러시아인들에게 큰 충격을 안겨주었다. 스탈린의 민족정책 속에 뿌리 깊게 자리 잡고 있던 잔혹행위와 아동

183) «깃발», 1987, №3, с.3~75, №4, с.25~79.

학대, 그리고 인종차별과 소수민족에 대한 증오를 폭로한 것이다. 그런데 작품에서 다루고 있는 체첸과 러시아 고아 두 명의 우정은 신화이며, 북부 까프까스 지역의 체첸에서 지속적으로 발생하고 있는 갈등과 분쟁이 현실인 것이다. 이 작품은 예술적 관점에서 몇 가지 결점을 갖고 있다. 긴장감이 떨어지고 이야기 진행이 느슨하며, 결말에서 작가의 주장을 뒷받침하는 근거가 결여되어 있다. 그리고 작가가 자연스런 이야기 흐름에 가끔 무분별하게 개입하며 작가의 임무를 망각하고 판관의 역할을 수행하고 있다. 그러나 강력하고 도발적인 그의 메시지는 시의적절하다고 볼 수 있다. 이 작품은 1988년 소비에트문학상을 수상했다.

이 작품의 성공으로 고무된 쁘리스따프낀은 이와 유사한 주제를 다루는 두 작품 – 『뻐꾸기 혹은 마음의 평안을 위한 애절한 노래』(Кукушата или жалобная песнь для успокоения сердца; 1989)[184]와 『랴잔까: 교외에서 온 사람』(Рязанка: человек с предместья; 1991)[185] – 을 연이어 발표했다. 특히 전자는 『황금빛 먹구름이 밤을 지샜다』와 유사한 작품이다. 이 작품은 1963년부터 집필하기 시작하여 1984년에 완성하여 1989년에 발표한 1인칭 자전적 소설인데, 일관성 있게 논리적으로 구성한 것이 아니라 아무 생각 없이 메모한 내용과 견해를 엮은 작품이다. 최근에 쁘리스따프낀의 산문이 문단에서 주목을 받지 못하는 이유는 그의 산문이 더 이상 참신한 내용을 담고 있지 않기 때문이다. 질적으로 뛰어난 창작을 독려하지 못하는 과거 소비에트출판정책에 부응했기 때문에, 그는 비평가와 독자들로부터 지속적인 관심을 받지 못하는 것이다.

예브게니 옙뚜쉔꼬(Евгений А. Евтушенко, 1932~2017)는 시인으로 잘 알려져 있으나, 최근 들어 그의 산문이 대중으로부터 관심을 받기 시작했다.[186] 운문처럼 산문 역시 생활 터전에서 받은 영감과 사회적·정치적 반응을 다루고

---

184) «청춘», 1989, №11, c.46~57, №12, c.7~46.

185) «깃발», 1991, №3, c.9~64, №4, c.51~91.

186) 1980년대에 집필한 옙뚜쉔꼬의 산문은 N.N. Shneidman, *Soviet Literature in the 1980's*, p.159~166을 참고하라.

있다. 첫 번째 소설 『산딸기』(Ягодные места; 1981)는 브레즈네프 시절의 생활상을 심도 있게 다룬 작품이다. 그리고 1993년에 발표한 소설 『사망하기 전에 죽지마라』(Не умирай прежде смерти)는 고르바초프 집권말기의 소비에트 삶을 반영한 작품이다. 허구와 사실이 혼재되어 있는 이 소설에 묘사된 사건들은 대부분 사실을 토대로 한 것이다.

『사망하기 전에 죽지마라』는 다양한 이야기와 일화들 – 탐정 이야기, 실패한 사랑에 대한 감상적인 이야기, 소련 축구사에 대한 이야기, 고르바초프, 옐친, 쉐바르나드제 같은 주요 정치인에 대한 일화, 고백형식으로 쓴 작가의 사랑이야기 등 – 로 구성되어 있다. 이중에 옙뚜쉔꼬의 사생활에 대한 이야기는 상당히 흥미로우며 작가의 진솔함이 배어있다. 그러나 뻬레스뜨로이까 이전 시절 비밀경찰을 포함한 소비에트 당국과의 밀월관계를 정당화하려는 그의 시도는 천박해 보이며 독자들을 설득시키지도 못한다. 1991년 8월 반(反)고르바초프 쿠데타가 발생했을 때 자신의 역할에 대한 묘사 역시 자기논리만을 정당화하는 느낌을 주고 있다.

두 개의 주제가 이 작품의 구성에 중요한 역할을 담당하고 있다. 하나는 1991년 8월 쿠데타이고, 다른 하나는 삶속에 스며들어있는 두려운 마음과, 국가와 권력자들의 행동을 마비시키는 공포에 대한 생각이다. 다양한 이야기와 몽타주기법을 사용한 일관성 없는 일화들의 전개는 화자인 작가를 포함한 대부분의 등장인물들을 1991년 8월 19~20일 대통령궁에서 개최된 옐친을 지지하는 모임으로 이끄는 역할을 한다.

최근에 발생한 정치적 사건을 소설로 집필하는 것은 그리 쉬운 작업이 아니다. 특히 작가가 화자뿐 아니라 주인공 역할을 수행할 때 더욱 그렇다. 독자들 관점에서 볼 때 사실상 옙뚜쉔꼬만이 이 작품의 유일한 주요 등장인물이다. 모든 사건의 중심에 그가 서있고, 나머지 등장인물들은 엑스트라 역할만을 하고 있다. 그리고 정치계와 문화계의 주요인물들이 가명으로 묘사되었기 때문에 일반 독자들은 그들의 신원을 쉽게 파악하지 못한다.

1991년에 발생한 일련의 사건들은 작가가 심각하게 다루어야 할 중요한 주제인 것은 분명하다. 그리고 이 사건들을 산문의 주제로 선정한 옙뚜쉔꼬의 시도는 칭찬할만하다. 그러나 이 사건은 아직도 러시아인들의 뇌리에 생생하게 남아있다. 균형감각을 잃고 익살과 비극을 혼합하여 집필한 옙뚜쉔꼬의 접근방식을 과연 독자들이 받아들일지는 의문이다.

유리 다브이도프(Юрий В. Давыдов, 1924~2002)는 러시아의 저명한 역사소설가이다. 그는 역사적 사실을 근거로 한 전통적 사실주의 양식의 작품을 주로 집필했다. 최근까지 그의 작품은 주로 19세기 러시아에서 발생한 '인민주의 운동'[187]과 마르크스주의의 근원에 초점이 맞춰져있다. 그는 최근 소설 『조로바벨』(Зоровавель; 1993)[188]과 『시오니스트의 음모』(Заговор сионистов; 1993)[189]를 발표했다. 1994년 부커상 후보에 오른 이 두 소설은 각각 다른 주제를 다루고 있다. 19세기를 배경으로 하는 『시오니스트의 음모』는 허구와 사실이 혼재되어 있는 작품이다. 이 소설에는 유태인에 대한 짜르 당국의 왜곡된 선입관이 풍자되어 있다. 다브이도프는 뻬쩨르부르그를 방문한 유태인이 음모를 꾸미고 있다는 의심을 품고 그가 묵는 숙소를 공개하고자 원하는 짜르 행정부 관리들의 행태를 조롱하고 있다. 작가는 주인공 유태인이 당하는 황당한 상황을 과장되게 표현하며 19세기 러시아의 불공정 사회를 폭로하고 있다. 비록 유머러스한 언어와 이야기에서 다루어지고 있는 사건은 인상적이나, 화자가 일부 중요한 역사적 사건만을 언급하는 한계가 있다. 과거를 돌아보며 현재 러시아에서 벌어지는 상황을 빗댄 작품으로도 간주할 수 있다.

구세대작가들 가운데는 문학잡지편집과 관련된 일에 종사하는 인물들도 있다. **세르게이 잘르이긴(Сергей П. Залыгин, 1913~2000)**과 **아나똘리 아나니**

---

187) 역주 : 1870년대 인민주의자(народники)라고 불리는 진보적 성향의 대학생들과 지식인들이 '농촌공동체'(мир)를 기초로 한 사회주의 실현을 목표로 농촌에 직접 들어가 농민들에게 정치선동을 시도한 운동.

188) «깃발», 1993, №3.

189) Ibid., №12, c.3~39.

예프(**Анатолий А. Ананьев, 1925~2001**)는 각각 문학잡지 «신세계»와 «10월»의 편집장으로 일하고 있다. 그리고 **그리고리 바끌라노프(Григорий Я. Бакланов, 1923~2009)**는 1993년 11월까지 문학잡지 «깃발»의 편집을 담당했다. 아나니예프는 자신이 주관하는 «10월»에 많은 분량의 소설을 발표했다. 그중 『명판과 종』(Скрижали и колокола; 1989)[190]은 과거에 집필한 『전쟁이 없는 시절』(Годы без воины; 1975~1984)과 유사한 주제를 다루고 있는데, 현재의 러시아 상황을 묘사하고 있는 작품이다. 아나니예프는 러시아 경제와 정치의 병폐를 종식시키려는 의도를 갖고, 이 소설에서 자신의 철학적 견해와 사회를 바라보는 시각을 밝히고 있다. 과거와 현재의 러시아 상황을 대비하는 그의 역사소설로는 『불멸의 권력을 가진 자의 용모. 황제 이반 뇌제』(Лики бессмертной власти. Царь Иван Грозный; 1992)[191]와 『류릭의 사명, 또는 천년 러시아의 수수께끼』(Призвание Рюриковичей, или тысячелетняя загадка России; 1993)[192]를 꼽을 수 있다. 이 작품들에는 은유, 사상, 정보 등이 풍부하게 제공되고 있으나, 서술구조가 느슨하고 예술적 깊이도 결여되어 있다. 그리고 역사적 사건은 비교적 정확하게 묘사되었으나, 그 상황에 대한 아나니예프의 해석에는 객관성이 결여되어 있다.

소련이 무너지면서 자전적 작품을 발표하는 구세대 작가들이 많이 늘어나고 있는 가운데, 시인과 번역가로 명성을 떨친 **세묜 리쁘낀(Семён И. Липкин, 1911~2003)**은 1992년 소설 『거주자의 일기』(Записки жильца)를 발표했다. 작가의 경험담을 근거로 하여 허구와 사실이 혼재되어 있는 이 작품에는 오데사에서의 생활상과 개인적으로 느낀 예술과 사회에 대한 관점이 반영되어 있다. 잘르이긴도 1993년에 자전적 소설 『생태학 소설』(Екологический роман)[193]을 발표했다. 이 작품에 1인칭화자로 등장하는 작가는 자연보호를

190) «10월», 1989, №1, c.3~126, №2, c.76~135.

191) Ibid., 1992, №3, c.3~74, №4, c.24~103, №5, c.69~135, №6, c.24~115.

192) Ibid., 1993, №9, c.3~77, №10, c.24~98.

193) «신세계», 1993, №12, c.3~106.

위해 평생을 투쟁했던 자신의 삶을 상세히 묘사하고 있다.

불라뜨 오꾸드좌바(Булат Ш. Окуджава, 1924~1997)는 『폐관된 극장』(Упразднённый театр; 1993)[194]에서 자신의 어린 시절과 가족에 대한 이야기를 다루고 있다. 소비에트 고위관료였던 그의 부친은 숙청당했고, 대부분의 친척들도 아무도 모르게 사라졌다는 것을 밝히고 있다. 그리고 인생은 개개인이 역할을 하는 일종의 극장과 같다는 것을 시사하고 있다. 그런데 어린 시절 오꾸드좌바의 극장은 폐관되었고, 배우들은 모두 안개속으로 사라졌다는 것이다. 이 작품은 1994년 부커상을 수상했다. 반(半)자전적 소설로 간주되는 『폐관된 극장』은 작가의 예민한 통찰력으로 소련이 붕괴된 이후 러시아의 사회적·도덕적 딜레마를 다루고 있는데, 여러 면에서 그의 이전작품보다 문학성이 떨어진다고 평가된다. 그럼에도 불구하고 이 작품이 부커상을 수상한 것은, 마치 블라지미르 마까닌(Владимир С. Маканин, 1937~2017)의 평범한 작품이 러시아문학에 공헌했다는 이유로 부커상을 수상한 것과 맥락을 같이 한다고 볼 수 있다.

러시아의 새로운 상황이 다양한 형태로 구세대 작가들에게 영향을 끼쳤다는 것은 분명하다. 그러나 대부분의 구세대 작가들은 과거 자신들의 방식을 지속적으로 고수하고 있다. 가시적으로 드러나는 것은 주제와 해석의 변화뿐이며, 대부분 작품이 질적으로 떨어진다는 것을 발견할 수 있다. 이 장에서 언급한 구세대 작가들의 작품은 정체기인 1970년대에 발표한 그들의 뛰어난 작품은 물론 아니다. 새롭게 누리는 창작의 자유는 모든 작가들에게 큰 자극이 되는 것은 분명하다. 그러나 오랫동안 소비에트 당국에 의해 유린당하면서 창작능력을 상실한 그들에게 새롭게 주어진 창작의 자유는 별 의미가 없는 것일지도 모른다. 이리나 그레꼬바(Ирина Грекова, 1907~2002; 본명은 옐레나 벤뜨쩰 Елена С. Вентцель)와 바끌라노프(Григорий Я. Бакланов, 1923~2009)

194) «깃발», 1993, №9, с.4~55, №10, с.77~125.

를 포함한 저명한 구세대 작가들은 지난 6년 동안 비평가들로부터 호평은 받은 작품을 거의 발표하지 못하고 있다. 그들은 새로운 변화를 수용하기에 너무나 고령인 것이다. 이제 새로운 러시아문학의 미래는 젊은 작가들의 손에 달렸다고 말할 수 있다.

제4장

중간세대 작가

중간세대 작가들은 다양한 주제와 이념, 그리고 예술기법을 사용하여 자신들만의 방식으로 창작활동을 하는 그룹을 형성했다. 1930년대 말과 1940년대에 출생한 그들은 스탈린의 그림자 밑에서 성장하고 브레즈네프 시절에 왕성하게 활동했던 작가들이다. 제2차 세계대전을 충분히 경험하기에 나이가 어렸던 그들은 소련의 전체주의 영향 하에서 교육을 받고 성장한 인물들이다. 그들은 공산당 이데올로기와 실질적인 삶 사이에서 오는 괴리감을 피부로 느끼면서 소비에트 당국에 대한 냉소적인 반응을 보였다. 그러나 그들은 문화적, 종교적, 그리고 역사적 뿌리가 빈약했기 때문에, 소비에트의 독재정치를 묵인할 수밖에 없었고, 제한된 영역에서 창작활동을 전개할 수밖에 없었다. 따라서 류드밀라 뻬뜨루쉡스까야(Людмила С. Петрушевкая, 1938~)와 같은 일부 작가들을 제외한 대부분의 중간세대 작가들은 반체제운동에 가입하거나 지하문단으로 들어가는 것을 거부하고, 소련의 공식적인 잡지들을 통해서만 작품을 발표했다. 류드밀라 뻬뜨루쉡스까야의 대부분 작품은 편집인들에 의해 게재거부 당했다.

뻬레스뜨로이까가 발생하기 이전에 많은 중간세대 작가들은 소위 '40대 작가들'(сорокалетние)이라고 불리는 그룹에 속해 있었다. 그들의 작품은 '모스크바 학파 산문'이라고 불렸다. 비록 하나의 그룹에 속했지만 '40대 작가들'은 각자 다양한 주제와 양식을 사용하여 창작활동을 하고 있었다. 블라지미르 마까닌(Владимир С. Маканин, 1937~2017), 루슬란 끼레예프(Руслан Т. Киреев, 1941~), 그리고 아나똘리 꾸르차뜨낀(Анатолий Н. Курчаткин, 1944~)은 주로 도시에 거주하는 인쩰리겐찌야의 일상과 새롭게 등장한 소비에트 중산층의 물질적 탐욕과 정신적 타락에 초점을 맞춘 작품을 집필했다. 블라지미르 끄루삔(Владимир Н. Крупин, 1941~)의 작품은 농촌산문의 전통에 기반을 두고 있고, 아나똘리 김(Анатолий А. Ким, 1939~)의 작품은 그로테스크하며 초현실주의 경향을 띠고 있다. 반면에 알렉산드르 쁘로하노프(Александр А. Проханов, 1938~)의 작품은 주로 소비에트의 산업발전상과 제3세계로의 세력 확장정책을 다루고 있다. 소비에트 삶의 뿌리 깊은 갈등을 전통적인 사실주의 방식으로 집필했던 구세대 작가들과 달리, '40대 작가들'은 시간과 공간설정, 그리고 서술기법의 새로운 양식을 시도하며 소비에트문학에 우유부단하고 양가성을 띤 주인공을 제시하는 실험작을 발표하기 시작했다. 이런 부류의 주인공은 일상의 복합적인 상황에 대처할 능력이 없기 때문에 자아와 삶의 진정한 의미를 지속적으로 탐구할 뿐이다.

현재 '40대 작가들'의 나이는 40대말 혹은 50대이다. 그들은 정체성의 위기로 인해 고통을 받고 있음에도 불구하고, 삶의 현실을 수용하려고 애쓰고 있다. 그들이 발표한 창작물은 자신들의 사회적·정치적 견해와 재능에 의해 평가되고 있다. 소련이 무너지면서 새롭게 발생한 정치적 상황은 과거의 이데올로기와 윤리를 준수할 필요성을 제거했을 뿐 아니라, 내면에 잠재되어 있는 작가의 견해를 표출시킬 수 있게 만들었다. 경우에 따라 새롭게 누리는 '표현의 자유'는 극단적인 민족주의를 표방할 수도 있게 되었고, 과거에 신봉했던 사실주의 경향에서 벗어난 새로운 양식의 실험작을 발표할 수도 있게 되었다.

블라지미르 마까닌(Владимир С. Маканин, 1937~2017)

중간세대 작가들 가운데 가장 유명한 인물 중 하나로 블라지미르 마까닌을 꼽을 수 있다. 그의 최초의 소설 『직선』(Прямая линия)은 1965년에 출판되었다. 그때부터 1980년대 중반 사이에 발표된 그의 산문은 대중으로부터 거의 주목을 받지 못했다. 1984년 «신세계»에 발표한 『하늘이 언덕들과 만나는 곳』(Где сходилось небо с холмами)은 그의 최고의 작품 중 하나로 꼽히고 있다. 이 소설은 사회계층의 유동성, 문화의 해체, 그리고 예술창작의 관계를 다루고 있다. 마까닌은 브레즈네프 시절 이후 뛰어난 예술성을 고수하고 있는 몇 안 되는 작가들 중 하나이다. 그는 자신의 작품에서 실존적 신화를 창조하면서 사실주의의 새로운 개념을 고안해냈다. 즉 과거와 달리 고정적이지 않고 유동적인 사실주의 개념을 만들어낸 것이다. 그는 현실에서 발생하는 문제점을 도외시하지 않고, 철학적으로 중요한 의미를 내포하고 있는 인상적인 플롯을 사용하고 있다. 1980년대 후반까지 그는 과거의 현상이 현실에 미치는 영향을 주로 탐구했다. 그런데 최근 들어 미래에 많은 관심을 갖게 되면서 현실과 미래를 대비하는 새로운 작품을 집필하고 있다. 새로운 작품에는 이전과 동일한 부류의 인쩰리겐찌야들이 주인공으로 등장한다. 그들은 반복되는 지긋지긋한 일상에 기진맥진한 외로운 인물들인데, 삶의 진정한 의미를 탐구하며 철학적 토론을 일삼는다.

그의 소설 『맨홀』(Лазь; 1991)[195]은 1992년 부커상 후보에 오른 작품이다. 3인칭 서술방식을 사용한 이 소설에는 시간대별 다양한 공간설정이 없고 오직 하나의 공간만이 설정되어 있다. 그리고 등장인물들의 행위는 두 개의 세상 – 맨홀 안과 맨홀 밖 – 에서 동시에 진행된다. 맨홀 안의 세상은 정상적인 것처럼 보인다. 그 안에는 상점, 레스토랑, 카페 등이 있고, 무엇보다도 화려한 빛이 존재한다. 그리고 그들의 삶은 활기에 넘쳐있다. 이에 반해 맨홀 밖의 세상은 외롭고 적막하다. 거리는 어둡고 텅 비었다. 강도들과 도둑들이 먹잇감을 찾아 배회하고 있다. 마치 혼돈에 빠진 무정부상태 같다. 공포가 삶을 지배한다. 한 사람이 자신과 가족들을 위한 은신처를 찾고 있다. 그가 바로 주인공 끌류치까레프이다. 그는 두 세상의 연결고리 역할을 하고 있다. 인쩰리겐찌야인 주인공은 부인과 14살 먹은 병약한 아들을 데리고 있다. 맨홀 밖 도시에 살고 있는 끌류치까레프는 맨홀 안에서 풍요로운 삶을 누리고 있는 사람들을 만나기 위해 그곳으로 들어간다. 표면상 그는 도시에서는 불가능한 생필품을 구입하기 위해 그곳으로 들어가는 것처럼 보이지만, 실상은 자신의 지적 갈증과 영적 굶주림을 해결하기 위해 들어가는 것이다. 그는 맨홀 안에 거주하는 사람들과

195) «신세계», 1991, №5, c.92~133.

동일한 부류의 사람이다. 그들처럼 그도 글과 언어가 행동보다 더 중요하다고 생각한다.

글과 언어가 세상을 구원할 수 없다는 것은 분명하다. 실용적이지 않은 추상적인 개념들은 거의 쓸모가 없는 것이다. 인쩰리겐찌야들은 아무런 행동도 하지 않고 오로지 말만을 지껄인다. 그리고 사회제도의 붕괴는 계층 간의 분열을 초래했고, 맨홀 밖에 거주하고 있는 대중과 맨홀 안에 살고 있는 인쩨리겐찌야 사이에 공통분모는 존재하지 않는다. 행동에 옮기는 지도자들이 없는 상태인 맨홀 밖 어둠속에서 대중은 방황하고 있다. 이에 반해 국가를 이끌 책임이 있는 인쩰리겐찌야들은 자신들이 대중보다 우위에 있다는 생각을 품고, 맨홀 안에서 협소하고 추상적인 문제에만 몰두하고 있는 것이다. 맨홀 밖 도시에 거주하고 있는 어떤 버스 운전수가 인쩰리겐찌야들을 고발한다. 그들이 인민에게 가이드라인을 제공하지 않았다는 것, 인민을 그릇된 방향으로 이끌었다는 것, 그리고 인민에게 고통을 주었다는 것이 그가 고발한 이유이다. 맨홀 안 세상에는 빛은 충분하지만 산소는 부족하다. 여기서 빛은 인쩰리겐찌야들의 지식과 지혜를, 그리고 산소는 현실과 실생활을 상징한다. 반면에 맨홀 밖은 물리적 어둠뿐 아니라, 정신적으로도 어둠의 세상이다. 양쪽 세상 모두 건강하지 않은 세상인 것이다. 지나치게 빛이 많은 상태에서는 암흑 상태처럼 아무것도 보이지 않는다.

이 작품에는 4가지 일화 – 두 차례에 걸친 맨홀 안으로의 여행, 친구가 거주하고 있는 다차 방문, 그리고 친구의 시신을 거두기 위한 시체보관소 방문 – 가 소개되어 있다. 주인공 끌류치까레프를 제외한 등장인물들은 단편적으로 등장하며 도시의 불행한 운명과 거주자들의 처참한 상황을 묘사하는 보조역할을 수행한다. 결말부에서 끌류치까레프는 거리에 쓰러져 잠이 든다. 그리고 꿈속에서 맨홀 안에 고립된 자신을 발견하고 두려움을 느낀다. 그는 맨홀 안에 거주하고 있는 자들과 대화하며 그들에게 생필품을 요구한다. 지식을 추구하는 자신들의 갈증을 해결할 수 있는 정보를 제공할 경우 그의 요구를 들어주겠다고 그들은 대답한다. 그러나 그들이 제시한 조건은 마치 어둠속에서 길을 잃은 장님을 도와 주는 것과 같은 것이다. 갑자기 잠에서 깨어났을 때 어떤 사람이 끌류치까레프의 옆을 지나가고 있었다. 그리고 그 사람은 이내 밤의 어둠 속으로 사라진다. 이 장면은 보이지 않는 구원의 손길을 상징하고 있다고 볼 수 있다. 아마도 이 종교적 이미지가 미래에 대한 유일한 희망일지도 모른다.

『맨홀』은 디스토피아[196] 혹은 알레고리 작품으로, 또는 작가 자신의 존재의 미를 탐구하는 작품으로도 간주할 수 있다. 결국 작가는 맨홀 밖의 사람들보다 맨홀 안의 사람들과 유사한 부류의 인물인 것이다. 그러나 작가는 인쩰리겐찌야들이 나라를 올바르게 이끌지 못했다는 점을 분명하게 인식하고 그들을 거침없이 풍자하며 강력한 반(反)지식인 성향의 소설을 집필하고 있는 것이다.

마까닌은 소설 『한 쌍이 그곳에 있었다...』(Там была пара...; 1991)[197]에서 현실을 극복하고 미래를 향해 도전하는 모험을 시도하고 있다. 이 작품에 등장하는 인쩰리겐찌야들은 정기적으로 모여 술을 마시며 춤을 추고 대화를 나눈다. 주인공인 1인칭화자는 항상 인쩰리겐찌야들의 모임에 참석한다. 그들 가운데 가장 나이가 많은 화자는 인쩰리겐찌야들의 개방성과 아이디어의 신선함으로부터 힘을 얻는다. 인쩰리겐찌야들은 가끔 선과 악의 추상적인 개념에 대해 난상토론을 벌인다. 그들 중 비교적 젊은 사샤는 이런 개념은 마치 사람들이 빠져나갈 수 없는 끝없는 미로와 같다고 주장한다. 그리고 선행과 타락의 차이점을 이해하기에 인생은 너무도 짧기에 선과 악에 대한 토론은 끝이 없다고 말한다. 그럼에도 불구하고 신앙을 가진 사람들은 이 미로에서 벗어날 수 있다고 지적한다. 대화를 나누는 그들에게 마음이 끌린 익명의 화자는 그들을 마냥 부러워한다. 그들은 새로운 종교관에 대한 자신들의 주장을 거침없이 펼치며 현세와 미래의 관계에 대한 자신들의 견해를 드러낸다. 그러나 아직도 낡은 사고방식에 젖어 과거로부터 자신을 분리하는 것이 불가능하다는 생각을

196) 역주 : 현대 사회의 부정적인 모습을 허구로 그려냄으로써 현실을 날카롭게 비판하는 문학작품.

197) Ibid., c.83~92.

품고 있는 화자는 그들의 견해에 대해 회의적인 반응을 보인다. 신앙의 필요성은 인정하나 아직은 준비가 되지 않았다고 화자는 말한다. 그는 인생을 지속적으로 움직이고 있으나 어딘가에 고정되어 있는 다람쥐쳇바퀴로 비유한다. 쳇바퀴 위에 놓여있는 사람들은 지속적으로 눈에 보이지 않는 비현실적인 세계를 탐구하면서 늙어간다는 것이다.

이 작품의 등장인물 오레쥐까는 마치 『맨홀』의 버스운전수처럼 반(反)인쩰리겐찌야 정서를 표출하고 있다. 그는 남들보다 높은 위치에 있다고 생각하는 인쩰리겐찌야들은 보통사람들과 동등한 수준으로 내려와야 되고, 국민 모두가 평등해야한다고 지적한다. 그리고 만일 이를 거부하는 인쩰리겐찌야들은 모두 제거되어야 한다고 주장한다. 그러나 화자는 오레쥐까의 견해에 반대한다. 10월 혁명 이후 소비에트 당국에 의해 인쩰리겐찌야들이 제거되었다는 것을 암시하며, 러시아는 이미 그런 숙청을 오래전에 경험했다는 것을 언급하며 오레쥐까의 주장을 반박한다. 그러나 오레쥐까는 요지부동이다. 그는 화자를 증오하며 꺼져버려라 라는 말까지 내뱉는다. 이 소설은 철학적 내용을 담고 있는 논문이 아니고, 오늘날 젊은이들이 품고 있는 사상과 다원주의의 새로운 정신을 탐구하는 작품이라고 볼 수 있다. 그리고 세대 간의 차이를 극복하고 잠재의식 속에 내재된 과거의 경험을 제거하려는 시도를 한 작품으로도 평가할 수 있다. 결말부에 화자가 약간의 결함은 있으나 선한 사람들이 주변에 존재한다는 것을 깨닫고 기뻐하는 모습에서, 희미하나마 희망의 불씨를 발견할 수 있다.

마까닌의 또 다른 디스토피아 소설로 두 개의 각각 다른 시간대와 공간이 설정되어 있는 『우리의 갈 길은 멀다』(Долог наш путь; 1991)[198]를 꼽을 수 있다. 화자가 능동적으로 참여하고 있는 1부의 시대적 배경은 현재로, 그리고 2부의 배경은 200년 후 미래로 설정되어 있다. 1부의 주인공은 화자의 친구 일리야 이바노비치인데, 어떠한 종류의 폭력도 증오하는 인물이며 일반적인

198) «깃발», 1991, №4, c.3~47.

죄악에도 안절부절 못하는 조현증 환자이다. 사악하고 잔인한 장면을 볼 때 그의 병세는 더욱 심각해진다. 그는 일상의 현실로부터 탈출하기 위해 가끔 정신병동으로 들어간다. 그곳에서 그는 임시방편으로 외부세계에 대항할 수 있는 인내를 배운다. 그럼에도 불구하고 그는 비교적 젊은 나이인 48세에 사망한다. 도살장 문제점에 대해 토론하는 텔레비전 프로그램을 시청하다가 심장마비로 사망한 것이다.

자신의 친구인 일리야 이바노비치로부터 영감을 받은 화자(작가)는 200년 후 미래를 배경으로 하는 2부를 집필한다. 화자는 2부에서 전쟁, 살인, 범죄가 없는 완벽한 사회를 묘사하고 있다. 이 사회에는 채소와 인공 단백질을 섞어 소고기 맛을 내는 가공식품을 생산하는 공장이 있다. 베일에 가려져 있는 이 공장은 일반인들이 접근할 수 없는 스텝지역에 위치하고 있다. 이곳에서 일하는 사람들은 이곳을 떠날 수 있는 권리를 박탈당한 지원봉사자들이다. 젊은 엔지니어인 주인공 니꼴라이는 가공식품을 생산하는 특별한 기계를 발명한 인물이다. 이 기계의 설치를 돕기 위해 공장으로 들어간 그는 자신의 발명품이 제대로 작동하는 것을 확인하기 위해 그곳에 머문다. 얼마 안가서 그는 가공식품의 재료가 자신이 생각한 것과 달리 암소를 도살해서 만든 소고기라는 것을 깨닫게 된다. 그런데 니꼴라이의 지나친 호기심은 큰 재앙을 유발하게 된다. 즉 공장의 비밀을 알게 되었기 때문에 그는 공장을 떠날 수 없게 된 것이다. 관리자들에게 공장의 비밀유지가 가장 중요하기 때문에, 공장에 대해 너무 많은 것을 알게 된 사람들은 모두 위험에 처하게 된다. 결말부에 니꼴라이는 도주를 계획한다. 그는 지나가는 헬리콥터가 불빛을 보면 자신을 구조해 줄 것이라는 기대를 품고 밤마다 스텝으로 가서 모닥불을 피운다. 그런데 우연히 많은 사람들이 스텝에서 모닥불을 피우고 있는 장면을 목격하게 된다. 그들 역시 자신과 같은 생각을 하며 몇 년 동안 불을 피우는 일을 하고 있었던 것이다. 그들 가운데는 니꼴라이의 구금을 책임지고 있는 관리자들도 포함되어 있다. 그들은 이중생활을 하고 있었던 것이다. 낮에는 복종하는 척하며 통제와 규칙을 따르고, 밤에는 마음속

깊은 곳에 있는 희망과 자유에 대한 갈망을 발산하고 있는 것이다.

이 작품에 감추어진 메시지는 수세기에 걸친 평화로운 삶에 대한 기대는 시대가 아무리 변해도 동일하다는 것이다. 그리고 인간이 물려받은 악한 성격은 감출 수는 있어도 제거할 수는 없다는 것이다. 대중은 여전히 어둠 속에 살고 있고, 그들을 통치하는 자들은 지속적으로 거짓을 양산하고 있다는 것을 작가는 폭로하고 있다. 과거 소비에트의 통치자들처럼 미래사회의 지배자들도 잔인하게 보복을 일삼으며 음모를 꾸미고 있다는 것이다. 그리고 미래사회의 대중도 현대 사회의 대중과 마찬가지로 자유와 지식에 목말라하고 있다는 것을 지적하고 있다. 그러나 완벽한 자유에 대한 대중의 열망은 가끔 위험한 결과를 초래한다. 왜냐하면 아무런 방해도 받지 않고 자유롭게 정보를 얻을 수 있다는 것은 권력을 소유한 자들에게 위협이 되며, 개인의 무한한 자유는 타인을 그의 노예로 만들기 때문이다. 이 작품의 결말은 낙관주의와는 거리가 멀다. 세상 사람들은 권력을 얻기 위해 투쟁을 벌이고 있고, 개인은 타인에게 권력을 양보하지 않고 그들 위에 군림하며 통제하기를 원하고 있다. 그런데 이런 투쟁의 밑바탕에는 인간의 공동생활에 필요한 기본적인 윤리원칙을 파괴하는 음모와 거짓이 난무하고 있다.

1993년 마까닌은 소설 『한가운데 유리병이 놓여있는, 천으로 덮인 테이블』(Стол, покрытый сукном и с графином посередине)[199]과 『사이비』(Квази)[200]를 발표했다. 소비에트의 현실을 다루고 있는 이 두 작품에서 작가는 소비에트 통치철학의 근원을 파헤치며, 공산주의 치하에서 생활하는 인간의 심리를 탐구하고 있다. 첫 번째 작품에서 익명의 화자는 소비에트 사람들의 생활과 아주 밀접한 관계를 맺고 있는 하급사법제도인 소위 '인민재판'[201]의 문제점을 파헤친다. 그는 이 제도가 정의실현과는 거리가 먼 비정상적인 것이고

199) Ibid., 1993, №1, c.9~53.

200) «신세계», 1993, №7, c.124~147.

201) 역주 : 인민재판은 하급 소비에트에 선출된 1명의 판사와 2명의 배심판사로 구성된다. 판사의 자격은 25세 이상이며 임기는 10년이다. 일반인인 배심판사의 자격은 21세 이상이며 임기는 5년인데, 보통 1년에 14일만 재판에 참여하며 나머지는 자신의 직업에 종사한다.

사회에 압력을 가하는 도구에 불구하다고 폭로한다. 이 제도의 목적은 사람들을 위협하는 것이며 그들로 하여금 죄책감과 두려움을 느끼게 만드는 것이다. 그리고 사람들의 개성을 제거하고 그들을 수동적 도구로 만든 후, 국가의 공모자로 전락시키는 데 또 다른 목적이 있는 것이다. '천으로 덮인 테이블'은 판사와 배심판사들을 하나로 통합한다는 상징을 담고 있다. 배심판사는 재판정에 선 사람들로부터 위협을 받거나 책임추궁을 당하고 있는 평범한 인물이다. 그러나 그들이 테이블에 함께 모였을 때는 인민을 대표하는 인격체로 변모하며 강력한 힘을 발휘한다.

『사이비』에서 마까닌은 소비에트 이데올로기의 핵심을 파헤친다. 그리고 그는 이 이데올로기를 사이비 종교로 단정 짓는다. 사이비는 인위적으로 조작한 것이기 때문에, 언젠가는 소멸할 것이라고 마까닌은 주장한다. 따라서 눈에 보이지 않는 압력에 의해 사회주의가 붕괴되고 소련이 무너진 것은 당연한 결과인 것이다.

마까닌의 최근 소설은 그의 초기작품과 달리 서술구조가 느슨하며 등장인물들이 뚜렷하게 구별되지 않는 경향이 있다. 그리고 등장인물들의 형이상학적 숙고가 그들의 행위보다 우선하며, 인간의 경험은 화자의 철학적 개념을 투영하는 데 사용되고 있다. 마까닌의 산문이 도스또옙스끼의 영향을 받은 것은 분명하다. 마까닌은 도스또옙스끼의 서술방식을 사용하여 다양한 현실세계를 묘사하고 있다. 화자는 냉정하고 독립적인 방식으로 자신의 이야기를 진행하며, 가끔 주인공들의 운명에 대해 무관심한 태도를 취하기도 한다. 그리고 주인공들의 개인적 삶과 일상보다, 그들의 생각과 개념에 더 많은 관심을 표명한다. 마까닌은 지금도 계속해서 비정치적 성향의 산문만을 집필하고 있다. 그의 산문은 인류 사회발전에 직면하고 있는 중요한 문제점을 제기하며 강력한 사회적 파장을 불러일으키고 있다.

아나똘리 김(Анатолий А. Ким, 1939~)

모스크바에서 오랫동안 생활한 아나똘리 김은 1971년 고리끼 문학연구소[202]를 졸업했다. 그의 첫 번째 소설은 1973년에 발표되었다. 그의 문학관은 한국과 아시아의 전통에 뿌리를 내리고 있으나, 러시아 환경에서 겪은 경험이 융합되어 있다. 그의 산문에는 음악성이 풍부하고 작가의 직관력이 내재되어 있다. 그가 사용하는 언어에는 서정성과 '로맨틱 아이러니'가 내포되어 있다. 그의 산문은 이국적인 이미지로 가득하며 묘사된 현실세계에는 환상과 신화가 뒤얽혀있다. 아나똘리 김은 항상 자연환경, 그리고 인간의 운명과 연관되어 있는 철학과 윤리에 깊은 관심을 표명하고 있다. 그리고 '말과 행동', '선과 악', 그리고 '삶과 죽음'은 그의 작품에서 중심 메시지로 다루어진다.

아나똘리 김의 소설 『아버지－숲』(Отец-лес; 1989)[203]은 그가 집필한 소설들 가운데 최고의 걸작이다. 이 소설은 고르바초프의 뻬레스뜨로이까 시절 소련에서 발표된 작품들 가운데 가장 뛰어난 산문 중 하나로 평가된다. 군데군데 장황한 문체를 사용하고 있는 이 소설은 이해하기가 쉽지 않기 때문에 집중력이 요구되는 작품이다. 그러나 텍스트를 정독한 독자들은 인간의 감정과 경험에 대한 작가의 해설과 풍부한 통찰력을 체험하게 된다. 우화인 이 소설은 19세기 러시아 사회사의 예술적·철학적 실증을 제공하고 있다. 작가는 주인공 운명의 탐구를 통해 소련의 현 세대에게 심리학적·윤리적 재평가를 유도하고 있다. 작가는 소련의 독단적인 이데올로기가 인간의 성품을 구성하고 있는 선과 악의 미묘한 균형을 전복시키면서, 인간의 정신과 육체를 탄압하고 있다는 것을 지적하고 있다. 그리고 이데올로기가 오랜 세월에 걸쳐 인간의 영혼을 살찌운

---

202) 역주 : 모스크바에 위치한 고등교육기관으로 1933년 막심 고리끼 주도로 설립되었고, 고리끼 사후 현재 이름으로 명명되었다.

203) «신세계», 1989, №4, c.5~48, №5, c.42~115, №6, c.111~145. 이 소설에 대한 보다 자세한 내용은 다음 글을 참조하라. Natasha Kolchevska, 'Fathers, Sons, and Trees: Myth and Reality in Anatolij Kim's *Otec－les*, 36, no.3 (1992), p.339~352.

옛 가치와 전통을 파괴하고 인간의 정신세계를 동요시켰다는 것도 지적한다. 아나똘리 김에 의하면, 추상적인 공산주의 이상을 러시아인들에게 보급한 것이 자연과 더불어 생활하는 그들의 정체성을 파괴하고 그들의 악한 성품을 표출시킨 원인이라는 것이다. 즉 인류를 노예상태에서 구원할 것이라는 공산주의 이상이 사람들을 노예로 만들었고, 그들의 영혼을 말살했다는 것이다. 이 작품의 제명(題銘)과 도입부에서 작가는 독자들에게 중요한 메시지를 제공하고 있다. 작가는 제명에 "인간의 존재 위에 자연의 위대함이 있다."라고 썼고, 도입부에서 "죽음의 공포가 인간 행동의 동기이다."라고 말하고 있다. 스스로를 보호하려는 인간의 무의식 본능이 부정적인 행동을 유발시켰고, 진리를 고수하는 능력을 제거했다는 것이다.

삼대에 걸친 뚜라예프 가(家) – 아버지 니꼴라이, 아들 스쩨빤, 손자 글렙 – 의 운명은 이 소설의 플롯에서 중요한 역할을 한다. 세 사람이 살았던 시기는 1880년대부터 1980년대까지이다. 그들이 체험한 것은 각기 다르다. 그러나 그들 모두는 갈등과 고통으로 얼룩진 삶을 살고 있다. 그들은 인간의 상처를 치유하며 생명을 제공하는 숲의 능력과 영향력 아래에서 자신들의 고통을 인내하며 생활한다. 아버지 니꼴라이는 제정 러시아시절에 성장했고, 10월 혁명과 집단화정책을 몸소 체험했다. 그리고 모스크바 거리에서 외로운 죽음을 맞이한다. 아들 스쩨빤은 고통과 분노를 참으며 생활한다. 강제수용소와 전쟁의 공포로부터 살아남은 그는 빈털터리가 되어 숲속으로 들어간다. 손자 글렙은 모스크바에서 과학자와 수학자로 생활한다. 그러나 15년 후 직업과 가족을 버리고 자살을 시도하기 위해 숲속으로 도주한다. "삶은 그에게 더 이상 의미가 없다. 수학자인 그는 악의 에너지가 선의 에너지보다 훨씬 강하다는 것을 잘 알고 있다... 그리고 원자핵에 내재되어 있는 에너지가 스스로를 파괴하기 위한, 그리고 **더 이상 존재하지 않기 위한** 역할을 수행할 수 있다는 것도 잘 알고 있다."[204] 뚜라예프

---

204) «신세계», 1989, №5, c.90. *진한 문구는 작가가 직접 강조한 부분이다.

가의 세 인물은 자신들의 과거를 다양한 원근법을 사용하여 회상하며, 각기 다른 방법으로 자신들의 미래를 그려나간다. 젊은 시절 니꼴라이에게 존재는 고통을 의미했다. 그는 고통을 통해서만 만족을 느낄 수 있었다. 그러나 나이가 들고 실의에 빠지게 되자 고통과 존재를 더 이상 원하지 않는다. 스쩨빤은 자신의 인생에 의문을 제기하지 않는다. 대신 자신을 보호하려는 충동과 생존의 욕구에 만 반응할 뿐이다. 그리고 인간은 인생에서 교훈을 얻기 위해 생존해야 된다고 생각한다. 그는 병원, 감옥 그리고 전쟁터에서도 살아남고자하는 욕구를 강하게 느낀다. 그러나 젊은 과학자 글렙은 인생이 스스로를 파괴한다고 생각하기 때문에 자신의 삶을 거부한다. 사람들이 서로를 학대하며 자연환경을 훼손하기 때문에 저주받은 세상에서의 인생은 모두 헛되다는 것이다. 글렙은 작가처럼 모든 문제의 근원은 다름 아닌 인간과 자연, 그리고 사회구조 사이에 깊숙이 드리워져 있는 갈등이라고 생각한다. 사회에 갈등과 문제를 야기하는 사람이 자신의 성격에 자족하지 못할 때, 사회와의 관계가 소원해지며 그로부터 등을 돌리게 된다. 그러나 사회의 윤리관이 파괴되고, 이로 인해 진공상태가 만들어지면 내재되어 있는 인간의 악한 품성이 부패, 냉소, 그리고 쾌락 등의 형태를 띠며 외부로 표출된다.

니꼴라이 뚜라예프는 철학적 사고를 지닌 인물이다. 작품에서 그는 서로 상충하는 다양한 생각들을 표현한다. 그들 가운데 일부 생각은 작가의 사고와 맥을 같이 한다. 니꼴라이는 개인이 완전히 자유로울 때 행복이 가능하다고 말한다. 그런데 육체적·정신적 구속으로부터 완전히 분리되고 자신의 운명을 조건 없이 수용할 때 개인은 자유를 만끽할 수 있다는 것이다. 완벽한 자유가 개인을 사회로부터 고립시키고 자신을 고독하게 만들 수 있다는 것은 자명한 일이다. 그리고 죽음만이 이 고립과 고독으로부터 그를 해방시킬 수 있다는 것이다. 또한 작가는 개인이 누리는 자유에 책임과 부담이 따른다는 점을 강조하며, 추상적인 철학에 빠져있는 니꼴라이가 주변인물들에게 자신의 책무를 이행하지 못했다는 점을 지적한다. 즉 자유를 획득한 개인은 타인에게 봉사할 책임이 있다는 것을 암시하고 있다. 이 행위가 바로 공동생활의 기본 원칙이라는 것이다. 주변에 악이 만연하고 자신의 존재에 아무런 의미를 부여하지 못하고 있는 니꼴라이는 하나님에게 대항한다. 그러나 보이지 않는 조물주에게 대항하여 전쟁을 벌이는 것이 불가능하다는 것을 인식한 니꼴라이는 그에게 수동적으로 복종하며 그를 무시하는 행동을 취한다.

이 작품에는 갈등과 분열을 치료하고 화합하는 능력을 가진 영원한 자연이 긍정적으로 묘사되어 있다. 뚜라예프 가의 세 인물 사이에 존재하고 있는 서로 상이한 점은 자연을 통해 어느 정도 제거된다. 외롭고 쓸쓸한 인생을 살아가고 있는 그들은 지독한 고독 속에 살도록 강요당한다. 그런데 그들의 잠재의식은 세 인물의 조화를 강요하고 있는 숲과 긴밀하게 연결되어 있다. 죽어가는 자의 영혼이 나무의 영혼으로 탈바꿈하는 것이 자연에서 일어나는 화합과 조화의 토대인 것이다. 자연세계의 다양한 요소는 인간들과 영적으로 교감할 수 있는 능력을 갖고 있다. 외형적 반목에도 불구하고 사람들은 시간, 공간, 인종을 초월하는 눈에 보이지 않는 자연의 힘에 의해 서로 화합하게 된다. 자연의 힘은 스스로 재생산하는 능력인 것이다. 인간의 환경에서 개인의 죽음은 가족과 종족의 종말을 의미한다. 그러나 영원불변하는 자연의 숲은 개별 나무의 무리가 아니라, 동일한 뿌리를 공유하고 있는 단일체인 것이다.

작가는 인간의 잠재의식 속에 파괴적인 본능이 있고, 인간은 본질적으로 악하다는 것을 지적하고 있다. 그러나 작가는 결말부에서 기독교 신앙이 인류를 구원할 수 있다는 것과, 악으로부터 자유롭고 서로를 사랑할 수 있는 새로운 세대가 도래한다는 것을 넌지시 암시하고 있다. 그러나 이런 추론은 등장인물들의 경험에 의해 도출된 것이 아니라, 작가가 단순히 선언한 것이라고 볼 수 있다. 그리고 소설에서 제기된 다양한 철학적 추정들은 논란의 여지가 있기 때문에, 이를 뒷받침하는 많은 해명이 필요하다. 이 추정들은 논리를 바탕으로 양산된 것이 아니라, 환상과 그로테스크가 혼재되어 있는 구비설화에 뿌리를 둔 신화적 이야기를 바탕으로 유추한 것이다.

많은 부차적인 줄거리와 화자의 일탈이 발생하고 있는 이 소설은 구성적 측면에서 줄거리가 다소 느슨하게 연결되어 있다. 주요 사건이 발생하는 공간은 지속적으로 이동하며, 시간도 연속적으로 변한다. 그리고 현실에서 환상, 신화, 꿈, 그리고 환영으로의 지속적인 전환도 발생한다. 그리고 여러 차례 장면이 바뀌면서 1인칭화자 혹은 3인칭화자가 등장한다. 하나의 문단에 다양한 화자가 등장할 뿐 아니라, 심지어 한 문장에서도 그런 현상이 일어난다. 그러나 작가와 모든 상황을 파악하고 있는 화자의 목소리는 텍스트에 항상 존재한다. 가끔 이 두 사람이 동일한 인물일 때도 있다. 문체상으로 볼 때 이 소설은 아나똘리 김의 『다람쥐』(Белка; 1984)를 기억나게 만든다. 그러나 『아버지-숲』에서 다루고 있는 영역은 이보다 훨씬 더 광범위하며 많은 것을 아우르고 있다. 글라스노스찌 이전에 발표된 그의 작품은 소비에트 비평가들로부터 사회적 메시지가 부족하고, 악, 속물근성, 이기주의 등 추상적인 소재를 사용했다는 이유로 자주 혹평을 받았다. 비평가들이 지적한 문제점들은 『아버지-숲』에서 개인의 운명과 연관이 있는 경우에만 비교적 완곡하게 사용되고 있다. 그러나 작품에 묘사된 장면을 통해 독자는 개인적 병폐에 대한 사회적 파문을 추정할 수도 있다.

뻬레스뜨로이까 시절의 독자들은 예술성 있는 작품보다 사회적·정치적 메시지를 담고 있는 작품에 많은 관심을 보이고 있다. 그럼에도 불구하고 이 작품은 독자들에게 많은 반향을 불러 일으켰다. 독자들의 지적 호기심을 자극하는 독특한 작품이기 때문일 것이다. 대부분의 비평가들은 아나똘리 김의 예술성에 찬사를 표했으나, 그가 제시한 철학적 의미에 대해서는 선뜻 동의하지 않는다. 까렌 스쩨빠냔(Карен А. Степанян, 1952~)은 작가의 지나친 염세주의와 인류의 긍정적 성품에 대한 신뢰의 부족을 비난하고 있다.[205] 그러나 다른 비평가는 작가의 이런 판단은 개인의 성품에 대한 것이 아니라, 정의와

205) 'Можно ли жить бунтом' «문학신문», 1989년 10월 4일, 4면.

도덕성을 배제한 채 신앙이 없는 사람들을 양산하고 있는 부패한 사회기관에 대한 것이라고 주장한다.[206] 바르따쉐비치(Л. Барташевич)는 아나똘리 김이 모든 것을 일반화시키고 극단적으로 표현하는 우화 소설을 창작했다고 주장한다. 따라서 악의 능력은 과장되게, 그리고 재앙은 눈앞에 닥치는 것처럼 묘사했다는 것이다. 그는 모든 사물의 근원인 자연이 발육이 부진한 나뭇가지를 서서히 치유할 수 있다는 것을 지적한다.[207] 반면에 나딸리야 이바노바(Наталья Б. Иванова, 1945~)는 인간과 자연의 의식을 통합시키는 작가의 아이디어를 천진난만한 유토피아식 꿈으로 간주한다. 그녀는 육체적 정신적 고통으로 인해 발생한 엄청난 심적 고통에 대한 아나똘리 김의 생각이 바로 이 작품의 백미라고 주장한다.[208] 이 작품에 대한 다양한 해석에도 불구하고, 대부분의 비평가들은 이 소설이 아나똘리 김의 창작능력을 한 단계 발전시켰다는 것에 동의한다. 그리고 만일 1992년 정치적 소요와 뻬레스뜨로이까가 발생하지 않았다면, 이 작품은 소비에트 인쩰리겐찌야들의 토론장에서 가장 뜨거운 작품으로 간주되었을 것이다.

1992년 아나똘리 김은 이전 작품에서 다루는 시간과 공간에서 벗어난 혁신적이고 새로운 형태의 소설 『켄타우로스들의 부락』(Посёлок кентавров)[209]을 발표했다. 신화와 현대과학소설의 소재를 혼합하여 집필한 이 작품에는 켄타우로스[210], 야생마, 아마존[211], 우주생물, 그리고 그리스 기하학자 유클리드를 포함한 인간들이 등장한다. 각각의 종족들은 자신들의 고유영토와 계급구조를 갖고 있으며, 다양한 규칙과 가치에 따라 행동한다. 켄타우로스를 움직이는 원동력은 음식과 섹스에 대한 갈망이며, 아마존들의 행동은 권력의

206) Марина Дутко, '... не принимаю вашего приговора' А. Киму, «문학신문», 1990년 1월 10일, 4면.
207) 'Мужество говорить правду' «모스크바», 1990, №9, с.201.
208) 'Пройти через отчаяние' «청춘», 1990, №1, с.88.
209) «신세계», 1992, №3, с.6~57.
210) 역주 : 고대그리스신화에 등장하는 인간의 얼굴과 팔, 그리고 말의 하체를 가진 반인반마 종족.
211) 역주 : 고대그리스신화에 등장하는 여전사들.

추구와 남성에 대한 증오에 의해 결정된다. 작가가 창조한 고대신화의 세계는 야만적인 열정과 논리에 맞지 않는 투쟁성에 의해 지배된다. 지속적인 전쟁으로 인해 대부분의 켄타우로스들은 소멸한다. 그리고 다른 종족을 굴복시키려는 끊임없는 아마존들의 노력은 스스로를 파멸시킨다.

러시아 비평가 미하일 졸로또노소프(Михаил Н. Золотоносов, 1954~)[212]는 이 소설을 극단적인 반(反)페미니스트 작품으로 간주하고, 문명사회에서 수용할 수 없는 주제를 다루고 있다고 비난한다. 사실상 아나똘리 김은 아마존들을 어두운 색깔로 묘사하며 그들의 폭력적인 행동에 대해 동정심을 거의 드러내지 않고 있다. 그들은 인간의 성품을 갖고 있는 이성적인 동물이기 때문에 자신들의 행동을 잘 이해하고 있다. 따라서 그들은 자신들의 행동에 대해 책임을 지며 동물이 아닌 인간의 윤리규범에 의해 심판을 받는다. 반면 작가는 켄타우로스들에게 동정심을 표한다. 지난날 인간의 노예로 지낸 일부를 제외하고 대부분의 켄타우로스들은 과거에 대한 기억이 없으며 자신들의 행동을 합리화할 능력도 없다.

졸로또노소프는 이 소설의 주된 목적은 아마존들을 폄하하는 것이라고 지적한다. 그는 아나똘리 김이 신들을 이용해서 적대적인 남성관을 갖고 있는 거만하고 우둔하며 잔인한 여전사들을 징벌하고 있다는 주장을 펼치고 있다. 이런 편협한 졸로또노프의 견해는 작가의 의도를 올바르게 평가하지 못하고 있을 뿐만 아니라, 독자에게도 해를 끼친다고 볼 수 있다. 인간들의 이중성을 묘사하고 있는 이 작품은 현대사회와 인간본성에 대한 우화이다. 이 소설에는 사랑이 없는 열정적인 섹스가 일시적인 쾌락과 육체적 욕구는 만족시킬 수 있지만, 정신적 욕구는 충족시키지 못하다는 메시지가 담겨있다. 작가는 이 메시지를 전달하기 위해 신화적 인물들을 사용하고 있다. 새로운 러시아가 탄생했음에도 불구하고 대부분의 주요 문학잡지들은 노골적으로 섹스를 묘사하는 작품의 게재를 금지하

212) 'Бей бабу молотом' «문학신문», 1992년 10월 7일, 4면.

고 있다. 이러한 제재를 피하기 위해 아나똘리 김은 켄타우로스들이 나누는 대화에 특별한 언어를 사용했다. 그러나 작가의 의도를 인지하지 못하는 독자들은 거의 없을 것이다. 왜냐하면 켄타우로스들의 행동이 그들의 언어를 설명해 주기 때문이다. 이 소설에는 권력에 대한 갈망이 끝이 없다는 메시지도 담겨있다. 다른 종족을 복종시키기 위해 스스로를 무장시키려는 충동은 결국 자멸의 씨앗이 된다는 것이다. 이 메시지는 아나똘리 김이 인류에게 던지는 경고인 것이다. 그는 독자들에게 탐욕과 섹스와 권력에 대한 억제되지 않은 열정을 경고한다. 그리고 각각의 종족들이 스스로를 무장시켜 안전을 확보하는 데 실패했다는 것과, 다른 종족을 희생시키고 자신들의 행복을 추구하려는 시도는 무의미하다는 것을 보여주고 있다. 이런 점에서 이 소설은 아나똘리 김의 이전 작품과 맥을 같이 한다고 볼 수 있다. 그리고 『아버지－숲』의 후속편으로도 간주할 수 있다.

아나똘리 꾸르차뜨낀(Анатолий Н. Курчаткин, 1944~)

예까쩨린부르그에서 출생한 아나똘리 꾸르차뜨낀은 1972년 고리끼 문학연구소를 졸업했다. 그는 과거 사실주의 표현 양식을 버리고 새로운 양식을 추구하는 '40대 작가들' 가운데 한 사람이다. 그의 중편 『극단주의자의 일기: 우리 도시의 지하철 건설현장』(Записки екстремиста: строительство метро в нашем городе; 1990)[213]은 현실세계와 환상세계가 뒤섞여 있는 디스토피아 소설이다. 1인칭화자, 젊은 철학과 대학생, 그리고 정형외과의사의 아들이 작품의 주인공으로 등장한다.

이야기는 비극적인 사건으로 시작한다. 어느 날 전차에 매달린 사람이 앞에서 오는 자동차에 치여 사망한다. 이 도시의 교통체계는 개탄스러운 상태였다.

213) «깃발», 1990, №1, c.8~63.

이에 불만을 품은 젊은이들은 지하철 건설을 지지하는 캠페인을 벌이기 시작한다. 그런데 지하철 건설은 이미 오래전에 계획되어 있었고, 행정공무원들의 무관심으로 인해 수년간 방치되었던 것이다. 캠페인에 참여한 대학생들은 당국에 의해 체포되고 선동가로 낙인찍힌 후 대학으로부터 제적당한다. 시간이 지나면서 젊은이들은 캠페인을 조직적으로 전개하게 되었고, 대중으로부터 큰 호응을 받게 된다. 캠페인에 동참한 사람들은 도시건설위원회의 승인과 도움을 받지 않고 자신들의 힘으로 지하철을 건설하기로 결정한다. 그리고 수천 명의 사람들이 지하에 땅을 파는 대공사에 참여한다. 30년 동안 공사가 진행되면서 그들은 지하철 대신 외부세계와 완전히 차단된 지하도시를 건설하게 된다.

신화 속의 지하철을 건설하는 사람들을 수용하기 위해 만들어진 이 도시에 관한 이야기는 놀라울 정도로 소련의 역사와 유사하다. 두 경우 모두 환상적인 유토피아에 대한 생각을 품고 있는 극단주의자들이 권력을 장악하고 있는 것이다. 극단주의자들은 사람들이 자신들이 설정한 유토피아 이상에서 벗어날지도 모른다고 염려하며, 그들을 외부의 영향으로부터 철저히 차단한다. 폐쇄된 사회에서 흔히 볼 수 있는 걷잡을 수 없는 권력투쟁이 지하도시에서도 발생한다. 권력을 잡은 자들은 자신들만이 진실을 소유하고 있다고 생각하고, 자신들에게 반기를 드는 자들을 위협하며 처벌한다. 이 도시에서 가장 위험한 죄목은 의심이다. 지하도시의 사회정의와 최종목표에 대해 조금이라도 의심을 품으면 누구든지 처벌을 받게 된다. 오로지 맹목적인 추종만이 허용된다. 극단주의자들은 시민들을 위협할 목적으로 자신들과 아주 가까운 동료들조차 블랙리스트에 올리는 것을 주저하지 않는다. 그들 가운데 한 명은 날조된 혐의를 받고 처형된다. 극단주의자들은 자신들의 행동을 마땅히 행해야할 사명이라고 생각한다.

그들 가운데 진보적인 생각을 갖고 있는 선한 사람들은 가끔 훌륭한 의도를 갖고 사회·정치 활동을 전개한다. 그러나 시간이 지나면서 그들의 생각은 의도와 달리 비현실적이고 동떨어진 것으로 변한다. 그럼에도 불구하고 그들은 지속적으로 자신들이 펼친 논리에 집착한다. 이런 부류의 지도자들은 결국 독재자가 되어 무력으로 자신들의 생각을 관철시키고 만다. 그들은 '선과 악', 그리고 '현실과 신화'의 차이점을 인식하지 못하고 있는 것이다. 비평가 알렉산드르 아게예프(Александр Л. Агеев, 1956~2008)는 유토피아의 근저에는 항상 실용적인 목표가 존재한다고 지적한다.[214] 그는 이 작품에 묘사된 물질에 대한 환상적 집착을 '신비주의 유물론'이라고 명명했다. 이 작품의 지하철 건설은 마그니또고르스끄 도시 혹은 벨로모르 운하 같은 소련의 대규모 공사와 비교할 수 있다. 이 모든 것들은 표면적으로 사람들에게 행복을 가져다준다는 환상에 불과하다. 이런 환상은 사람들에게 일시적인 기쁨과 만족은 제공해줄지 모르지만, 지속적인 행복과 평안한 마음을 제공할 수는 없다. 꾸르차뜨낀의 유토피아와 소련의 신화의 차이점은 다음과 같다. 전자는 현실에 바탕을 둔 유토피아이고, 후자는 추상적인 개념에서 출발하여 추상적인 목표를 향해 달리는 신화인 것이다. 전자와 후자의 공통점은 대중을 선도하는 지도자들이 자신들이 설정한 목적을 왜곡시키며 대중의 이익보다 자신들의 이익을 우선시한다는 것이다. 그런데 전자와 후자에게 운명의 아이러니가 발생한다. 이 소설이 출판되고 2년이 지난 후 소련은 붕괴됐다. 그리고 지하철 공사가 완료된 후, 건설에 참여했던 사람들은 자신들이 헛된 공사를 했다는 것을 깨닫는다. 왜냐하면 그들에게 지하철보다 더 효율적인 항공운행시스템의 구축이 필요했기 때문이다.

지하도시에서 오랫동안 시련을 겪고 지상으로 나온 자들은 대부분 새로운 삶에 적응하지 못하고 실의에 빠진다. 많은 사람들이 다시 지하도시로 돌아가거나, 자살을 택한다. 그들은 인생을 허비했고, 자신들이 고대했던 신화도 깨졌다. 캠페인을 이끌었던 5명의 극단주의자들 가운데 유일하게 살아남은 화자는 이제 노인이 되었다. 그는 새로운 삶에 적응하려고 몸부림친다. 고독과 실의에 빠진 그는 부모의 무덤을 방문한다. 그곳에서 그는 자신의 생존을 슬픈 운명의 장난이

214) '... и всё везде станет иначе или Абсолютное Метро', «문학 리뷰»(Литературное обозрение), 1992, №11, c.58~59.

라고 생각한다. 지하도시로 돌아간 아들을 포함한 모든 가족이 사망하고, 자신만이 홀로 남은 것이다. 극단주의 운동에 관련된 질문을 하는 젊은이들, 그리고 인생은 허무하고 아무 의미가 없다고 불평하는 젊은이들이 그를 가끔 방문한다.

이 소설의 결말부에는 염세적이고 역설적인 메시지가 담겨있다. 낡은 신화와 환영은 파괴되었고, 이를 추구했던 자들은 실패했다. 그런데 오늘날 정상적인 사회의 사람들은 낙담하며, 자신들의 삶에 만족하지 못하고 있다. 그들에게는 새로운 신화와 환영이 필요할 것이다. 도스또옙스끼는 "결과를 얻기 위한 과정이 최종 결과보다 더 중요하다"고 말했다. 인생에 확실한 목적이 존재하지 않을 때 사람들은 방황하며 타락하게 된다는 것이다. 그러나 선한 목적이 협박과 무력에 의해 실행될 때, 그 결과는 방황과 타락보다 더 처참하다는 것이다. 꾸르차뜨낀은 이 딜레마에 대한 해결책을 제공하지 않는다. 다만 '민주주의', '소통', '인내', 그리고 '상호존중'이 예측 불가능한 인간의 본성과 복합적인 사회관계에서 교량 역할을 수행할 수 있다는 것이다.

꾸르차뜨낀은 『극단주의자의 일기』를 발표한 후, 사실주의 소설을 완전히 접고 사회성을 띤 디스토피아 공상소설 집필에 매달리고 있다. 그는 알렉산드르 까바꼬프의 『귀국하지 않는 사람』(Невозвращенец)[215]과 블라지미르 마까닌의 『맨홀』과 유사한 작품을 집필하기 시작했다. 1990년대에 이런 부류의 작품은 대중으로부터 큰 호응을 얻었다. 그러나 『극단주의자의 일기』는 그의 이전 작품에 비해 예술적 가치가 다소 떨어진다. 이 소설은 독자들에게 생각할 거리는 제공하고 있으나, 등장인물의 심오한 성격묘사와 심리학적 통찰력이 다소 결여되어 있다.

꾸르차뜨낀의 소설 『경호원』(Стражница; 1993)[216]에는 정신적으로 불안정한 여주인공 알비나가 등장한다. 어린 시절 불길한 꿈에 시달렸던 그녀는

---

215) «영화예술»(Искусство кино), 1989, №6, с.150~175. 보다 자세한 내용은 Александр Кабаков의 소설 2부 5장을 참조하라.

216) «깃발», 1993, №5, с.7~72, №6, с.38~106.

끔찍한 일이 일어날 것이라는 생각과, 고르바초프와 소비에트 사람들을 정치적인 음모와 위험으로부터 보호해야 된다는 망상에 사로잡혀 있다. 그리고 그녀의 정신 상태는 가족관계에 의해 점점 더 심각해진다. 그녀는 오랫동안 자신을 사랑하지 않고 바람을 피우는 남편과 함께 생활하고 있고, 나이가 자신의 절반밖에 되지 않는 젊은 아프간 참전군인과 열정적인 사랑을 나누고 있다. 그녀가 고르바초프의 열렬한 지지자인데 반해, 공산당 고위관료인 남편은 뻬레스뜨로이까와 고르바초프의 개혁을 적극적으로 반대하는 인물이다. 이야기가 진행되면서 그녀의 정신적·육체적 상태는 더욱 악화된다. 그녀는 애인이 자신을 더 이상 사랑하지 않게 된 사실을 받아들이지 못할 뿐 아니라, 고르바초프의 인기가 추락하며 그의 세력이 쇠퇴하고 있다는 것도 수용하지 못한다. 결말부에서 소련은 붕괴하고, 장성한 두 아들의 어머니이자 40대인 알비나는 정신병동에서 알 수 없는 원인으로 사망한다. 병원에서는 그녀의 사망원인을 암으로 추정한다.

비극적인 가족관계, 정신적으로 불안정한 여인에 대한 이야기, 그리고 뻬레스뜨로이까 시절의 정치적 상황 등을 다루고 있는 이 소설은 독자로부터 큰 호응을 얻지 못했다. 꾸르차뜨낀은 이 소설에서 너무 많은 주제를 다루고 있기 때문에, 그중 어느 한 가지도 제대로 묘사하지 못하고 있다. 알비나의 정신상태가 악화되는 과정의 묘사도 부자연스럽다. 그녀의 가정생활은 지나치게 피상적으로 다루어졌고, 몇몇 등장인물의 행동은 쉽게 이해가 가지 않는다. 작품에서 다루는 정치적 사건은 단지 이야기 속에 넌지시 암시되어 있고, 대신 각주에 장황하게 설명되어 있다. 그리고 고르바초프와 옐친을 소설 속의 허구적 인물로 묘사할 시기는 아직 아니다. 1991년 사건에 대한 역사적 판단을 위해서는 어느 정도의 시간이 더 필요하다.

류드밀라 뻬뜨루쉡스까야(Людмила С. Петрушевская, 1938~)

여류작가 류드밀라 뻬뜨루쉡스까야는 1980년대 러시아 대중에게 널리 알려진 중간세대작가들 가운데 하나이다. 모스크바대학교를 졸업한 그녀는 1963년부터 작품을 집필하기 시작했으나, 브레즈네프 시절 그녀의 작품은 거의 출판되지 않았다. 당시 몇몇 희곡을 제외하고 그녀의 작품은 소비에트 사회의 어두운 면과 일상의 암울한 환경 속에서 절망하고 낙담한 사람들이 묘사되었다는 이유로 잡지의 편집자들에 의해 게재가 거절되었다.

1987년부터 그녀의 작품은 서방세계와 소련의 정기간행물에서 정기적으로 게재되기 시작했다.[217] 그녀의 첫 번째 산문집 『불멸의 사랑』(Бессмертная любовь)은 1988년 출판되었다. 이 작품에서 그녀는 도시에 거주하며 힘들게 살아가는 인쩰리겐찌야들의 삶을 묘사하고 있다. 대부분의 등장인물은 독신녀, 과부, 그리고 이혼녀들이다. 그들은 고통스럽고 잔인하며 냉소적인 삶의 환경에 의해 배신당하고 패배당한 인물들이다. 그들 중 일부는 생존을 위한 지속적인 투쟁과정에서 학대받고 무시당하는 사람들이고, 또 다른 사람들은 단지 자신의 행복만을 추구하는 비윤리적 위선자들이다. 작품의 분위기는 등장인물들이 거주하는 환경과 유사하다. 그리고 이야기 속의 사건은 주로 비좁은 아파트에서 발생한다. 작가는 그들에게 외부압력으로부터의 탈출구를 제공하지 않는다. 질식할 것 같은 생활조건은 거주자들의 삶을 파괴하거나, 가족의 분열을 초래한다.

비평가들에게 주목을 받았던 『자신의 영역』(Свой круг)[218]은 1979년 집필되었으나, 1988년에야 출판되었다. 이 작품은 소비에트 인쩰리겐찌야들의 배신과 위선 그리고 도덕성의 결핍을 다루고 있다. 이야기는 태어나면서부터

217) «오로라»(Аврора), 1987, №2에 단편 세 작품이, 그리고 «네바», 1987, №7에도 단편 세 작품이 실렸다.

218) «신세계», 1988, №1, c.116~130.

선천적 질환을 앓고 있는 이혼녀의 독백으로 시작된다. 이 질환으로 인해 그녀는 시력을 점차 잃어가고 있다. 자신의 상태가 악화되는 것을 인식한 그녀는 7살 먹은 아들을 위한 안전한 주거지를 마련하려고 필사적으로 노력한다. 결말부에서 그녀는 전남편을 포함한 옛 친구들 앞에서 아들을 학대하며 때린다. 그녀의 행동은 그들에게 아들에 대한 동정심을 유발시키기 위한 것이다. 그리고 죽기 전에 미리 아들을 자신의 품에서 떼어내려는 의도를 갖고 한 행동이다. 그녀의 행동은 표면상 극단적인 이타주의의 표현으로도 볼 수 있다. 그러나 다른 측면에서 볼 때, 그녀의 행동은 아들에게 상처를 주고 그를 더 불행하게 만들지도 모른다. 부모의 학대가 미치는 심리적 영향은 매우 다양하다. 어머니에게 학대받은 기억은 평생 동안 그 소년에게 남을지도 모르기 때문이다.

작품의 도입부에서 화자는 불손한 어조로 다음과 같이 고백한다. "나는 새빨간 입술에 미소를 머금고 모든 사람에게 냉소를 띠는 냉정하고 거친 사람이다... 나는 상당히 영리한 사람이다. 내가 이해하지 못하는 것은 절대 존재하지 않는다."[219] 결말부에서 그녀는 자신의 행동을 정당화하며 다음과 같이 말한다. "이런 식으로 하는 것이 모든 사람들에게 도움이 된다. 나는 영리하다. 나는 이해한다."[220] 화자의 오만함이 분명히 드러나는 독백이다. 그러나 그녀의 비참한 상황 때문에 독자들은 그녀의 계획된 잔혹한 행동을 용서한다. 물론 화자는 병을 앓고 있다. 그러나 화자는 그녀와 오랫동안 만나 함께 가치를 공유했던 친구들과 별반 다르지 않은 인물인 것이다. 화자의 교묘한 행동은 너무나도 필사적이다. 그러나 그것은 사회의 부패상과 도덕적 붕괴가 인간의 육체를 약화시키고, 사랑과 이해를 자극하는 근원을 소멸시키는 징표인 것이다.

1989년 뻬뜨루쉡스까야는 예언적 내용을 담고 있는 디스토피아 소설 『새로운 로빈슨 가족: 20세기말 연대기』(Новые Робинзоны: Хроника конца 20 века)를 출판했다.[221] 이 소설은 다니엘 데포의 『로빈슨 크루소』의 내용을

219) Ibid., c.116.
220) Ibid., c.130.

함축하고 있는 작품인데, 젊은 여성의 독백으로 이야기가 진행된다. 그녀의 아버지는 가족을 데리고 도시를 떠나 시골의 외딴 벽지로 들어가려고 결심한다. 불확실한 환경에서 벗어나, 정체불명의 장소로 피신하려는 것이다. 그들이 도착한 곳은 마치 표도르 아브라모프(Фёдор А. Абрамов, 1920~1983)와 빅또르 아스따피예프(Виктор П. Астафьев, 1924~2001)의 소설에 묘사된 방치된 황무지를 연상시킨다. 그들은 이곳에서 힘들게 일하면서 생활을 영위한다. 그런데 정착한 지 얼마 되지 않아 무장한 외부사람들이 쳐들어와 그들의 터전을 약탈한다. 그들은 다시 깊은 산골로 들어가 외부로부터 완전히 차단된 곳에 정착한다. 라디오를 켰을 때 아무 소리도 들리지 않는 것을 확인한 아버지는 가족과 함께 안도의 행복감을 느낀다.

이 작품의 제목은 상징을 담고 있다. 풍랑에 의해 길을 잃은 로빈슨 크루소와 달리 그들은 '자유의지'로 도시에서 탈출한 새로운 로빈슨 가족이라는 것이다. 그들은 자유와 독립을 얻기 위해 물질적 풍요를 포기했다. 작품에 전반적으로 흐르는 분위기는 오싹할 정도로 섬뜩하다. 이 작품은 권력을 잡은 자들이 이를 남용하며, 사람들을 억압한다는 것을 암시하고 있다. 그리고 사람들은 복종과 탈출 중 하나만을 선택할 수 있다. 이 작품에는 전반적으로 낙담과 절망이 깊게 스며들어 있으나, 새로운 로빈슨 가족들의 선량한 성품은 그들에게 희망에 대한 기대를 제공한다. 그들은 나눌 것도, 그리고 관리할 것도 전혀 없다. 그런데 그들은 자신들을 위한 먹을 것이 부족한 상황에서, 방치된 두 갓난아이도 책임지며 돌본다. 시도로프(Евгений Ю. Сидоров, 1938~)는 뻬뜨루쉡스까야의 작품에는 혹독하고 절망적인 분위기가 가득하다고 지적하는 비평가들의 주장에 동의하지 않는다. 대신 그녀의 작품에는 삶에 대한 사랑과 희망이 깃들어 있다고 주장한다. 중요한 것은 그녀가 항상 자신이 선택한 주제를 예술적으로 승화시키고 있다는 것이다. 만일 그녀가 이를 예술적으로 승화시키지 못했다면,

221) Ibid., 1989, №9, c.88~96.

독자들은 그녀의 작품에 대해 실망했을 것이다.[222] 이런 지적은 작가 뻬뜨루쉡스까야와 그녀의 작품에 등장하는 주인공들 모두가 타인의 고통에 대해 연민의 정을 갖고 있지 않다고 주장하는 보수주의 비평가들의 견해와는 전혀 다른 것이다.[223]

뻬뜨루쉡스까야는 1990년 『동 슬라브인들의 노래』(Песни восточных славян)[224]를 포함한 일련의 작품을 발표했다. 이 소설들은 소위 '가혹한 산문'(жёстокая проза)이라고 불리는 사실주의 문학사조에 속한 작품으로 간주할 수도 있다. 그리고 그녀의 산문은 자연주의를 표방하며 인간의 삶을 사실적으로 묘사하고 있다는 일부 비평가들의 주장을 반박하는 소설이라고 평가할 수 있다. 현실과 초현실이 혼재되어 있는 환상적 리얼리즘에 속하는 이 소설들은 일상의 압박감 속에서 발생하는 심리적 붕괴뿐 아니라, 가족생활의 잔혹한 면과 인성의 어두운 면도 함께 다루고 있다. 그녀는 『동 슬라브인들의 노래』의 도입부에서 이 작품은 '도시민속학이라는 특별한 장르'[225]에 속한다고 소개한다. 이어서 발표한 일곱 편의 소설에는 비논리적이며 터무니없는 이상한 사건들이 묘사되고 있는데, 작가는 비논리적인 상황을 정상적인 것으로 간주하고 있다. 흔히 '모스크바 이야기'라고 불리는 이 작품들에는 무시무시한 사건, 소름끼치는 범죄, 그리고 정신이 붕괴되기 직전의 인물들이 묘사되어 있다. 그리고 등장인물들은 현실과 실제행위를 환상과 망상으로 인식하고 있다.

뻬뜨루쉡스까야는 항상 작품에 묘사된 환경과 사건에 큰 관심을 표명하고 있다. 작품 속 등장인물들은 단지 자신들의 역할만을 충실히 수행한다. 작가는 사건에 등장하는 인물들이 그들 자신에 대해 말하도록 내버려두고, 본인은 가급적 개입하지 않으려고 노력한다. 일곱 편의 작품에서 묘사된 고통 받는

---

222) «문학신문», 1989년 12월 27일, 2면.

223) «문학 러시아» 1991년 11월 6일 21~23면에 실린 예브게니 오바네시안(Евгений Ованесиан)의 글을 참조하다.

224) «신세계», 1990, №8, с.7~18.

225) Ibid., с.7.

자들에 대한 작가의 연민의 정은 이전 작품들보다 훨씬 강하다. 그녀는 인간본성에 내재되어 있는 선함, 활력, 그리고 헌신에 대한 잠재력을 외부세계의 타락과 공허함과 병치시키면서, 인간에 대한 연민의 정을 표출하고 있다. 『새로운 구역』(Новый район)에는 부인을 살해한 죄책감에서 벗어나지 못하는 남자가 주인공으로 등장한다. 그는 자신이 저지른 범죄를 인정했음에도 불구하고 증거 불충분으로 풀려난다. 자유의 몸이 되었으나, 그는 내면의 평화를 얻지 못하고 죄책감으로 인해 지속적으로 고통을 받는다. 『복수』(Месть)에는 친구의 아이를 살해했다고 생각하고 죄책감 때문에 자살을 시도하는 여인이 등장한다. 그녀는 임종 직전 그 아이가 건강하게 살아있다는 사실을 알게 되자, 안도하며 행복한 감정을 품고 숨을 거둔다. 『소꼴리니끼에서 우연히 발생한 사건』(Случай в Сокольниках), 『엄마의 인사』(Материнский привет), 그리고 『손』(Рука)에 묘사된 '실제상황', '등장인물의 병적인 정신 상태에 의해 만들어진 상황', 그리고 '작가의 상상력에 의해 조작된 상황'을 독자가 명확히 구별하는 것은 상당히 어렵다. 대부분의 등장인물들은 정신적으로 불안정한 인물이거나, 현실세계의 공포로부터 벗어나기 위한 일시적 피난처를 갈구하며 미지의 세계로 도주하는 인물들이다.

«4월»에 게재된 나머지 두 작품 『새로운 걸리버』(Новый Гулливер)와 『메데이아』(Медея)[226]는 『동 슬라브인들의 노래』와 유사한 주제를 다루고 있다. 『새로운 걸리버』에 독감에 걸려 병원침대에 누워있는 화자는 병원 구석에 기어 다니는 바퀴벌레들을 작은 인간들이라고 생각한다. 그리고 그들이 떼를 지어 자신의 삶에 침입하여 자신을 공격한다는 망상에 사로잡힌다. 『메데이아』에는 택시운전수와 화자역할을 하는 여승객이 등장한다. 독자들은 두 사람이 나누는 짧은 대화에서 택시운전수가 비탄에 젖어있다는 것을 감지할 수 있다. 택시운전수는 정신상태가 불안정한 아내가 자신이 애지중지하는 14살

226) «4월», 1990, №2, c.107~115. 역주 : 메데이아는 고대그리스신화에 등장하는 태양의 신 헬리오스(Helios)의 아들인 아이에테스(Aeetes)의 딸이며, 마법의 능력을 소유하고 있다.

먹은 딸을 살해했다는 것과, 자신이 딸을 보호하지 못했다는 것에 대해 죄책감을 느끼고 있다고 하소연한다. 그리고 아내는 지금 정신병동에 구금되어 있다고 말한다. 여승객은 아내를 향한 그의 사랑이 그녀의 상태를 호전시킬 수 있을 것이라며 그를 위로한다. 이 작품에서 작가는 가족관계의 충격적인 역설을 강조하고 있다. 만일 그가 자신의 아내를 진정으로 사랑했다면, 딸을 죽음으로부터 구할 수 있었을지도 모른다. 사랑은 사람을 구원할 수 있는 위대한 치유수단이지만, 동시에 논리에 맞지 않는 감정의 표현이기도 하다. 남편은 억지로 아내를 사랑할 수도 없고, 그녀에게 필요한 따뜻한 애정을 표현할 수도 없는 것이다. 그리고 질투와 복수심에 불타는 아내는 자신이 낳은 딸임에도 불구하고, 남편이 사랑하는 대상인 딸을 살해한 것이다.

『밤 시간』(Время ночь; 1992)[227]은 소비에트 인쩰리겐찌야에 대한 신랄한 고발을 담고 있는 소설이다. 작품에 묘사된 암울한 현실과 우울한 분위기는 가족관계와 인간관계의 붕괴로 의해 더욱 심화된다. 이야기가 시작되기 전에 작가이자 고인이 된 여류시인의 딸 알레나는 모친이 쓴 『테이블 모퉁이에서 쓴 수기』(Записки на краю стола) 원고에 대해 언급한다. 그리고 얼마 후 모친이 쓴 수기가 그녀에게 우편으로 배달된다. 『밤 시간』에는 의문의 시인인 안나의 수기에 기록된 대화, 회상, 추억, 그리고 딸에게 허락을 받지 않고 몰래 읽은 알레나의 일기내용이 서로 혼재되어 있다. 이야기 서술은 파편적이고, 등장인물의 행위는 긴 시간에 걸쳐 일어난다. 그리고 공간과 시간의 이동이 자주 발생한다.

작품의 도입부에 손자 띠모샤를 데리고 안나가 옛 친구들을 방문하는데, 그들로부터 환영받지 못했다는 이야기가 수록되어 있다. 안나는 편집사무실에서 근무하고 있으나, 그녀의 손자가 항상 굶주릴 정도로 궁핍한 생활을 하고 있다. 소비에트 이데올로기는 평등을 보장하고 있으나, 어디를 가든 흔히 그렇듯 부유

227) «신세계», 1992, №2, c.107~115.

한 사람들은 불우한 옛 친구를 회피한다. 이어서 악몽 같은 가족의 불행이 묘사된다. 이 작품에는 긍정적인 인물이 등장하지 않을 뿐 아니라, 등장인물의 마음속에 내재하고 있는 선에 대한 그 어떤 암시도 없다. 현실은 어둡고 인생은 암울할 뿐이다. 아이들은 사생아로 태어나며, 어머니와 딸은 서로를 시기한다. 게다가 가난은 심지어 모성애까지 파괴한다. 작가는 최소한의 생활이 보장되지 않을 때 사람들이 곤궁에 빠질 수 있다는 것과, 모멸감을 줄 정도의 가난으로 인해 그들이 야수로 변모할 수 있다는 것을 암시한다. 이런 점에서 어머니와 딸 사이에는 많은 유사점이 있다. 두 사람은 유부남들과 많은 정사를 치른다. 그리고 두 사람은 서로 자신들의 어머니를 원망한다.

화자는 고통스런 가슴속에서 분출되는 의식의 흐름을 따라 이야기를 간결하고 강렬하게 서술한다. 독자들은 안나의 눈을 통해 현실을 바라보게 된다. 그러나 그녀의 불안정한 인식은 독자들에게 인생의 뒤틀린 자화상을 제공한다. 작품의 결말부에 낙관주의는 전혀 찾아볼 수 없고, 단지 가족공동체의 삶에서 겪는 역설적인 예만 발견할 수 있다. 개인은 자신의 사생활을 갈망하고 있기 때문에, 가족과 함께 살고 있을 때는 자주 고통스러워한다. 그런데 자신의 주변에 아무도 없을 때 개인은 고독과 실의에 빠져 파괴될 수도 있다는 것이다. 알레나와 그녀의 아이들이 어머니의 비좁은 아파트로 들어가서 함께 살고자 원했을 때, 안나는 처음에 딸의 제안을 거절했다가 나중에 이를 수용한다. 어느 날 안나가 아파트로 돌아왔을 때, 집안에서 인기척이 나지 않자 혹시 딸과 손자들이 음독자살을 하지 않았는지 걱정하며 두려움에 떨며 반쯤 미쳐버린다. 실상은 안나가 아이들을 데리고 어머니 집에서 나와 새로운 정착지를 찾아 나선 것이다. 고독과 실의에 빠진 안나는 갑자기 자신이 늙어간다는 것을 깨닫게 된다. 작품제목 '밤 시간'의 이미저리는 이야기 자체만큼이나 우울하다. 작품에는 자연의 내적·외적 미에 대한 묘사가 전혀 없다. 여주인공들의 유대관계와 이들이 겪는 경험은 상당히 파괴적이며, 그들의 삶 자체가 그들의 행복을 짓밟는다. 불행한 여주인공들이 할 수 있는 일은 자신들의 운명에 복종하는 것 외에 아무것도 없다.

뻬뜨루쉡스까야는 1993년 러시아 도시생활의 혼탁한 면을 보여주는 소설 『에로스 신의 길을 따라』(По дороге бога Эроса)[228]를 발표했다. 이 작품에는 매력적이고 날씬한 바람둥이 부인 올랴가 남편을 부지불식간에 자신의 못생긴 친구 쁠헤리야의 품에 안기게 만든다는 내용이 묘사되어 있다. 묘한 운명의 장난에 의해, 올랴에게 항상 무시당하며 살고 있는 쁠헤리야는 그녀의 부부문제에 원인을 제공하는 자가 된 것이다. 이 작품에 진정한 사랑에 대한 언급은 거의 없다. 남편의 새로운 탐혹은 아내로부터 받은 정신적 학대로부터의 탈출구이자, 외로움으로부터의 도피인 것이다.

부부생활에서 받는 잔혹한 스트레스가 올랴의 남편을 궁지로 몰아붙인다. 이와 다르게 뻬뜨루쉡스까야의 『생활계획을 세우다』(Устроить жизнь; 1990)[229]에 등장하는 주인공 사냐는 부부갈등으로 인해 알코올 중독자가 되며 젊은 과부에게 깊게 빠져든다. 그러나 젊은 과부는 사냐의 사랑고백에 아무런 관심도 보이지 않는다. 고인이 된 남편의 친구인 사냐가 상처받는 것을 원하지 않기 때문에, 그녀는 그의 접근을 거부한다. 그런데 사냐가 마음에 든 그녀의 어머니는 딸에게 지속적으로 그와 사귀라는 압력을 넣으며 딸의 외도에 깊게 관여한다. 어머니는 고단한 삶으로부터 딸을 구원하려 애쓰나, 도리어 딸의 마음의 평화와 안정을 파괴한다.

1993년 뻬뜨루쉡스까야는 아이들을 위한 짧은 이야기들을 담고 있는 『엄마, 있잖아』(Ну, мама, ну)[230]를 발표했다. 이 작품의 이야기들은 아이들을 위한 것이지만, 어른을 위한 메시지도 담겨 있다. 그리고 모든 이야기는 도덕적 교훈을 제공하고 있다. 어떤 이야기는 이타심, 동정심, 그리고 사랑을 북돋우고, 또 어떤 이야기는 탐욕, 이기심, 그리고 부정직을 꾸짖는다.

뻬뜨루쉡스까야는 독자들에게 소비에트 도시에 거주하는 사람들의 일상에

---

228) Ibid., 1993, №3, c.105~113.
229) «구문론»(Синтаксис), published in Paris, 1992, №3, c.44~49.
230) «신세계», 1993, №8, c.130~159.

서 발생하는 다양한 에피소드를 제공한다. 간결한 그녀의 산문에는 복잡한 플롯이 거의 존재하지 않는다. 대신 그녀는 풍부한 소재를 사용하고 있다. 그녀는 현실의 삶을 충실하게 반영하고 작품의 주제를 선택하는 데 매우 신중하다. 그녀의 작품에는 동료들에게 헌신과 아량을 베푸는 일부 긍정적인 인물들도 등장한다. 그런데 최근 작품에는 행복한 가정을 다루는 작품이 단 한편도 없다. 뻬뜨루쉡스까야는 작품에서 설교를 하지 않는다. 그녀는 주인공들의 행위를 비난하지도 않고, 행위의 원인이 되는 심리적 동기를 파헤치지도 않는다. 다만 그들의 목소리만을 독자들에게 전달할 뿐이다.

그녀의 작품에 등장하는 대부분의 화자들은 작가가 묘사한 사건에 직접 참여하는 여성들로 구성되어 있다. 그러나 일부 화자는 사건에 개입하지 않고 멀리서 관찰하는 방관자로 등장하며, 사건을 등장인물과 다른 시각으로 바라본다. 그리고 가끔 등장인물과 다른 목소리를 내기도 한다. 뻬뜨루쉡스까야는 의도적으로 '가혹한 산문'의 주제에 부합하는 장식적이고 비유적인 언어와 문체를 사용하지 않고 있다. 어떤 비평가는 그녀의 산문을 문학성이 없는 특별한 화자가 등장하는 독특한 '이야기'(сказ) 형태를 띠고 있다고 주장한다. 그리고 그녀의 작품에는 두 종류의 문체 – 공식적인 업무에서 사용하는 문체와 일반 대화체 – 가 혼용되고 있고, 이 두 문체가 부정확한 문구로 가득한 등장인물의 대화체를 구성하고 있다는 것이다.[231] 이처럼 뻬뜨루쉡스까야는 기존의 언어규범에서 벗어난 정통적이지 않은 문학양식을 많이 사용하고 있다. 나딸리야 이바노바(Наталья Иванова)는 그로테스크를 뻬뜨루쉡스까야 산문의 특징 중 하나라고 지적한다. "그녀는 의도적으로 모순되는 언어를 사용하고 있다. 그로테스크의 원칙에 부합하는 언어가 단어로 만들어지고, 그 단어들이 모여서 문구를 형성한다."[232]

뻬뜨루쉡스까야의 산문은 1970년대에 유행했던 소비에트 '세태풍속'(быт)

231) Е. Невзглядова, 'Сюжет для небольшого рассказа', «신세계», 1988, №4, с.259.
232) Наталья Иванова, 'Неопалимый голубок', «깃발», 1991, №8, с.19.

문학의 전통을 따르고 있다. 그러나 그녀는 이 전통에 포함되어 있는 이데올로기 조사와 검열을 철저히 배제하고 있다. 사실상 뻬레스뜨로이까 시절에 발표된 그녀의 산문들은 1970년대 이미 집필되었던 것들이다. 유리 뜨리포노프(Юрий В. Трифонов, 1925~1981)의 산문과 마찬가지로, 뻬뜨루쉡스까야의 산문에 묘사된 거주공간을 위한 투쟁은 생존을 위한 투쟁을 의미한다. 그러나 뜨리포노프의 산문에는 더 나은 미래를 위한 희망이 제시되어 있다. 사회기관에 비난을 가하고 있지만, 맹렬히 고발하지는 않는다. 그리고 역사적 관점에 맞는 플롯을 설정하고 있다. 그는 부정적 인물의 편협한 이기주의와 천박한 윤리를 긍정적 인물의 이타주의와 고귀한 성품과 대비하고 있다. 이에 반해 뻬뜨루쉡스까야는 자신이 다루고자 하는 영역을 축소하고, 그 곳에 집중적으로 초점을 맞춘다. 일부 등장인물의 염세주의 사고는 그들의 내면에 있는 선한 품성에 암울한 그늘을 드리우고 있다. 그리고 등장인물의 긍정적 성품은 범죄를 저지르거나, 비윤리적인 행동을 한 후 찾아오는 자기혐오, 자기연민, 또는 양심의 가책의 결과물이다. 물론 뻬뜨루쉡스까야의 작품에 부모의 헌신, 진정성, 또는 자기희생이 묘사되어 있지 않다고 말할 수는 없다. 사실상 그녀의 작품에는 그런 것들도 묘사되어 있다. 그러나 일상적이지 않고 극히 예외적이다. 뻬뜨루쉡스까야는 곤궁에 빠진 등장인물들에게 동정심을 느끼면서 그들의 고통에 공감을 표한다. 그러나 그들의 고통을 덜어주지는 않는다. 그녀는 행복과 만족은 쉽게 얻을 수 없다는 것을 잘 알고 있고, 사회적 환경과 삶의 조건, 그리고 개인의 성격에 의해 얻을 수 있다는 것도 인식하고 있다.

안드레이 비또프(Андрей Г. Битов, 1937~)

안드레이 비또프는 가장 재능 있는 현대러시아작가들 가운데 한 사람이다. 그리고 소비에트 당국이 서방세계와 소련의 공식간행물에 동시 출판하는 것을 마지못해 허락한 몇몇 안 되는 작가들 가운데 한 사람이다. 그는 소비에트 당국에 의해 탄압은 받았지만, 추방당하거나 제거되지는 않았다. 그의 산문은 자전적이고 지적이다. 그리고 복잡하며 우스꽝스러운 요소도 내포하고 있다. 이야기는 매우 체계적이며 균형도 잘 잡혀있다. 그의 문체는 우아하고 독특한 서정성을 지니고 있다. 그리고 줄거리는 다양한 주제의 맥락과 서로 연결되어 있다. 그의 산문에는 정확하고 자극적인 묘사, 그리고 아이러니가 담겨져 있다. 모든 독자들의 입맛에 맞지는 않지만, 그의 산문은 상당히 도전적인 경향을 띠고 있다. 암시가 풍부한 그의 작품은 다양한 관점을 제공한다. 비또프는 비평가들이 자신과 다른 시각을 갖고 작품을 해석하는 것에 대해 개의치 않는다. 그는 산문의 중심구도에 자신을 배치시키고, 창작과정의 복합적인 문제점에 대해 토론을 전개한다. 인간과 자연의 관계에 관심이 많은 그는 기본적으로 역사와 문화의 발전이라는 큰 틀 안에서 이야기를 진행한다.

러시아의 현 상황은 비또프의 재능에 특별한 영향을 끼치고 있다. 그는 정치적 활동에 직접 관여하지 않고, 다양한 문학잡지의 편집인으로 활발히 일하면서 독자들에게 젊은 작가들의 작품을 소개하는 글을 쓰고 있다. 지난 6년 동안 그는 『원숭이들의 기다림』(Ожидание обезьян; 1993)[233]을 제외하고 거의 작품을 발표하지 않았다. 몇 년간 문학적 토대 위에서 생활하면서 새롭게 획득한 자유는 작가에게 문제를 야기할 수도 있다. 비또프가 가장 잘 할 수 있는 것은 책을 집필하는 것이다. 그런데 새로운 기회가 주어졌을 때 그가 가장 하기 어려운 것 역시 글쓰기이다.[234] 글라스노스찌 시절 이전에 비또프는 자신만의 세계에 몰입하면서 내면의 자유를 만끽하고 있었다고 고백한다. 그런데 이것은 스스로를 비하하는 자유인 것이다. 오늘날 러시아인들은 '노예의 자유'를 민주주의 세계에 존재하는 '자유의 노예'로 쉽게 바꿔버렸다. 비또프는 이런

233) «신세계», 1993, №10, c.6~102.

234) 'The Park of Our Culture. Andrei Bitov Considers How to Assert One's Freedom in the Awakening World.' «모스크바 소식» 1990년 11월 25일~12월 2일, 14면.

상황에 대해 다음과 같이 말했다. "우리에게는 아이디어가 없다. 그리고 더 이상의 아이디어가 존재하지도 않는다." 그러나 비또프는 문학이 사회문제를 해결할 수 있을 것이라고 믿고 있다. 그리고 미래의 새로운 세상을 예술적으로 표현하는 것은 러시아의 젊은 세대의 몫이라고 생각한다. "비또프의 현재는 이상할 정도로 과거와 깊게 연결되어 있다."[235)]

비또프는 『원숭이들의 기다림』의 첫 페이지 하단에 이 작품은 장편소설 『공표』(Оглашённые; 1995)의 결말부분이라고 밝히고 있다. 그리고 『공표』에 『새들, 또는 인간에 대한 새로운 정보』(Птицы или новые сведения о человеке; 1975)와 『풍경 속의 사람』(Человек в пейзаже; 1988)도 포함될 것이라고 언급하고 있다. 대화, 묘사, 그리고 명상으로 구성되어 있는 『새들, 또는 인간에 대한 새로운 정보』에는 사건에 대한 서술이 다소 느슨하게 묘사되어 있다. 주인공은 사람들이 스스로를 생물학적 개체로 간주하지 않기 때문에, 그들의 존재에 대한 심각한 위험성을 인식하지 못하고 있다는 사실을 깨닫고 당황해한다. 그는 이성적 인간과 동물의 본성을 비교한다. 그리고 육식동물의 도덕성이 인간의 도덕성보다 훨씬 뛰어나다고 주장한다. 자연의 능력의 위대함과 자신의 운명을 통제할 수 있다는 망상에 빠진 인간의 보잘것없음이 이 작품에서 다루고 있는 주요 주제들 가운데 하나이다.

『풍경 속의 사람』은 1인칭화자와 알코올 중독자인 풍경화가가 나누는 대화로 구성된 짧은 단편소설이다. 그들의 대화는 창작과 미학, 그리고 자연과 역사문제를 다루고 있다. 화자는 인간의 양면성과 복잡한 창작과정에 대해 숙고한다. 그는 예술가의 처음 의도와 최종 결과물 사이에서 발생하는 차이점뿐 아니라, 예술가의 아이디어, 직관력, 상상력, 그리고 현실묘사의 상호관계에서 발생하는 문제점에 대해 고민한다.

사실상 비또프의 소설 내용을 요약하는 것은 상당히 어렵다. 왜냐하면 그의

---

235) Ibid.

대부분의 작품에는 플롯이 존재하지 않고, 현실세계가 모호하게 묘사되기 때문이다. 비또프는 등장인물들의 성격을 명확하게 규정하지 않으며, 공간의 정확한 위치도 밝히지 않는다. 그리고 시공간도 지속적으로 유동한다. 그런데 『원숭이들의 기다림』은 그렇지 않다. 이 작품은 1980년대부터 반(反)고르바초프 쿠데타가 발생한 1991년 8월까지의 시간대만을 다루며, 그 안에서 공간이동과 복잡한 시간이동이 발생한다. 그리고 아브하지야와 러시아 남부지방이 주요배경으로 설정되어 있다. 작품에 등장하고 사라지는 인물들은 다양한 소비에트 소수민족을 대표하는 사람들이다. 그들 중 일부는 사회로부터 존경받는 성실한 인물들이고, 또 다른 일부는 떠돌이이거나 범죄자들이다. 그리고 『새들, 또는 인간에 대한 새로운 정보』와 『풍경 속의 사람』에 등장하는 주인공들 역시 이야기 진행에서 중요한 역할을 한다.

『원숭이들의 기다림』에 등장하는 서정적 작가인 1인칭화자 '나'만이 이 소설의 유일한 실재인물이다. 그는 이중인격자이며, 자기 자신과 끊임없이 투쟁한다. 그리고 지속적으로 자기분석과 자기성찰을 한다. 그는 창작의 고통과, 삶과 죽음의 관계에 대해 번민한다. 그리고 생태학, 공해문제, 국가분쟁, 그리고 예술과 예술가들을 위해 변화된 최근 러시아 상황에 대해 깊은 관심을 표명한다. 이 작품에서 비또프는 자유가 반드시 행복을 가져다주지 않는다는 것과, 글라스노스찌가 자신을 벙어리로 만들었고, 자기 내면에 존재하는 작가를 죽였다는 것을 암시하고 있다.

이 작품의 제목은 역사뿐 아니라 자연생태계의 역설을 암시하고 있다. 원숭이들은 인간들과 달리 까프까스의 마을에서 자유로운 삶을 만끽하며 살아간다. 그런데 사람들이 원숭이들을 발견하려고 기대하는 것은 한낱 신기루에 불과하다. 원숭이들은 사람들에게 결코 나타나지 않는다. 그러나 화자는 자신의 환상에서 깨어나고 싶어 하지 않는다. 만일 삶속에서 진정한 현실을 찾을 수 없다면, 환상을 가지고 살아가는 것이 도리어 더 낫다는 것이다. 화자는 고통스러워한다. 그리고 현실을 받아들이는 것을 힘들어한다. 인생도 고달프고, 예술창작도 몹시 힘들다. 작품의 종결부에 한줄기 희망의 빛이 엿보인다. 1991년 8월 모스크바에서 쿠데타가 발생했을 때, 천사들이 탱크와 바리케이드 위를 맴돌며 난폭하고 험난한 세상에서 길을 잃고 헤매는 사람들을 위해 하나님께 도움을 요청한다.

문체적인 면에서 이 작품은 비또프의 이전작품과 유사하다. 그러나 작가의 허탈한 감정을 표현하는 문체는 이전과 달리 새롭다. 이 감정은 과거로의 귀환을 꿈꾸는 것이 아니라, 최근 혼란스러운 러시아의 상황에 대한 슬픔을 표현한 것이다. 더 이상 집필 작업을 수행할 수 없고 새롭게 얻은 자유가 많은 사람들에 의해 남용되고 있기 때문에, 화자는 깊은 슬픔에 잠긴다. 작가는 새로운 가치를 추구한다. 그러나 그의 개성은 쉽게 변화하지 않으며, 내적 갈등만이 발생한다. 그의 정신 상태는 과거 소비에트 정권의 요구를 거부했던 사람들이 받았던 고통을 반영하고 있다. 비또프는 기회주의 인물이 되는 것을 거부하고, 정직한 사람처럼 자신의 고유한 모습을 유지하고 싶어 한다. 사회적 갈등이 난무하는 시기에 그것을 유지한다는 것은 그리 쉬운 일은 아니다.

빅또리야 또까레바(Виктория С. Токарева, 1937~)

여류작가 빅또리아 또까레바는 과거의 자신의 문학관을 고수하며 지속적으로 작품 활동을 하는 중간세대 작가이다. 최근에 그녀가 집필한 사실주의 산문에서 묘사된 사회배경은 이전에 묘사된 것과 분명히 다르다. 그러나 인간관계에 대한 관점은 이전과 거의 다르지 않다. 최근에 발표한 『내가 존재하고, 네가 존재하고, 그가 존재한다.』(Я есть. Ты есть. Он есть. ;1991)[236]는 여러 측면에서 이전 작품과 유사하며, 오래전에 유행했던 소비에트 '세태풍속'(быт)문학의 전통을 따르고 있다. 이 소설은 깨지기 쉬운 가족관계와 중년여성의 이루지 못한 사랑을 다루고 있다. 작가는 고독과 질투, 그리고 희생을

236) «신세계», 1991, №9, c.129~151.

통해서만 얻을 수 있는 진정한 사랑을 묘사하고 있다.

이 작품의 주인공 안나는 40대 중반의 젊은 과부로 외과의사 올레그의 어머니이다. 결혼생활에 만족하지 못하는 그녀는 항상 새로운 사랑에 대한 열정을 꿈꾸며 생활한다. 남편이 아이를 하나 더 갖자고 제안했을 때, 그녀는 언젠가 짐이 될지도 모른다는 이유로 이를 거절한다. 그런데 갑자기 남편이 사망하자, 그녀는 자신이 꿈꾸었던 것이 환상이었다는 것을 깨닫게 된다. 대부분의 멋진 남자들은 이미 결혼했고, 재혼이 가능한 남자들은 그녀의 맘에 들지 않았던 것이다. 따라서 그녀의 관심은 아들 올레그에게로 향했고, 아들에 대한 그녀의 지나친 관심은 아들을 질식하게 만든다. 이로 인해 아들은 어머니 몰래 결혼식을 올린다. 안나는 자신을 제외한 그 어떤 여자도 아들을 사랑할 수 없다고 생각한다. 올레그가 자신의 아내 이로치까를 집으로 데려왔을 때, 안나는 의심의 눈초리로 새며느리를 바라보며 질투하고 분노한다. 얼마 후 안나는 아들부부를 집에서 쫓아냈고, 그들과 6개월 동안 서로 연락도 하지 않고 지낸다. 어느날 이로치까가 교통사고로 인해 크게 다치면서 그녀를 돌볼 사람이 필요하게 되자, 올레그는 어머니에게 도움을 요청한다. 안나는 이로치까를 위해 헌신하며, 이를 통해 인생의 새로운 의미를 발견하게 된다. 한편 올레그는 중년부인인 직장상사의 압력을 이겨내지 못하고, 그녀의 남편이 출장 갔을 때 그녀와 성관계를 갖는다.

이 소설의 내용은 아이러니하다. 이로치까가 회복하게 되자, 과거 아내에게 헌신적이었던 남편 올레그는 자신의 욕구를 해소하기 위해 다른 곳으로 눈길을 돌린다. 외로운 과부 안나는 며느리 이로치까만이 자신과 함께 영원히 살아갈 유일한 가족이라는 것을 깨닫는다. 진실한 체험과 의미 있는 인생에 대한 인간의 탐구는 끝이 없다. 그러나 타인의 고통을 함께 나눌 수 있는 사람만이 인생에서 진정한 평화와 만족을 얻는다. 불륜, 방임, 쾌락을 위한 일시적인 충동 등은 최근 러시아문학에서 다루고 있는 새로운 주제는 물론 아니다. 이 작품에는 도덕성의 결핍과 사회기관의 부패로 인해 발생하는 문제점들과 뻬레스뜨로이까로 인해 급격히 부상하는 물질만능주의가 서로 뒤섞인 채 표출되어 있다. 성욕과 금전욕,

그리고 성적일탈을 동반하는 외국여행 등은 혼인제도의 기반을 약화시키며, 순간적인 쾌락이 지속적으로 만족을 이끌어낼 수 있다는 그릇된 생각을 갖게 만든다.

이 작품은 뻬레스뜨로이까 시절 1년 동안 발생한 인쩰리겐찌야들이 삶을 다루고 있다. 주로 3인칭화자에 의해 대화가 진행되며 성격묘사와 심리적 분석은 거의 찾아보기 힘들다. 조연 등장인물들은 개성있게 묘사되지 않았다. 그들은 단지 이야기 진행에 필요한 배경으로 사용되고 있다. 또까레바는 일반적으로 단편소설에 적합한 분량보다 더 많은 지면을 사용하고 있다. 일부 주제는 부족하게 묘사되었고, 멜로드라마 묘사에 많은 지면이 할애되었다. 이야기 진행은 매끄럽고 유머도 가미되어 있다. 그런데 긍정적인 분위기는 감지되지 않는다. 이야기의 결말부에서 행복한 주인공들을 거의 찾아볼 수 없다. 오직 안나만이 성숙한 여인으로 변신한다. 그녀는 환상적이고 실현 불가능한 꿈을 추구하는 대신, 있는 그대로의 삶을 진솔하게 받아들인다.

사랑과 밀접하게 연결되어 있는 가족관계는 또까레바의 개인적 삶뿐 아니라, 그녀의 산문에서도 중요한 위치를 점하고 있다. 그녀는 다음과 같이 말한다. "나는 25년 동안 결혼생활을 하고 있다. 가족이 없는 삶은 생각조차 할 수 없다. 가족이 없는 여자는 주인 없이 떠돌아다니는 동물과 같다. 이것은 비극이다. 이런 점에서 나는 전통을 고수하는 가부장적인 여인이다. 그러나 나는 항상 완전한 사랑을 고대한다. 이런 생각이 나로 하여금 지속적으로 옷을 잘 입게 만들고 희망을 갖게 만든다. 그렇기 때문에 나는 내 소설에서 이상적인 남성을 묘사한다. 나는 참을성이 많다."[237] 주인공 안나에게서 또까레바의 모습을 발견하는 것은 그리 어렵지 않다. 안나는 과거 한때 완전한 사랑을 갈구했으나, 이제는 포기한 상태이다.[238] 반면에 또까레바는 개연성은 낮지만 지금도 그 가능성을 열어두고

---

237) Sigrid McLaughlin, 'An Interview with Viktoria Tokareva' *Canadian Woman Studies,* 10/4 (Winter 1989), p.76.

238) «신세계», 1991, №9, c.130.

있다. 이 작품에서 작가는 "완전한 사랑은 어떤 것이고, 그런 사랑이 과연 가능한가?"라는 질문에 대한 답변은 제시하지 않는다. 작가는 비록 완전한 사랑을 이룰 수는 없더라도, 이에 대한 소망은 가질 수 있다는 것을 독자들에게 전하고 있다.

블라지미르 끄루삔(Владимир Н. Крупин, 1941~)

최근의 정치적 변화는 작가들에게 다양한 영향을 끼치고 있다. 북부 러시아의 뱌뜨까에서 출생한 블라지미르 끄루삔의 산문은 문체와 문학양식 측면에서 볼 때, 과거 소비에트의 '농촌문학'[239]과 상당히 유사하다. 농촌의 전통적인 생활양식을 이상화하고 있는 그의 산문 『작은 종』(Колокольчик; 1981)과 『제 40일』(Сороковой день; 1981)에는 소수민족을 경멸적으로 표현하며 러시아인의 우월성을 암시하는 내용이 담겨져 있다. 1990년 끄루삔은 보수성향의 잡지 «모스크바»의 편집인으로 임명되었고[240], 극우민족단체에서 적극적으로 활동하고 있다.

끄루삔은 자신이 초기 작품에서 다루었던 주제와 문체를 최근 작품에서도 그대로 사용하고 있다. 그러나 과거에 은연중 드러냈던 러시아 민족주의 정서가 지금은 겉으로 표출되고 있다. 『안녕, 러시아, 천국에서 만나자』(Прощай, Россия, встретимся в раю; 1991)[241]는 철학적 사색을 하는 늙은 농부 두 명이 주고받는 비교적 긴 대화로 구성되어 있다. 그들의 언어는 화려하고, 담론은 유머로 가득 차있다. 그들이 나누는 대화의 주제는 최근 어려움을 겪고 있는 러시아의 정치·경제상황이다. 그들 중 1인칭화자는 러시아정교가 나라를 구원할 것이라고 지적하는 반면, 그의 친구 꼬쨔는 새로운 스탈린이 등장해서 질서를

239) 역주 : 1960년대 후반 농민의 고통스러운 삶을 진솔하게 묘사한 문학. 대표적인 농촌문학 작가로 아브라모프, 솔로우힌, 라스뿌찐, 슉신 등을 꼽을 수 있다.

240) 1992년 끄루삔이 물러나고 작가 레오니드 보로진(Леонид Бородин)이 그 직책에 임명되었다.

241) «우리의 동시대인», 1991, №12, c.3~43.

회복시켜야 한다고 주장한다. 화자는 냉담하고 자제력이 있는 반면, 꼬쨔는 호전적이며 냉소적이다. 꼬쨔는 고르바초프와 옐친이 국민을 속이고 있다며 그들을 비난한다. “과거 러시아 황제는 거짓말을 하지 않았다. 그래서 그는 살해당했고, 러시아 제국은 멸망했다.”[242] 꼬쨔의 목소리에는 절박함과 절망이 깃들어 있다. 그는 러시아의 운명을 심각하게 걱정하면서도, 러시아 구전에 있는 유머와 재치 있는 농담을 인용하며 자신의 견해를 표명한다.

과거 러시아 농민들의 삶은 그리 녹록하지 않았다. 1960년대 후반부터 농촌문학 작가들은 농민들의 고통스러운 삶을 다루기 시작했다. 당시의 농촌문학은 그들의 고통을 객관적 시각으로 비교적 온건하게 다루었고, 소비에트의 권력층은 이 문제에 대한 해결책을 제시하지 않았다. 그러나 오늘날 상황이 크게 변하면서 이 문제를 더 이상 감출 필요가 없게 되었다. 오늘날 농촌문학의 등장인물들은 작가의 생각을 강하게 표출하고 있다. 끄루삔은 러시아정교와 스탈린 같은 강력한 지도자만이 혼돈에 빠진 러시아를 구원할 수 있다고 믿는다. 그리고 현재 러시아정교가 가톨릭과 사이비 종교에 의해 압박을 받고 있다고 생각한다. 과거와 달리 가톨릭과 사이비종교가 대중매체와 방송국을 장악하며 대중에게 접근하고 있다는 것이다. “러시아에 민주주의는 필요 없다. 강도, 사기꾼, 창녀, 그리고 성소수자만이 민주주의를 환영한다.”[243]

끄루삔은 재능 있는 작가임에는 틀림이 없다. 그리고 그는 자신이 잘 알고 있는 분야를 작품에서 다루고 있다. 그러나 단순한 농민의 대화를 통해 그가 문학과 관련 없는 문제에 대해 집착하며 독설과 정치적 공세를 표출하는 것은 그의 작품가치를 반감시킬 뿐이다.

---

242) Ibid., c.10.

243) Владимир Крупин, 'Книги всё толще, смысла всё меньше', «문학신문», 1992년 10월 14일, 3면.

알렉산드르 쁘로하노프(Александр А. Проханов, 1938~)

1980년대 초 알렉산드르 쁘로하노프는 제3세계에 러시아식 혁명을 권장하며 아프가니스탄 침공을 지지했던 작가들 중의 한 사람이다. 그는 정치적 변화에 상당히 민감하며 권력을 잡은 자들에게 지지선언을 하는 기회주의자이다. 1982년부터 1984년 사이에 발표된 아프가니스탄, 캄보디아, 모잠비크, 그리고 니카라과를 배경으로 한 그의 소설에는 미국의 제국주의를 비난하며 소련의 평화외교 정책을 찬양하는 내용이 묘사되어 있다.[244] 뻬레스뜨로이까 시절이 도래하자 기회주의자인 쁘로하노프는 새로운 변화에 재빠르게 적응하며 당시 소련 체제를, 그리고 얼마 후의 러시아 체제를 적극적으로 옹호했다. 그는 문학잡지 «일»의 편집진으로 활동하며 옐친정권의 타도와 러시아의 독재정권수립을 주장하는 극우 민족주의 성향의 공산주의자들과 손을 잡았다.

소설 『현장』(Место действия; 1979)에서 그는 주민들의 삶을 동요시키는 외딴 시베리아 마을의 산업발전상을 묘사하고 있다. 그리고 1988년에 산업화를 주제로 하는 소설 『전투 후 600년』(Шестьсот лет после битвы)[245]을 발표했다. 후자는 수력발전소 건설을 다루는 발렌찐 라스뿌찐과 유리 본다레프의 작품들과 달리, 중부 러시아 브로드이 마을의 핵발전소 건설을 다루고 있다.

이 소설의 줄거리는 등장인물들의 인위적이고 순진한 갈등을 중심으로 하여 전개된다. 낭만적 이상주의자인 주인공 포띠예프는 '벡또르'(Вектор)라는 새로운 관리시스템을 소개할 목적으로 핵발전소 공사현장에 도착한다. 벡또르는 공정과정의 취약한 부분을 확인하고 이를 좀 더 효율적으로 개선하는 시스템으로 추정된다. 그런데 작가는 이 시스템에 대한 명쾌한 설명은 제시하지 않는다. 대신 독자들로 하여금 인간의 노동이 생산성을 향상시키는 유일한 요소라는

---

244) 쁘로하노프의 초기 산문에 대한 자세한 내용은 다음 글을 참조하라. N.N. Shneiderman, *Soviet Literature in the 1980s: Decade of Transition*: Toronto, 1989, p.142~154.

245) «10월», 1988, №8, c.3~117, №9, c.21~142.

것을 믿도록 만든다. 공사가 시작되면서 포띠예프가 노동조합 관리이자 공사 책임자인 고르노스따예프의 연인 안또니나와 사랑을 나누게 되자, 고르노스따예프는 이 시스템 도입을 중단하고, 그를 공사현장에서 추방하려고 애쓴다.

이 소설은 민감한 주제를 다루고 있다. 체르노빌 재앙이 발생한 후부터 산문에서 다루는 원자력발전소 문제는 상당히 민감한 주제이다. 그러나 소비에트 사회주의 정책을 적극적으로 지지하고 있는 쁘로하노프는 원자력발전소 건설과 가동으로 인해 발생할 수 있는 생태계의 파괴 가능성에 대한 그 어떤 의문도 제기하지 않는다. 게다가 체르노빌 사태를 초래한 소비에트 당국에 대한 비난도 하지 않는다. 그는 이 소설에서 자신이 주장하는 이데올로기와 정치적 견해를 적극적으로 밀어붙이고 있다. 작가의 입장을 대변하고 있는 주인공은 체르노빌 사태의 책임을 서방세계에 전가하며 다음과 같이 언급한다. "그들은 사태가 절박하다는 것을 이미 알고 있었다. 소련의 불행을 내심 반기고 있던 그들은 이 사태가 발생하기를 고대하고 있었던 것이다. 그들은 우리에게 접근하여 어떻게 해서든지 우리 당국의 부처와 금융기관으로 침투하려고 애쓰고 있었다. 그리고 우리의 과학계로 침투한 그들은 이 파괴적인 계획을 비밀리에 추진했다."[246]

글라스노스찌로 인해 발생한 표현의 자유를 이용해서 쁘로하노프는 브레즈네프 정권을 공격했다. 그러나 소련체제와 사회주의정책은 옹호했다. 그는 브로드이에 원자력발전소를 건설하는 것은 러시아의 당연한 권리라고 주장하면서 러시아 민족주의를 홍보하고 있다. 이 소설에는 600년 전 브로드이 마을에 출현한 신비스럽고 불가사의한 외부침략자들이 언급되어 있고, 그들이 러시아군에 의해 쫓겨났다는 신화적 내용도 묘사되어 있다. 작가는 이 환상적인 전설을 소비에트의 과거와 현실을 비교하는 도구로 사용하며, 현재 소련과 러시아인들에게 닥친 위기감을 증폭시키고 있다. 그리고 아프가니스탄 전쟁과 체르노빌 사태에 대한 이야기를 여러 차례 언급하고 있다. 포띠예프를 포함한 긍정적인 등장인물

---

246) Александр Проханов, *Шестьсот лет после битвы,* Москва: 1990, с.245.

들은 아프가니스탄 참전자이거나 체르노빌 사태의 생존자들이다. 그들은 목숨을 걸고 자신들의 의무를 묵묵히 수행한다. 그리고 지방 관리들에게 대항하며 소위 인민들의 뜻이라고 주장하는 포띠예프의 계획을 적극적으로 지지한다. 쁘로하노프는 아프가니스탄 참전자들을 이상화하며, 이들이 현재의 소련을 구원하고 더 나은 러시아를 건설할 것이라고 주장한다.

이 소설은 문학적으로 뛰어난 작품은 아니다. 구성적 측면에서 줄거리의 통일성이 부재하고, 다양한 부차적 줄거리와 작가의 일탈이 작품의 주요 갈등을 묘사하는 데 방해가 되고 있다. 등장인물들의 성격은 복합적이지 않고 일차원적으로 단순하게 묘사되었다. 쁘로하노프는 예술적으로 표현하는 창조적 상상력이 부족한 작가이다. 무미건조한 언어와 장황한 문체를 사용하고 있고, 등장인물들은 특색이 없을 뿐 아니라 심리적 깊이도 결여되어 있다. 따라서 등장인물들은 작가의 견해나 사상을 표현하기에는 역부족이다. 항상 표면에 드러난 작가의 단순한 메시지를 있는 그대로 받아들이는 독자는 거의 없을 것이다.

1991년 반(反)고르바초프 쿠데타가 발생한 직후 쁘로하노프는 소설 『천사가 지나갔다』(Ангел пролетел)[247]를 발표했다. 『전투 후 600년』의 속편인 『천사가 지나갔다』에는 전자에서 다루었던 동일한 배경이 설정되었고 동일한 주인공들이 등장한다. 그러나 1988년에서 3년이 지난 1991년이 시대적 배경으로 설정되었다. 정치적 상황이 급변했기 때문에 작가는 새로운 방식의 서술로 이야기를 진행한다. 브로드이 마을의 관리들은 러시아를 혼돈상태에서 구하기 위한 '벡또르' 시스템을 거부하고, 포찌예프를 모스크바로 쫓아낸다. 이로 인해 마을 노동자들과 관리들 사이에 발생한 반목과 적대감은 극에 달하게 된다. 파업을 선언한 노동자들은 강력한 시위를 벌였고, 군인들과 공안요원들은 그들과 대결한다. 군인들과 대결의 양상을 띠고 있는 이 장면은 마치 1991년 8월 모스크바 대통령궁 앞에서 발생한 1991년 8월 쿠데타 장면을 연상시킨다.

247) «우리의 동시대인», 1991, №10, с.5~60, №11, с.91~141, №12, с.46~107.

그러나 쁘로하노프는 독자들에게 한 걸음 더 나아간다. 시위하는 노동자들 가운데 한 사람이 군인들의 무장차량에 치여 사망하는 사고가 발생한다. 그리고 아프가니스탄 참전용사인 군사령관은 이 사고에 대해 죄책감을 느끼고 자살한다. 이 소설은 확실한 결론을 못 내리고 끝을 맺는다. 그러나 작가는 러시아에서 발생하고 있는 그 어떤 격변도 브로드이의 원자력 발전소 가동을 멈출 수 없다는 것을 밝히고 있다. 그리고 작품 말미에서 서정적 어조로 러시아가 파멸할 것이라고 단정 짓고, 러시아의 미래에 대한 두려움과 고뇌를 표출하며 자신의 분노를 드러낸다. 이 소설은 소련이 해체되는 마지막 단계에 출판되었다. 따라서 소비에트 체제와 사회주의를 더 이상 방어할 필요가 없는 상황이었다. 그 대신 쁘로하노프는 소련의 소수민족을 폄하하며 고르바초프와 그의 행정부를 격렬하게 공격하고 있다.

1993년 쁘로하노프는 또 다른 소설 『제국의 마지막 군인』(Последний солдат империи)[248]을 발표했다. 자전적 소설인 이 작품에는 미국 국방부에서 주관하는 '랜드 코오퍼레이션' 연구소의 초청장을 거부하는 러시아 사회과학자가 주인공으로 등장한다. 소설의 화자는 철두철미한 반미주의자이며, 1980년대 초에 발표한 쁘로하노프 산문에 등장하는 화자를 연상시킨다. 아프가니스탄, 앙골라, 모잠비크, 니카라과, 그리고 캄보디아를 배경으로 설정한 이 소설에서 쁘로하노프는 소련의 붕괴와 해체를 강력하게 비난하고 있다.

최근에 발표한 쁘로하노프 산문에서 다루고 있는 주제와 배경은 1980년대 초에 발표한 산문에서 다루는 것과 다르지만, 문체와 양식은 거의 동일하다. 그런데 이 산문들을 소설의 영역에 포함시키는 것은 다소 무리가 있다. 왜냐하면 예술성, 저널리즘, 그리고 정치성이 작품에서 하나로 융합되어 있기 때문이다. 게다가 작품의 문학적 가치를 훼손시킬 정도로 지나치게 시사적이며 기회주의적일 뿐 아니라, 가끔 무미건조한 저널리즘 형태도 띠고 있기 때문이다.

---

248) Ibid., 1993, №7, c.7~46, №8, c.15~61, №9, c.10~50.

그럼에도 불구하고 민족적 성향의 보수주의 비평가들은 그의 작품을 극찬하고 있다. 비평가 에두아르드 보로진(Эдуард Ф. Воробин, 1939~)은 «소비에트 러시아»에 『천사가 지나갔다』에 대한 평론을 게재했다. "포띠예프의 형상은 쁘로하노프의 가장 위대한 업적이다. 그는 붕괴되고 있는 현 시대상황을 대변하는 러시아인의 위대한 형상이다. 그는 자신의 영혼과 세계관에 대한 순수성, 그리고 타인의 고통에 대한 동정심을 보존하고 있는 러시아인이다... 이 소설은 우리의 비극적 서사시의 첫 번째 노래이다."[249] 그의 평론은 예술성보다 정치성이 소설을 평가하는 중요한 잣대였던 과거 소련 당국의 작태를 다시 한 번 떠올리게 만든다.

유리 아락체예프(Юрий С. Аракчеев, 1939~)

«바냐 아저씨»(Дядя Ваня)는 모스크바의 '체홉 협회'가 1991년부터 발행한 문학연감이다. 이 연감의 편집자는 과거 '모스크바 작가동맹'의 서기를 역임한 뱌체슬라프 슈가예프(Вячеслав М. Шугаев, 1938~1997)이다. 창간호에는 '문학에세이', '다큐멘터리 산문' 그리고 고인이 된 작가들에 대한 '회고록' 등이 실렸다. 작품을 투고한 작가로는 세르게이 예신(Сергей Н. Есин, 1935~2017), 유리 나기빈, 뱌체슬라프 슈가예프, 그리고 유리 아락체예프 등이 있다. 유리 아락체예프는 소비에트 작가동맹 회원이자, 중간세대의 주류작가이다. 그가 연감에 발표한 『어떤 환멸의 역사』(История одного разочарования; 1991)[250]는 향후 발표할 소설 『납득』(Постижение)의 정기간행물 판이다. 이 작품에는 소비에트 기관에 미친 볼셰비키 정책의 영향과 소비에트 권력층의 심리상태, 그리고 마르크스-레닌이즘의 근저 조사와 소련에 끼친 영향 등을 다루고 있다.

249) Эдуард Володин, 'Русский ерос. Песнь первая', «소비에트 러시아», 1992년 2월 11일 4면.
250) «바냐 아저씨», 1991, №1, с.65~220.

『어떤 환멸의 역사』 1부에서 «프라우다» 기자인 1인칭화자는 독자들에게 카자흐스탄의 외딴 도시에서 개최된 저녁파티 장면을 소개한다. 이 파티에는 거만한 허풍쟁이인 지역공산당 서기 로마뉴끄가 주빈으로 참석했다. 그는 지방 관리들과의 소원한 관계를 해결하기 위해 술이 취한 상태에서 자신의 부관들을 괴롭히며 야단을 친다. 그는 자신의 권력을 이용해 지방 관리들에게 친근함을 드러내며, 이와 동시에 그들에게 두려움도 심어주고 있는 것이다. 파티에 참석하고 있는 화자는 로마뉴끄의 행동에 당황해하며 심한 모욕감을 느낀다. 그가 목격한 장면은 자신이 과거에 품고 있던 소비에트 체제의 타당성과 합법성에 대한 회의를 다시 불러일으켰고, 그로 하여금 마르크스-레닌이즘을 면밀히 재검토하게 만든다.

2부에서 화자는 레닌의 작품을 자세히 분석한 후, 그의 작품에 논리성이 없다는 결론을 내린다. 레닌은 자신을 반대하는 자들과 논쟁을 하지 않고 자신의 권력을 이용해 그들을 제거했다는 것이다. 다시 말해 민주주의보다는 독재를 지향했다는 것이다. 3부에서 화자는 파시즘의 핵심을 파헤친다. 그리고 히틀러가 권력을 장악하게 된 것은 러시아에서 발생한 볼셰비키혁명의 결과물이라는 결론을 내린다. 화자는 마르크스와 레닌을, 대중을 사로잡기 위해 숭고한 이상을 이용해 모든 것이 허용된다는 논리를 전개하는 도스또옙스끼의 『까라마조프가의 형제들』에 소개된 '대심문관'과 비교한다. 아락체예프에 의하면, 소비에트 시스템은 다수의 대심문관들과 독재자 나폴레옹들을 만들어 냈고, 이들은 자신들을 위해, 그리고 다른 사람들의 평등을 위해 사회주의를 구축했다는 것이다. 그리고 로마뉴끄는 바로 대심문관들 중 한 사람이며, 그는 자신이 관리하는 지역에서 권력을 독점하고 남용하며 과거 볼셰비키들이 사용했던 전략을 그대로 모방하고 있다는 것이다.

고르바초프가 집권한지 5년이 지난 후에 쓴 이 작품의 에필로그의 분위기는 별로 낙관적이지 않다. 작가는 소비에트 인민들에게 불행을 초래한 인물들을 질책하지는 않는다. 대신 소비에트 시스템을 비난하며 권력자들이 자신의 권력을 내려놓으려하지 않는 것에 대해 개탄한다. 『어떤 환멸의 역사』는 소설의 범주에 포함시키기에 다소 무리가 있다. 왜냐하면 사실, 허구, 자아탐구, 철학적 접근, 그리고 사회분석이 혼재되어 있는 독특한 형태를 띠고 있기 때문이다. 이 작품은 현실에 실망하여 자신이 믿지 않는 신을 위해 봉사하도록 강요당한 '작가의 고백'으로 간주할 수 있다. 화자는 진정성과 열정을 갖고 이야기를 진행하며, 소비에트 시스템을 표면적으로 지지하며 반체제활동을 하지 않았던 인젤리겐찌야들의 감정과 견해를 대변하고 있다. 그들은 집권자들의 권력남용을 묵인하고 자신들이 품고 있던 의구심과 절망을 묻어버리도록 강요당했던 것이다.

소련이 붕괴되고 3년이 지난 1994년 아락체예프는 러시아 상황에 대해 다시 환멸을 느끼고 있다. 비록 자유주의 견해를 고수하고 있지만, 그는 옐친과 그의 행정부 시스템에 대해 반기를 들었다. 그리고 작품에 일부 자유주의 인젤리겐찌야들을 괴롭히는 옐친정책의 문제점을 반영하기 시작했다. 옐친의 정치·경제개혁에 실망한 인젤리겐지야들은 국가의 안정을 도모하기 위해 새로운 가치와 정치 리더십을 위한 가이드라인을 추구하고 있다.[251)]

중간세대 작가들은 최근 러시아의 정치적 변화에 대한 견해를 자신들의 작품에서 분명하게 제시하고 있다. 대부분의 작가들은 표현과 출판의 자유를 만끽하며 새롭게 다가오는 변화에 적극적으로 대처하려고 애쓰고 있으며, 일부 작가들은 다양한 방식으로 자신들의 목소리를 내고 있다. 블라지미르 마까닌은 디스토피아 작품을 통해 철학적 영역을 확장하고 있다. 안드레이 비또프는 창작의 다양성과 예술에 대한 자유의 영향을 탐구한다. 류드밀라 뻬뜨루쉡스까야는 인간의 참혹함, 냉담함, 그리고 고통을 일상에서 발생하는 평범한 충돌을 사용해서 표현하고 있다. 아나똘리 김과 빅또리야 또까레바가 다루고 있는 주제는 러시아의 새로운 시대정신을 반영한다. 블라지미르 끄루삔의 최근 작품은 이전 것과 유사한 주제를 다루고 있으나, 작가의 이데올로기와 종교관이 이전과 달리 작품 표면

---

251) Юрий Аракчеев, 'Да поможет нам Бог.', «내일», 1994년 7월, №28, 8면.

에 드러나고 있다. 그리고 알렉산드르 쁘로하노프는 작품에 항상 자신의 정치적 견해를 반영하고 있다. 과거 그는 소비에트 정권을 우상처럼 숭배했으나, 지금은 러시아의 국가적 위상과 민족주의라는 새로운 신들에게 경배를 드리고 있다.

과거 대부분의 소비에트문학은 작가들의 예술성과 진정성이 결여된 형식적인 산물이었다. 그러나 오늘날 뻬레스뜨로이까가 실시되면서 중간세대 작가들은 자신들이 과거에 표출하지 못했던 다양한 견해를 자유롭게 드러내고 있다.

제5장

'뻬레스뜨로이까' 시절 새롭게 등장한 작가들

뻬레스뜨로이까와 글라스노스찌가 실시되면서 소련이 해체되고 검열제가 폐지되었다. 그리고 새로운 작가들이 등장하기 시작했다. 그들 중 일부는 뻬레스뜨로이까의 산물인 젊은 세대 작가들이다. 또 다른 작가들은 과거 소비에트 편집위원들과 검열관들의 면밀한 조사와 감독을 피할 수 없었던 원숙한 작가들이다. 원숙한 작가들 가운데는 지금까지도 계속해서 작품을 출판하고 있는 작가들도 있고, 문단을 떠난 후 은둔생활을 하며 자신만의 공간에서 창작활동을 하고 있는 작가들도 있다. 그들은 나이 차는 있으나, 모두가 다양한 양식과 주제, 그리고 다양한 장르를 다루고 있다. 어쨌든 새롭게 등장한 모든 작가들은 미래에 대한 희망을 품고 있다. 그들은 최근에 발생하고 있는 사회적, 윤리적, 그리고 미학적 문제뿐 아니라 자신들이 겪었던 과거의 경험도 다루고 있다.

뻬레스뜨로이까 시절 새롭게 등장한 작가들은 크게 세 그룹으로 나눌 수 있다. 첫 번째 그룹은 러시아 사실주의의 전통을 따르고 있는 작가들이다. 세 번째 그룹은 포스트모더니즘 성향의 작가들이다. 그리고 이 두 그룹 사이에 있는 두 번째 그룹은 전통적인 사실주의 양식에 포스트모더니즘 요소를 가미한 작품을 집필하는 작가들이다. 그러나 세 그룹은 순전히 내 주관에 의해 분류한 것이다. 세 그룹으로 나눈 후, 어떤 작가를 어떤 그룹에 포함시키는 것은 다소 모호한 작업임에 틀림이 없다. 왜냐하면 어떤 작가들은 사실주의 양식에 포스트모더니즘 요소를 담고 있는 작품들뿐 아니라, 이 양식에 아방가르드 요소와 개념철학 요소를 담고 있는 작품들도 집필했기 때문이다. 그리고 또 다른 작가들은 새롭게 형성되고 있는 자본주의 도서시장에 부응하기 위해 각각의 작품에 적합한 서술기법을 시도하고 있다. 따라서 오늘 사실주의 산문을 발표한 작가가 내일은 포스트모더니즘 혹은 아방가르드 작품을 출간할 수도 있는 것이다.

1. 사실주의 전통

세르게이 깔레진(Сергей Е. Каледин, 1949~)

세르게이 깔레진은 뻬레스뜨로이까 시절 38세의 나이에 문단에 데뷔했다. 도시 공동묘지를 배경으로 설정한 그의 첫 중편 『초라한 공동묘지』(Смирённое кладбище; 1987)는 생리학적 스케치를 담고 있는 작품이다. 이 소설에는 새로운 유형의 인물들 – 인생의 낙오자, 부랑자, 알코올 중독자 – 이 등장한다. 묘지는 영원한 안식처이고, 망자를 매장하는 것은 공공사업이다. 그러나 매장은 어느 누군가에게 일거리를 제공한다. 공동묘지에서 일하며 살아가고 있는 사람들의 어두컴컴한 세계는 그들의 생활터전이다. 작가는 묘지의 가혹한 현실이 이곳에서 일하는 사람들의 탐욕적이고 냉소적이며 폭력적인 성격을 완화시켜주는 데 도움이 되지 않는다는 것을 묘사하고 있다.

깔레진은 상황설정과 갈등을 묘사하는 능력이 탁월하다. 그는 중편 『건설부대』(Стройбат; 1989)[252)]에서 소위 '가혹한 산문'(жёстокая проза)이라고 불리는 사실주의 서술기법을 사용하고 있다. 이 작품은 최근까지 보안을 유지해야 되는 러시아군대의 민감한 주제를 다루고 있다. 뻬레스뜨로이까 이전에 소비에트 작가들은 '붉은 군대'를 상당히 긍정적으로 묘사했다. 깔레진은 이런 판에 박힌 전통을 파괴하고, 독자들을 소비에트 건설부대가 주둔하고 있는 시베리아의 외딴 마을로 초대한다.[253)]

건설부대에는 육체적으로 건장한 군인들뿐 아니라, 장애인, 범죄자, 또는 불량배들이 근무하고 있다. 그리고 무슬림을 포함한 소수민족들이 이 부대의

---

252) «신세계», 1989, №4, с.59~89.

253) 러시아군대를 부정적 시각으로 다루고 있는 작품으로 «청춘», 1987, №11, с.47~68에 실린 유리 뽈랴꼬프(Юрий Поляков)의 『명령이 하달되기 전 100일』(Сто дней до приказа)을 꼽을 수 있다.

다수를 구성하고 있는데, 그들 중 일부는 러시아어를 잘 구사하지 못한다. 깔레진이 묘사한 이 부대는 청소년 범죄자들을 위한 소년원을 연상시킨다. 이곳에 근무하는 군인들은 육체적, 정신적 학대에 무방비 상태로 노출되어 있다. 그리고 파벌이 존재하고 강자가 지배하는 세상이다. 이곳에 배치된 군인은 1년 동안 고참들에게 무조건 복종해야 한다. 그리고 2년차에는 신병들을 학대하며 공포에 떨게 만들어야 한다. 알코올, 마약, 도둑질 그리고 패싸움은 그들에게 일시적 기분전환을 제공하며 군대의 끔찍한 일상으로부터 잠시 벗어나게 만든다.

작가가 이런 배경을 독자들에게 설명하는 것은 마지막 장면에서 발생하는 주요갈등에 대한 이해를 도모하기 위한 것이다. 이야기가 진행되면서 두 집단 사이에서 패싸움이 발생한다. 한 집단은 주로 전과자들로, 그리고 다른 집단은 곧 제대할 군인들로 구성되어 있다. 감옥을 관리하는 교도관들이 패싸움을 종식시키기 위해 개입한다. 이 과정에서 교도관 한 사람이 유태계 군인 피쉘에 의해 피살당한다. 피의자가 누구인지 밝혀지지 않은 상태에서 제대를 앞둔 모든 군인들이 며칠 동안 구금되어 심문을 받는다. 이 과정에서 모스크바 출신 러시아계 군인 꼰스딴찐 까라므이체프가 피쉘이 살해했다고 증언한다. 그는 피쉘에 대해 앙심을 품지도 않았고, 범죄에 대한 윤리적 행동을 취한 것도 아니었다. 실상은 피쉘이 꼰스딴찐과 그의 친구들을 보호하기 위해 교도관을 살해한 것이다. 그러나 피쉘의 운명은 꼰스딴찐에게 아무런 의미도 없었다. 심지어 꼰스딴찐은 제대 날짜에서 하루 더 근무하는 것을 무의미한 희생이라고 생각하는 이기적인 인물이다. 작가는 이 사건을 통해 소비에트 군부대에서 흔히 발생하는 일상을 폭로하고 있다. 그리고 부대에 만연한 편협성, 증오심, 학대, 그리고 소수민족에 대한 러시아민족의 착취와 차별도 고발하고 있다. 깔레진은 패싸움에 가담한 나약한 유태인 피쉘을 소수민족의 모델로 사용하며 그를 이상화시키고 있다. 반면에 힘이 쎈 꼰스딴찐은 성실성과 양심이 결여된 이기주의 러시아인으로 묘사하고 있다.

대부분의 비평가들은 이 소설의 예술적 가치에 대해 주목하지 않았다. 그리고 비속어로 가득한 언어에도 관심을 표명하지 않았다. 그들은 군대의 가혹한 현실과 군복무가 젊은이들에게 미치는 영향에만 초점을 맞추고 있다. 바실리 브이꼬프는 오래전부터 소비에트 군부대가 부대 내의 진실을 은폐하고 있다며 비난을 퍼부었다. 그리고 깔레진의 소설 내용은 허구가 아니라 사실이라고 지적했다. 브이꼬프는 사실주의 경향의 이 소설을 예술적으로 뛰어난 작품으로 평가했다.[254] 그러나 보수주의 잡지 «우리의 동시대인»은 작가가 천박한 언어를 사용한 것을 지적하며 작품의 가치를 폄하했다. 그리고 «신세계»가 이 작품을 게재한 것을 비난하고, 소설에서 언급한 사건은 전형적인 것이 아니라고 주장하며, 건설부대를 향한 비난의 화살을 막으며 부대 책임자들을 옹호했다.[255] 깔레진은 등장인물의 성격묘사와 심리적 분석을 시도하며 부대의 환경도 상세하게 묘사하고 있다. 진실성을 담보로 하는 이 이야기를 통해 깔레진은 군부대에 만연한 심각한 병폐를 지적하고 있는 것이다.

깔레진의 『사제와 노동자』(Поп и работник; 1991)[256]는 자신의 경험을 토대로 집필한 작품이다. 그는 과거 자신이 품고 있던 교회와의 관계를 회복시키고자 하는 욕망과 신앙심이 깊은 사람들에게 종교적 열정을 품게 만드는 동기를 이해하고자 하는 열망을 이 작품에서 다루고 있다. 작품에서 다루는 주요 갈등은 깔레진이 자신의 상상력을 토대로 하여 허구로 꾸민 것이지만, 등장인물들은 현실세계에 존재하는 전형들이며 그들 중 한사람이 바로 작가이다. 모스크바에서 100여 킬로미터 떨어진 마을의 교구교회가 공간으로 설정되었다. 사제 발레리는 모스크바에 거주하고 있는데, 예배를 인도하기 위해 정기적으로 이 마을의 교구교회를 방문한다. 늙고 병약한 베라 이바노브나는 헌신적으로 신앙생활을 하는 '교회집사'(староста)이다. 그녀는 정직하고 이타적이며 자비로운 인물이다. 그녀는 노약자와 병든 자, 그리고

254) Василий Быков, 'Обоснованная тревога', «깃발», 1989, №8, с.221.
255) Александр Поздняков, 'Последний парад наступает', «우리의 동시대인», 1990, №5, с.135~143.
256) «신세계», 1991, №11, с.87~116.

도움이 필요한 사람들을 보살핀다. 그녀는 교회재산을 관리하려고 원하는 사제 부인을 신뢰하지 못하고, 자신이 교회재산을 직접 관리한다. 교회에서 일하는 화자이자 작가인 바브낀은 자신의 부인에 의해 집에서 쫓겨난 인물이며 도시에 거주하고 있다. 바브낀은 교회 인근에 '다차'(дача)를 가지고 있다. 그는 교회공동체의 삶을 몸소 체험하기 위해 교회 일을 하게 된 것이다. 소설의 종결부에 베라 이바노브나가 구급차에 실려 병원으로 가게 되었을 때, 그녀는 교회 재산을 감추어 놓은 곳을 바브낀에게 알려준다. 이를 확인하기 위해 감춰진 장소로 가던 중 바브낀은 범죄기록을 갖고 있는 젊은 알코올 중독자 똘까에게 공격을 받는다. 똘까는 베라가 돌보던 사람들 중 한 사람이며, 교회에서 허드렛일을 하는 청년이다.

이 작품에 설정된 시간대는 1987년 전반기이며, 소비에트 종교위원회가 여전히 관리·통제하고 있던 시기이다. 그리고 적지 않은 교구교회에 비리가 존재한다는 것을 의심하고 있던 시절이었고, 이를 파헤치기 위해 KGB 정보원들이 교회에 잠입해 있었다. 베라 이바노브나는 교회를 다니는 마을 사람들보다 바브낀을 더 신뢰했다. 이 작품에서 깔레진은 소비에트 교회의 슬픈 현실을 지적하고 있다. 이 작품에 대한 인터뷰를 실시했을 때, 깔레진은 다음과 같이 고백했다. "종교에 관심을 갖고자 교회를 방문했는데, 진정한 신앙심을 갖고 있는 교인은 오직 한 명뿐이었다. 베라 이바노브나는 타인을 위해 헌신하는 신비스런 영혼을 소유한 인물이다. 이 교구교회의 교인들 가운데 그녀만이 러시아정교의 유일한 대들보이다."[257]

이 작품의 서술구조는 많은 대화와 몇몇 일탈로 구성되어 있다. 모스크바에서 비교적 가까운 곳이 공간으로 설정되었음에도 불구하고, 깔레진은 수도에서 멀리 떨어진 시골의 방언을 사용하고 있다. 그의 이전 작품들과 비교해 볼 때 이 작품은 강렬하고 심각한 장면의 묘사가 부재하다. 결말부분은 멜로드라마

---

257) Елена Якович, '세르게이 깔레진과의 인터뷰', «문학신문», 1991년 3월 20일, 9면.

느낌을 준다. 작가는 바브낀의 운명, 베라 이바노브나의 건강, 그리고 돈의 행방에 대해 아무 언급도 하지 않고 독자들의 몫으로 남겨둔다. 그의 이전 작품과 마찬가지로 깔레진은 이 작품에서도 사회적·영적 문제가 외적인 것보다 더 중요하다는 것을 지적하고 있다. 작가는 무신론자가 진정한 교인이 되는 것이 쉽고 단순한 문제가 아니라는 것도 제시하고 있다. 마치 기독교집안에서 성장한 신자를 무신론자로 만드는 것이 어려운 것처럼, 이 역시 어렵다는 것이다. 그리고 신앙이 돈독한 것처럼 보이는 신자들 가운데 진정으로 하나님의 말씀을 따라 생활하며 물질주의와 이기주의로부터 자유로운 사람들이 거의 없다는 것도 지적하고 있다. 러시아교회가 과거 소비에트의 잔재를 제거하려면 한 세대는 아닐지라도 오랜 시간이 걸릴 것이다. 그리고 러시아 사람들이 단순히 사회주의 무신론에서 벗어나기 위해서가 아니라, 내면에서 발생하는 믿음의 갈급함으로 인해 교인이 되는 것 역시 오랜 시간이 걸릴 것이다.

레오니드 가브이셰프(Леонид А. Габышев, 1952~)

과거 소련에서 강제노동수용소를 다루는 작품을 집필한 작가로는 솔제니친과 바를람 샬라모프(Варлам Т. Шаламов, 1907~1982)를 꼽을 수 있다. 뻬레스뜨로이까 시절 레오니드 가브이셰프는 젊은 죄수들의 삶을 다루는 작품을 발표했다. 그는 시베리아의 옴스끄에서 출생했고, 볼고그라드 건설·무역학교를 졸업했다. 비교적 젊은 나이에 다양한 무역회사에서 근무했던 그는 범죄행위로 5년간 투옥된 이력도 있다. 첫 번째 소설 『오들랸, 혹은 자유의 공기』(Одлян, или воздух свободы; 1989)[258]는 자전적 작품이다. 이 소설에서 다루고 있는 시간과 공간은 1960년대 말부터 1970년대 초 우랄 산맥에 위치하고 있는 오들랸 청소년 강제교화수용소이다. 작가는 15세 때까지 절도와 불량배 생활을 했던

258) «신세계», 1989, №6, c.149~237, №7, c.85~133.

꼴랴 삐뜨로프의 이야기를 회상장면을 통해 독자들에게 들려준다. 그의 부친은 전직 경찰서장이다.

작가는 수용소에서 발생한 육체적 정신적 학대와 성추행, 그리고 이로 인한 좌절감과 자살 등의 끔찍한 장면을 묘사하고 있다. 청소년재소자들의 만행과 잔인함은 끝이 없다. 다른 재소자를 학대할 수 있는 기회가 제공되면, 폭력과 학대를 당했던 약자들도 사악해지고 잔인한 행동을 일삼는다. 수용소는 재소자들을 교정할 수 없을 뿐 아니라 교화도 할 수 없다. 단지 청소년들의 민감한 감수성을 병들게 만들 뿐이다. 청소년들은 학대를 당하지 않기 위해서는 상대방을 학대해야한다는 수용소의 법칙을 깨닫는다. 재소자는 노예가 되든지, 폭군이 되든지, 둘 중의 하나를 택해야만 한다. 그리고 중도란 존재하지 않는다. 오들랸 청소년 강제교화수용소는 수용소 행정관들의 중추역할을 하고 있는 내부 마피아 조직에 의해 관리되고 통제된다. 재소자들은 '절도범'들과 '딱딱한 뿔'들의 끊임없는 폭력에 의해 통제된다. 전자는 수용소의 자칭독재자들이고, 후자는 수용소 행정관들에 의해 재소자들을 협박할 수 있는 권리를 부여받은 자들이다. 1989년 «신세계»에 게재된 이 소설에는 문제점을 보완하는 장치가 전혀 없고, 모든 것이 절망적이고 암울한 세상이 묘사되어 있다. 작가는 소비에트 형벌시스템의 폐단을 강력하게 지적하고 있다, 그런데 1990년에 도서형태로 출간된 작품에는 끝부분에 새로운 장이 추가되었다. 이 장에는 수용소에서 정의의 투사가 된 주인공이 모범수가 되어 감형을 받았다는 내용이 포함되어 있다. 그는 자신이 아직도 사랑하고 있다고 생각하는 전(前)여자 친구와 행복한 가정을 꾸려나갈 것을 꿈꾼다. 이 부분은 사실주의 소설에 잘 어울리는 긍정적인 결말이다.

1982년부터 1983년 사이에 집필하기 시작하여 1989년부터 1990년 사이에 발표한 이 소설에 대해 소비에트 대중은 열광적으로 환호했다. 비평가들도 작품의 주제가 흥미롭고 참신하다는 것을 지적하며 호평했다. 최근까지지도 대중에게 알려지지 않은 소비에트 수용소 삶을 폭로한 이 작품에 모든 사람이 큰 감동을 받은 것이다. 그러나 뜨거웠던 열기가 점차 식어 가면서 사람들은 이 소설이 예술적으로 뛰어난 작품이 아니라는 것을 인식하게 되었다. 일시적 관심을 바탕으로 하는 화제작의 수명이 짧다는 것을 보여주는 좋은 본보기이다.

3인칭화자가 이야기를 진행하는 이 소설은 화자(작가)와 주인공의 목소리가 그들의 대화 속에 융합되어 있다. 비록 흥미로운 주제를 다루고 있으나, 작가의 상상력이 부족하며 등장인물의 묘사도 미흡하다. 주인공의 체험과 행동은 자세히 다루고 있으나, 그의 행동을 유발한 동기를 설명하기 위한 심리분석은 결여되어 있다. 그럼에도 불구하고 이 작품은 작가의 진정성과 독특한 주제 때문에 읽을 만한 가치가 있다. 작가는 청소년에 대한 소비에트 사법제도의 무관심과 법에 저촉되는 행동으로부터 그들을 보호하지 못했다는 것을 폭로하고 있다. 그리고 그들이 범죄자가 된 것은 개인의 문제보다 사회의 책임이 더 크다는 것도 지적한다. 가브이셰프는 1990년과 현재를 비교해 볼 때 인구는 2배 늘었지만, 범죄자는 8배 늘었다는 것을 강조하고 있다.[259] 비록 범죄와 관련된 소련의 공식적 통계가 책자로 발행된 적은 없지만, 종교와 밀접한 관계를 맺고 있는 소위 '부르주아 양심'의 잔재를 청산함으로써, 소비에트 당국은 대중의 영적기반을 약화시키고 청소년 범죄자들을 양산했다는 것을 지적하고 있는 것이다.

올레그 예르마꼬프(Олег Н. Ермаков, 1961~) 그리고 아프가니스탄 전쟁

1991년 소련은 나치침공 50주년 기념행사를 개최했다. 제2차 세계대전을 다루는 작품들은 1941년부터 소비에트문학에서 중요한 위치를 점하게 되었다. 1945년 이후 소련에서 출간된 작품들의 약 20%는 전쟁의 참화와 공포를 묘사하며, 소련군 장교들과 병사들의 영웅적 공적을 찬양하고 있다. 이 작품들은 젊은이

259) Ж. Васильева, 'Падших людей нет...', 레오니드 가브이셰프 인터뷰, «문학신문», 1991년 3월 6일, 11면.

들에게 조국에 대한 헌신과 애국심을 심어주려는 의도를 갖고 출판되었다.

오늘날 제2차 세계대전은 역사의 뒤안길로 사라졌다. 참전자들은 노쇠했고, 제2차 세계대전에 관한 주제는 일부 역사소설에서나 다루는 처지가 되어 버렸다. 최근에 출간된 전쟁과 관련된 소설은 제2차 세계대전보다 아프가니스탄 전쟁[260]을 주로 다루고 있다. 두 전쟁의 성격이 다르기 때문에 이들을 다루는 문학작품의 성격도 다르다. 제2차 세계대전 당시에는 침략자들과 전투를 벌이고 있는 전방의 구분이 명확했을 뿐 아니라, 소련군의 명분도 정당했다. 그리고 러시아인들이 조국을 지키는 것은 도덕적 책무이자 법적 의무였다. 제2차 세계대전을 다루는 작품을 집필한 바실 브이꼬프, 유리 본다레프, 그리고리 바끌라노프, 그리고 바체슬라프 꼰드라찌예프는 전쟁에 대해 다양한 예술적 접근방식을 통해 차별화된 해석을 내리고 있지만, 어느 누구도 전쟁의 목적에 대해서는 의문을 제기하지 않았다.

그러나 아프가니스탄 전쟁은 제2차 세계대전과 비교할 때 상황이 완전히 달랐다. 전자의 기간이 후자의 것에 비해 2배 이상 길게 진행되었음에도 불구하고, 전쟁의 배경과 진행과정은 대중에게 거의 알려지지 않았다. 아프가니스탄 전쟁은 소비에트 일반인들이 접근할 수 없는 비밀전쟁이었다. 그리고 전선(戰線)도 존재하지 않고, 적군의 정확한 정체도 알 수 없고, 전쟁을 하는 명확한 목적도 없다. 소련군은 적개심을 품고 있는 아프가니스탄 사람들에게 낯선 침략자였다. 소련군이 국제적 의무를 충실히 이행하기 위해 아프가니스탄의 마르크스 혁명정권을 지원한다는 소비에트 당국의 모호한 설명은 대부분의 참전자들에게 그 어떤 정의감도 심어주지 못했던 것이다.

아프가니스탄 전쟁을 주제로 한 작품을 처음 발표한 작가는 알렉산드르 쁘로하노프(Александр А. Проханов, 1938~)다. 그의 소설 『카불 중심가에 서 있는 나무』(Дерево в центре Кабула; 1982)는 당시 아프가니스탄 상황에 대한

260) 역주 : 1979년 12월부터 1989년 2월까지 9년 넘게 지속된 전쟁.

편파적인 내용을 담고 있다. 이 작품에는 소련이 침략자라는 언급이 전혀 없다. 쁘로하노프는 주민을 보호하고 돕기 위해 소련군이 주둔하고 있다는 논리를 펴고 있다. 글라스노스찌 시절에 발표한 또 다른 소설 『전쟁화가의 그림』(Рисунки баталиста; 1986)에서 쁘로하노프는 소련군과 반(反)공산주의 아프간 전사들 사이에서 벌어진 전투장면을 묘사하고 있으나, 이는 이념적이며 정치적인 의도를 갖고 묘사한 것에 불과하다. 그는 소련군의 헌신과 결의를 미화하면서 전쟁이 인간의 삶의 질을 향상시킨다는 다소 엉뚱한 논리를 펼친다. 그리고 아프가니스탄 전쟁을 미국을 포함한 제국주의자들과 소련의 지원을 받는 진보적 혁명군이 상호대립하면서 발생한 결과물이라고 주장한다.

아프가니스탄의 재앙은 1980년대 말 소련의 모든 사람들에게 알려졌다. 오랜 협상 끝에 1989년 2월 소련군은 아프가니스탄에서 완전히 철수했다. 이와 동시에 객관적인 시각으로 아프가니스탄 전쟁의 실패를 묘사하는 작품들이 출판되기 시작했다. 대부분의 작품은 종전되고 제대한 병사출신의 참전용사들이 개인적 경험을 토대로 집필한 것이다. 그들은 전시상태에서 수행한 군복무에 대한 이야기를 소개하면서, 자신들이 체험한 끔찍한 전투장면을 진솔하게 묘사하고 있다.

올레그 예르마꼬프는 그들 가운데 가장 뛰어난 작가로 평가된다. 중부 러시아 스몰렌스끄에서 태어나서 성장한 그는 1987년 문단에 데뷔했다. 당시 26살이었던 예르마꼬프는 문학잡지 «10월»의 1987년 12월호에 짧은 스케치 형식의 데뷔작을 게재했다. 그리고 『세례』(Крещение; 1989), 『노란 산』(Жёлтая гора; 1989)[261], 『무사 귀환』(Благополучное возвращение; 1989)[262], 그리고 『아프가니스탄 이야기들』(Афганские рассказы; 1989)[263] 등을 연이어 발표했다. 이 작품들이 발표되자마자 그는 비평가들과 독자들로부터 크게 주목을 받았다. 스케치 형식의 이야기로 구성된 이 작품들은 아프가니스탄

---

261) «깃발», 1989, №3, с.93~119.
262) «신세계», 1989, №8, с.156~164.
263) «깃발», 1989, №10, с.83~128.

전쟁에 참전한 병사들이 그곳에서 겪었던 에피소드를 다루고 있다. 『세례』와 『노란 산』은 잔혹하고 무자비한 상황에서 윤리적으로 적응하는 문제를 다루고 있다. 예르마꼬프는 뱌체슬라프 꼰드라찌예프의 『사슈까』(Сашка; 1979)에서 다루는 것과 유사한 갈등을 『세례』에서 소개하고 있다. 전자의 주인공은 독일전쟁포로를 살해하라는 상부명령에 복종하는 것을 거부한다. 이와 마찬가지로 후자의 주인공도 동료군인들과 달리, 소련군 살육에 참여한 아프간 반군을 사살하라는 명령을 따르지 않는다. 그런데 아프가니스탄 전쟁을 다루는 예르마꼬프의 작품들 가운데 『세례』처럼 도덕적 정의감을 묘사한 작품은 거의 없다. 그의 대부분 작품에는 전시상황뿐 아니라, 대기상황에서 발생하는 소련군의 폭력, 학대, 횡포, 그리고 비인간적인 행동이 묘사되었다. 소련군의 아프가니스탄 주둔생활은 이상적이고 낭만적인 전우애와는 상당한 거리가 있다. 예르마꼬프의 작품은 깔레진의 중편 『건설부대』(Стройбат; 1989)에서 묘사된 군부대 상황을 연상시킨다. 즉 정글의 법칙이 적용되는 소련군대는 나이 많은 고참 병사가 신참을 학대하며 잔인하게 대하고, 장교들과 사령관들은 마치 제삼자처럼 그 상황을 무심하고 냉정하게 응시할 뿐이다.

『아프가니스탄 이야기들』은 의도하지 않은 전쟁에 직간접적으로 연루된 군인들에게 미치는 영향을 묘사한 6개의 인상적인 스케치로 구성되어 있다. 첫 번째 이야기에는 서로 사랑에 빠져 아름다운 미래를 꿈꾸는 무명의 두 연인이 등장한다. 그들은 러시아의 외딴 마을의 학교에서 학생들을 가르치며 소박하고 행복한 생활을 누리겠다는 생각을 갖고 있다. 징집영장이 나왔을 때 남자는 그녀와 떨어져서 2년간 군복무를 하는 것을 대수롭지 않게 여긴다. 그는 2년 후 제대하고 둘만의 행복한 삶을 누리는 것을 꿈꾼다. 이야기의 결말부에서 시골마을의 선생님이 된 그녀는 남자친구가 제대할 때가 되자, 그와의 만남을 학수고대한다. 그러나 그녀에게 돌아온 것은 남자친구가 아니라, 그의 시신이었다. 두 번째부터 다섯 번째 이야기에는 아프가니스탄에 주둔하며 전투를 벌이고 있는 소비에트 군인들의 열악한 삶이 묘사되고 있다. 각각의 이야기는 각기 다른 등장인물과 다양한 사건, 배경, 그리고 운명 등이 묘사되어 있는데, 뒤쪽으로 갈수록 비관적인 장면이 더욱 증폭된다. 소중한 생명들이 이해할 수 없는 이유 때문에 목숨을 잃는다. 그리고 전쟁은 평상시에 선량했던 군인들을 난폭하고 잔인하게 만든다. 전투에서 살아남은 자들에게 남은 것은 망가지고 파괴된 육체와 영혼뿐이다. 이 작품에서 세계 공산주의 혁명의 승리감 혹은 애국심에 관한 표현은 찾아볼 수 없다. 군인들은 자신들이 수행하고 있는 전쟁에 대해 아무런 관심도 표명하지 않는다. 아프가니스탄 전쟁과 관련된 예르마꼬프의 이야기들은 표현형식과 내용적 측면에서 볼 때 사실주의 작품이나, 작품에 흐르는 전반적인 분위기와 문체는 비교적 온건하다. 작가는 충격적인 사건들을 신중하게 처리하고 있다. 그는 군인들에게 심리적으로 부정적인 영향을 끼칠 수 있는 암울한 분위기와 인생의 허무를 훌륭하게 표현하고 있다.

1990년 예레마꼬프는 아프가니스탄 전쟁을 다룬 또 다른 작품 『종탑』(Колокольня)[264]을 발표했다. 1인칭 서술방식을 사용하고 있는 이 작품은 표면상 사실주의 경향을 띠고 있다. 화자가 태어난 마을에 대한 향수가 삽입되어 있는 이 작품에는 화자와 그의 아내, 아들, 그리고 조부가 주요인물로 등장한다. 화자는 징집영장을 받고 아프가니스탄으로 떠나기 전 조부의 권유를 받고 아들과 함께 세례를 받는다. 조부는 과거 전통의식에 따라 세례를 받고 축복을 받은 후 전쟁터로 가야된다고 생각한다. 이 작품에 묘사된 일부 전쟁장면에서 독자들은 아무 근거도 없는 병사들의 잔혹성을 접하게 된다. 작가는 전쟁이 아무런 이유도 없이 그리고 분명한 목적도 없이, 모든 사람에 대한 적개심, 악행, 그리고 증오를 양산한다는 것을 지적하고 있다.

화자의 고향마을에 있는 교회는 과거 소비에트 정부에 의해 훼손되고 파괴되었다. 그리고 교회를 파괴한 그 정부는 지금 이 마을청년들을 아무런 의미도 없고 다만 범죄자를 양산하는 전쟁터로 내몰고 있다. 비록 종은 소실되었지만

264) «문학신문», 1990년 8월 29일, 6면.

이 마을의 종탑은 과거의 회상과 미래의 희망을 상징하고 있다. 영적으로 갱생한다는 의미를 갖고 있는 세례행위도 이와 같은 상징을 내포하고 있다. 과거전통의 가치를 여전히 보존하고 있는 조부는 세례를 통해 자신의 손자와 증손자에게 그 가치를 전수한 것이다. 예레마꼬프가 이 작품에서 화자의 부모를 전혀 언급하지 않은 것에 대해 독자들은 의구심을 품는다. 스탈린과 브레즈네프 시절에 태어나서 성장했다고 추정되는 화자의 부모는 이유는 알 수 없지만 사망했을 것이라고 추측할 수 있다. 이 작품에서 다루고 있는 화자의 종교적 관점은 독자들을 새로운 방향으로 이끈다. 과거 소비에트 정부에서 추구했던 무신론에 환멸을 느낀 러시아의 많은 젊은이들은 자신들의 영적 진공상태를 발견하고 새로운 가치와 희망을 추구하며 교회로 발걸음을 돌리고 있다.

예르마꼬프의 최초 소설 『짐승의 징표』(Знак зверя)[265]는 양식과 주제, 그리고 문체적인 측면에서 그의 초기작품들과 유사하다. 이 소설은 서정적 일탈, 회상장면, 다양한 대화 그리고 누군지 밝혀지지 않은 1인칭 인물의 명상과 성격 등이 3인칭화자에 의해 묘사된다. 그리고 체레빠하 이등병의 시각에서 바라본 아프가니스탄에서 발생한 광범위한 사건들의 묘사를 제공하고 있다. 훌륭한 관찰자인 화자는 등장인물들을 판단하거나 훈계하려 들지 않는다. 그는 소비에트 포병부대의 단절된 일화들 – 전투, 부대이동, 아프가니스탄 주민들과의 관계, 친(親)소비에트 아프간 군인들과의 상호관계 등 – 을 독자들에게 단순히 제시하는 역할만 한다. 그리고 보병부대의 장교들과 병사들의 생활도 묘사한다. 각각의 장은 각기 다른 공간으로 설정되어 있고, 등장인물들은 서로 다른 방식으로 상호 충돌한다. 물론 갈등의 주요 원인은 전쟁 그 자체이다. 그리고 이 갈등을 제거하는 해법은 단순한 병사들이 이해할 수 없는 영역에 속해있다. 공동의 목표를 가지고 싸우는 제2차 세계대전과 달리 아프가니스탄 전쟁은 장교와 병사 모두 개인의 생존과 제한된 목적을 달성하기 위해 싸우는

265) «깃발», 1992, №6, c.6~86, №7, c.99~171.

전쟁이다. 아프가니스탄에 주둔하고 있는 소비에트 군인들은 다양한 형태의 적군들 – 무장 게릴라세력들, 침략자들을 증오하는 주민들, 소련군에 우호적인 세력들, 그리고 친소 아프가니스탄 군인들 – 에 의해 항상 위협을 받고 있다. 아프가니스탄의 변덕스런 기후와 익숙지 않은 산악지형 역시 소비에트 군인들에게 위험요인이다. 그리고 그들은 자신의 부대 안에서 항상 고난과 역경의 상황에 직면하고 있다. 부대 안에서의 학대는 그들에게 큰 타격을 준다. 그 결과 일부는 상관에게 수동적인 복종을 하고, 또 다른 자들은 자살과 탈영 같은 극단적인 선택을 감행한다.

이런 고통에서 벗어나려고 애쓰는 소비에트 군인들의 갈망은 끝이 없는 것 같다. 매일매일 그들에게 희생이 요구되고, 그들의 영혼과 육체는 피폐해진다. 이 소설은 아프가니스탄 전쟁이 젊은 소비에트 병사들의 심신을 황폐하게 만들고 있다는 것을 폭로하고 있다. 작가는 마약과 술에 중독된 병사들이 아프가니스탄 주민들을 약탈할 뿐 아니라, 동료들의 물건을 탈취하는 일이 발생하고 있다는 것과, 소비에트 여군들이 돈을 벌기 위해 장교들에게 몸을 팔고 있다는 것도 밝히고 있다. 전쟁은 병사들로 하여금 인간의 가장 추악한 면을 스스럼없이 드러내고, 동물적 본능에 따라 행동하게 만든다고 말한다. 게다가 다양한 소수민족으로 구성된 소비에트 군대에서 발생하고 있는 잔혹성은 그들로 하여금 더 강한 민족적 색채를 띠게 만든다. 예르마꼬프는 등장인물들을 심리학적으로 분석하지는 않지만, 그들의 행동을 유발하는 동기와 원인을 철저히 파헤친다. 소비에트 병사들은 아프가니스탄이라는 적대적인 나라에서 완전히 고립된 채 의지할 사람이 아무도 없는 상태에서 생활하고 있다. 그리고 그들은 운이 좋으면 살아남을 수 있다는 막연한 희망을 품고 제대할 날짜만을 손꼽아 기다리고 있다.

예르마꼬프는 재능 있는 작가임에는 틀림이 없다. 그는 작품에서 작가의 개입을 절제하며, 객관적 시각으로 사건을 묘사한다. 그리고 단어의 사용을 최소화하며, 가혹하고 비극적인 현실을 적절한 자제와 객관성을 유지하며 기술한다. 인위적 구성의 문제점과 철저한 심리분석의 결핍에도 불구하고, 예르마꼬프는 삶에서 쉽게 찾아볼 수 있는 현실적인 인물들을 묘사하고 있다. 그리고 인물과 사건을 묘사할 때는 진부한 언어와 비유적인 표현의 사용을 가급적 자제하고 있으나, 자연을 묘사할 때는 비유적인 표현을 스스럼없이 사용하고 있다. 비록 예르마꼬프의 주인공들이 다양한 작품에서 다양한 이름으로 등장하고 있으나, 그들은 같은 인생관을 소유하고 있는 동일한 인물로 간주할 수 있고, 묘사된 갈등과 세부적 사항 역시 유사하다고 말할 수 있다. 그리고 플롯은 항상 명확한 시간으로 제한되어 있다. 즉 사건은 병사의 아프가니스탄 도착과 복무개시로 시작하며 제대와 귀환으로 마무리 된다. 그의 모든 작품에서 시간은 등장인물들에게 중요한 의미를 부여한다. 모든 병사는 생존을 기대하며 제대할 때까지 시간을 보내고 있다. 병사의 제대와 귀환은 지옥으로부터의 탈출을 의미한다. 그러나 그들이 조국에 도착한 후 맞이한 새로운 삶은 기대했던 것과 완전히 다른 방향으로 진행된다. 즉 부상당한 육체와 학대받은 영혼을 소유한 참전용사들이 사회에서 할 수 있는 것은 아무것도 없다.

예르마꼬프의 소설들은 전통적 사실주의 경향을 띠고 있다. 그러나 최근에 발표한 작품들의 구조는 다소 혼란스럽고 앞뒤가 맞지 않는다. 귀환한 등장인물들이 극도의 정신적 육체적 긴장상태에 있다는 것을 스스로 인식하게 된다는 소설의 결말은 다소 실망스럽다. 왜냐하면 독자들로 하여금 오랜 시간에 걸쳐 형성된 병사들의 중압감이 제대와 귀환을 통해 갑자기 사라진다는 그릇된 추론을 하게 만들기 때문이다.

예르마꼬프는 서른 살이 되기 전에 러시아문단에서 두각을 드러냈다. 그런데 그는 전문작가도 아니고, 저널리스트도 아니다. 그는 지금 소련의 기상관측소에서 근무하고 있다. 사람들은 그가 향후 아프가니스탄 전쟁의 실패를 다루는 소설을 뛰어넘는 훌륭한 작품을 집필할 수 있을 것이라고 기대하고 있다. 지금 그는 아프가니스탄 전쟁소설에서 다루었던 갈등과 유사한 것을 자신의 작품에서 지속적으로 다루고 있는데, 그가 체험했던 소재들은 머지않아 고갈될 것이다. 사람들은 그의 새로운 상상력과 창작능력을 학수고대하고 있다.

아프가니스탄 전쟁에 대한 예르마꼬프의 암울한 묘사는 **스베뜰라나 알렉시예비치(Светлана А. Алексиевич, 1948~)**의 다큐멘터리 산문에서 한층 강화된 모습으로 표현되었다. 그녀는 아프가니스탄 재앙과 연관되어 있는 600여 명의 인물들과 인터뷰를 진행하고, 1990년『아연으로 만든 관 속에 누워있는 젊은이들』(Цинковые мальчики)[266]을 발표했다. 아프가니스탄 전쟁이 생존자들에게 끼친 영향을 다루고 있는 이 작품에는 병사들과 장교들, 그리고 전투에서 사망한 군인들의 모친들과 부인들의 인터뷰 내용이 포함되어 있다.

그녀의 작품에서 대부분의 참전용사들은 전쟁이 인간성을 말살시킨다고 증언하고 있다. 전시 중 살인을 하는 것은 처음에만 어렵고, 그 이후부터는 아무런 죄책감도 없이 자연스럽게 행해진다는 것이다. 아프가니스탄에서의 경험은 인터뷰에 참여한 군인들의 마음을 불안정하게 만들고, 그들의 정신세계와 윤리가치도 파괴했다. 전쟁이 끝난 후 일부 군인들은 죽음의 그림자 속에 드리워있는 자신들의 경험을 자랑스럽게 기억했다. 그들은 이 경험을 일체의 도덕적 속박에서 벗어난 극단적 형태의 자유로 간주하고 있는 것이다. 그러나 대부분의 참전용사는 자신들이 겪은 무시무시한 경험을 기억에서 지워버리려고 노력하고 있다. 왜냐하면 그 기억이 그들의 마음의 안정을 방해하고 있기 때문이다. 부상병들과 불구가 된 병사들은 자신들의 미래가 과거에 의해 파괴되었기 때문에, 자신들이 겪은 경험을 잊을 수 없을 뿐 아니라 자신들의 가슴 속에 아프가니스탄 전쟁의 기억이 항상 남아있다. 일부 참전용사들은 과거로부터 벗어나기 위해 자고르스끄 신학교에 입학하여 사제의 길을 걷고 있다.

아프가니스탄 전쟁의 종식은 이 전쟁에 대한 문학적 탐구의 시발점이 되었다. 그리고 깊이 있는 심리적 분석과 역사적 평가를 동반한 작품들이 출판되는 데는 여러 해가 걸릴 지도 모른다. 현재 출판되고 있는 대부분의 아프가니스탄 전쟁소설은 개인적 관점에서 묘사한 것이며, 역사적 정치적 관점에서 폭넓게

---

266) «민족 우호», 1990, №7, c.5~87.

바라본 것은 찾아볼 수 없다. 그리고 대부분의 아프가니스탄 전쟁소설은 아프가니스탄의 정치상황뿐 아니라, 전장에서의 적군 묘사와 그들에 대한 심리적 분석을 시도하지 않고 있다. 아프가니스탄 전쟁에 대한 깊이 있는 작품을 집필하기 위해서는 많은 지식, 창의적 발상, 뛰어난 예술기법, 그리고 충분한 시간이 필요하다.

그런데 오늘날 소비에트 체제를 지지하는 자들이 과거 소비에트 당국이 저지른 만행의 은폐를 시도하며, 진실을 폭로하고 있는 자들의 입에 재갈을 물리고 있다는 증거가 하나둘씩 드러나고 있다. 소비에트 체제를 지지하는 자들의 압력을 받은 몇몇 아프가니스탄 참전용사들이 스베뜰라나 알렉시예비치와의 인터뷰 내용에 중상모략이 담겨 있다고 주장하며, 그녀를 법원에 고소했다. 민스크에서 열리고 있는 이 재판은 실질적으로 언론의 자유를 말살하려는 시도이며, 걸음마 단계인 러시아의 민주주의가 시련을 겪고 있다는 증표인 것이다.[267)]

알렉산드르 쩨레호프(Александр М. Терехов, 1966~)

1988년 초 주간잡지 «주(週)»(Неделя)에 대중에게 거의 알려지지 않은 작가 알렉산드르 쩨레호프의 소설 『바보』(Дурачок)가 실렸다. 그는 이 작품에서 당시 젊은 작가들에게 찾아볼 수 없는 뛰어난 예술기법을 사용하고 있다. 뚤라에서 출생한 그는 당시 모스크바대학교 저널리즘학과의 학생이었고, 부친은 그 학과의 교수였다. 입대하기 전 그는 지역신문사에서 기자로 일했다. 지금은 모스크바에 거주하면서 문학잡지 «등불»(Огонёк)에 작품을 기고하고 있다.

『바보』는 쩨레호프 자신의 경험담을 토대로 한 작품으로 소비에트 군대에서 소위 '제도프쉬나'(дедовщина)라고 불리는 '고참의 신참 학대'를 다루고 있다. 그의 작품은 예기치 않게 문학계가 아닌 일반대중으로부터 비상한 관심을 불러

267) «문학신문», 1993년 2월 10일, 2면, 1993년 10월 6일, 13면.

일으켰다. 그런데 참전용사 단체들과 군사잡지 편집인들은 쩨레호프가 군을 모독하고 중상모략을 일삼고 있다며 그를 고발했다. 그는 『바보』와 유사한 주제를 다루고 있는 『죠마. 풍자일기』(Зёма. Иронический дневник; 1989)[268]와 『신참의 회고록』(Мемуары срочной службы; 1991)[269]을 연이어 발표했다. 그는 『죠마. 풍자일기』를 발표했을 때 이 작품을 훗날 집필할 작품의 일부로 간주했다.

쩨레호프는 소비에트 군대에서 자행되고 있는 가혹한 현실을 폭로한 첫 번째 작가는 아니다. 글라스노스찌 초기시절 유리 뽈랴꼬프(Юрий М. Поляков, 1954~)의 소설 『명령이 하달되기 전 100일』(Сто дней до приказа; 1987)에서 이와 동일한 주제가 다루어졌다. 그런데 뽈랴꼬프는 자신의 소설에서 소비에트 군인들의 가혹한 운명을 허구적으로 다루고 있는데 반해, 쩨레호프는 외부에 발표하려는 의도를 전혀 갖지 않고 자신만을 위해 상기 작품들을 집필했다고 고백한다.[270] 젊은 나이에도 불구하고 쩨레호프는 뽈랴꼬프보다 문학성과 예술성이 더 뛰어나다. 쩨레호프는 작품에서 군대용어를 적절히 사용하고 있으며, 등장인물들에 대한 공감능력도 뛰어나다. 그는 모든 군인들을 획일화하여 묘사하지 않는다. 일부 군인들의 잔혹성과 난폭성을 지적하면서, 동시에 다른 군인들의 선한 성품도 함께 묘사하고 있다. 『죠마. 풍자일기』에서 작가는 고령의 사령관을 묘사할 때, 그를 평범한 병사 수준으로 끌어내리고 조롱한다. 그리고 도스또옙스끼가 『죽음의 집의 기록』에서 암시한 것처럼 제복을 입는 목적은 개인의 약점과 인간의 불완전성을 감추기 위한 것이라는 주장도 펼친다. 그는 군생활의 가혹한 현실이 어떻게 개인을 수동적인 도구로 변형시키고, 이와 동시에 그를 학대의 대상으로 만들 수 있는가를 심도 있게 파헤친다. 그는 소비에트 군인의 임무와 책임에 대한 정의가 잘못 내려졌다는

---

268) «4월», 1989, №1, c.256~297.

269) «동의»(Согласие), 1991, №2, c.8~72.

270) Александр Терехов, ‘Мы впитаем всю пуль...’, «문학신문», 1990년 6월 13일, 4면.

것도 지적한다. 신참들이 국가가 아니라, 자신들의 직속상관을 위해 봉사하고 있다는 것이다.

『신참의 회고록』은 평범한 병사의 일상을 제공하는 몇몇 스케치와 다양한 등장인물의 개요로 구성되어 있다. 제각기 다른 갈등에 초점이 맞춰져 있는 각각의 에피소드는 군생활의 총체적인 파노라마를 묘사하는 역할을 수행한다. 작품에 흐르는 전반적인 분위기는 우울하다. 입대한지 오래된 고참들이 신참들을 학대하는 '제도프쉬나'는 엄격한 사회시스템으로 간주할 수 있다. 소비에트 군대에서는 곧 제대를 앞둔 병사들을 '할아버지'(деды)라고 부른다. 마치 불문법처럼 그들은 장교를 포함한 모든 병사로부터 존경을 받으며, 어느 누구도 그들을 통제하지 않는다. 따라서 그들은 어떤 병사도 함부로 대할 수 있는 권리가 있고, 자신들의 지시에 복종하지 않는 병사들을 학대할 수 있는 권리도 갖고 있다. 이 작품에서 쩨레호프는 신참 병사들이 고통과 학대를 받고 있다고 묘사한다. 신참들이 부대에 새로 배치되면, 그동안 학대를 받고 분노하며 좌절했던 병사들이 잔인한 냉혈동물로 변모하여 신참들에게 고통을 가하고 학대한다는 것이다. 신참들을 위한 정의는 없고, 공포만 존재하는 사회인 것이다. 그 결과 일부 병사들은 탈영하거나 자살을 기도하기도 한다. 작가가 던지는 메시지는 분명하다. 전우애는 낭만적인 거짓 수사에 불과하다는 것이다. 소비에트 군대는 젊은이들에게 생산적인 삶을 제공하는 집단이 아니라, 그들의 육체와 영혼을 불구로 만드는 폐쇄된 사회라는 것이다. 따라서 부대에서 좌절감을 맛본 약자는 제대 후 사회생활에서 발생하는 문제점에 대처하는 능력을 상실하게 된다. 반면에 강자는 군생활에서 익힌 잔혹성을 제대 후에도 사회에서 지속적으로 남용한다는 것이다.

쩨레호프의 중편 『새로운 인생이 시작되는 겨울 어느 날』(Зимний день начала новой жизни; 1991)[271]은 이전의 작품과는 다른 공간이 배경으로

---

271) «깃발», 1991, №5, с.3~82.

설정되었다. 군부대라는 공간은 기숙사로, 그리고 군인들은 대학생으로 바뀌었다. 이 작품은 1980년대 말 모스크바를 배경으로 소비에트 대학생의 실제 삶을 다루고 있다. 작가는 대학생들이 생각하는 글라스노스찌와 뻬레스뜨로이까의 효과를 조명하고 있다. 과거 대학에서 만연한 부정부패와 소비에트의 낡은 가치에 대해 대학생들은 의문을 제기하며, 타락, 절도, 그리고 방탕을 더 이상 감추지 않고 표면에 드러내고 있다. 때 묻지 않은 성품을 소유한 주인공 그라체프는 독단적인 이데올로기를 반대하며 자유를 추구하는 인물이다. 그는 대학 기숙사에 들끓고 있는 쥐를 두려워하는 괴짜이자 공상가이다. 상상 속에 혹은 실제상황에서 발생하는 쥐에 대한 그의 두려움은 시간이 지나면서 공포심으로 발전한다. 이 공포심은 그의 실제 삶에서 발생하는 두려움을 상징하고 있다. 그라체프는 대학에서 지리를 전공하고 있지만, 소설을 집필하는 아마추어 작가이기도하다. 그는 자신들의 행동이 잘못됐다는 것과 인생을 낭비했다는 것을 나중에 깨닫게 되는 혁명가들을 다루는 소설을 쓰고 있다. 그라체프는 자신을 둘러싸고 있는 부정부패와 타락에 의해 압도당하고 있다는 것을 깨닫고, 죄악으로부터 벗어나려 부단히 노력하나 뜻을 이루지 못한다. 그는 정직한 사람이 되려고 애를 쓰고 있으나, 긍정적인 갈망과 포부를 꽃피울 수 있는 여지가 전혀 없는 세상에 살고 있는 것이다. 마치 신참들이 군부대에서 도망칠 수 없는 것과 마찬가지로, 그 역시 기숙사에서 도주할 수가 없다. 이 작품에서 기숙사는 군부대를 포함한 소비에트 사회의 축소판으로도 간주할 수 있다. 소설의 결말부에서 그라체프는 기숙사를 떠난다. 그리고 독자들은 정신병원에 입원해 있는 그라체프를 발견하게 된다.

쩨레호프의 소설은 전통적 사실주의 양식의 작품이라고 말할 수 있다. 그의 참신한 주제는 독자들에게 신선한 충격을 주고 있지만, 작품의 줄거리와 주인공의 묘사방식은 전통적인 사실주의 기법을 따르고 있다. 그의 작품은 등장인물의 심리묘사, 내적독백, 그리고 대화로 구성되어 있다. 반어법을 사용하고 있는 언어는 부드러우면서도 강렬하다. 쩨레호프는 작품에 묘사된 계층의 구어체도 적절히 사용하고 있다.

쩨레호프는 뻬레스뜨로이까 시절에 등단한 젊은 러시아작가들 중 하나이다. 그는 20대 초반에 첫 작품을 문학잡지에 기고했다. 대부분의 소비에트 젊은 작가들이 40대라는 점을 고려할 때, 그는 상당히 어린 나이에 등단한 독특한 케이스이다. 따라서 그의 관점이 40대 젊은 작가들의 것과 다르다는 것은 어쩌면 당연한 것일지도 모른다. 쩨레호프의 작품에서는 그들이 품고 있던 회의주의와 냉소주의를 찾아볼 수 없다. 1960년대에 활발하게 작품 활동을 했던 구시대 작가들이 공산주의의 압력에 굴복하며 타협했다고 생각하는 쩨레호프는 그들이 더 이상 러시아인들의 정신적 리더 역할을 그만두고 문단의 일선에서 물러나야 된다고 주장한다.

쩨레호프는 깨끗한 양심을 가지고 문단에 발을 들여놓은 작가이다. 비록 소비에트 교육의 영향을 받고 성장했지만, 공산주의 사상에 오염되지 않았다. 그리고 정의가 승리할 수 있다는 확고한 신념도 갖고 있다. 그의 작품에 등장하는 주인공들처럼 그가 소비에트 영향에서 벗어나 정상적인 사회구조의 일부분이 되는 것은 그리 쉽지는 않지만, 결코 불가능한 일도 아니다. 쩨레호프의 재능은 시간이 지나면서 빛을 발할 것이다. 일부 독자들은 구세대 작가들에게 관용을 베풀지 않는 쩨레호프의 강력한 의지에 동의하며, 그가 품고 있는 자유사상이 러시아의 새로운 문학작품을 양산하는 데 밑거름이 될 것이라고 믿는다.[272]

마리나 빨레이(Марина А. Палей, 1955~)

마리나 빨레이는 러시아의 재능 있는 여류작가들 가운데 한 사람이다. 그녀의 이름은 1990년대 초부터 대중에게 알려지기 시작했다. 뻬쩨르부르그에 거주하고 있는 그녀는 의사생활을 하면서 글을 쓰고 있다. 그녀는 취미가 아니라

---

272) «문학신문», 1990년 6월 13일, 4면.

소명감을 갖고 글을 쓴다고 주장한다. 처음에 주로 시와 비평을 다루었다가 최근에는 산문에 손을 대기 시작했다. 그녀의 첫 작품 『예브게샤와 안누쉬까』(Евгеша и Аннушка; 1990)[273]는 문학잡지 «깃발»에 게재되었다. 발표되자마자 독자들로부터 큰 관심을 받은 이 작품은 비평가들로부터도 호평을 받았다.[274] 소규모 아파트를 배경으로 하는 이 소설에는 의대생인 1인칭 여성화자, 그리고 두 명의 중년여성 안누쉬까와 예브게샤가 등장한다. 공장에서 직공으로 일하다가 은퇴한 안누쉬까는 이타적이고 순종적이며, 다른 사람을 배려하는 자비로운 인물이다. 가난하지만 순수한 영혼을 간직하고 있는 그녀는 고통 받는 자들에게 연민의 정을 아낌없이 베푼다. 그녀보다 6살 어린 예브게샤는 간호사로 일하고 있다. 잘 훈련된 간호사인 그녀는 성실하고 근면하며 정의로운 인물이다. 두 사람 모두 자녀는 없지만, 친척들에게 사랑과 자비를 베풀며 살아가고 있다. 그런데 두 여인은 모두 생활고를 겪고 있다. 다른 사람들에게 짐이 되지 않기 위해 자신의 죽음을 미리 준비한 안누쉬까는 고결하게 살다가 성자처럼 숭고한 죽음을 맞이한다.

이 소설의 구성은 다소 파편화되어 있지만, 윤리적이고 영적인 조화가 돋보인다. 작가는 주요 갈등은 제공하지 않고, 주인공들의 소박하지만 고통스러운 삶을 묘사하고 있다. 독자들은 이 작품을 통해 소비에트 시스템의 문제점을 발견하게 된다. 소비에트 정부가 노인들의 생존에 필요한 최소한의 물질적 혜택과 인간다운 삶을 보장하지 못하고 있다는 것을 작가가 지적하고 있는 것이다. 그러나 이런 해석은 이 소설에서 제공하는 메시지를 지나치게 단순화하는 것이다. 이 작품에서 제시하는 사회적 메시지는 텍스트 이면에 깊게 감추어져 있다. 화자의 측은한 어조는 그들이 받고 있는 고통이 그들의 정신을 더 고귀하게 만든다는 것을 암시한다. 화자는 존경심을 갖고 두 여인을 묘사한다. 그리고 안누쉬까가

273) «깃발», 1990, №7, c.10~45.

274) Ольга Кучкина, 'Поэма о квадратных метрах', «문학 리뷰»(Литературное обозрение), 1991, №3, c.51~52.

그랬듯이 화자 역시 인간이 선량하고 정직하다는 것을 믿고 인간에 대한 동정심을 표출한다.

1991년 빨레이는 병원과 관련된 소설 『망가진 자들을 위한 병동』(Отделение пропавших)[275]을 발표했다. 러시아의 소도시에 소재한 산부인과 병동이 공간으로 설정되었고, 등장인물은 두 명의 남자의사를 제외하고 모두 여성이다. 그중 나이 많은 의사는 환자들에게 약간의 동정심을 베푼다. 그리고 환자들을 냉소적으로 다루는 뻬쩨르부르그에서 도착한지 얼마 안 되는 젊은 의사는 여성들 위에 군림하며, 자신의 지위와 권력을 남용하는 것을 즐긴다. 독자들은 의사들과 환자들의 짧은 대화를 통해 산부인과 병동의 분위기를 감지할 수 있다. 시대에 뒤떨어진 의사들은 환자들을 무시하고 그들에게 고통을 가한다. 대부분의 여성 환자들은 임신중절수술을 하려고 병동을 찾는다. 폭력을 가하며 함부로 대하는 파트너들로부터 자신들을 보호하는 것이 불가능했기 때문에 환자들은 자신들이 할 수 있는 유일한 방법을 선택한 것이다. 작가는 그들을 훈계하며 의기소침하게 만들지 않고, 그들의 가혹한 운명에 공감을 표한다. 그리고 그들이 겪고 있는 고충과 무력함을 야기한 자들을 탓하지도 않는다. 빨레이는 도움이 필요한 자들에게 오로지 동정심만을 베풀고 있다.

빨레이의 『'우회운하' 거리에서 온 까비리야』(Кабирия с Обводного канала; 1991)[276]에는 삶에 대한 끊임없는 갈망이 여성의 성욕을 통해 표출되고 있다. 작가는 일상의 고통스런 삶과 역경을 극복하기 위한 여주인공의 긍정적인 희망을 묘사하고 있다. 건강이 좋지 않은데도 불구하고, 라이몬다는 삶에 대한 갈망을 분출하며 적극적으로 살아간다. 그녀는 죽음이 임박한 상태에서 벗어나 건강을 회복하기 위한 수단으로 자신의 성욕을 이용한다. 작가는 라이몬다의 비윤리적인 행동을 지적하지 않고, 성적유혹이 이성보다 강하다는 것을 표현하고 있다. 이 소설은 과거 소비에트문학에서 금기시하며 다룰 수 없었던

275) Хронограф. Ежегодник 90, (Москва, 1991), c.374~388.
276) «신세계», 1991, №3, c.47~81.

여성의 성욕을 주제로 한 독특한 작품이다. 하지만 은밀한 성행위 장면은 직접적으로 묘사되지 않고 텍스트에 간접적으로만 언급된다.

1993년에 발표한 빨레이의 소설 『왕복 여행』(Рейс)[277]은 남편과 애인에게 집착하는 한 여인의 감정을 묘사한 작품이다. 남편과 이혼한 지 9년이 흘렀지만, 그녀의 의식 속에는 남편에 대한 그리움이 여전히 남아있다. 익명의 1인칭화자인 여주인공은 전남편과 함께 여행하며 대화하기 위해 '몬트리올'행 왕복비행기 표를 끊는다. 이야기 진행과정에서 화자는 상세한 설명을 회피하기 때문에 독자로 하여금 궁금증을 유발시킨다. 다만 그녀가 권총을 소지하고 있다는 것을 고려할 때, 독자는 그녀가 러시아로 돌아오기 전 몬트리올 미라벨 공항에서 전남편을 살해했을 것으로 추정한다.

이 소설은 화자와 투명인간 남자 사이에 오가는 대화와 화자의 내적독백이 교차되는 방식을 사용하고 있다. 화자의 내적독백은 마치 절망적인 여성이 미친 상태에서 헛소리를 지껄이는 것처럼 들린다. 현실은 화자의 왜곡된 프리즘을 통해 드러난다. 그 현실은 운명에 의해 상처받고 타인에게 인정받기를 갈망하는 개인의 심리상태를 반영하고 있다. 그녀의 병적인 기질에서 발생한 의식의 흐름은 현실과 초현실의 세계가 융합된 것이며 분별없는 상상이 빚어낸 결과이다.

마리나 빨레이는 여성의 관점에서 인생을 관조하는 작가이다. 그녀의 작품에 등장하는 대부분의 화자와 인물은 여성이다. 『왕복 여행』을 제외한 작품에서 화자는 사건에 직접 개입하지 않는다. 다양한 주제를 사용하고 있는 그녀의 작품은 사실주의 경향을 띠고 있지만, 문체의 다양성도 담보하고 있다. 그런데 최근에 발표한 그녀의 산문은 이전 작품과 다른 양상을 띠고 있다. 초현실주의를 깊이 탐구하고 텍스트에 명확하게 드러나는 것을 절제하며 복합적인 언어를 사용하고 있다. 이런 변화가 일시적인 현상인지, 아니면 지속적으로 발생하며 모더니스트들이 추구하는 방향으로 전개되는지는 지켜볼 일이다.

---

277) Ibid., 1993, №3, c.82~95.

안드레이 마뜨베예프(Андрей А. Матвеев, 1954~)

«기이한 미로»(Эксцентр-лабиринт)는 레닌그라드와 스베르들롭스끄 작가들이 결성한 '조인트벤처'가 새롭게 발행하는 문학잡지이다. 잡지명과 발행 회사명은 어떤 의미에서 현재의 불안정한 러시아 사회를 반영한다고 볼 수 있다. 레닌그라드와 스베르들롭스끄가 원래 도시명 뻬쩨르부르그와 예까쩨린 부르그로 정말 바뀌었는지, 그리고 과거 공산주의 국가인 소련이 더 이상 존재하지 않는지에 대한 의문을 제기하고 있는 것이다. 이 잡지의 편집자들 가운데 한 사람인 블라지미르 하리또노프(Владимир Харитонов)에 의하면, 오늘날 러시아의 위기상황을 빗대어 말하는 불규칙한 구조물인 '미로'는 복잡한 인간의 운명, 우주의 모순, 그리고 전지전능한 하나님의 능력을 상징한다는 것이다.[278]

«기이한 미로»에 게재한 안드레이 마뜨베예프의 소설『로리무르의 이야기 또는 신앙의 발견』(История Лоримура или обретение веры)[279]은 블라지미르 하리또노프의 주장을 뒷받침하는 작품이다. 이 소설은 브레즈네프 시절 러시아인들에게 심어놓은 사회주의 가치관을 거부하고 소비에트 사회를 떠난 젊은 사람들에 대한 이야기를 다루고 있다. 작품의 전반부에는 화자의 친구 로리무르에 대한 이야기를, 그리고 후반부에는 화자가 직접 겪은 삶을 다루고 있다. 로리무르는 브레즈네프 시절 일상에서 발생하는 위선과 속물근성을 극복하기 위해 심오한 영성과 진리를 추구하는 인물이다. 그는 어떤 신비한 능력에 사로잡혀 있으며, 그와 접촉하는 사람들에게 큰 영향을 끼친다. 로리무르는 자신이 혐오하는 일상에서 탈출하기 위해 히말라야 산맥 부근에 소재한 동방신앙 집단에 들어가 생활을 한다. 그리고 아프가니스탄 전쟁이 발발하고 얼마 있다가 히말라야 동굴에서 의문의 죽음을 당한다. 그런데 동굴

278) Владимир Харитонов, 'Возвращение лабиринта', «기이한 미로», 1991, №2, с.11.
279) «기이한 미로», 1991, №2, с.88~158, №3, с.84~139. 마뜨베예프의『동포의 발견』(В поисках ближнего; 1988)과『특이한 얼굴』(Частное лицо; 1991)은 «우랄»(Урал)에 게재되었다.

속에 있던 그의 시신은 마치 예수처럼 불가사의하게 사라진다. 로리무르와 전혀 다른 길을 걷는 화자는 소비에트 이데올로기는 거부하지만, 당국의 세뇌작업으로부터 완전히 벗어나지 못한다. 그는 사회생활을 접고 부패한 사회로부터 멀리 떨어진 숲속의 동물원으로 가서 일을 한다. 화자에 대한 로리무르의 영향력은 대단했다. 그러나 화자는 국외로 나가는 것을 단념하고 기독교 신앙을 통해 삶의 진정한 의미를 추구한다.

『로리무르의 이야기 또는 신앙의 발견』은 잃어버린 세대에 대한 이야기를 다루고 있다. 작가는 소련 역사의 중대한 사건인 1968년 '프라하의 봄'부터 1979년 발발한 '아프가니스탄 전쟁'까지의 시간대를 배경으로 설정하고, 사회생활에서 소외되고 소비에트 정권의 요구를 거부하는 주인공들의 삶을 묘사하고 있다. 도입부에는 주인공 로리무르가 1968년 가족과 함께 체코슬로바키아에서 러시아로 이주했다는 것이, 그리고 결말부에는 아프가니스탄 전쟁 중 의문의 죽음을 당하고 시신이 마치 예수처럼 증발했다는 것이 묘사되어 있다. 이 두 개의 역사적 사건이 당시 러시아 청년들에게 지대한 영향을 끼쳤다는 것은 분명하다. 특히 브레즈네프 시절 프라하의 봄을 진압하고 사회주의에 대한 완전한 복종을 요구하며 자유에 대한 희망을 제거한 것은 러시아 청년들에게 상당한 영향을 끼쳤다. 그리고 청년들은 소비에트 이데올로기의 본질을 드러낸 아프가니스탄 전쟁이 소비에트 연방의 분열을 가속화시킬 것이라고 생각한다.

1인칭화자가 등장하는 이 소설의 전반부는 '이야기 속의 이야기' 형식으로, 그리고 후반부는 화자의 독백형식으로 구성되어 있다. 특히 로리무르의 일기는 이야기 진행에 중요한 역할을 한다. 메모, 회상, 그리고 다양한 등장인물들이 나누는 대화와 견해 등은 비교적 느슨하게 연결되어 있고, 모든 내용을 알고 있는 주인공 화자가 이야기 전개를 주도하고 있다.

마뜨베예프는 촉망받는 작가이다. 그러나 주인공과 사건의 분석보다 묘사에 치중하고 있다는 느낌을 준다. 비록 철학적이고 심리학적인 내용을 다루고 있으나, 깊이 있는 분석이 부재하며 주인공들의 행동이 독자들이 원하는 방향으로 전개되지 못하고 있다. 신앙과 정신세계를 깊이 탐구하기 위해서는 작가의 부단한 노력이 필요하며, 그것을 독자들에게 설득력 있게 묘사하려면 훌륭한 문학기법이 요구된다. 마뜨베예프의 소설을 통해 독자들은 주인공들이 탐구하는 진리를 습득하게 되나, 그들이 발견한 것이 진정한 진리의 핵심인지 의구심을 품게 만든다. 그리고 하나님을 찾는 것이 추상적인 모험이 아니라 주인공들의 마음속에 있는 공허함을 달래기 위한 실용적인 노력이라는 것에 대해 의구심도 품게 된다.

이리나 뽈랸스까야(Ирина Н. Полянская, 1952~2004)

첼랴빈스끄에서 출생한 이리나 뽈랸스까야는 모스크바 문학연구소의 대학원생이자 전문 배우이다. 개성이 강한 문체를 사용하고 있는 그녀의 산문은 전통적 양식을 따르고 있다. 그녀가 사용하는 언어는 복합적이며 시적이고, 정확한 대비, 모호한 은유, 언어유희 등을 사용한 음악적 표현이 함께 녹아들어 있다. 따라서 독자들은 그녀의 작품을 독서할 때 주의를 기울일 필요가 있다. 대부분의 산문에는 1인칭 여성화자가 등장하며, 화자는 여성 등장인물에 초점을 맞추고 이야기를 진행한다. 그녀의 초기 작품은 주로 문학잡지 «오로라»(Аврора)과 «문학연구»(Литературная учёба)에 실렸다. 대중에게 잘 알려진 작품으로는 중편소설 『제기된 상황』(Предлагаемые обстоятельства)[280]을 꼽을 수 있다.

가족관계를 다루고 있는 이 소설은 3부로 구성되어 있다. 1957년을 배경으로 설정한 1부에는 스뜨라노프, 그의 부인 마리나, 그리고 두 자녀가 등장한다. 과학자인 스뜨라노프는 교사인 마리나와 이혼하고 자신의 조교 나따샤와 재혼한다. 2부와 3부의 시간배경은 1972년으로 설정되어 있다. 두 자녀 겔랴와 따야는

280) Предлагаемые обстоятельства, Москва, 1988, с.150~259.

여대생이 되었고 그들의 생모는 절망감에 젖은 채 두 딸과 외롭게 살아 가고 있다. 아버지는 재혼한 후 그들과 연락을 끊고 지낸다.

이 작품의 서술구조는 상당히 복합적이며 독창적이다. 겔랴와 따야는 1인칭 화자, 그리고 마리나는 3인칭화자의 서술방식을 사용하고 있다. 대부분의 줄거리는 겔랴가 여동생 따야에게 직접 말하는 방식으로 전개된다. 몇몇 회상과 내적독백, 그리고 편지인용을 통해 가족사가 밝혀진다. 겔랴가 호기심을 갖고 있는 가족사는 어머니가 감춰놓은 편지들과 메모에 의해 하나둘씩 밝혀진다.

그들의 가족사에는 회복할 수 없는 상실감과 비극이 깔려있다. 특별한 이유도 없이 단란한 가족이 붕괴된 것이다. 작가는 가족 구성원들이 운명의 덫을 피할 수 없다는 것과, 모든 구성원이 가족해체의 책임이 있다는 것을 지적하고 있다. 그러나 겔랴와 따야는 어두운 운명의 세계로 자신들을 이끄는 강력한 힘에 반기를 든다. 그리고 가족과 구성원들이 겪는 고통의 원인을 제거하려고 노력한다.

『제기된 상황』은 표면상 소비에트 세태풍속문학의 전통을 따르고 있다. 일반적인 세태풍속 문학작품은 혼외정사, 불륜, 그리고 가족과 사회의 윤리적 부패상에 초점을 맞추고 있다. 그런데 뻘랸스까야의 소설에는 정사장면, 불륜, 그리고 가족 간의 언쟁 등이 묘사되어 있지 않다. 반면에 자신들의 가족사를 파헤치려고 애쓰는 두 자매의 순수한 시각을 통해 가족갈등의 원인이 묘사되고 있다. 뻘랸스까야는 가족의 해체로 어머니와 자녀들이 아무 잘못도 없는데 큰 고통을 받는다는 것을 강조한다. 이 작품은 약간의 문제점을 갖고 있다. 등장인물의 심리묘사가 다소 어색하고, 일부 갈등들은 해결되지 않은 채로 남아있다. 그리고 스뜨라또노프가 이혼하게 된 원인과 배경이 전혀 제시되지 않았다. 그러나 비평가 알라 라뜨이니나(Алла Н. Латынина, 1940~)는 "이 소설에 등장하는 주인공들의 서정적 고백과 성실함은 독자들로 하여금 집중해서 작품을 끝까지 읽게 만들다."[281]라고 주장한다.

뻘랸스까야가 집필한 대부분의 단편은 하나의 사건 혹은 에피소드를 다루고 있다. 독자는 사회적·심리적 영향을 끼치는 그녀의 단편에서 작가의 섬세한 통찰력을 감지할 수 있다. 단편 『그들은 증기선을 어떻게 배웅했나』(Как провожают пароходы; 1988)[282]는 10대 소녀가 우연히 만난 선원과의 감상적이며 일방적인 사랑을 다루고 있고, 『게임』(Игра; 1988)[283]은 우연히 만난 두 소녀가 대화를 나누지도 않았는데 서로를 완벽하게 이해한다는 내용을 담고 있다. 그리고 『깨끗한 지역』(Чистая зона; 1991)[284]은 암수술을 위해 병원에 입원하는 1인칭 여성화자에 대한 이야기이다. 이 소설은 환자의 몸 상태가 아니라, 그녀의 마음가짐과 정신 상태에 초점이 맞춰져 있다. 독자는 수술을 한 다음 그녀를 통해, 그녀의 아버지가 스탈린의 심복에 의해 투옥되었다는 사실을 알게 된다. 그리고 문제가 된 많은 지역의 주민들이 위험한 수준의 방사선에 지속적으로 노출되었으며, 수년이 지난 지금 자신을 포함한 많은 사람들이 그 대가를 치르고 있다는 사실을 지적한다.

뻴랸스까야는 이 작품에서 특별한 환경에 처한 여인의 심리상태를 조명하고 있다. 작가는 그녀가 거주하고 있는 외부환경은 언급하지 않지만, 그녀의 감정과 내면세계는 세밀히 분석하고 있다. 독자는 그녀의 신체적 상태의 변화가 현실을 바라보는 그녀의 시각을 변화시키고, 그녀의 정신 상태에 어떤 영향을 끼치는가를 이해하게 된다. 이 소설의 제목은 상징성을 띠고 있다. '깨끗한 지역'은 모든 것이 소독되어 있는 수술실을 뜻한다. 그리고 현실세계의 일상을 벗어난 환자가 외과의사와 대면하는 공간이기도 하다. 그리고 수술실은 깨끗하게 보존된 연구소의 제한 구역이며 외부세계와 완전히 격리된 공간을 의미한다. 그런데 아이러니하게도 여주인공 아버지 사건을 맡은 수사관은 고골의 『외투』에 등장하는 주인공 바쉬마치낀과 이름이 같다. 작가는 수사관의 이름을 통해 사회의 유능한

---

281) 'О прозе Ирины Полянской' Ibid., c.264.

282) Предлагаемые обстоятельства, Москва, 1988, c.16~29.

283) Ibid., c.7~16.

284) Чисрая зона, «새로운 여전사»(Новые Амазонки), Москва, 1991, c.32~51. 이 작품은 «깃발», 1990, №1, c.64~73에 처음 실렸음.

지도자들이 감옥에 갇혀있고, 아무 능력도 없는 말단직원들이 권력을 쥐고 있다는 것을 암시하고 있다.

뻴랸스까야는 미래를 보장받은 작가임에 틀림이 없다. 그녀는 단편적인 사건을 다루며 세부적 내용보다 전반적인 것을 다루고 있지만, 진정성과 통찰력을 겸비한 작가이다. 작품의 구조는 상당히 독창적이며 작가의 관점은 일반 작가의 것과 달리 미묘한 느낌마저 준다. 이 소설에서 뻴랸스까야는 여주인공들에 대한 이해와 애정을 적극적으로 표현하고 있다. 표면상으로 볼 때 단순한 플롯이지만, 독자는 텍스트 이면에서 진정성 있는 인간관계와 인간의 복합적인 성품을 발견한다. 그리고 단순하지 않은 복합적인 언어로 표현된 그녀의 작품은 쉽게 이해할 수 없지만, 이를 극복한 독자는 작가의 무궁무진한 통찰력에 경의를 표하게 된다.

알렉산드르 로슬랴꼬프(Александр В. Росляков, 1954~)

문학연감 «세기말»(Конец века)은 1991년 1월부터 모스크바에서 발행되기 시작했다. 이 연감은 블라지미르 마까닌, 뱌체슬라프 삐에쭈흐(Вячеслав А. Пьецух, 1946~), 그리고 바실리 악쇼노프(Василий П. Аксёнов, 1932~2009) 등과 같은 작가들뿐 아니라 과거 '사미즈다뜨'에 기고했던 작가들의 작품도 게재했다. 이 연감의 창간호에 작품을 기고한 작가는 알렉산드르 로슬랴꼬프이다. 그는 이 연감의 이름을 지은 인물이기도 하다. 이전에 『남의 것과 나의 것』(Чужое и своё)과 『다섯 발자국』(Пять шагов)을 발표했음에도 불구하고, 대부분의 모스크바 소재 문학잡지 편집인들은 로슬랴꼬프의 중편소설 『암캐의 올가미』(Сучьи петли; 1991)[285]의 게재를 거부했다.

이 작품은 한 여인이 가죽 끈에 묶인 암캐를 때리는 장면으로 시작된다. 암캐는 매를 피하려고 그녀 주변을 빙글빙글 돌며 뛰어다닌다. 그리고 근처에

---

285) «세기말», 1991, №1, c.114~154.

있던 다섯 마리의 개가 이 장면을 묵묵히 바라본다. 러시아어 '수치'(сучьи)는 두 가지 뜻을 갖고 있다. 하나는 '암캐'(сука)를, 다른 하나는 '나뭇가지 또는 가시'(сук)를 의미한다. 이 작품은 이 두 가지 뜻을 모두 적용할 수 있다. 작가는 도입부에 묘사된 장면에서 개를 좋아하는 여주인공이 가시 돋은 인생의 가죽 끈에 매어있다는 것을 은유적으로 표현하고 있다. 이를 통해 세상 사람들이 그녀가 당하는 수모를 무관심하게 바라보고 있고, 그녀만 홀로 불의에 맞서고 있다는 것을 드러낸다.

이어 로슬랴꼬프는 한 창녀가 영화 제작자에게 자신의 인생을 고백하는 내용을 독자들에게 전달한다. 그녀는 제작자에게 다음에 제작할 영화에 자신을 기용하지 말아달라고 애원한다. 왜냐하면 새로운 인생을 시작하려는 그녀의 희망이 사라질 수도 있고, 과거 범죄소굴에서 경험했던 공포와 두려움이 그녀의 미래를 망가뜨릴 수도 있기 때문이다. 이 소설은 한 젊은 영혼에 대한 감동적인 이야기를 다루고 있다. 그녀는 자신의 처녀성을 보호하려고 애를 썼으나, 시간이 지나면서 주변 환경에 의해 타락의 구렁텅이로 빠져든다. 비록 창녀가 이 소설의 여주인공이지만, 섹스는 이 작품의 중요한 주제가 아니다. 그리고 약물남용과 섹스장면도 명확하게 묘사되어 있지 않다. 타락한 여인의 운명은 예측 불가능한 운명의 상징이며, 좋은 의도가 항상 좋은 결과를 가져다주지 않는다는 현실을 대변하고 있다. 여주인공의 긍정적인 노력은 결국 실패하게 된다. 왜냐하면 잔혹한 주변 환경에 대처할 준비가 안 되었기 때문이다.

로슬랴꼬프는 등장인물의 대화에서 사투리와 속어를 사용하고 있다. 1인칭 화자는 여주인공과 자극적인 대화를 나누면서 철학적인 이야기를 전개하기 위해 가끔 일탈을 시도한다. 작가는 화자와 여주인공에게 이름도 부여하지 않았고, 사건이 발생하는 공간과 시간도 설정하지 않았다. 작가가 의도적으로 이 상황을 소비에트의 전반적인 사회에 적용할 수 있게 만든 것이다. 주변 사람들을 신뢰하지 않는 여주인공은 화자에게 자신의 모든 이야기를 털어놓아야할지를 망설인다. 그러다 모든 것을 고백한 그녀는 잠시 후 자신이 겪고 있는 내면의 고통으로부터 해방된다. 절박한 상황에 처한 그녀가 약간의 술을 마시고 용기를 내 화자에게 고백한 말에는 진정성과 진솔함이 묻어있다. 독자들은 그녀의 고백을 단순히 액면 그대로 받아들인다. 왜냐하면 화자(작가)가 그들에게 다른 관점을 제시하지 않았기 때문이다. 이 소설의 메시지는 단순하면서도 강력하다. 정직한 미혼여성이 사악한 세상에서 그녀의 존엄성을 지킨다는 것이 상당히 어렵다는 것이 바로 그것이다.

그 밖의 작가들

이제까지 언급한 작가들 외에 유명세를 타며 사실주의 경향의 작품을 쓰고 있는 작가들이 더 있다. 그들 중 한 사람이 여류작가 **류드밀라 울리쯔까야 (Людмила Е. Улицкая, 1938~)**이다. 연극과 영화 대본을 주로 집필하는 그녀는 최근에 소설을 발표했다. 1993년 부커상 후보에 오른 소설 『소네츠까』(Сонечка; 1992)[286]는 남편과 부인, 그리고 연인의 삼각관계를 다루고 있고, 순종적이고 이기심이 없는 여주인공이 등장한다. 그녀는 남편이 연인을 통해 새롭게 발견한 행복을 질투하거나 시기하지 않고 기꺼이 받아들인다. 울리쯔까야는 레프 똘스또이처럼 훈계하는 작가가 아니다. 선과 악을 구별하지 않고 모든 등장인물의 선한 품성을 발견하려 애쓰는 작가이다. 울리쯔까야는 사랑과 이해심을 갖고 등장인물들을 진솔하게 묘사한다.

유리 부이다, 겐나지 골로빈, 그리고 올가 노비꼬바의 작품들도 1994년 부커상 후보에 올랐다. **유리 부이다(Юрий В. Буйда, 1954~)**의 『돈 도미노』(Дон Домино; 1993)[287]는 러시아 내륙지방에 소재한 외딴 철도역에 거주하고 있는 사람들의 비극적인 이야기를 다루고 있다. 이 철도역은 국가 이익을 위해 비밀스럽게 운영되고 있는 곳이다. 그런데 이곳에서 일하는 사람들은 어둠 속에

286) «신세계», 1992, №7, c.61~88.
287) «10월», 1993, №9, c.81~111.

갇힌 채 생활하고 있다. 그리고 철도역의 비밀을 캐내려하는 사람들은 죽임을 당한다. 이 작품에서 묘사된 미지의 목적지로 한밤중에 운행하는 기차는 인권을 탄압하는 악의 권력을 상징한다. '돈 도미노'라는 별명을 갖고 있는 주인공 아르다비예는 국가를 위해 헌신적으로 봉사하는 인물이다. 궁금한 것에 대해 의문을 품지 않는 것이 그의 마음에 평안을 주기 때문에, 철도역에서 일어나는 사건에 대해 궁금해 하지 않고 묵묵히 자신의 일만 한다. 그러나 나중에 조국이 자신을 속였다는 것을 깨닫고, 그는 철도역의 모든 시설물을 폭파하고 자살한다. 이 소설은 소비에트 정권을 강력하게 고발하고 있다. 작가에 따르면 소비에트 당국은 사람들을 억압하며 그들로 하여금 과거를 들추어내지 못하게 할 뿐 아니라, 미래에 대한 희망조차 갖지 못하도록 통제하고 있다는 것이다. 이 소설에서는 약간의 예술적 결함이 있다. 인물의 성격묘사는 다소 모호하고, 사랑을 묘사하는 장면에서 친밀감을 나타내는 말이나 행동도 결핍되어 있다. 그리고 이야기 진행도 비교적 단조롭다. 그러나 작품의 메시지는 분명하다. 허황된 일을 하는 시스템은 결국 자멸하거나, 내부자에 의해 파괴당할 수밖에 없다는 것이다.

겐나지 골로빈(Геннадий Н. Головин, 1940~2003)의 자전적 1인칭소설 『평화와 자유』(Покой и воля; 1993)[288]는 작가의 인생과 사랑의 경험, 자연을 관조하는 통찰력, 그리고 창작과정을 다루고 있다. 이 작품에는 사실과 허구, 그리고 작가의 전기가 뒤범벅되어 있다. 작가는 이 작품에서 동물에 대한 사랑과 평범한 사람들에 대한 믿음을 강조하며, 가난이 행복을 추구하는 데 아무 장애가 되지 않는다고 토로한다. 이 소설은 흥미로운 이야기를 담고 있지만, 작가의 메시지는 다소 설득력이 떨어진다. 그리고 화자를 제외한 대부분의 등장인물의 성격묘사가 일관성이 없고 모호하다.

---

288) «청춘», 1993, №4, c.10~39.

올가 노비꼬바(Ольга И. Новикова, 1950~)가 발표한 첫 장편 『어떤 여인의 장편소설』(Женский роман; 1993)[289]은 소련의 문학잡지 운영 실태와 문단의 상황을 다루고 있다. 여주인공 줴냐 셀레니나는 순수하고 정직하며 열심히 일하는 편집인이다. 두 번의 성공적이지 못한 연애 끝에 마침내 마음에 드는 남자를 발견한다는 내용을 담고 있다. 이 소설의 주제는 새로운 것이 아니며, 유리 뜨리포노프(Юрий В. Трифонов, 1925~1981)가 이와 유사한 주제를 이미 다루었다. 그리고 언어와 문체 면에서 뜨리포노프의 작품이 노비꼬프의 흥미 없는 소설보다 뛰어나다고 말할 수 있다.

제5장 '사실주의 산문'에서 언급한 작가들은 20대인 알렉산드르 쩨레호프를 제외하고 대부분이 30~40대이다. 그들의 작품은 뻬레스뜨로이까 이전에는 출판되지 않았고, 1980년대 말과 1990년대 초 대중에게 알려지기 시작했다. 그리고 대부분 사실주의 경향의 작가이나, 일부 작가는 예외이다. 마리나 빨레이는 독특한 문체를 사용하는 실험작을, 그리고 세르게이 깔레진과 알렉산드르 쩨레호프는 주제의 다양성을 시도하고 있다. 주제의 다양성을 시도하는 것은 젊은 작가들에게 그리 쉬운 작업이 아니다. 성공한 예로 올레그 예르마꼬프를 꼽을 수 있는데, 그는 아프가니스탄 전쟁을 주제로 한 소설을 발표하여 유명세를 얻었다. 그러나 그 이후 주제의 다양성을 시도하고 있으나 번번이 실패하고 있다. 중세를 배경을 한 예르마꼬프의 단편 『고로우흐쉬 도시의 프레스코』(Фрески города Гороухщи; 1993)[290]에는 신화적 인물들이 주인공으로 등장한다. 하지만 줄거리의 명확성이 부족하고 구조가 혼란스럽기 때문에, 독자들로부터 큰 호응을 얻지 못했다. 그리고 실험작 『맨 처음 마시는 차』(Чаепитие в преддверий; 1993)[291]에서 예르마꼬프는 상상력을 발휘해서 현실세계와 꿈의 세계의 관계를 묘사하고 있다. 그러나 아프가니스탄 전쟁을

289) Москва, Книжный сад, 1993.
290) «깃발», 1993, №6, с.9~26.
291) «신세계», 1993, №9, с.58~70.

주제로 한 작품에서 찾아볼 수 있는 명확하고 섬세한 묘사와 감정의 충실함이 이 소설에는 거의 부재하다. 예술의 다양성은 작가의 창작 원숙미를 예측할 수 있는 바로미터이다. 젊은 작가들이 주제의 다양성을 확보하는 데는 더 많은 시간이 걸릴 것이다.

2. 절충주의 산문

마르끄 하리또노프(Марк С. Харитонов, 1937~)

마르끄 하리또노프의 『운명의 선, 또는 밀라셰비치의 작은 트렁크』(Линии судибы, или сундучок Милашевича; 1992)[292]는 1992년 부커상을 수상했다. 하리또노프는 우크라이나의 쥐또미르에서 출생했고, 모스크바에서 성장했다. 그는 수필작가, 번역가, 그리고 산문작가로 활동했으나 대중에게 거의 알려지지 않은 인물이다. 1960년대부터 소설을 집필하기 시작했으나, 글라스노스찌가 실시되기 전까지 그의 첫 산문집 『2월의 어느 날』(День в феврале; 1988)은 출간되지 않았다. 그리고 하리또노프는 『운명의 선...』을 1981~85년에 집필 완성했으나, 어느 문학잡지도 이 소설을 게재하려들지 않았다. 마침내 1992년 «민족 우호»은 『운명의 선...』을 게재하고, 하리또노프의 다른 작품의 게재도 수락한다는 입장을 발표했다.

『운명의 선...』은 문학의 본질, 작가의 경험, 감정, 사상, 그리고 이와 관련된 인물들의 운명을 다루고 있다. 이 작품의 주인공 안똔 안드레예비치 리자빈은 러시아 네차이스끄 지방작가들의 창작물에 관한 논문을 쓰고 있는 학자이다. 자료를 조사하는 과정에서 그는 시메온 밀라셰비치의 산문을 우연히 발견하게 된다. 밀라셰비치의 산문에 흥미를 느낀 리자빈은 수년에 걸쳐 그의 고향에 소재

292) «민족 우호», 1992, №1, c.38~117, №2, c.94~178.

한 도서관과 기록물 보관소에서 그에 관한 정보를 조사한다. 오랫동안 노력한 결과 리자빈은 그동안 알려지지 않은 밀라셰비치의 작품, 메모, 그리고 일기가 들어있는 작은 트렁크를 발견한다.

이 소설에서 다루고 있는 시간대는 1920년대부터 1970년대까지 약 50년으로 설정되어 있다. 18부로 구성되어 있는 이 소설에는 밀라셰비치의 산문, 경험담, 그리고 사상이 리자빈의 것과 번갈아가며 묘사되고 있다. 부수적인 등장인물들은 표면상 주인공에 의해 단편적으로 소개되며, 그들은 대부분의 장면에서 예상치 않게 등장하고 이내 사라진다. 그런데 그들의 단편적인 출현은 밀라셰비치와 리자빈의 삶뿐 만 아니라, 운명과도 밀접하게 연결되어 있다.

이 소설에는 사실, 허구, 그리고 추상적인 철학사상이 혼재되어 있다. 트렁크의 발견은 리자빈에게 밀라셰비치의 작품세계를 이해하는 단초를 제공하고, 그의 예술관과 가치관의 철학적 동기를 밝히는데 도움을 준다. 이야기가 진행되면서 두 사람의 세계관이 유사하다는 것이 서서히 밝혀진다. 그리고 밀라셰비치의 문학세계는 리자빈의 작가관 형성에 적지 않은 영향을 끼친다. 작가 하리또노프는 자신이 경험한 것과 신념을 밀라셰비치에게 부여하고 있다. 하리또노프와 밀라셰비치는 인생에 대한 새로운 비전과 존재의 숭고한 의미를 탐구하고 있다. 이 두 사람은 은유적 표현을 자주 사용하고 있는데, 독자가 이 표현의 의미를 이해하는 것은 그리 쉽지 않다. 그리고 이 두 사람은 모두 자신들의 작품을 출판하는 데 큰 어려움을 겪는다.

이 소설에서 밀라셰비치의 철학은 분명하게 표출되지 않고 있다. 그러나 그가 생각하는 농촌에 대한 관점과 철학은 작가의 것과 동일하다. 농촌에 대한 그의 철학은 하리또노프의 미출판 중편소설 『농촌철학』(Провинциальная философия)에 잘 드러나 있다. 이 소설은 1977년에 완성되었으며, 하리또노프가 계획한 삼부작 가운데 2부에 해당한다.[293] 밀라셰비치는 러시아 농촌의 삶을

293) 삼부작의 1부인 중편 『쁘로호르 멘슈찐』(Прохор Меньшутин)은 1971년 완성하고 1988년 출판된 산문집 『2월의 어느 날』에 포함되어 있다. 그리고 『운명의 선...』이 삼부작의 마지막

이상화하고 있으며, 볼셰비키혁명이 러시아 농촌의 후진성을 제거할 거라고 믿는 사람들의 생각에 반대한다. 하리또노프에 의하면, 밀라셰비치가 주장하는 농촌 철학은 단순히 지리적 경계가 아니라, 러시아 농촌생활의 균형과 조화를 기초로 하는 농민의 영적 영역과 삶의 방식을 근거로 만들었다는 것이다. 그리고 밀라셰비치의 의도는 대도시와 농촌의 불균형을 해소하고 농촌의 가치를 높이겠다는 것이다. 그의 철학은 밀라셰비치, 리자빈, 화자, 그리고 몇몇 등장인물들 사이에서 일어난 지식인들의 토론을 통해 도전을 받으면서 발전한다. 과거 역사를 살펴볼 때 영적 지도력이 일부 계급에 속해있다는 사실은 전혀 새로운 것이 아니다. 밀라셰비치의 농촌철학과 소위 '농촌산문'의 작가들의 아이디어에는 몇 가지 유사점이 존재한다. 10월 혁명과 그 이후 체험한 사회주의 삶은 밀라셰비치의 순수한 유토피아 철학과 완벽한 사회를 건설하겠다는 그의 이상을 손상시켰다. 그럼에도 불구하고 하리또노프는 시대를 앞서가는 밀라셰비치의 철학과 이상을 믿고 옹호하고 있다.

밀라셰비치의 또 다른 관심사는 신앙이다. 말씀을 실천하지 않는 기독교인인 그는 처음에 혁명적인 해방을 통한 구원을 모색한다. 종교와 관련된 그의 메모에는 무신론이라기보다, 불가지론[294]의 이성적인 내용이 담겨져 있다. 이 소설이 글라스노스찌 이전에 집필되었다는 점을 고려할 때, 하리또노프는 잡지발행인들의 반감을 피하기 위해 종교적 주제를 다소 완화시켰을지도 모른다.

이 소설은 세 이야기로 구성되어 있다. 즉 이야기 속의 이야기, 그리고 후자

작품이다. 삼부작에 등장하는 주인공들은 모두 동일한 인물이고 배경도 동일하게 설정되었다. 하리또노프가 부커상을 수상한 후 «민족 우호»이 삼부작의 2부인 중편 『농촌 철학』을 게재 거부했다는 점이 매우 흥미롭다. 이 잡지의 편집인 바체슬라프 삐에쭈흐는 『농촌 철학』을 새 작품으로 간주하지 않고 1992년 자신들의 잡지에 실린 『운명의 선...』과 연관된 일종의 스케치로 착각했던 것이다. 삐에쭈흐는 삼부작의 마지막 소설 『운명의 선...』이 이미 출판된 마당에 뒤늦게 2부 『지방 철학』을 게재할 필요성을 못 느낀다고 말했다. 자세한 내용은 다음 글을 참조하라. «문학신문», 1993년 3월 17일, 3면. 『농촌 철학』은 1993년 «신세계», 1993, №3, с.7~86에 게재되었다.

294) 역주 : 인간이 신을 인식할 수 없다는 종교적 인식론. 불가지론자들은 무신론과 유신론을 모두 배격한다.

이야기 속의 또 다른 이야기로 구성되어 있다. 맨 밑바닥에는 리자빈이 발견한 '밀라셰비치와 그의 작은 트렁크에 대한 이야기', 그 다음에는 탐정소설 요소들로 가득 차있는 '밀라셰비치의 삶에 대한 이야기', 그리고 마지막에는 트렁크 속에서 발견한 '밀라셰비치의 편지와 메모를 토대로 한 무수한 이야기들'이 묘사되어 있다. 표면상 이 세 이야기는 서로 분리되어 있고 연관성이 없는 것처럼 보인다. 하지만 실질적으로 이 세 이야기는 서로 긴밀하게 연결되어 있다. 그리고 작은 트렁크에 담긴 내용물들은 철학적 고찰을 위한 기본 토대를 제공한다. 밀라셰비치의 산문은 자전적 요소를 강하게 띠고 있고, 그의 사상은 리자빈에게 큰 영향을 끼친다. 리자빈처럼 하리또노프도 섬세하고 고지식한 탐구자이다. 하리또노프는 세심한 주의와 인내심을 갖고 소설을 구성하고 있는 각각의 장에 독특한 사상과 철학을 제공하는 구조를 사용하고 있다. 그런데 시간대에 맞춰 순서대로 묘사하지 않기 때문에 이야기 진행이 혼란스럽다. 그리고 공간설정도 모호하기 때문에 독자가 이를 이해하는 데 다소 애를 먹는다. 소설의 이야기는 발생하는 사건 순서대로 전개되지 않는다. 대신 작가의 철학과 사상이 전개되는 순서로 진행된다.

이 소설에는 포스트모더니즘과 사실주의 요소가 혼재되어 있다. 다른 이야기꾼들에 의한 3인칭 서술이 밀라셰비치가 쓴 편지, 메모, 그리고 서류에서 인용한 것과 뒤범벅되어 있다. 각 장 앞에 제공되어 있는, 작은 트렁크에서 발견된 메모와 서류 내용에서 따온 금언 또는 제명(題銘)과 같은 함축적인 문구는, 발생하는 사건과 등장인물의 대화의 핵심을 요약하고 있다. 문단을 구분하는 명확한 형식도 없고, 대문자로 시작하지 않는 문단도 있다. 이런 특징은 문단 내에 묘사된 등장인물의 삶과 사건이 서로 연속성과 연관성이 있다는 것을 암시하는 것이다. 그리고 운문형태의 서술은 삶뿐 아니라, 시적이고 평범한 문학의 통일성을 암시하고 있다. 이 소설의 대부분은 리자빈, 말레셰비치, 그리고 화자의 마음속에 내재되어 있는 의식의 흐름을 나열한 것이다. 그들의 내적독백은 가끔 서로 융합되면서 신앙과 인생의 의미를 탐구하는 철학적 대화를 구성한다.

『운명의 선...』은 진지한 소설이다. 작가는 독자들에게 철학적 통찰력과 세밀한 관찰력을 요구하며, 그들을 지적 토론의 장으로 초대한다. 일부 독자는 러시아에서 당시 문단의 상황을 반영하는 이 소설이 어떻게 부커상을 수상했는지 의문을 품게 된다. 비평가 알라 라뜨이니나(Алла Н. Латынина, 1940~)는 이 소설을 마르셀 프루스트와 헤르만 헤세의 작품과 견줄만하다고 말한다.[295] 그리고 까렌 스쩨빠냔(Карен А. Степанян, 1952~)은 이 소설이 러시아 포스트모더니즘의 고전이 될 것이라고 예견했다.[296] 반면에 꼰스딴찐 께드로쁘(Константин А. Кедроп, 1942~)는 이 작품이 전통적인 사실주의와 새로운 양식을 절충한 소설이라고 주장한다. "격렬하게 파헤치는 하리또노프의 철학은 그가 새롭게 시도하는 복합적인 양식에 적합한 것이지만, 그리 만만한 작업은 아니다."[297]

『운명의 선...』은 창의적인 플롯을 사용한 도발적인 소설이다. 이 작품에는 섬세한 디테일과 정교한 사상들이 넘쳐흐른다. 그런데 줄거리가 혼란스럽고 형식이 복잡하기 때문에 이해하기가 쉽지 않다. 이 소설은 단절된 파편조각들로 구성되어 있으나, 하리또노프는 혼란스런 예술적 구조를 통해 통합된 하나의 세계관을 제시하고 있다. 이 작품은 문학의 정의를 다루고 있는 소설이다. 따라서 평범한 일반 독자들이 아니라, 지식인들을 위한 소설이다. 이 소설의 텍스트를 완전히 파악하기 위해서는 심오한 지식과 인내가 필요하다. 따라서 많은 장점에도 불구하고, 이 소설이 대중으로부터 큰 인기를 얻는 것은 거의 불가능하다.

『운명의 선...』을 발표한 후 하리또노프는 단편 『줄』(Очередь; 1992)[298]을 «깃발»에 기고했다. 이 소설은 소비에트 일상에서 자연스럽게 발생하는 긴 '줄'을

295) «문학신문», 1992년 12월 16일, 7면.

296) Карен Степанян, 'Реализм как заключительная стадия постмодернизма', «깃발», 1992, №5, с.236.

297) Константин Кедров, 'Выбор Букера: между модернизмом и реализмом', «이즈베스찌야», 1992년 12월 9일, 6면.

298) «깃발», 1992, №3/4, с.184~188.

다루고 있다. 장소, 시간, 그리고 판매되는 물건에 대한 언급이 전혀 없기 때문에, 줄 그 자체가 소비에트 시스템의 구현이자 축소판인 것이다. 여성화자의 독백형식으로 전개되는 이 소설은 줄에 서서 의문을 제기하는 개인의 심리를 탐구하고 있다. 그녀는 자유를 박탈당한 순종적인 인물일 뿐 아니라, 당국의 탄압 대상이다. 그런데 소비에트 시스템이 자신에게 먹을 것과 안전을 제공하기 때문에, 그녀는 이 시스템을 옹호하고 숭배하고 있는 것이다.

뱌체슬라프 삐에쭈흐(Вячеслав А. Пьецух, 1946~)

뱌체슬라프 삐에쭈흐는 1980년대 말과 1990년대 초 대중에게 이름을 떨친 작가들 중 하나이다. 그는 러시아인 모친과 폴란드인 피가 섞인 우크라이나인 부친 사이에서 출생했고, 모스크바 교육대학을 졸업하고 역사교사로 근무하고 있다. 1970년대에 집필활동을 시작했고, 일부 작품은 뻬레스뜨로이까 이전에 발표되었으나, 글라스노스찌 이후 그의 이름이 대중에게 널리 알려졌다. 그가 관심을 두고 있는 주제는 주로 러시아 역사, 인간성, 그리고 문학과 삶의 관계이다. 그는 과거 러시아 역사뿐 아니라 현실의 생활상도 다루고 있고, 가끔 이 둘을 혼합한 것도 다룬다. 그의 대부분의 작품은 러시아의 전통적 사실주의 작품에 대한 상호이해와 의존성을 토대로 하고 있다. 삐에쭈흐의 소설에서 사용하는 주제와 문체는 다양하다. 그는 현실세계를 가끔 환상적인 세계와 결합하여 묘사한다. 그리고 심각한 주제는 유머러스한 필치로 다룬다. 삐에쭈흐는 소비에트 삶을 풍자하는 작가이다. 그의 산문의 특징으로 '아이러니'를 꼽을 수 있다.

그는 중편 『새로운 모스크바 철학』(Новая московская философия; 1989)[299]을 자신의 최고 걸작으로 간주한다. 이 소설은 도스또옙스끼의 영향을 받은 작품이다. 이 소설의 주제와 구조, 그리고 일부 등장인물은 도스또옙스끼의

299) «신세계», 1989, №1, c.54~124.

『죄와 벌』과 유사하다. 이 소설은 어느 모스크바 아파트 주민들의 4일 동안의 삶을 다루고 있다. 작은 평수의 아파트에 살고 있는 노파가 실종되는 사건이 발생하면서 이야기가 시작된다. 실종원인을 밝혀내기도 전에, 일부 입주자들은 그녀가 살고 있던 아파트 공간을 차지하려고 서로 치열하게 싸운다. 그리고 나중에 그녀가 사망했다는 것이 밝혀진다. 해치려는 의도가 없었던 말썽꾸러기 십대 2명의 위협에 충격을 받은 그녀가 아파트 인근 공원의 벤치에서 사망한 것이다. 그리고 사망한지 30시간이 지난 후 그녀의 시신이 발견되었다. 이 사건은 두 주인공 벨로쯔베또프와 치나리꼬프가 벌이는 격렬한 철학토론의 주제가 된다. 전자는 약사이고, 한때 철학을 공부했던 후자는 아프가니스탄 참전용사이며 지금은 아파트 경비원으로 근무하고 있다. 그들은 선과 악의 관계에 대해 열띤 토론을 벌인다. 그리고 화자는 주제에서 벗어난 일탈도 종종 시도한다.

가끔 화자가 작가의 견해와 다른 것을 표방하는 것처럼 보이나, 사실은 작가의 생각을 전달하고 있는 것이다. 삶과 창작의 관계에 대해 깊게 고민하는 화자는 작가가 만들어낸 환상적이며 허구적인 창작물들이 과거 알 수 없는 어느 시간 어느 곳에서 이미 발생했을 것으로 간주한다. 그는 인간다운 삶을 누리는 데 필요한 문학창작의 중요성을 다음과 같이 지적한다. “인간의 윤리와 도덕 발전과정에서 문학은 유전적으로 상당히 중요한 임무를 띠고 있다. 왜냐하면 문학은 인류의 영적 경험을 집중적으로 표현하기 때문이다... 문학이 존재하지 않는다면 인간은 완전한 인간이 될 수 없다.”[300)]

어떤 면에서 이 소설의 제목은 역설적이다. 소비에트 당국이 시민들을 영적으로 발전시키는 임무를 띠고 있다는 주장에서 출발한 ‘새로운 모스크바 철학’은 전혀 새롭지 않다는 것이다.[301)] 작가는 새로운 철학을 19세기 사상가 차아다예프(Пётр Я. Чаадаев, 1794~1856)가 제기한 러시아의 후진성에 관한 오래된 철학과 비교한다.[302)] 그리고 새로운 철학은 ‘모스크바 제3로마설’을 계승

300) В. Пьецух, *Новая московская философия* (Москва, 1989) с.286.
301) Ibid., с.265.

발전시키고 있는 러시아와 소련의 민족주의자들이 수세기에 걸쳐 장려했던 낡은 사상에 불과하다고 주장한다.

삐에쭈흐는 자신의 작품과 도스또옙스끼의 『죄와 벌』을 비교하며 다음과 같이 말했다. "나의 문학적 능력이 도스또옙스끼보다 못하다는 것은 인정한다. 그러나 나는 도스또옙스끼 작품보다 더 어려운 것을 다루고 있다. 오늘날 등장인물은 과거와 달리 속물적이며 이기주의가 팽배해 있다. 도스또옙스끼 작품은 예술기법을 철저하게 따르고 있으나, 나의 작품은 현재의 삶의 법칙을 준수하면서 현실을 재창조한다는 것이다."[303] 사실상 『죄와 벌』의 등장인물들은 균형이 잘 잡혀있고 설득력이 있는 사상을 전개하며 동기도 분명하게 제시되어 있다. 그리고 주인공 라스꼴리니꼬프가 설정한 사상과 철학이 잘못되었다는 것을 파헤치는 데 많은 지면이 할애되었다. 자신이 믿고 있는 종교적 도덕성을 해치기 때문에 도스또옙스끼는 라스꼴리니꼬프가 아무 이유 없이 저지른 살인을 받아들이지 않는 것이다. 그런데 『새로운 모스크바 철학』에 등장하는 일부 인물들은 어느 정도의 양심은 갖고 있으나, 도덕적 원칙을 갖고 있는 인물은 아무도 없다. 두 주인공이 벌이는 철학적 토론 역시 추상적일 뿐, 행동으로는 옮기지는 못한다. 도스또옙스끼는 처음부터 주인공의 사상과 행동에 맞서고 있으나, 삐에쭈흐는 두 주인공 벨로쯔베또프와 치나리꼬프가 끝없이 펼치는 주장들을 제3자 입장에서 물끄러미 바라보고만 있다. 삐에쭈흐는 비극을 익살극으로 전환시키면서, 그들의 대화에 관여하지 않는다. 삐에쭈흐의 『새로운 모스크바 철학』은 새로운 모스크바 철학에 관한 이야기가 아니라, 러시아에 철학이 부재하다는 것을 풍자하는 작품이다. 이 두 작품의 큰 차이점은 주인공들의 성격 묘사보다, 작품의 예술성에 초점을 맞추고 있다. 삐에쭈흐의 『새로운 모스크바 철학』은 도스또옙스끼의 『죄와 벌』의 패러디로도 간주할 수 있다. 그런데 삐에쭈흐가 러시아

---

302) 역주 : 차아다예프는 러시아가 유럽에 속하지 않는다고 지적하며, 러시아가 인류문화에 공헌을 하지 않았다는 것을 주장했다. 이 주장을 에워싸고 19세기에 인쩰리겐찌야들이 러시아와 서구문명의 관계와 러시아의 과거와 미래에 대한 논쟁을 벌였다.

303) Ibid., c.258.

역사와 문화유산에 대한 철학적 작품을 집필하는데, 왜 19세기 최고의 작품 중 하나인 도스또옙스끼의 『죄와 벌』을 선택했는지 의문이 든다.

삐에쭈흐가 1990년에 발표한 소설 『기왕증(旣往症)과 추가성분리(追加性分利)』(Анамнез и епикриз)[304]의 제목은 상징을 띠고 있다. 표면상 러시아어 제목 '아남네스와 예삐끄리스'는 이 작품에 등장하는 병원에 살고 있는 고양이 두 마리의 이름인데, 실질적으로는 모든 사회적 병폐를 치료하기 위한 진단과 권고를 상징하고 있다. 어떤 의미에서 병원은 사회의 축소판인 것이다. 이 병원에는 화자를 포함한 6명의 환자가 입원해 있는데, 그들의 사회적 배경은 각기 다르다. 화자는 소련의 환자들 사이에서 벌어지고 있는 논쟁을 듣고, 그들의 성격에 대해 깊이 생각한다. 화자에 의하면 환자들은 각기 다른 민족으로 독특한 민족성을 띠고 있다는 것이다. 일반적으로 세상 사람들은 고양이들처럼 평화롭게 살고 있다. 그런데 병원에 입원한 소련사람들은 자신들이 서로 다른 민족이며 서로 다른 이익을 추구하기 때문에, 계속해서 논쟁을 벌이며 다투고 있다는 것이다. 작가는 모든 소련사람들을 하나로 단결시키기 위한 통일된 사상이 필요하다는 것을 지적한다. 그리고 러시아어가 그들에게 공통적인 언어이기 때문에, 그들은 러시아와 러시아어에 자신들의 운명을 맡겨야 된다고 강조한다. 베네딕뜨 사르노프(Бенедикт М. Сарнов, 1927~2014)는 삐에쭈흐의 소설을 미하일 조센꼬의 『질병의 역사』(История болезни)와 유사한 작품이라고 주장한다.[305] 어쩌면 그럴지도 모른다. 하지만 삐에쭈흐는 조센꼬보다 더 큰 야망을 제시하고 있다. 삐에쭈흐는 병원에 입원한 환자들의 행동을 묘사하면서, 러시아의 모든 사회가 안고 있는 병폐를 함축적으로 묘사하고 있다. 러시아인들을 위해 작가가 제안한 치료제는 정확히 말해 '유토피아'이다. 왜냐하면 곤궁에 빠진 소련의 현 상황을 타개할 수 있는 다른 방법이 전혀 없기 때문이다. 삐에쭈흐는 이 문제점을 과장되게 표현하며 인간의 노력이

304) «신세계», 1990, №4, с.5~20.

305) Венедикт Сарнов, *Смотрите, кто пришёл* (Москва, 1992) с.478.

무의미하다는 것을 드러내고 있다. 그는 이 소설에서 일상적인 가벼운 유머를 사용하지 않는다. 이 작품에서 사용한 씁쓸한 유머는 고골의 '눈물을 통한 웃음'을 연상시킨다.

1991년에 발표한 소설 『침례자 알렉산드르』(Александр Креститель)[306]는 진지한 주제를 장난기가 섞인 유머를 사용하며 묘사한 작품이다. 이 소설의 배경은 1920년대 소련의 작은 마을이다. 그 지방의 '체카'(Чека)[307]가 시장광장에서 불에 타 사망한 알렉산드르 사라또프의 살인용의자를 조사하면서 이야기는 시작된다. 처음에 체카는 살인사건을 반혁명 행위로 의심했다. 그러나 얼마 후 이 마을 사람 사라또프가 새로운 신앙을 설파하며 스스로를 구세주라고 공언해 왔다는 사실이 밝혀진다. 그는 종교를 설파했다는 이유로 어차피 체카가 자기를 체포할 것이라는 확신을 갖고 추종자들에게 자신을 십자가에 못박아 달라고 설득한다. 그런데 못을 구하지 못하자 그들은 사라또프를 불태웠고, 3일 후 그가 부활했다고 꾸미기 위해 그의 시신을 관에서 꺼내 치워버린다.

주인공 사라또프의 신념은 러시아전통과 도스또옙스끼 작품에 뿌리를 두고 있다. 모든 인간에게 신성이 존재한다는 것을 믿고 있는 사라또프는 인간이 신이 될 수 있다는 신념을 갖고 있다. 그의 주장에 의하면, 신앙이란 인간과 신의 경계를 무너뜨릴 수 있다는 것을 인식하는 것이고, 모든 사람에게 내재하고 있는 신에게 자기 자신을 복종시키는 것을 의미한다.[308] 그는 세상의 종말은 믿지만, 영생불멸은 믿지 않는다. 그리고 러시아인들은 신에 의해 선택된 민족이라고 주장한다. 왜냐하면 그들은 모진 고통을 감내할 수 있는 능력을 소유하고 있기 때문이라는 것이다. 삐에쭈흐는 이 소설에서 러시아의 현재 상황을 풍자하고

306) «10월», 1991, №2, c.3~19.

307) 역주 : '체카'는 10월 혁명 후 소비에트 정부가 설치한 러시아 반혁명·사보타주 단속비상위원회이다. 1922년 체카는 폐지되고, 소련의 비밀경찰인 국가정치보안부 '게뻬우'(ГПУ)가 신설된다. 게뻬우는 반혁명 인사를 찾아내고 처벌하는 일을 했다. 게뻬우는 1934년 '내무인민위원회'로 바뀐다.

308) «10월», 1991, №2, c.16.

있다. 그는 이 소설에서 러시아의 독특한 지리적 특징에 대한 개념을 발전시키고, 러시아인들이 자신들이 갖고 있는 영적 메시지를 인류에게 전파하기로 예정되어 있다고 주장한다. 유머와 고문체가 풍부하게 사용된 이 소설에서 작가는 작품의 주제를 겉으로 드러내지 않으려고 노력한다. 즉 자신이 주인공들을 진지하게 생각하지 않는다는 인상을 독자들에게 심어주고 있는 것이다.

작가 삐에쭈흐는 표면상 이 소설의 화자와 등장인물로부터 분리된 것처럼 보인다. 하지만 실질적으로 삐에쭈흐는 그들과 유사한 신념을 갖고 있다. 삐에쭈흐는 자신을 철학자로 간주하지 않으며, 자신의 작품이 철학과 아무런 관계가 없고 다만 철학적인 표현만을 사용하고 있다고 주장한다.[309] 물론 그는 철학자는 아니다. 그러나 그가 러시아의 과거 역사에 영향을 끼친 철학적인 문제에 관심이 있는 것은 분명하다. 그리고 현재 러시아인들의 삶을 결정하는 철학적인 문제에도 적지 않은 관심을 갖고 있다. 그의 철학적 담론은 광범위한 풍자의 성격을 띠고 있고, 러시아인들의 삶에 대한 논평은 비극적인 아이러니로 가득 차 있다. 삐에쭈흐는 독자를 담론에 끌어들이고, 독자가 스스로 결론을 내릴 수 있도록 하기 위해 등장인물들을 철학적 토론에 참여시키고 있다. 삐에쭈흐가 자신의 작품에서 러시아 보수민족주의 작가들의 심금을 울리는 많은 주제를 다루고 있다는 것은 매우 흥미롭다. 그러나 그는 러시아 '대지주의자'(大地主義者, почвенники)[310]들에게 어떠한 동정심도 품지 않는다고 주장한다. 왜냐하면 그들이 자신들의 재능을 엉뚱한 곳에 사용하고 있기 때문이다.[311]

삐에쭈흐는 현대러시아의 다작 작가들 가운데 하나이다. 지난 몇 년 동안 그는 『행복한 시절』(Весёлые времени; 1988), 『새로운 모스크바 철학』(Новая московская философия; 1989), 그리고 『나 그리고 그 밖의 것들』(Я и прочее;

---

309) 따로쉬나(С. Тарощина)가 진행한 삐에쭈흐와의 인터뷰 내용. «문학신문», 1989년 5월 17일, 7면을 참조하라.

310) 역주 : 1860년대 발생한 보수적 성향의 슬라브주의자의 일파. 삐에쭈흐는 러시아 보수민족주의자들을 대지주의자로 부르고 있다.

311) «문학신문», 1989년 5월 17일, 7면.

1990)을 포함한 많은 산문을 발표했다. 그가 최근 발표한 단편들과 중편들은 «깃발», «10월», «민족 우호», «볼가», «세기말», 그리고 «프라우다» 같은 다양한 잡지, 연감, 신문에 게재되었다. 그런데 최근 들어 이전에 발표한 작품과 거의 유사한 작품을 발표하고 있다. 따라서 그의 신작은 독자로부터 큰 호응을 받지 못하고 있다. 그가 새롭게 사용한 플롯은 창의적이다. 그러나 작품에서 사용하고 있는 그의 철학과 방법론은 이전 작품에서 사용한 것과 거의 동일하다. 등장인물의 성격묘사가 삐에쭈흐의 강점이 아니기 때문에, 그는 긴 독백과 장황한 설명을 주로 사용한다. 그 결과 이야기 진행이 다소 지루하다는 느낌을 받는다.

1992년에 발표한 소설 『마법에 걸린 국가』(Заколдованная страна)[312]는 위에 지적한 것들을 잘 보여주는 작품이다. 이 소설은 1983년 레닌그라드에 소재한 어떤 아파트의 부엌이 공간으로 설정되어 있다. 몇 년 동안 월세를 내지 못한 가난한 두 여인이 주인공으로 등장한다. 그들은 두 명의 방문객을 기다리고 있다. 한 명은 해충방제요원이고, 다른 한 명은 국세청 직원이다. 부엌에서 그들은 러시아인들의 성격, 기독교의 본질, 그리고 공산주의와 기독교의 비교 등에 대한 토론을 벌인다. 이 소설에는 1인칭화자의 긴 독백이 이야기 진행의 대부분을 차지하고 있다. 화자의 독백에는 러시아가 유구한 역사를 갖고 있다는 진부한 설명과, 러시아인들의 본성을 철학적으로 입증하려는 화자의 시도가 포함되어 있다. 우연히 부엌에 모여 그런 무거운 주제에 대해 주인공들이 즉흥적인 토론을 하는 것은 쉽게 이해가 되지 않는다. 일반 러시아인들의 지성에 대한 가벼운 논평이라면 독자들은 이를 받아들일 수 있다. 그러나 화자의 길고 지루한 독백은 독자들에게 의문을 제기한다. 즉 단순노동을 하는 여인들이 심각한 역사적, 철학적 문제들을 즉석에서 대처하기에 적절한 준비가 되어 있는지 의문을 품게 된다. 작가 삐에쭈흐가 훌륭한 웅변가라는 것은 분명하다.

---

312) «깃발», 1992, №2, с.67~107.

그리고 그는 자신의 다른 소설뿐 아니라, 이 소설의 주요 등장인물이다. 작가 삐에쭈흐는 작품에서 전지적 시점(視點)의 화자, 또는 주요 등장인물, 또는 객관적 관찰자가 되든 아무 상관없이 자신은 항상 이야기의 중심에 서 있다.

삐에쭈흐의 단편 『자신과 함께 한 44년』(Сорок четыре года с самим собой; 1992)[313]에는 자신의 내면에 있는 또 다른 자아와의 관계를 분석하며 자아탐구를 시도하는 1인칭화자가 등장한다. 『망명자』(Эмигрант; 1989)[314]에는 독자적인 생각을 가진 사람들을 위한 공간이 이 세상 어느 곳에도 존재하지 않는다며 불평하는 화자가 등장한다. 그리고 『순수한 힘』(Чистая сила; 1989)[315]에 등장하는 화자는 도덕적 가치를 발견하는 방법을 탐구하다. 즉 삶의 경험에 의해 부패하고 손상된 가치들이 순수한 형태로 변형되어 다음 세대에 전달될 수 있는가를 고민하고 있는 것이다.

삐에쭈흐는 다재다능한 작가임에 틀림이 없다. 그의 작품들 가운데 사실적인 것을 다루는 것도 있고, 환상적인 것을 다루고 있는 것도 있다. 어떤 작품은 현시대가, 또 다른 작품은 짜르 시절이 배경으로 설정되어 있다. 그리고 역사, 문학, 그리고 철학을 다루고 있는 작품이 있는가 하면, 복잡한 인간성에 초점을 맞춘 작품도 있다. 다양한 서술기법을 사용하고 있지만, 그의 문체는 쉽게 인지할 수 있다. 독자는 그의 산문에서 장난기가 섞인 유머, 아이러니, 그로테스크 등을 발견할 수 있다. 화자와 등장인물들은 묵상하고 관조하며 생각을 행동으로 옮기지 않는다. 대부분의 작품에서 작가의 메시지는 표면에 직접 노출되지 않고, 유머러스하고 익살스런 표현 속에 감추어져 있다. 삐에쭈흐는 확립된 사회질서를 조롱하고, 소비에트 당국과 사회의 지도자들에게 존경심을 표하지 않는다. 심지어 그는 정치인과 범죄자를 동일시하기도 한다. "러시아의 정치인과 범죄자들은 자신들의 이익을 극대화시키기 위해, 사람들의 운명을 손아귀에 넣고 마음

313) «민족 우호», 1992, №2, c.179~187.
314) *Я и прочее* (Москва 1990), c. 121~124.
315) Ibid., c.187~216.

대로 주무른다."[316] 삐에쭈흐는 절충주의 산문작가이다. 그는 사실적인 묘사와 더불어 과장, 초현실, 그리고 그로테스크를 과감하게 사용하고 있다. 그의 작품에서 찾아볼 수 있는 상호텍스트성, 외부자료의 의존성, 풍자적이고 냉소적인 유머, 패러디, 그리고 작가의 견해 등은 포스트모더니즘 문학의 특징과 유사하다고 말할 수도 있다. 그러나 그를 전통적인 사실주의를 바탕으로 하는 현대작가로 간주하는 것이 타당하다. 비록 그의 작품세계가 통일성이 없고 다소 균열되어 있으나, 포스트모더니즘 작품처럼 파편화되거나 추상적이지는 않다. 그리고 그의 작품에는 명확한 시간과 공간이 설정되어 있다.

아나똘리 꼬롤료프(Анатолий В. Королёв, 1946~)

모스크바에서 활동하고 있는 아나똘리 꼬롤료프는 1988년 첫 산문 『렌즈에 의한 화상』(Ожог линзы)을 발표했다. 2년 후 발표한 두 번째 소설 『지형의 천재』(Гений местности; 1990)[317]는 비평가들로부터 크게 주목을 받았다. 비평가들은 꼬롤료프를 러시아문학의 새로운 지평을 열 위대한 작가라고 평하며 극찬했다. 『지형의 천재』는 뻬쩨르부르그 중심가에 위치하고 있는 한니발 공원의 형성과정을 반영하며, 이 공원과 관련된 역사적 문화적 사건을 허구적 순서대로 기록하고 있는 작품이다. 현실에 바탕을 두고 있는 이 소설은 작가의 박식함과 다재다능함뿐 아니라, 언어의 음악성과 탄력성, 그리고 역설적인 표현 등을 보여주고 있다.

1992년 꼬롤료프는 역사적 사건을 다루고 있는 자신의 최고 걸작 『고골의 머리』(Голова Гоголя)[318]를 발표했다. 이 중편소설에 묘사된 역사적 사실들은 권력과 부패, 선과 악, 그리고 곤경에 처한 자들의 믿음과 하나님과의 관계에

316) В. Пьецух, 'Дураки и сумашедшие' «문학신문», 1992년 4월 24일, 3면.
317) «네바», 1990, №7, с.6~61.
318) «깃발», 1992, №7, с.7~66.

대한 철학적 토론의 배경을 제공한다. 이 소설은 현실세계와 환상세계, 그리고 철학적 알레고리를 결합시킨 작품이다. 현실세계를 기본골격으로 하고 있는 이 소설에는 주마등같이 스쳐 지나가는 환상적인 장면과 지적 담론이 포함되어 있다. 꼬롤료프는 이 소설을 '풍자적이고 냉소적인 유머를 가진 다큐멘터리 신화 장르'에 속하는 작품이라고 말하고 있다.[319)]

이 소설의 첫 번째 에피소드 "뜨로쁘만의 처형"(Казнь Тропмана)의 도입부에는 19세기 작가 이반 뚜르게네프(Иван С. Тургенев, 1818~1883)가 잔인한 프랑스인 범죄자이자 살인자인 뜨로쁘만의 처형과 관련이 있는 인물로 등장한다. 뚜르게네프는 합법화된 살인행위인 뜨로쁘만의 처형을 쳐다보지 않는다. 도스또옙스끼(Фёдор М. Достоевский, 1821~1881)는 혐오스러운 처형장면에서 눈을 돌린 뚜르게네프를 질책한다. 즉 죄악이 행해질 때 이를 피하며 눈을 감을 권리를 갖고 있는 자는 세상에 아무도 없다는 것이다. 그리고 꼬롤료프는 실제 역사 속의 인물들이 환상적인 악마와 같은 인물들과 상호 소통하는 다양한 에피소드를 제시한다. 이 에피소드에 묘사된 사건들은 인간의 악한 성격과 인간관계에 만연하고 있는 '악의 요소'를 반영하고 있다. 공동묘지를 책임지며 관리하고 있는 KGB 장교 노소프는 고골(Николай В. Гоголь, 1809~1852)의 묘지를 발굴하고, 고골이 신고 있는 장화를 훔친다. 노소프가 묘지를 발굴한 것은 공공기물 파손 죄에 해당한다. 그리고 그의 공공기물 파손행위는 영원불멸할 것으로 여겨졌던 고골의 작품세계를 모욕한 것을 상징하고 있다. 발굴된 고골은 다음과 같이 비난한다. "독자들이 범법행위를 할 수 있는 자유, 모두가 평등하게 죄를 지을 수 있는 권리, 그리고 폭력을 사용하는 형제애를 누리고 있다. 그들은 심지어 예술을 모독하고, 비난할 수 있는 권리도 갖게 되었다."[320)] 고골의 형상은 다른 여러 형상으로 변형되어 묘사되고 있다. 그러나 대화를 통해 드러나는 고골의 메시지는 항상 동일하다.

---

319) Ibid., c.59.
320) Ibid., c.14.

"이 세상에 신성한 것은 존재하지 않는다. 즉 지상에 침투한 악이 새로운 아름다움을 창조하는 씨앗에 포함되어 있다는 것이다. 그리고 폭력과 질투가 난무하는 이 우주는 화합하고 완벽하게 되는 과정에 있기 때문에, 언젠가 아름다워질 것이라는 것이다."[321)]

꼬롤료프는 세상에 스며든 모든 '악의 근원'은 자유와 평등의 이름으로 살인을 자행한 프랑스혁명이라고 말한다. 살인은 처형장면을 목격하는 사람의 마음의 상상을 자극하기 위한 것일 뿐 아니라, 지금까지 알려지지 않은 독특한 예술작품을 그 사람에게 제공하며 미학의 규범과 수준을 한 단계 높이는 수단인 것이다.[322)] 프랑스혁명을 주도한 자들은 얼마 후 정의의 법칙이 존재하지 않는다는 것을 깨닫게 된다. 그리고 자유를 향한 열정의 불꽃이 꺼지지 않는다는 것도 인식하게 된다. 그들은 자신들이 만든 공포의 미학을 표현하는 사악한 기계 단두대의 제물이 되었다. 이처럼 작가는 프랑스혁명과 1917년 볼셰비키혁명의 유사점을 지적하고 있다. 두 혁명 모두 도저히 달성할 수 없는 자유와 평등을 얻기 위해 지불한 희생이 너무도 컸다는 것이다.

제2차 세계대전에서 독일이 항복한 직후인 1945년 5월이 시간적 배경으로 설정된 또 다른 에피소드에는, 스탈린의 지시에 의해 히틀러 시신의 턱뼈조각을 베를린에서 모스크바로 운반하는 과정이 묘사되어 있다.[323)] 그리고 히틀러뿐 아니라 스탈린도 악마의 화신으로 묘사되었다. 스탈린은 사랑이 고통을 유발하고, 두려움이 사랑을 조장한다고 주장한다. 오직 스탈린을 사랑함으로써 사람들이 스탈린에 대한 두려움을 제거할 수 있다고 말한다. 꼬롤료프가 도스또옙스끼

---

321) Ibid.

322) Ibid., c.19.

323) 히틀러의 신원을 확인할 수 있는 유골이 발견되지 않자, 소련군이 베를린으로 진격했을 때 그가 탈출했다는 소문이 돌았다. 한 종군기자에 의하면 소련기관원들이 히틀러가 전쟁에서 살아남았다는 소문이 근거가 없다는 것을 스탈린에게 증명하기 위해 히틀러의 두개골 조각을 확보했다는 것이다. 그런데 최근 «이즈베스찌야»에서 발표한 소련 내무성 인민위원회의 극비문서에 의하면 1946년 6월 베를린에 파견한 비밀경철조사단이 히틀러의 관저에서 두개골 조각을 확보했다는 것이다. 자세한 내용은 다음 글을 참조하라. *The Miami Herald,* 1993년 2월 20일, 20A면.

의 영향을 받은 것은 분명하다. 그런데 그는 자신의 목적을 위해 도스또옙스끼의 사상을 일부 수정했다. 『까라마조프가의 형제들』의 이반 까라마조프는 만일 하나님이 존재하지 않는다면 모든 것이 가능하다고 주장했다. 반면에 스탈린과 사탄은 자신들을 방해할 존재가 아무도 없다. 그들은 천벌에 대한 두려움을 느끼지 않고 자유롭게 죄악을 저지를 수 있기 때문에, 하나님의 존재를 믿지 않는다.[324] 스탈린은 자신이 저지르는 만행을 정당화하며, 모든 악을 하나님의 탓으로 돌린다. 재량권을 갖고 있는 스탈린은 하나님이 사람들을 배신했다는 주장을 펼친다.[325] 스탈린과 사탄은 자신들이 갖고 있는 권력이 부패했다는 것을 잘 알고 있다. 그들은 조물주를 포함한 '모든 사람들을 부패시키는 것은 조물주의 절대적인 능력'이라고 주장하며,[326] 인간들에게 고통을 주고 있는 하나님을 비난한다.

꼬롤료프는 고난과 고통이 하나님의 책임인지, 아니면 인간들의 책임인지를 명확하게 밝히기 위해 『고골의 머리』를 썼다고 주장한다. 그리고 이 소설은 '악이 하나님으로부터 나온 것이 아니라는 신정론(神正論)'[327]을 뒷받침하는 작품이라고 말한다. 즉 꼬롤료프는 하나님이 인간에게 선을 허락했다는 신정론을 주장하고 있는 것이다.[328] 그가 주장하는 신학이론에 모든 사람들이 동의하는 것은 아니다. 사제 미하일 아르도프(Михаил Ардов)는 예술적 재능이 부족한 꼬롤료프가 고골을 공격하고 있다며 그를 책망했다. 그리고 꼬롤료프의

---

324) «깃발», 1992, №7, c.62.

325) Ibid., c.49.

326) Ibid., c.63.

327) 역주 : 신정론(theodicy)은 신(神)과 의(義)를 뜻하는 두 헬라어의 합성어로, 신의론이라고도 한다. 신이 존재하는데 왜 악이 세상에 만연하는지, 그리고 신이 과연 공의의 하나님인지를 다루는 신학이론이다. 성경에서 주장하는 신정론은, 하나님은 악을 만들었지만 적극적으로 조성하지는 않았다. 그리고 악은 하나님의 뜻을 거스르는 것이다. 따라서 피조물은 자신이 악에 의해 당하는 고통에 대해 하나님에게 항변할 수 없다. 하나님은 악을 통해 결국 피조물을 선하게 만든다. 그리고 하나님은 세상이 끝나는 날 선과 악을 심판하기 때문에 결국 악은 선과 달리 영원히 존재할 수 없다.

328) Татьяна Рассказова, 'Пушкин стрелялся бы с Гоголем', 꼬롤료비와 인터뷰한 내용, «문학신문», 1993년 5월 19일, 5면.

신정론은 기독교 본질을 이해하지 못하는 꼬롤료프의 무지에서 발생한 것이라고 비난했다.[329] 꼬롤료프가 기독교신학 권위자들을 존경하지 않는다는 것은 의심의 여지가 없으나, 꼬롤료프의 창의적인 발상에 대한 공격은 정당하지 않다. 자신의 작품에서 다루고 있는 창의적 상상력을 공격하는 행위에 대해 작가가 반발하는 것은 어쩌면 당연한 것일지도 모른다.

『고골의 머리』는 영원히 해답을 찾을 수 없는 신앙문제를 창의적이고 혁신적인 방법으로 접근하고 있는 훌륭한 작품이다. 역사적 자료, 신화, 그리고 작가의 판타지를 혼합하여 집필한 이 소설에서 꼬롤료프는 뛰어난 상상력을 발휘하고 있다. 이 소설은 정교함, 간결성 그리고 명확성을 필요로 하는 주제를 다루기 위해 새로운 장르, 스타일, 그리고 구조 등을 사용한 성공적인 실험작이다. 작가는 이 소설에서 제기된 문제들에 대한 명확한 해법은 제시하지 않는다.

독자는 이 소설에서 작가가 제시한 추론에 의문을 품을지도 모른다. 소설의 결말부에는 '악'이 현재와 미래의 역사를 이끄는 원동력이고, 인간들이 그리스도의 목가적인 성지에 거할 때, 악이 소멸된다고 묘사되어 있다. 이 묘사는 모스크바 크렘린에 거주하고 있는 악인을 포함한 모든 인간들이 구원을 받을 수 있다는 것을 상징한다. 에필로그에는 1991년 여름 러시아에서 발생한 사건과 바실리 로자노프(Василий В. Розанов, 1856~1919)가 언급한 '러시아의 파멸'이 묘사되어 있다. 꼬롤료프는 러시아인들이 여전히 고통 받기를 열망하고 있고, 폭력이 그들 운명의 한 부분을 차지하고 있다고 지적한다. 작품의 말미에 그는 새로운 신약의 율법을 선언한다. "하나님은 존재하지 않는다... 만약 하나님이 존재한다면, 사탄은 하나님과 동등하다... 하나님과 그리스도는 지루하고 따분하다... 온 세상에 퍼져있는 악은 인간에게 축복이다... 만일 악이 소멸되면, 선 역시 사라질 것이다... 왜냐하면 악을 모르는 사람은 선과 악을 구별할 수 없기 때문이다."[330]

---

329) 'Вслед за неистовым Виссарионом', «문학신문», 1993년 5월 19일, 5면.
330) «깃발», 1992, №7, c.62.

꼬롤료프의 선언은 이 소설의 지적 담론에 대한 논리적인 결론일 뿐 아니라, 성지에 거하는 그리스도를 묘사하는 장면의 상징적 의미를 반박하는 것이기도 하다. 꼬롤료프는 과거 유럽과 러시아의 문화와 역사의 맥락에서 혼란스런 러시아의 현 상황을 묘사하고 있다. 물론 그는 절대 권력이 하나님을 타락시켰다는 스탈린의 주장에 동의하지는 않는다. 그는 조물주가 인간에게 선과 악 사이에서 양심적인 선택을 할 수 있는 능력을 제공함으로써 인간이 자유, 존엄, 그리고 영성을 누릴 수 있게 되었다고 말한다.

『고골의 머리』는 도전적이고 도발적인 작품이다. 주제적인 측면에서 이 소설은 과거 러시아 사실주의 전통을 따르고 있으나, 작품의 스타일은 1990년 대 초에 발표된 혁신적이고 실험적인 산문과 유사하다.

알렉산드르 까바꼬프(Александр А. Кабаков, 1943~)

알렉산드르 까바꼬프는 디스토피아 문학과 밀접한 관계를 맺고 있는 작가이다. 노보시비르스끄에서 출생한 그는 대학에서 수학을 전공했다. 졸업 후 로켓제작에도 관여했고, 몇몇 문학 잡지사에서 편집인으로도 활동했다. 1980년대 초 소설을 쓰기 시작했으나, 글라스노스찌 시절 이전까지는 작품을 발표하지 않았다.

1987년까지 디스토피아 작품이 소비에트 사회에서 금기시될 수밖에 없는 이유가 있다. 공산주의 유토피아 사회를 건설하는 과정에서 소비에트 사회는 실상 디스토피아 상태로 변질되어 있었다. 따라서 유토피아 사상은 이상과 꿈이 결코 실현될 수 없는 디스토피아 현실과 불가분의 관계가 된 것이다.[331]

이제까지 출금되었던 예브게니 자먀찐의 『우리』(Мы; 1924)와 1949년과 1954년에 각각 발표된 조지 오웰의 『1984년』과 『동물농장』(Animal Farm)이

331) 소련의 디스토피아 문학에 대한 자세한 내용은 다음 글을 참조하라. Наталья Ивановна, 'Прощание с утопией', *Гибель богов* (Москва 1991), с.8~16.

뻬레스뜨로이까 시절 출판되면서, 소비에트 독자들은 처음으로 디스토피아 문학을 접하게 된다. 이 기회를 포착한 까바꼬프는 뻬레스뜨로이까 시절 제일 먼저 디스토피아 작품의 집필을 시도했고, 블라지미르 마까닌, 아나똘리 꾸르차뜨낀, 그리고 류드밀라 뻬뜨루쉡스까야 등과 같은 작가들에게 디스토피아 문학의 길을 열어주었다.

까바꼬프의 중편 『귀국하지 않는 사람』(Невозвращенец; 1989)[332]은 뻬레스뜨로이까 시절에 발표된 최초의 디스토피아 소설이다. 주제는 훌륭하나, 이야기 서술은 형편없다. 그럼에도 불구하고 이 소설은 대중으로부터 큰 성공을 거두었다. 그의 문학적 재능이 아니라, 그의 천재성과 시대에 부합하는 주제 때문에 독자로부터 큰 호응을 받은 것이다. 이 소설은 두개의 시간대 − 1988년과 그로부터 5~10년 후 − 로 구분되어 있고, 하나씩 교대로 묘사된다. 소설의 말미에 시간이 사건들을 따라잡으며, 두 시간대는 한곳으로 모이게 된다. 그리고 처음에 허구로 여겨졌던 것은 현실이 된다. 사건이 발생하는 공간은 모스크바로 설정되었다. 이 소설의 주인공인 화자(작가)는 과학연구소에서 일하는 미래예측과학자이다. 그의 연구를 잘 알고 있는 비밀요원 두 사람이 찾아와 5년 후 소비에트 상황에 관한 논문을 쓸 것을 그에게 요청한다.

까바꼬프의 통찰력은 실로 놀랄만하다. 미래예측과학자는 소련의 붕괴와 다른 형태의 독재정부가 들어선다는 것을 예측한다. 화자는 다음과 같은 예측도 제시한다. 소비에트 공화국들이 독립하게 될 것이며, 러시아에 혼돈과 폭력, 그리고 고통이 만연하게 될 것이다. 최악의 경제상황에 직면할 것이고, 걷잡을 수 없을 정도의 범죄가 만연할 것이다. 새 정부는 과거를 청산하고 공산주의자들과 그들의 가족을 숙청하는 작업을 실시할 것이다. 1988년 고르바초프의 뻬레스뜨로이까에 균열이 발생했을 때, 많은 러시아인들은 만일 뻬레스뜨로이까가 무너지면 소설 『귀국하지 않는 사람』의 내용이 현실이 될 것이라고 이구동성으로

332) «영화예술»(Искусство кино), 1989, №6, с.150~175.

말했다.[333] 이 작품은 소비에트 시스템과 뻬레스뜨로이까에 대한 풍자로도 간주할 수 있다. 이 소설의 미래예측학자를 통해 까바꼬프는 소비에트 계획경제시스템을 풍자하며, 보편적으로 적용 가능한 마르크시즘 철학이 미래에 대한 통찰력을 제공한다고 주장하는 사람들을 조롱하고 있다.

2년 후 까바꼬프는 『작가』(Сочинитель; 1991)[334]를 발표했다. 멜로드라마와 탐정소설의 성격을 띠고 있는 이 소설에는 현실과 환상세계가 혼재되어 있다. 시대적 배경은 1990년과 1991년, 그리고 공간은 러시아와 몇몇 유럽도시로 설정되어 있다. 첫 장면에서 무명의 글쟁이는 자신이 주인공으로 등장하는 영화의 대본을 집필한다. 유부남인 그는 TV방송국 해설자인 유부녀와 사랑에 빠져있다. 두 번째 장면에는 소련 비밀정보요원들이 등장한다. 비밀정보요원들은 외국에 거주하고 있는 소련시민 세 사람을 체포하고 비밀리에 그들과 그들의 여자 친구들을 소련으로 압송한다. 그들 중 하나는 아프가니스탄 전쟁에 참전했다가 탈영한 군인, 다른 한 명은 아프가니스탄에서 조국을 배신한 인물, 그리고 나머지 한 명은 독일로 망명한 인물이다. 소련으로 돌아온 후, 그들은 외국의 정상을 협박하고 암살하기 위한 특수훈련을 받는다. 비밀정보국은 그들이 성공적으로 임무를 수행하면, 여자 친구들과 함께 풀어주겠다는 약속을 한다.

이 소설은 고르바초프와 그의 개혁, 그리고 KGB와의 관계를 다루고 있다. 이 작품은 1991년 8월 쿠데타 이전에 발표되었는데, 신기하게도 미래에 실제 발생한 것과 너무나도 유사하게 묘사되어 있다. 비밀정보요원들은 자신들의 정치적 목적을 달성하기 위해 공갈, 협박, 폭력을 사용한다. 이 소설에는 당국에 순종하지 않는 작가를 제물로 삼는 소비에트 문화정책도 암시되어 있다. 이 소설에서 까바꼬프는 『귀국하지 않는 사람』에서 사용한 서술기법과 유사한 것을 사용하고 있다. 두 소설 모두 화자(작가)가 작품을 집필하며 이야기 진행에 적극

333) Константин Щербаков, introduction to *Невозвращенец*, «영화예술», 1989, №6, c.150.
334) А. Кабаков, Сочинитель, Москва: Текст, 1991.

적으로 참여한다. 『작가』의 플롯은 창의적이며 복잡하게 뒤얽혀있고, 섹스장면에 주로 의존하고 있다. 그리고 다른 디테일한 장면은 독자들에게 감명을 주기보다 충격을 준다. 등장인물들은 너무 평범하게 묘사되어 기억에 오래 남지 않는다. 언어는 무미건조하고 러시아어와 관련이 없는 외국어들이 많이 사용되었다.

1990년에 발표한 까바꼬프의 『저속한 소설』(Бульварный роман)[335)]은 과거 소비에트 세태풍속 문학의 양식을 사용하고 있다. 정치적 갈등과 폭력장면이 묘사되어 있지 않은 이 소설에는, 까바꼬프의 다른 작품과 달리 화자가 단지 보조인물로 등장한다. 등장인물들에게 면죄부를 제공하기 위해 화자는 가끔 이야기진행을 멈추고 몇몇 에피소드를 자신이 고안한 상상의 산물이라고 고백한다. 이렇게 함으로써 화자는 자신들의 행동에 직접적인 책임이 있는 인물들을 용서한다. 이 소설은 열정적인 사랑장면으로 시작된다. 그리고 삐로고프와 이그나찌예프 가족의 이야기가 소개된다. 삐로고프와 이그나찌예프는 악몽을 꾸며 고통스런 불면의 밤을 보낸다. 이그나찌예프는 삐로고프의 부인 류드밀라에 대한 꿈을 꾼다. 삐로고프는 이그나찌예프 가족이 단란하게 살고 있는 2층 타운하우스에 대한 꿈을 꾼다. 처음에 이그나찌예프는 괜찮은 인물로 묘사된다. 외도를 한 번도 하지 않은 그는 시간이 지나갈수록 류드밀라를 향한 통제 불능의 비이성적인 열정이 증폭된다. 반면에 삐로고프는 부인을 속이고 외도를 일삼는 인물이다. 그의 열정은 자신의 욕정에 의해 치밀하게 계산된 것이다. 소설의 결말은 주요 플롯과 관련이 거의 없다. 결론에서 작가는 논리적으로 설명할 수도 없고 사람들의 의도, 환상, 또는 이성적인 계획과도 상관없는 인생의 예측불가능성과 관련된 공허한 철학적 탐구를 시도하고 있다.

까바꼬프의 산문은 고르바초프가 주도한 개혁의 답보상태와 소련의 붕괴를 반영하고 있는 시의적절한 작품이다. 그는 소련의 과거와 예견할 수 없는 러시아

335) «깃발», 1990, №4, c.43~76.

의 미래를 서로 연결하려는 시도를 하고 있다. 그의 산문이 실험적이며 창의적이기는 하지만, 문학적으로 뛰어난 창작물은 아니다. 인물묘사와 심리적 분석이 미흡하다. 화자와 작가 그리고 주인공이 가끔 융합되어 있어, 다소 혼란스럽고 명료하게 구분이 되지 않는다. 까바꼬프가 자신이 집필한 산문이 마음에 들지 않는다고 언급한 점은 흥미롭다. 그는 최근 작가들이 발표한 작품보다 소비에트 시절 반체제 작가들이 집필한 작품을 더 좋아한다고 말한다. 최근 작품은 읽기는 편하지만, 진정한 '눈물과 피'가 결핍되어 있다는 것이다. 그는 '고기' 맛을 본 후 다이어트를 하며 살아가는 것은 상당히 힘들다고 말한다.[336] 까바꼬프가 말하는 고기는 산문의 형식과 언어 때문에 작품의 진정한 메시지를 희생하는 문학이 아니라, 극적인 긴장감과 사회적 관심사를 담고 있는 문학인 것이다. 독자는 향후 까바꼬프가 자신이 원하는 작품을 집필할지 지켜볼 것이다.

미하일 꾸라예프(Михаил Н. Кураев, 1939~)

미하일 꾸라예프가 뻬레스뜨로이까 시절 첫 작품을 발표했을 때 그의 나이는 40대 후반이었다. 그의 데뷔작 『직쉬떼인 대위』(Капитан Дикштейн; 1987)는 그 당시 주류를 이루고 있던 소비에트 산문들과는 성격이 전혀 다른 참신한 작품이다. 이 소설은 당시 많은 산문들이 다루었던 시사적인 문제와 공론(公論)을 배제하고, 역사적 사건을 토대로 하여 실험적 요소를 가미한 환상적 이야기를 다루고 있다.[337] 볼셰비키 통치에 반대하며 1921년 발생한 '끄론쉬따뜨 반란사건'[338]이 이 소설의 주요 배경이다. 불가피하게 다른 사람의

---

336) Александр Кабаков, 'Тихая, счастливая смерть', «문학신문», 1990년 9월 18일, 7면.

337) 꾸라예프의 초기 작품에 대한 자세한 내용은 다음 글을 참조하라. Colin F. Dowsett, 'Rewriting History and Reviving Modernism: Mikhail Kuraev's *Kapitan Dikshtein and Nochnoi dozor*' *Canadian Slavonic Papers*, 33/2 (June 1991) pp. 113~122.

338) 역주 : '끄론쉬따뜨'는 뻬쩨르부르그 서쪽 핀란드만에 위치한 섬의 요새로 발트 함대의 주력 기지다. 혁명 후 발생한 내전과정에서 국가의 경제적 피폐는 절정에 달했다. 곡물 강제징발에 농민의 불만이 고조되었고 일부 지방에서는 폭동을 발생했다. 노동자들도 뻬쩨르부르그

이름을 도용하고 살아갈 수밖에 없는 주인공의 변신이 플롯에서 중요한 역할을 한다. 작가가 사용하고 있는 우스꽝스럽고 아이러니한 서술기법은 과거 고골과 안드레이 벨르이(Андрей Белый, 1880~1934)가 즐겨 사용했던 것이다. 그리고 어떤 죄수가 죽은 자의 이름을 도용하고 살아간다는 내용 역시 세르게이 잘르이긴(Сергей П. Залыгин, 1913~2000)이 『폭풍이 지나간 후』(После бури; 1980~85)에서 이미 다루었던 것이다.

『직쉬떼인 대위』를 꾸라예프의 최고의 걸작으로 평가한 소비에트와 유럽의 비평가들은 그가 향후 더 뛰어난 작품을 발표할 것으로 기대했다. 그러나 지난 수년간 몇몇 작품이 발표되었는데, 예술적 측면에서 그의 데뷔작보다 더 훌륭한 산문은 아직 없다. 소비에트 경계부대에서 순찰병이었던 인물이 주인공으로 등장하는 『야간 순찰병』(Ночной дозор; 1988)[339]은 주인공의 자기변론과 고향에 대한 향수를 다루고 있다.

꾸라예프는 1966년에 집필했던 작품에 수정을 가해 1990년 『가족의 작은 비밀』(Маленкая домашняя тайна)[340]을 발표했다. 이 소설의 배경은 1960년대 레닌그라드이고, 등장인물들은 거의 70세에 가까운 노인들이다. 주인공은 늙은 과부 마리야 아돌리포브나와 젊었을 때 그녀에게 구혼했던 블라지미르 뻬뜨로비치이다. 후자는 아직까지 결혼을 하지 않고 은퇴한 수의사이다. 전쟁이 발발하자 시골로 피신해 생활하던 마리야는 종전 후 레닌그라드를 다시 방문한다. 이 소설의 제목은 마리야의 먼 친척인 쩨베니꼬바와 관련이 있다. 쩨베니꼬바는 마리야와 블라지미르의 중매를 추진한다. 그녀는 그들의 결혼이

에서 동맹파업을 감행했다. 이런 상황에 자극받은 끄론쉬따뜨의 해군과 시민 15,000여명은 1921년 3월 1일, 공산당 외에 여러 정당의 자유로운 활동을 요구하는 결의문을 채택했다. 이튿날 임시혁명위원회를 결성하고 '볼셰비키 없는 소비에트'라는 슬로건을 내걸고 궐기했다. 이에 소련정부는 대규모 진압부대를 파견했고, 격전을 치른 후 3월 18일 이들을 진압했다. 반란군 약 8,000명은 핀란드로 탈출했고, 600여명의 사망자와 1,000여명의 부상자가 발생했고, 약 2,500명이 투옥되었다. 진압부대도 약 1만 명의 사상자와 행방불명자가 발생했다. 이 사건은 전시공산주의에서 '신경제정책'으로 전환하는 계기가 된다.

339) «신세계», 1988, №12, c.80~114.

340) Ibid., 1990, №3, c.9~30.

성사되면, 그들로부터 큰 도움을 받을 수 있다고 생각한다. 결국 결혼식은 치르지만, 그 결혼은 단지 형식적인 것에 불과했다. 자존심이 강한 블라지미르는 쩨베니꼬바가 주선한 결혼 축하파티에 참석하는 것을 거부한다. 이에 화가 난 마리야는 남편 블라지미르를 내버려두고 혼자 시골로 내려간다.

꾸라예프는 두 주인공의 미묘한 심리상태를 잘 묘사하고 있다. 블라지미르의 과거는 알 수 없지만, 그의 행동은 그리 놀랄만한 것이 아니다. 그는 나이가 많은 노총각이며 오랜 습관에 길들여진 인물이다. 노인이 이성과 교제하는 것은 삶을 풍요롭게 하는 중요한 요소이다. 그러나 이성과의 교제가 그동안 그가 누렸던 마음의 평안과 자존심을 대체할 수는 없다. 이 소설은 자신들의 방식을 고수하고 변화를 거부하는 노인들의 생활방식에 초점을 맞추고 있다. 그럼에도 불구하고 독자들은 이 소설을 심각한 가족드라마로 인식하지 않는다. 대부분의 독자들은 웃음을 선사하는 일종의 익살극으로 간주하는 경향이 있다. 다소 혼란스러운 구조, 형편없는 시간 처리, 그리고 화자의 부적절한 개입 등은 종종 독자들의 주의를 산만하게 만든다.

꾸라예프의 또 다른 소설 『뻬쨔가 천국으로 가는 길』(Петя по дороге в Царство Небесное; 1991)[341]은 1953년 북부러시아에 위치하고 있는 강제노동수용소가 배경으로 설정되었다. 이 작품은 지적장애인 소년의 운명을 다루고 있다. 사람들로부터 인정받기를 갈망하는 주인공 뻬쨔는 권력을 가진 자들을 두려워한다. 1953년 스탈린이 사망했을 때 그는 자유롭게 살고 있는 사람들이 슬퍼하는 이유와, 암울한 상태에서 아무런 희망도 없이 옥살이를 하고 있는 죄수들이 기뻐하는 이유에 대해 의문을 품는다. 뻬쨔는 순진하고 어린아이 같은 유치한 방법으로 자신이 경찰인 척한다. 비록 그가 종종 지방경찰의 활동을 방해하지만, 사람들은 그를 야단치지 않는다. 운명에 의해 불행하게 태어난 그는 모든 사람의 사랑의 대상이었다. 불행하게도 뻬쨔의 선한 성품은 자신의 생명을

341) «깃발», 1991, №3, c.9~58.

보호하는 데 아무런 도움이 되지 않는다. 수용소에서 죄수 두 명이 탈출했을 때, 지방경찰을 도울 준비가 되어 있는 뻬쨔는 그들과 함께 탈주범을 추적한다. 이 과정에서 뻬쨔는 타이가 지역에서 길을 잃고 당황해하는 군인의 총기오발 사고로 피살된다. 결말부에 스탈린 사후 탈출한 죄수들은 사면을 받고 자유를 얻는 반면, 뻬쨔는 독재정권을 위해 선의의 봉사를 하다 목숨을 잃는 아이러니가 발생한 것이다. 작가는 스탈린 정권이 어린 장애인 뻬쨔를 보호하지 못했고, 무고한 사람들에 대한 억압과 살인을 조장했기 때문에 비난을 받아야한다고 말한다.

이 소설에 등장하는 3인칭화자는 여러 차례 일탈을 시도하며 독자에게 작가의 느낀 것을 전달한다. 일탈 장면에서 화자는 소련의 일반적인 상황과 이 마을에 설치된 수용소의 역사적 배경에 대해 언급하며, 소비에트 당국을 조롱하며 질책한다. 뻬쨔에 대한 슬픈 이야기는 무척이나 감동적이다. 그러나 꾸라예프는 장애인 주인공의 심리상태 분석을 시도하지 않고, 단지 멜로드라마에서 사용하고 있는 긴장감, 반전, 그리고 비극 등의 분위기를 조성하며 사회의 구조적 문제점만을 지적하고 있다. 비평가 따로쉬나(Слава Тарощина)는 꾸라예프의 최근 작품들에 대해 다음과 같이 말한다. "꾸라예프의 작품은 사회적으로 정신병이 재발하는 시대에 살고 있는 많은 작가들이 기본적으로 갖추어야할 창작능력을 상실하고 있다는 슬픈 현실을 보여준다."[342]

1992년 꾸라예프는 단편소설 두 편 - 『우정의 부드러운 흥분』(Дружбы нежное волнение)[343]과 『시계의 종이 울린다』(Куранты бьют)[344] - 을 발표했다. 이 단편들은 그의 이전 작품들과 유사성을 띠고 있다. 즉 창의적인 플롯을 사용하고 있지만, 극적인 긴장감이 부재하고, 역사적 사건을 다루고 있으나, 등장인물의 심리적 분석이 결핍되어 있다. 그런데 이 두 단편이

342) 'Даешь крутую энергетику!', «문학신문», 1991년 4월 24일, 10면.
343) «신세계», 1992, №8, с.6~40.
344) «깃발», 1992, №11, с.24~37.

형이상학적인 내용을 다루고 있는 점은 상당히 특이하다. '형이상학 읽기'(Метафизическое чтение)라는 부제를 붙인 『시계의 종이 울린다』에는 형이상학과 변증법을 대비하는 내용이 담겨져 있다. 어떤 러시아 마을의 훌륭한 형이상학자인 주인공은 신체의 여러 부분의 상호관계와 인간성을 구성하는 다양한 요소들의 관계를 비교 연구한다. 그리고 시계의 움직임을 통제하며 시간을 관리하고자 원하는, 뻬뜨로빠블롭스까야 요새의 시계 종을 관리하는 감독관의 고충도 심도 있게 분석한다.

『우정의 부드러운 흥분』에는 중년의 1인칭화자 말호프가 주인공으로 등장한다. 그의 부인은 매력적이지 않은 평범한 여인인데, 남편을 버리고 남편의 가장 친한 친구와 생활한다. 그는 자신의 불행한 삶과 가문에 대해 깊게 고민하며 당시 소비에트의 사회상을 되돌아본다. 좌절감에 빠진 그는 자신의 삶이 허무하다고 생각한다. 그러나 이 사실을 아무도 인식하지 못한다. 그는 사회에 만연한 악이 자신을 불행하게 만들었다고 생각한다. 그리고 원칙에 따라 사는 삶은 불편하나, 편리하게 사는 삶은 다툼과 불화를 조성한다는 결론을 내린다.[345] 화자는 혼란에 빠진 러시아가 어디로 향하는지 모르기 때문에 더욱 절망적이다. 그리고 새로운 삶을 꾸려나가기엔 너무 나이가 들었다. 화자의 절망감 속에 작가의 목소리가 담겨 있다. 지금 50대 중반인 꾸라예프는 장밋빛 미래를 보장한다는 사회주의 신화로 포장된 소비에트 시스템에서 성장한 작가이다. 오늘날 그 신화는 산산조각 났고, 사람들이 소원했던 행복한 삶은 꿈속에서나 이룰 수 있게 되었다.

1993년에 발표한 장편 『몬따츠까의 거울』(Зеркало Монтачки)[346]은 주인공이 등장하지 않고, 1960년대 레닌그라드 아파트에 거주하고 있는 몬따츠까를 포함한 다양한 인물이 차례로 등장하는 독특한 형식의 작품이다. 이 소설은 1920년대 초부터 1980년대 초 사이에 생활했던 등장인물을 다루고 있다. 사실주의 요소와 거울 속의 형상이 사라질 수 있다는 환상적인 요소가

345) «신세계», 1992, №8, c.40.
346) Ibid., 1993, №5, c.3~68, №6, c.67~131.

혼재되어 있는 이 소설은, 거울을 통한 반영과 인식의 차이를 고찰하고 인간과 자연의 양면성뿐 아니라, 악의 근원과 요소도 파헤치고 있다. 『몬따츠까의 거울』은 꾸라예프의 상상력을 잘 보여주는 작품이다. 그러나 지나치게 많은 부차적인 줄거리와 디테일한 내용이 작가의 의도를 퇴색시키며 모호하게 만든다.

이 소설에서 꾸라예프는 형이상학인 주제를 과감하게 다루고 있다. 그러나 이 주제는 작품 줄거리와 잘 어울리지 않는다. 1인칭화자, 전지적 시점(視點)의 화자, 그리고 화자인 작가의 목소리가 분명하게 구분되지 않는다. 이런 결점에도 불구하고 이 소설의 플롯은 사회적, 형이상학적, 그리고 개인적 문제들을 광범위하게 다루고 있다. 화려하게 장식된 언어와 비유적인 언어를 사용하고 있는 꾸라예프는 중요한 정치와 역사문제에 대한 다양한 관점을 아이러니의 틀 속에 있는 디테일하고 미묘한 개인적 딜레마와 뒤섞어버린다. 그는 사실적 묘사에 포스트모더니즘의 실험적 기법을 가미하고 있다.

따찌야나 똘스따야(Татьяна Н. Толстая, 1951~)

레닌그라드에서 출생한 따찌야나 똘스따야는 오랫동안 모스크바에서 거주하며 집필활동을 하고 있다. 그녀는 고르바초프가 집권하기 2년 전인 1983년 첫 작품을 발표했다. 글라스노스찌 시절에 그녀의 이름이 러시아와 서방세계에 알려지기 시작했다. 그녀는 동시대 작가들과 달리 독특한 스타일의 작품을 썼다. 그녀는 소비에트 주류사회에서 소외된 인물들을 다루고 있다. 사랑에 빠진 여인, 정신병자, 사회 부적응자, 세상에 환멸을 느낀 사람, 몽상가 등 평범한 인물에서 괴팍하고 그로테스크한 인물까지 다양한 부류를 다루고 있다. 그들 대부분은 일상의 냉엄한 현실에 의해 상처받은 자들인데, 고독한 삶을 영위하며 타인과의 소통이 단절되어 있다. 그들은 이런 상황에서 벗어나려고 몸부림치고 있으나,

몸에 밴 습관을 떨쳐버리지 못하고 불행한 운명의 상자 속에서 탈출하지도 못한다. 똘스따야는 그들에게 설교를 하거나, 처방을 내리지 않는다. 그리고 그들을 꾸짖지도 않는다. 단지 세심한 관찰자의 역할만 수행한다. 그녀는 인간의 불완전성을 수용하고, 그들에게 연민의 정을 품는다. 똘스따야의 언어는 유머, 은유, 그리고 상징이 풍부하며, 플롯에는 러시아 민간전설을 근거로 하는 환상과 현실이 혼재되어 있다.

1989년 영역판으로 발행된 그녀의 첫 산문집 『황금빛 현관 계단 위에 앉았다』(На золотом крыльце сидели; 1987)[347]는 러시아와 서방세계의 비평가들로부터 절찬을 받았다. 1988년 그녀는 자신의 초기작품과 유사한 스타일의 소설 『안개 속의 몽유병 환자』(Сомнамбула в тумане)[348]를 발표했다. 이 소설의 주인공 데니소프는 3번 결혼했던 인물인데, 지금은 딸 로라와 사랑에 빠져있다. 로라의 아버지는 소비에트 이데올로기에 반하는 행동을 했다는 이유로 연구소에서 퇴출당한 동물학자이다. 그는 몽유병 환자이다. 데니소프는 시도하는 것마다 실패한다. 처음에 그는 발명가가 되고 싶어 했다. 그러나 그는 발명할 능력을 갖고 있지 않았다. 시인이 되려고 했으나, 시를 쓸 수가 없었다. 두려움과 의심이 그를 사로잡았다. 그는 세계지도를 보고 망상에 잠긴다. 그리고 호주라는 나라가 지구상에 존재하지 않는다고 생각한다. 그는 세월이 빨리 지나가는 것도 걱정한다. 빨리 지나가면 세상에 자신의 흔적을 남길 시간이 별로 없기 때문이다. 대중의 관심을 받으려는 의도를 갖고 있기 때문에, 그의 노력은 번번이 실패한다. 그는 아무런 의미도 없이 살아가는 부패한 사회의 산물이다. 그의 행동은 윤리적·정신적인 면을 고려를 하지 않고 단지 이기주의에 근거한 것이다. 똘스따야는 몽유병환자의 일시적 시력상실을 건강하고 정상적인 시력을 갖고 있는 사람들의 무지, 상상력의 결핍, 그리고 자기중심적 사고와 병치시키고 있다. 몽유병 환자와 달리 정상적인 사람들의

347) Translated by Antonina W. Bouis (New York 1989).
348) «신세계», 1988, №7, c.8~26.

시력상실은 일시적인 것이 아니라 영구적이다. 영구적으로 시력을 상실한 사람들의 눈에 보이는 것은 실제를 대체한 환상에 불구하다. 그들은 말로 타인과 소통하고 있으나, 타인의 생각과 열망을 받아들이지 않는다.

똘스따야의 소설에는 양가성이 존재한다. 그녀는 탄압받은 사람들, 고독한 사람들, 그리고 소외된 사람들에게 연민의 정을 품는다. 그런데 텍스트 이면에서 그녀는 삶의 압박에 대처하는 그들의 수동적 행태와 무능을 책망하는 듯하다. 그러나 『안개 속의 몽유병 환자』를 포함한 그녀의 어떤 작품에도 주인공들이 직면한 문제에 대한 해결책은 제시되지 않는다. 그녀는 주인공들이 극복할 수 없는 문제에 대한 해결책을 찾는 것은 별 의미가 없다고 말한다. 소설 『안개 속의 몽유병 환자』에는 뛰어난 은유적 표현과 디테일한 서술이 묘사되어 있고, 가끔 일탈도 발생한다. 똘스따야는 소설의 말미에 독자들에게 실낱같은 희망을 제시한다. "몽유병환자는 통과할 수 없는 길을 달린다... 마치 볼 수 없는 것을 보는 것처럼... 낮에 잃어버린 것을 밤에 찾으려는 것처럼... 그는 빛을 발견할 때까지 달리는 것이다."[349] 비평가 쓰쩨빠냔(Карен А. Степанян)은 일상의 암울한 현실에 직면하고 있는 독자들에게 희망에 대한 그녀의 시적표현은 적합하지 않다고 주장한다. "몽유병환자가 빛을 만날 때까지 달려간다? 이 문장이 과연 희망의 상징을 표현한 것인가? 우리가 살고 있는 특별한 시대에, 이렇게 많은 문제가 과연 언제 해결될 것인가? 이런 것들은 해결할 필요가 없는 문제이다."[350] 희망은 종종 이룰 수 없는 것에 대한 감정적인 갈망이지만, 실존하는 것에 대한 강한 욕망일 수도 있다. 희망은 우울한 허탈감을 극복시키고, 인간의 정신을 고양시키고, 적극적으로 대처하게 만드는 원동력이다. 스쩨빠냔은 똘스따야의 작품에서 너무 많은 것을 기대하는 것 같다. 희망의 목적은 일상의 문제를 실제로 해결하는 것이 아니고, 인간이 처한 곤경을 반영하는 것이다.

---

349) Ibid., c.26.

350) Карен Степанян, 'Три шага к истине', «네바», 1989, №1, c.187.

이 소설의 마지막 단원은 개인이 겪는 경험을 다루고 있지만, 실질적으로 개인이 소속된 사회의 문제점을 지적하고 있는 것이 분명하다. 따라서 이 작품은 똘스따야의 이전 작품들과 다른 양상을 띠고 있다. 그동안 사회문제에 무심했던 그녀가 적극적으로 관여하는 작가로 변신한 것이다. 인간사회에는 개인적, 사회적 요소들이 복잡하게 얽혀있다는 것과, 이 두 요소가 조화롭게 공존하는 환경에서만 개인이 원하는 것이 실현될 수 있다는 것을 그녀는 인식하고 있는 것이다. 똘스따야의 산문에 드러난 이런 인식은 유럽사회뿐 아니라 소비에트 사회에서 새롭게 발생하는 현실에 대한 반응이라고 볼 수 있다. 1988년부터 1993년까지 그녀는 미국 각지를 여행하며 강의와 인터뷰를 진행했다. 그녀는 정치에 대해 더 이상 방관하지 않았고, 그 결과 종종 정치적 논란에 휘말리기도 했다. 똘스따야가 미국사회를 비판했을 때, 그녀를 초대한 미국인들은 화를 냈다. 그녀의 비판은 미국사회가 어떻게 돌아가는지 제대로 이해하지 못한 무지의 소치인 것이다.[351)]

집필활동을 거의 중단하고 여행을 하며 다른 일에 종사했던 경험은 그녀의 창작에 적지 않은 영향을 끼치게 된다. 과거 5년(1984~1988)과 비교할 때 1989년부터 1994년 사이에 그녀가 발표한 산문의 분량은 상당히 적다. 그녀가 최근에 발표한 산문의 주제를 잘 알고 있는 독자는 이 작품이 정치적 영향을 받고 쓰여 졌다는 것을 쉽게 알아차릴 수 있다. 파리에서 발행되고 나중에 러시아에서 출판된 단편 『림뽀뽀』(Лимпопо; 1990)는 그녀의 새로운 관심사를 드러내고 있는 작품이다.[352)] 이 소설에는 발생한 사건의 증인이자 관련 당사자인 익명의 여성화자가 등장한다. 사건은 두 시절에 걸쳐 지속적으로 진행된다. 즉 브레즈네프 시절에 시작하고, 뻬레스뜨로이까 시절에 끝난다. 화자의 학교 친구인 레네치까는 인간성을 회복하려고 애쓰는 순진무구한 이상주의자인데,

---

351) 자세한 내용은 다음 글을 참조하라. Столица, 1991, №33와 *AATSEEL Newsletter*, 344 (Februrary 1992), p.28~29.

352) «깃발», 1991, №11, c.45~70. «구문론», published in Paris, 1990, №27.

현실세계에서 자신이 거처할 공간을 찾지 못한다. 레네치까는 수의학을 배우기 위해 소련으로 유학 온 흑인 여학생 주디를 만나 교제하면서 그녀와 결혼하고 싶어 한다. 이 작품에는 긍정적이며 상징적인 인물 뿌쉬낀이 등장한다. 만일 레네치까와 주디가 결혼해서 아이를 낳으면 훌륭한 우성인자를 가진 새로운 뿌쉬낀이 탄생할지도 모른다. 그러나 그들의 시도는 실패하게 된다. 외교관인 레네치까의 삼촌 줴냐를 포함한 공산주의 민족주의들은 다른 인종과의 결혼을 결사반대한다. 민족주의자들이 레네치까와 주디를 못살게 굴며 추적하자, 그들은 화자를 포함한 친구들과 함께 그로테스크한 존재들이 살고 있는 외딴 지방으로 도주한다. 그들의 낭만적인 사랑은 비극으로 끝난다. 주디는 폐렴으로 사망하고, 레네치까는 그녀의 죽음에 충격을 받고 미쳐버린다. 브레즈네프 시절 소련의 실제 삶을 묘사하며 시작하는 이 작품은 뻬레스뜨로이까 시절의 소비에트 시스템과 관료주의에 대한 우화적인 이야기로 변하면서 소비에트 행정당국과 관료들을 조롱하며 풍자한다.

이 소설에서 똘스따야는 독자들에게 인종차별과 도덕적 부패상 같은 중요한 메시지들을 전달한다. 그러나 이 문제를 깊게 파고 들지는 않는다. 등장인물들은 정교하게 묘사되지 않았기 때문에, 독자의 뇌리에서 금방 사라진다. 이 소설에는 신화적 성격을 띤 가공의 지방도시에서 발생하는 그로테스크한 이국적 대화에 어울리는 은유와 일상어가 풍부하게 사용되고 있다. 『림뽀뽀』는 염세주의 분위기를 띠고 있는 똘스따야의 초기 산문을 연상시킨다. 주인공들은 파멸하고 그들이 꿈꾸는 이상은 실현되지 않는다. 레네치까와 같은 이상주의자들이나 진리탐구자들은 스스로를 오해하고 있기 때문에 파멸될 수밖에 없고, 자신들의 망상과 착각의 희생물이기 때문에 그들의 인생은 허무한 것이다. 『림뽀뽀』가 똘스따야의 초기 작품에 비해 예술성이 떨어진다는 것은 분명하다. 그러나 그 이유가 일시적인 현상인지 혹은 새로운 형태로의 변화를 시도함으로 인해 발생한 것인지 정확하게 알 수는 없다. 일부 비평가들은 그녀의 이런 변화에 대해 재빠르게 반응했다. 예를 들어 리뽀베쯔끼(Марк Н. Липовецкий, 1964~)

는 다음과 같이 주장했다. “나는 이 소설을 읽었다... 실패작이라고 생각한다... 이 소설에는 살아있는 인물이 하나도 없다. 그로테스크한 가면만 존재한다.”[353]

『림뽀뽀』에 등장하는 뿌쉬낀은 똘스따야의 단편소설 『플롯』(Сюжет; 1991)[354]에도 등장하며 이야기진행을 주도한다. 『플롯』은 뿌쉬낀이 단테스와의 결투에서 살해되지 않았고, 오히려 단테스를 살해했다는 우스꽝스런 가정을 토대로 한 작품이다. 결투한 지 수십 년이 지난 후 늙은 뿌쉬낀이 심비르스끄로 여행을 하던 중 어린아이에게 폭행을 당해 사망한다. 그리고 미래의 레닌인 그 아이는 짜르 정부의 내무상을 역임한다. 레닌이 막심 고리끼 영지에서 사망하자 미래의 스탈린인 드쥬가쉬빌리가 내무상 자리에 오른다. 이 소설은 환상적인 요소를 갖고 있는 패러디이다. 소련이 짜르가 통치하는 제국러시아의 행태를 지속적으로 그리고 완벽하게 재현하고 있다는 것을 암시하고 있다. 레닌은 무자비한 방식으로 나라를 통치하고, 스탈린은 자신의 멘토인 레닌의 방식을 그대로 답습한다. 어린 시절부터 레닌은 뿌쉬낀, 자유를 사랑하는 그의 시, 그리고 그가 묘사하는 문학세계를 혐오한다. 뿌쉬낀이 나이가 들어감에 따라 사람들은 그의 작품에 흥미를 잃는다. 사실상 위대한 작가는 동시대인들로부터 칭송을 받는 일이 상당히 드물다. 젊은이들은 미래에 무슨 일이 발생하든 전혀 신경 쓰지 않고 오로지 변화만을 추구한다.

그녀의 흥미로운 실험작 『플롯』은 대부분의 똘스따야 작품들과 전혀 다른 스타일의 작품이다. 러시아의 과거 역사가 작품의 뼈대를 형성하고 있고, 대부분의 등장인물은 역사적 인물을 근거로 하고 있다. 그녀가 최근 작품에서 다루고 있는 새로운 정치적·역사적·사회적 모티프를 지속적으로 시도할지, 혹은 자신을 유명하게 만들었던 과거의 산문양식으로 돌아갈지 지켜볼 일이다. 상상력과 음악성이 풍부하고 고상한 그녀의 산문은 사회악을 파헤치는 것보다 인간의 내면세계를 묘사하는 데 더 적합한 것 같다.

---

353) ‘А за праздник — спасибо’, «문학신문», 1992년 11월 11일, 4면.

354) «구문론», published in Paris, 1991, №31, c.100~109.

알렉산드르 이반첸꼬(Александр Л. Иванченко, 1954~)

예까쩨린부르그에서 출생하고 그곳에서 활동하고 있는 알렉산드르 이반첸꼬는 유능한 지방작가이다. 그의 이름은 뻬레스뜨로이까 시절 대중에게 알려졌다. 그의 첫 번째 산문집 『눈(雪) 속에 있는 사과』(Яблоко на снегу; 1986)는 허구와 어린 시절의 자전적 내용이 혼재되어 있는 작품이다. 연대기순으로 구성되어 있는 이 산문집에는 감수성이 강하고 예민한 성격의 관찰자가 주인공으로 등장한다. 예까쩨린부르그에서 발행된 이반첸꼬의 두 번째 산문집 『개와 함께 그려진 자화상』(Автопортрет с догом; 1990)에는 같은 제목의 장편소설[355]과 두 편의 중편소설이 들어있는데, 모두 뻬레스뜨로이까 이전에 집필된 것이다. 이반첸꼬가 가장 최근에 발표한 장편 『모노그램』(Монограмма; 1992)[356]은 예까쩨린부르그에서 발행되었는데, 1992년 부커상 후보에 올랐다.

이반첸꼬는 세심하고 꼼꼼하게 작업하는 작가이며, 비범한 문체를 사용하고 있다. 산문집 『개와 함께 그려진 자화상』에서 그의 창조적인 다양성을 발견할 수 있다. 이 산문집에 실린 세 편의 소설은 동일한 작가가 집필했다고 믿기 어려울 정도로 서로 다른 주제를 다루며 각각 다른 문체를 사용하고 있다. 『안전공학 – I』(Техника безопасности – I; 1979)은 자유의 결핍으로 인해 발생하는 공포와 불안한 심리상태를 탐구하는 작품이다. 카프카의 서술방식을 따르고 있는 이 소설에는 박해에 시달리고 있는 익명의 남자가 주인공으로 등장한다. 그는 자신을 추적하고 있다고 생각하는 인물로부터 도주하기 위해 어디론가 여행을 떠난다. 이 소설은 자유를 구속당한 어느 죄수의 초현실적인 꿈의 세계를 묘사한 작품으로도 간주할 수 있다. 그리고 전체주의 국가의 명령에 의해 이성을 상실한 소비에트 시민의 삶을 반영한 작품으로도 해석할 수 있다.

---

355) «우랄» (Свердловск).

356) Ibid., 1992, №2~4.

이반첸꼬의 최고 걸작인 장편소설 『개와 함께 그려진 자화상』은 『안전 공학 – I』과 전혀 다른 스타일의 작품이다. 『개와 함께 그려진 자화상』에는 30대 지방화가인 로버트가 1인칭화자로 등장한다. 주인공인 화자의 고백형식으로 진행되는 이 소설은 가족과의 관계, 자아탐구, 그리고 창작의 진정한 의미에 초점을 맞추고 있다. 소설의 결말부에서 화자는 자신이 자화상을 그리려고 시도하는 것은 무의미하다는 결론을 내린다. 왜냐하면 자기 자신을 객관적으로 관찰할 수 없기 때문이다. 로버트와 저널리스트인 부인 알리사와의 관계가 이야기 진행에서 중심 역할을 한다. 그는 그녀를 깊이 사랑하고 있다. 그녀의 변덕스럽고 예측 불가능한 성격은 그에게 질투심과 의혹을 불러일으킨다.

플롯의 구조는 독창적이다. 화자는 도입부에 가족의 친구들에 대한 이야기를 소개하고, 각각의 장에 알리사, 로버트, 알리사의 딸 까쨔, 그리고 그들이 키우고 있는 개 '데지'의 심리분석을 순서대로 시도한다. 그리고 뒷부분에 사업차 모스크바를 방문하여 몇몇 여성들과 나누는 정사장면도 묘사한다. 로버트의 외도는 부인에 대한 상상의 산물일 뿐 아니라, 병적인 질투심의 결과물이다. 그는 누군지 알 수는 없지만, 알리사의 애인에 대한 상상을 한다. 그리고 모스크바에서 만난 여성들이 알리사에게서 찾아볼 수 없는 다른 면을 갖고 있다고 자위하며 그녀들과 성관계를 한다.

이반첸꼬에 의하면 사랑은 예술창작을 자극하는 긍정적인 활력소이다. 그러나 필사적으로 사랑을 갈구하는 사람이 사랑에 만족하지 못할 때, 그는 병적인 상상력을 자극하며 현실에 대한 환상을 만들어 낸다고 말한다. 이 소설은 『안전 공학 – I』과 달리 전통적인 사실주의 양식의 작품이다. 브레즈네프 시절 속물근성을 가진 부패한 소비에트 중산층의 전형적인 일상이 소설의 배경으로 설정되어 있다. 작가는 심리학적으로 미묘한 표현을 사용하고 있는 화자의 직설적 화법, 독백, 그리고 일탈을 번갈아 가며 묘사한다. 현실을 받아들이지 못하는 주인공은 현실세계에서 이루지 못한 것을 상상 속에서 보상받는다. 인생은 겉으로 볼 때 단순하다. 그러나 이런 인식에는 아이러니가 존재한다. 인간의 복잡한 성품과 타인과의 불통은 혼란스러움과 고통, 그리고 가족관계의 붕괴로 이어진다. 로버트와 알리사의 결혼은 우연과 혼란스러움에 의해 발생한 결과물이다. 알리사는 로버트의 '개와 함께 그려진 자화상'을 전시한 화랑에 우연히 참석해서 그를 만나게 된 것이다. 소설의 결말에서 로버트는 개 '데지'의 완벽한 그림을 그린다. 그러나 자신의 진정한 실체를 그리는 데는 실패한다.

이반첸꼬는 장편소설 『모노그램』에서 이전 작품과 다른 문체, 이미지, 그리고 서술기법을 사용하고 있다. 그리고 사실주의 서술기법의 토대 위에 형이상학적 접근을 시도하고 있다. 이 소설의 줄거리는 크게 두 부분으로 나눌 수 있다. 하나는 선거권을 박탈당한 어떤 가족의 역사를, 다른 하나는 불교의 교리와 명상을 다루고 있다. 화자의 다양한 일탈 속에 삽입되어 있는 단편적인 이야기들은 콜라주를 연상시킨다. 소설의 서술과 철학적 요소들은 서로 긴밀하게 연결되어 있다. 작가는 형이상학적인 표현을 통해 여주인공 리다 초르노볼의 행동을 설명하고, 해석하고, 입증한다. 이 소설은 『개와 함께 그려진 자화상』에 비해 예술성이 다소 떨어진다. 소설의 구조는 산란하며, 등장인물에 대한 묘사를 전개할 때 머뭇거리는 인상을 준다. 그리고 불교 초심자들을 위한 지침서에서 발췌한 내용들이 서술에서 인용되고 있다.

마르끄 하리또노프, 뱌체슬라프 삐에쭈흐, 그리고 아나똘리 꼬롤료프처럼, 이반첸꼬의 소설에도 포스트모더니즘 요소가 사용되고 있다. 그럼에도 불구하고 그의 작품은 기본적으로 사실주의 전통에 뿌리를 내리고 있다. 그는 철학, 사회학, 그리고 심리학에 많은 관심을 갖고 이를 탐구하는 작가이다.

빅또르 뻴레빈(Виктор О. Пелевин, 1962~)

빅또르 뻴레빈은 서른 살이 갓 넘은 작가이다. 1991년 모스크바에서 발행된 그의 첫 산문집 『푸른 램프』(Синий фонарь)는 1993년 12월 단편소설부문

최우수 부커상을 수상했다. 그의 최고 걸작은 1992년 «깃발»에 실린 『오몬 라』(Омон Ра)[357]이다. 현실과 환상이 혼재되어 있는 세계를 다루고 있는 그의 작품에 등장하는 주인공들은 두 개의 다른 영역 – 현실세계와 상상의 세계 – 에 동시에 존재하고 있다. 즉 뻴레빈이 창조한 신비한 세계에는 실존인물과 환상의 인물이 동시에 존재하고 있는 것이다. 표면상 작가는 수수께끼 같은 이 두 존재의 삶을 묘사하고 있는 것처럼 보이나, 실제는 고충을 당하고 있는 소비에트 사람들의 삶을 반영하고 있다.

사회주의 리얼리즘을 역설적으로 적용한 『오몬 라』는 독특한 형태의 디스토피아 소설이다. 이 작품은 현실세계를 배경으로 한 환상적인 이야기를 다루고 있다. 이상하게 들릴지 모르지만, 상징적 의미를 갖고 있는 '오몬'이라는 이름의 1인칭화자는 어린 시절부터 달을 여행하는 꿈을 꾼다. 그는 생도들의 다리 끝부분을 절단하고 진정한 사람이 되기 위해 혹독한 훈련받는 공군사관학교에 입학한다. 오몬은 보리스 뽈레보이의 소설 『진정한 사람에 대한 이야기』(Повесть о настоящем человеке)에 등장하는 제2차 세계대전에서 두 다리를 잃은 영웅 조종사를 연상시킨다. 오몬과 그의 동료들은 자살임무를 띠고 달에 가는 훈련을 받고 있다. 그들의 임무는 달에 착륙해서 지구로 돌아오지 않고, 그곳에 머물면서 토양 샘플만 지구로 보내는 것이다. 소설의 결말부에서 주인공은 약간의 희망을 품는다. 그는 소비에트 당국의 세뇌와 기만의 굴레에서 벗어나 달에서의 자유로운 삶을 시도할 지도 모른다. 뻴레빈은 이 작품에서 우주개발보다 국가의 이미지와 공산주의 이데올로기를 상징하고 있는 소련의 우주계획을 조롱하며 풍자하고 있다. 이 소설은 소비에트 이데올로기의 얄팍한 속물성과 당국에 의해 교묘하게 조작된 그물망에 걸려 헤어나지 못하고 있는 소비에트 젊은이들의 실상을 반영하고 있다.

뻴레빈의 장편소설 『곤충의 삶』(Жизнь насекомых; 1993)[358]은 실제와

357) «깃발», 1992, №5, c.11~63.
358) Ibid., №4, c.6~65.

환상이 뒤섞이며 현실을 터무니없는 가상으로 만들어버리는 내용을 담고 있다. 이 소설의 등장인물은 실제 소비에트 사람들의 인간성을 공유하고 있는 곤충이다. 이 소설에는 작가의 철학적 고찰과 정치적 견해가 담겨져 있다.

쁠레빈은 교육, 섹스, 예술, 그리고 세대갈등의 문제점을 지적하며 소비에트 시스템과 사회주의 예술을 신랄하게 비난한다. 그리고 인간의 노력이 헛되다는 것도 암시하고 있다. 그는 고르바초프 시절 이후에 나타난 보수민족주의자들의 선동을 힐책할 뿐 아니라, 서방세계로부터 구원을 받을 수 있다고 주장하는 자들의 견해도 받아들이지 않는다. 쁠레빈이 이 소설에서 제기한 사회문제는 심각한 것이고 그가 제시한 아이디어와 해법은 충분한 가치가 있지만, 이 소설의 스타일, 언어, 구조, 그리고 형식은 이런 문제를 심도 있게 파헤치는 데 도움이 되지 않는다.

창의적인 상상력을 발휘하고 있는 쁠레빈은 장래가 촉망되는 작가임에 틀림이 없다. 그의 환상적인 이야기는 자신이 경험한 사건과 실제 삶에서 영감을 받고 쓴 것이다. 그러나 인위적인 플롯구조와, 형식과 내용의 불일치는 작가의 메시지를 반감시킨다. 향후 쁠레빈은 예술적 관심을 지금과 다른 방향으로 전환할 지도 모른다. 그의 제한된 언어구사능력과, 충격과 반전 같은 멜로드라마 장치에 지나치게 의존하는 것은 작품의 예술성을 떨어뜨린다.

뾰뜨르 꼬쥐브니꼬프(Пётр В. Кожевников, 1953~2012)

문학잡지 «신문학 통보»(Вестник новой литературы)는 «독창»(Соло)과 함께 현대 러시아문학 발전에 기여했다는 이유로 1992년 '소(小) 부커상'을 수상했다. 1990년 뻬쩨르부르그에서 발행하기 시작한 «신문학 통보»에 기고하는 작가들은 과거 레닌그라드 지하문단에서 활동했던 사람들이 주축을 이루고 있다. 그들 가운데 유명한 인물로 빅또르 끄리부린(Виктор Б. Кривурин,

1944~2001), 유리 마믈례예프(Юрий В. Мамлеев, 1931~2015), 빅또르 예로페예프(Виктор В. Ерофеев, 1947~), 그리고 미하일 베르그(Михаил Ю. Берг, 1952~)를 꼽을 수 있다. 이 잡지의 편집인인 베르그에 의하면 이 작가들은 15년 혹은 20년 전에 현실을 직시하고, 공산주의 건설에 대한 환상을 버렸다는 것이다.[359] 그리고 안드레이 비또프는 "그들이 지하에서 누렸던 자유가 지금은 한낮의 햇빛에 의해 산산조각 났다."라고 말한다.[360] 문학잡지에 실리는 글은 최소한의 규정을 지켜야하기 때문에, 과거 지하문학 작가들이 누렸던 무한한 자유가 제한되고 있다는 것이다. «신문학 통보»에 기고하는 작가들은 혁신적이고 실험적인 작품 집필에 매달리고 있다. 일부는 전통적인 사실주의 산문을, 또 다른 일부는 포스트모더니즘 산문을 집필하고 있다.

뻬쩨르부르그 출신 뾰뜨르 꼬줴브니꼬프는 «신문학 통보»에 작품을 기고하는 작가들 중 하나이다. 1970년대에 작품 활동을 시작한 그는 1979년 첫 작품을 반(反)정부기관지 «메뜨로뽈»(Метрополь)에 실었다. 그리고 공식적으로 발행된 그의 첫 산문은 1985년에 연감 «서클»(Круг)에 발표되었다. 이어서 산문집 『섬』(Остров)이 출간되었고, 중편소설과 몇몇 단편소설들이 문학잡지 «청춘»에 실렸다.[361] 꼬줴브니꼬프가 다루는 주제는 광범위하고 다양하다. 그는 지하문학 작가들과 마찬가지로 복잡한 작품구조와 전통적이지 않은 변칙적인 언어를 사용하며 소비에트 사회에서 소외된 자들의 삶을 다룬다.

플롯이 다소 느슨하게 진행되는 단편소설 『화가』(Художник)[362]는 1980년에 집필했으나, 1990년에 발표되었다. 이 소설에는 상호연관성이 없는 사건들과 세부사항들이 무질서하게 뒤섞여 있다. 주인공인 화가 레샤는 그림을 그리고 싶은데, 영감이 떠오르지 않자 깊은 고민에 빠진다. 그러던 중 어느 날 그를

---

359) «문학신문», 1993년 1월 20일, 4면.

360) «신문학 통보», 1990, №2, c.284.

361) 'Ученик', «청춘», 1989, №4, c.284, 'Личная неосторожность', «청춘», 1990, №5, c.10~23, №6, c.50~61.

362) «신문학 통보», 1990, №2, c.82~103..

방문한 친구와 함께 술집에 갔다가 공중화장실을 관리하는 자와 성관계를 하게 된다. 이 작품에는 동성애, 창녀와의 섹스, 그리고 중년여성의 청소년과의 섹스 등이 암시되어 있다. 이야기 진행이 일관성 없는 것처럼, 등장인물의 삶에도 정해진 질서가 존재하지 않는다. 사회에서 발생하는 모든 사건과 일이 규범에 따르는 사람들이 생각하는 방향이 아니라, 전혀 예측하지 못하는 방향으로 전개된다. 인생은 완벽과는 거리가 멀고, 레샤가 추구하는 예술은 그 완벽으로부터 탈출하는 것이다. 그러나 창작의 과정은 고통스럽고 영감은 쉽게 떠오르지 않는다.

꼬쉐브니꼬프의 중편『개인적인 부주의』(Личная неосторожность; 1990)는 1989년에 집필되었다. 이 소설은 과거 소비에트 당국이 권장했던 노동자들의 공적을 다루는 주제와 유사한 것을 다루고 있다. 하지만 문체와 구조, 그리고 작품의 의도는 완전히 다르다. 이 소설에서 꼬쉐브니꼬프는 외딴 지역의 공사현장에서 일하는 노동자들의 삶을 묘사하고 있다. 그들 대부분은 전과자들이며, 일부는 아직도 재판을 받고 있는 중이다. 이 작품은 비정상적인 환경에서의 인간관계를 다루고 있다. 분량이 짧은 여러 장에 묘사되어 있는 다양한 이야기들은 각기 다른 공간으로 설정되었다. 작가는 암흑가의 속어, 공문서 언어, 그리고 학술어 등을 혼합하여 사용하고 있다. 과거 소비에트 노동자문학에서는 계급이 높은 노동자가 주인공으로 등장하며, 그의 목표는 당국에서 할당한 생산량을 달성하는 것이다. 그런데『개인적인 부주의』에 등장하는 노동자들은 정의와 자신들이 필요로 하는 것을 추구한다.

꼬쉐브니꼬프는 등장인물들을 다양한 환경에 배치하고 있다. 왜냐하면 그는 인생이 험난하다는 것을 믿고 있기 때문이다. 등장인물들을 염세적인 시선으로 바라보며 비꼬고 있지만, 그는 절망적인 상황에 처한 그들에게 연민의 정을 느낀다. 꼬쉐브니꼬프의 작품은 전통적인 소비에트 주제를 다루며, 현대러시아문학에서 사용하는 화법을 사용하고 있다. 과거 지하문학과 현대러시아문학을 융합하는 과정은 그리 녹록하지 않다.

니꼴라이 야낌추끄(Николай А. Якимчук, 1961~)

«뻬뜨로뽈»(Петрополь)은 뻬쩨르부르그에서 발행하는 연감이다. 이 연감에 시와 산문을 기고한 다양한 세대의 작가들 가운데 대부분은 소비에트 지하문학 작가 출신이다. 그들 가운데 빅또르 예로페예프(Виктор В. Ерофеев, 1947~)와 예브게니 뽀뽀프(Евгений А. Попов, 1949~)는 포스트모더니즘 경향의 작가이고, 안드레이 비또프(Андрей Г. Битов, 1937~)와 니꼴라이 야낌추끄는 전통적 사실주의를 기반으로 한 포스트모더니즘 경향의 작가이다.

«뻬뜨로뽈» 편집인인 야낌추끄의 단편소설 『전시회의 그림』(Картинки с выставки; 1990)[363]은 사실주의의 전통적인 주제를 다루고 있다. 이 소설의 등장인물은 훌륭하게 묘사되었고, 이야기 전개도 매끄럽게 진행된다. 작품의 줄거리는 다음과 같다. 주인공 산 사느이치는 공직자인데, 곧 강등될 처지에 놓여있다. 여주인공 리타는 그의 비서이자, 직장 연인이다. 그녀는 산 사느이치와의 관계를 정리하고, 성공한 작가와 새로 사귄다. 산 사느이치는 리타를 미행하여 그녀 애인의 아파트로 들어간다. 그리고 거실에서 세 사람이 마주친다.

이 소설에서 야낌추끄가 다루고 있는 주제는 참신하지 않지만, 독창적인 접근방식이 사용되고 있다. 문장과 문단의 분량이 짧고, 언어도 간결하며, 심리적 분석도 없다. 장면에 대한 설명이 거의 없고, 장면이동이 빠르게 전개된다. 마치 한편의 영화를 보는 느낌을 받는다. 리타와 산 사느이치와의 짧은 대화, 그리고 리타와 작가와의 짧은 대화가 번갈아가며 진행된다. 소설의 말미에 두 주인공은 '전시회의 그림'으로 비유된다. 전시회의 그림은 작가의 메시지뿐 아니라, 인간의 운명의 아이러니도 상징하고 있다. 인생은 마치 회오리바람과 같고, 그 속에 있는 현실은 혼란스럽게 변화한다. 사람들은 그 속에 존재하기 위해 부단히 노력

363) «뻬뜨로뽈», 1990, №2, с.175~185.

하고 있다.

그 밖의 작가들

전통적 사실주의의 기반 위에 실험적 서술기법을 시도한 작가로 **알렉산드르 보로드이냐(Александр С. Бородыня, 1957~)**와 **알렉세이 슬라뽑스끼(Алексей И. Слаповский, 1957~)**를 꼽을 수 있다. 알렉산드르 보로드이냐의 사실주의 소설 『성냥』(Спички; 1993)[364]은 현실세계에서 벌어지는 환상적인 사건을 다루고 있다. 이 소설은 소비에트 사회의 부패상과 도덕적 타락상을 반영하고 있다. 그런데 작품에 묘사된 사실과 허구의 구별이 명확하지 않고 다소 혼란스럽다. 동일한 사건에 대한 작가의 시각이 각장마다 다르게 묘사되어 있다. 문체적 측면에서 이 소설은 혁신적인 작품이라고 말할 수 있다. 그러나 가끔 적합하지 않은 묘사를 사용하고 있고, 줄거리가 너무 복잡하기 때문에 독자들이 이해하는데 어려움을 겪는다.

알렉세이 슬라뽑스끼는 다양한 장르와 스타일을 사용하여 집필활동을 하는 다작(多作)작가이다. 그의 장편 『첫 번째 재림』(Первое второе пришествие; 1993)[365]에는 소명을 받고 재림했다고 주장하는 현대판 메시아가 주인공으로 등장한다. 『먼지가 자욱한 겨울』(Пыльная зима; 1993)[366]에서 화자는 버스를 기다리는 동안, 마음속에 내재되어 있는 이상한 사건에 대한 이야기를 한다. 슬라뽑스끼의 다재다능함은 독자들로부터 보답을 받을 수도 있지만, 자칫하면 그의 창조적 개성을 퇴색시킬 수도 있다.

제5장의 '절충주의 산문'에 언급한 작가들의 나이는 대략 30대 초반부터 50대 후반이다. 대부분의 작가들은 뻬레스뜨로이까 시절 이전에는 작품을 발표하지

---

364) «신세계», 1993, №6, c.3~62.
365) «볼가», 1993, №8, №9.
366) «깃발», 1993, №10, c.29~50.

않았다. 미하일 꾸라예프와 따찌야나 똘스따야를 포함한 일부 작가들은 주제와 양식의 실험을 시도하고 있다. 그들은 각기 서로 다른 주제에 관심을 보이고 있다. 그러나 그들 모두는 사실주의 전통기법에 포스트모더니즘 양식을 가미한 작품을 집필하고 있다. 마르끄 하리또노프, 뱌체슬라프 삐에쭈흐, 그리고 빅또르 뻴레빈은 문학과 역사자료에 지나치게 의존하는 경향이 있다. 뻴레빈은 사실주의의 토대에 환상적이고 불합리한 요소를 섞은 산문을 집필하고 있다. 까라꼬프는 자신의 디스토피아 소설에서 작가의 통찰력을 보여주고 있다. 알렉산드르 보로드이냐, 알렉세이 슬라뽑스끼, 그리고 니꼴라이 야낌추끄는 산문의 주제, 구조, 그리고 언어에 대해 계속해서 연구를 진행하고 있다. 다양한 포스트모더니즘 기법을 사용하고 있음에도 불구하고, 위에 언급한 작가들은 전통적인 사실주의 양식을 기본으로 하고 있다. 그리고 그들의 언어는 대부분 단순하고 직설적이다.

3. 포스트모더니즘 산문

최근 러시아의 작가들과 비평가들은 포스트모더니즘의 의미를 남용하는 경향이 있다. 그들은 1980년대 말부터 1990년대 초에 발표한 모든 작품들을 포스트모더니즘 작품으로 간주하고 있다. 포스트모더니즘이라는 용어는 러시아인들이 만든 것이 아니다. 페데리코 드 오니스(Federico de Onis)가 1934년 마드리드에서 출판한 『스페인 운문 선집』에서 이 용어를 처음 사용했고, 1942년 더들리 피츠(Dudley Fitts)도 자신이 편집한 『현대 라틴아메리카 운문 선집』에서 이 용어를 사용했다.[367)]그리고 제2차 세계대전 이후 문화적 특성으로 포스트모더니즘이라는 용어가 널리 사용되기 시작했다. 그러나 당시 포스트모더니즘의 의미는 상당히 모호했고, 이 용어의 정의와 해석은 의미론 측면에서

367) Ihab Hassan, *The Postmodernism Theory and Culture*, Columbus, Ohio: 1987, p.85.

볼 때, 모순된 내용과 불안정한 요소를 갖고 있었다. 즉 학자들 사이에서 일치된 견해가 도출되지 않았던 것이다. 일부 비평가들은 '아방가르드'[368] 문학 혹은 '신(新)아방가르드' 문학을 포스트모더니즘 문학으로 간주했고, 또 다른 비평가들은 단순한 모더니즘 문학을 포스트모더니즘 문학이라고 불렀다.[369] 모더니즘과 포스트모더니즘은 '철의 장막'이나 '만리장성'으로도 분리할 수 없는 사조이다.[370] 이 두 사조를 구분하는 것은 상당히 미묘하고 복잡하다. 포스트모더니즘을 연구하는 학자들은 이에 대해 많은 논쟁을 벌이고 있다. 서방세계와 러시아의 정치함수와 이데올로기가 이 문제와 복잡하게 연결되어 있기 때문에 쉽게 결론이 날 것 같지 않다.

대부분의 학자들은 19세기 문화와 예술에 반발하여 모더니즘이 발생한 것처럼, 포스트모더니즘도 모더니즘에 반발하여 발생한 것이라고 주장한다. 이합 핫산(Ihab Hassan)은 포스트모더니즘이 모더니즘에 대해 직접적으로 혹은 간접적으로 반발하며 발생한 것이라고 주장한다. 모더니즘 예술과 그의 아류인 포스트모더니즘 예술을 비교하는 것은 어쩌면 무익한 것일지도 모른다. 포스트모더니즘 예술은 살을 붙이지 않은 뼈대만 있는 상태이며, 살을 붙일 빈 공간만을 갖고 있다는 것이다.[371] 핫산은 포스트모더니즘에 대한 명확한 설명을 제시하지 않고 있다. "나는 포스트모더니즘의 완벽한 정의를 내릴 수 없다. 단지 최소한의 정의만을 내릴 수 있다."[372]

휴 홀맨(Hugh Holman)과 윌리엄 하몬(William Harmon)은 모더니즘에 대해 다음과 같이 말하고 있다. "역사적 단절과 소외, 개인주의와 실존주의, 그리고 유아론적 접근방식을 시도하고 있는 모더니즘의 철학적 가정은 현대문학작품에

368) 역주 : '아방가르드'(avant-garde)란 전위, 선구, 선두 등의 뜻을 가진 프랑스어로, 가장 혁신적인 예술가 또는 예술경향을 말한다. 다시 말해 인습적인 권위와 전통에 반항하며 혁신적인 예술가치를 내걸고 행동하는 예술운동을 일컫는다.

369) Ibid., p.87.

370) Ibid., p.88.

371) Ihab Hassan, *Paracriticism. Seven Speculations of the Times,* Urbana, Illinois: 1975, p.53.

372) Ibid., p.54.

지속적으로 파고드는 경향이 있다. 모더니스트들은 복잡한 구성방식을 시도하고, 상징을 교묘하게 짜 맞추고, 기존의 확립된 질서에 반발하며 자신들만의 새로운 세계를 구축하려는 경향이 있다. 그들은 1960년대부터 기존질서를 부정하고 고도로 파편화된 우주를 묘사하고 있다. 그리고 모더니즘이 현상학의 형태를 띤 비평이론이라는 가정도 펼치고 있다... 소설과 같은 전통적인 형식은 신화와 같은 반(反)소설의 형식에 밀려나게 되었다... 현대작가들은 모더니스트들의 이런 가정을 예술의 영역에 적용하고 있다."[373)]

오늘날 포스트모더니즘의 이론, 비평, 그리고 예술은 문학과 예술이 비정치적 영역에 속하며 정치와 무관하게 자유롭다는 모더니스트들의 주장에 이의를 제기하고 있다.[374)] 모더니스트들의 과거에 대한 비판적이고 아이러니한 해석에 반발하며, 포스트모더니스트들은 그들이 주장하는 미학적 독창성과 텍스트의 폐쇄성에 대해 논쟁을 벌이고 있다.[375)] 포스트모더니스트들은 과거와 현재의 독자들이 갖고 있는 이해의 간격을 줄이는데 전념하고 있다... 그리고 새로운 맥락에 근거해 과거를 재해석하고 있다.[376)]

일반적인 의미에서 볼 때 포스트모더니즘 문학은 과격하고 급진적인 아이러니, 우스꽝스럽고 불합리한 코미디, 그리고 풍자적이고 냉소적인 블랙유머 등을 다루고 있다. 장난기, 즉흥성, 추상성 등을 강조하고 있는 포스트모더니즘 문학의 특징으로는 '형식의 융합', '영역의 혼란스러움', 그리고 '사실과 허구의 혼재' 등을 꼽을 수 있다. 포스트모더니즘 문학은 '반(反)엘리트주의'이며, '반(反)권위주의'이다. 작품에 묘사된 세계는 지배계층 사회가 아니고, 무정부상태의 분열된 사회이다. 작품의 형식은 상호 연결되어 있지 않고, 분리되어 있고 개방되어

---

373) Hugh Holman and William Harmon, *A Handbook to Literature,* 6th ed. New York: 1992, p.370.

374) Linda Hutcheon, *A poetics of Postmodernism: History, Theory, Fiction,* New York: 1988, p.230.

375) Ibid., p.23.

376) Ibid., p.118.

있다. 환유를 주로 사용하고 있는 포스트모더니즘은 지식의 정확성을 추구하지 않는다. 현실과 진실의 개념을 부정하고, 상대성을 최대한 끌어올린다. 포스트모더니즘의 사회적, 철학적, 정치적 특징을 이해하지 않고서는 포스트모더니즘의 본질을 제대로 파악할 수 없다. "포스트모더니즘은 기본적으로 모순적인, 역사적인, 그리고 정치적인 색채를 띠고 있다."고 린다 허천(Linda Hutcheon)은 지적한다.[377] 포스트모더니즘은 문학에서 사용하는 사조의 의미를 훨씬 뛰어넘는 개념이다. 그것은 우리시대의 혼란스런 인간 심리상태와 불안정한 시대상의 반영인 것이다.

그런데 소비에트 러시아에서 사용하고 있는 포스트모더니즘의 의미는 다소 부적절하다고 말할 수 있다. 러시아의 모더니즘은 20세기 초에 발생한 사조이다. 오늘날 러시아 포스트모더니즘은 모더니즘에 반발하여 발생한 것이 아니라, 과거 소비에트의 이데올로기와 미학적 가치, 그리고 사회주의 리얼리즘에 대한 혐오감으로 인해 발생한 것이다. 소비에트 포스트모더니즘은 사회주의 리얼리즘을 거부하는 사조와 서방세계의 포스트모더니즘 요소를 융합한 형태를 띠고 있다. 1980년대 말 소비에트 당국에 의해 출판 금지된 작품과 지하문단에서 출판한 대부분의 작품들이 포스트모더니즘 영역에 포함되었다. 이 작품들은 성적 일탈, 동성애, 레즈비언 문제, 약물남용 등과 같은 과거 터부시하던 주제를 공개적으로 다루고 있다.

러시아 작가들은 포스트모더니즘의 문학 장치를 선별적으로 다루고 있고, 포스트모더니즘과 최소한의 관련이 있는 것도 묘사하고 있다. 최근에 지하문학 세계로부터 밖으로 나와 활동하는 작가든, 과거 공식적인 소비에트 잡지에 작품을 실은 작가든 상관없이 대부분의 현대 러시아 포스트모더니즘 작가들은 절충주의 양식을 취하고 있다. 그들은 러시아의 다양한 문단과 사조의 개념을 자유롭게 사용하고 있다. 일부 작가들은 포스트모더니즘의 문학 장치를 사실주의 또는

377) Ibid., p.4.

모더니즘의 문학 장치와 혼합하여 사용하고 있고, 또 다른 일부 작가들은 아방가르드 문학양식의 가장자리에 서서 자신들의 작품을 포스트모더니즘 작품이라고 주장하며 창작활동을 하고 있다. 그러나 대부분의 러시아 포스트모더니즘 작가는 과거 자신들이 받은 소비에트 교육으로부터 자유롭지 못하기 때문에 과거의 족쇄에서 벗어나지 못하고 있다. 주제와 양식과는 상관없이 그들의 문학은 사회주의 리얼리즘을 역설적으로 표현하고 있는 것이다. 그들은 각기 다른 목표를 갖고 다른 작가들의 아이디어와 이미지를 공격한다. 그들은 다른 작가들의 견해와 가치에 대한 관용을 베풀지 않고, 서방세계 작가들이 이해하지 못하는 사회주의 리얼리즘의 특징인 권위주의만을 드러내고 있다.

소비에트 비평가들과 학자들은 많은 시간과 노력을 들여 포스트모더니즘 이론을 정립하려고 노력하고 있다. 그들은 포스트모더니즘 문학의 가치에 대해, 그리고 아방가르드 문학과의 차이점에 대해 논쟁을 벌이고 있다. 두 문학에 유사점이 존재하는 것은 분명하다. 최근 러시아 아방가르드 문학은 현실 자체보다 현실을 묘사하는 언어에 관심을 두고 있다. 그들은 언어 그 자체가 현실이라고 주장한다. 오늘날 자신들을 아방가르드 작가라고 주장하는 자들은 20세기 초 러시아의 아방가르드 문학의 유산을 무시하고 과거 소비에트 사회에서 터부시했던 모든 것을 아방가르드 문학에 포함시켰다.[378] 그리고 더 나아가 자유와 개인주의를 적극적으로 옹호하고 있다. 아방가르드 문학은 '아이러니', '냉소주의', 그리고 '허무주의'를 표방한다. "무(無)가 모든 것을 빨아들이고 사라지게 만드는 '블랙홀'이라고 항상 단정 지을 수는 없다. 무는 하나님의 부재일 수도 있다."[379]

러시아 포스트모더니즘이 서방세계의 포스트모더니즘보다 더 광범위한 의미를 포괄하고 있다고 주장하는 낙관주의 학자들도 있다.[380] 또 다른 학자들은

---

378) Сергей Бирюков, 'Сигма авангарда', «문학신문», 1993년 2월 17일, 4면.

379) Сергей Стратановский, 'Игра с бесом', «문학신문», 1992년 3월 18일, 4면.

380) Mikhail Epstein, 'After the Future: On the New Consciousness in Literature, In T. Lahusen and G. Kuperman, *Late Soviet Culture: From Perestroika to Novostroika* (Durham, NC, 1993), p. 286~287. 이글은 «깃발», 1991, №1, c.217~230.에 처음 발표되었다.

포스트모더니즘 문학을 새로운 소비에트문학이 아니라고 생각한다. 그들은 아나똘리 김(Анатолий А. Ким, 1939~)과 바실리 악쇼노프(Василий П. Аксёнов, 1932~2009)의 작품, 그리고 발렌찐 까따예프(Валентин П. Катаев, 1897~1986)의 후기작품이 포스트모더니즘 양식과 정신에 부합한다고 주장한다. 비평가 마르끄 리뽀베쯔끼(Марк Липовецкий)는 까따예프의 일부 후기작품이 현대 포스트모더니즘의 작품과 상당히 유사하다고 지적한다. 까따예프의 또 다른 자아가 주인공으로 등장하는 그의 후기소설이 특히 그렇다는 것이다.[381] 포스트모더니즘 권위자들 중 한사람인 예까쩨린부르그 출신 젊은 비평가 뱌체슬라프 꾸리쯔인(Вячеслав Курицын)은 다음과 같이 주장한다. "포스트모더니즘은 가능한 모든 문학양식, 경향, 사조, 그리고 방향성의 유기적 조합이다. 한마디로 표현하자면 하나의 틀 속에 들어있는 과거문화의 모든 가치를 포함하고 있다. 포스트모더니즘은 현실세계에 존재하는 문화의 실체를 다루고 있고, 일상적인 삶이 아니라 문화의 씨앗에 의해 발아된 삶 속에서 기능을 한다."[382] 그는 빅또르 예로페예프(Виктор В. Ерофеев, 1947~), 예브게니 뽀뽀프(Евгений А. Попов, 1949~), 뱌체슬라프 삐에쭈흐(Вячеслав А. Пьецух, 1946~), 블라지미르 소로낀(Владимир Г. Сорокин, 1955~), 그리고 알렉산드르 베르니꼬프(Александр С. Верников, 1962~) 등을 포스트모더니즘 작가로 간주한다. 꾸리쯔인은 오늘날 포스트모더니즘 작가들에게 많은 적들이 도사리고 있다고 경고한다. 그들의 적은 지나칠 정도로 종교에 의존하고, 자신들이 설정한 이상을 신봉하며, 소비에트 계급시스템을 방어하는 자들이다. 포스트모더니즘 작가들이 주장하는 비(非)계급적인 이미지는 그들의 전통적인 사상 – 예를 들어 '러시아정교', '공산주의' 등 – 에 치명적이다.[383] 그리고 포스트모더니즘은 심각한 문제를 쉽게 다룰 수 있고 다양한 언어를 자유롭게 구사할 수 있는

381) 'Закон крутизны', «문학의 제 문제»(Вопросы литературы), 1991, №11~12, с.7.
382) 'На пороге энергетической культуры', «문학신문», 1990년 10월 31일, 5면.
383) 'О наших разногласиях по поводу постмодернизма', «문학신문», 1992년 10월 14일, 4면.

고등교육을 받은 사람들의 전유물인 것이다.[384]

러시아 보수주의 비평가들은 포스트모더니즘 문학이 러시아인의 윤리에 반하며 사람들을 가난하게 만든다는 이유를 들며, 포스트모더니즘 문학을 전면 거부하고 있다. 비평가 레나따 갈리쩨바(Рената Гальцева)는 포스트모더니즘과 이를 지지하는 자들에게 맹렬한 공격을 퍼부었다. '문학과 종교'라는 제목으로 개최된 학회에서 갈리쩨바는 온 세상이 인간의 영혼을 말살하려는 전투를 벌이고 있다고 주장했다. 마르크스-레닌이즘을 대체할 목적으로 사람들에게 신비스러운 쾌락주의를 퍼뜨리고 있다는 것이다. 포스트모더니즘은 사람들에게 공포를 조장하고 있지만, 사람들의 일상을 무력화시키지는 못하고 있다. 소름끼치는 이 모든 사건들은 상상의 게임이 아니라, 사탄의 부조리한 영역에서 새로운 것을 만들어 내기 위한 영적 결핍의 결과물이다. 포스트모더니즘은 말세에 발생하는 무신론의 근원을 제공하고 있다. 아방가르드 문학은 우리에게 기독교 교리, 전통적인 러시아문학, 그리고 유럽의 전통적인 인문주의를 거부하도록 가르친다.[385]

포스트모더니즘에 대한 공세는 러시아 보수주의 비평가들에게만 한정된 것이 아니었다. 일부 자유주의 성향의 비평가들도 포스트모더니즘에 대해 따가운 눈총을 주고 있다. 전통적인 러시아의 문화가치를 고수하고 있는 자유주의 성향의 비평가들은 포스트모더니즘이 사회주의 리얼리즘의 자리를 차지할지도 모른다는 두려움을 갖고 있다. 어떤 비평가는 포스트모더니스트들이 새로운 창작을 시도하지 않는다며 그들을 비난했다. 그들이 하는 일은 오로지 다른 작가들의 작품을 표절하는 것이라고 주장한다. "포스트모더니스트들은 남의 작품을 모방하고, 문화의 식탁 위에 떨어져 있는 부스러기를 주워 먹는다... 포스트모더니즘의 틀 안에서 작가의 재능은 아무런 의미가 없게 되었다. 창작이

384) Вячеслав Курицын, 'Постмодернизм: новая первобытная культура', «신세계», 1992, №2, c.232.

385) 'Семь злейших духов', «문학신문», 1992년 1월 15일, 4면.

아니라 적절한 요리법을 터득하는 것이 더 중요한 관건이 되었다."[386] 또 다른 비평가는 전통적인 러시아문학으로부터 영향을 받은 러시아 포스트모더니즘은 '백치인 척하며 저지르는 어리석은 행동'을 뜻하는 '유로드스뜨보'(юродство)를 의미한다고 주장한다.[387] 심지어 대부분의 포스트모더니즘 작가들이 주장하는 표현의 자유를 인정하고 있는 문학잡지 «독창»의 편집인 알렉산드르 미하일로프(Александр Михайлов)조차 러시아의 포스트모더니즘의 의미가 서방세계의 포스트모더니즘과 많이 다르다는 점을 지적한다. 그는 러시아 포스트모더니즘이 현실세계를 혼란스럽게 만들 뿐 아니라 우스꽝스러운 형태로 변형시킨다고 주장한다. 자연주의와 혐오스러운 성격을 띠고 있는 러시아 포스트모더니즘은 타락으로 가득 차 있다. 그리고 포스트모더니스트들은 도저히 말이 안 되는 언어를 사용하고 있으며, 자신들이 사용하는 언어가 지적인 것이라고 주장하고 있다. 그러나 실상은 텍스트 이면에 감추어지거나, 외부로 표출된 단순한 인용구에 불과하다.[388]

까렌 스쩨빠냔(Карен А. Степанян, 1952~)은 현대사회의 맥락에서 포스트모더니즘의 해석을 시도하고 있다. 그는 포스트모더니즘을 악의 요소를 갖고 있는 일종의 허수아비라고 주장한다. 일부 작가들에게 포스트모더니즘은 단지 보편적 철학이며 예술기법에 불과하다.[389] 그러나 스쩨빠냔은 포스트 모더니즘을 창작기법일 뿐만 아니라, 오늘날 러시아 사회에서 발생한 사회철학 현상을 반영하는 세계관이라고 생각한다. 즉 포스트모더니즘은 존재의 의미와 인생의 목적이 상실되면서 발생했다는 것이다. 현실세계가 비이성적이고 불확실하기 때문에 존재의 의미는 환영과 환상, 또는 개인의 이상 못지않게 가치가 있다. 따라서 현실세계에는 절대적인 진리나 최고의 진리가 존재하지 않는다. 각각의

386) Борис Кузьминский, 'Пост во время чумы', «문학신문», 1991년 4월 10일, 11면.

387) Марк Липовецкий, 'Апофеоз частиц, или диалоги с хаосом', «깃발», 1992, №8, с.217.

388) Александр Михайлов, Признание в любви, или воспоминание об одном симпозиуме', «문학신문», 1992년 1월 22일, 4면.

389) 'Реализм как заключительная стадия постмодернизма', «깃발», 1992, №9, с.232.

사람들은 자신들만의 세계에 존재하고 있다. 그리고 각자가 생각하는 진리는 타인이 생각하는 진리와 마찬가지로 소중하다.[390] 따라서 러시아문학과 사회사상에서의 포스트모더니즘의 출현은 '포스트 마르크스주의' 의 출현이라고 말할 수 있다. 이처럼 포스트모더니즘의 출현은 소비에트의 공식적인 이데올로기의 몰락과 깊은 연관이 있고, 러시아문학에서 발생한 이데올로기의 공백을 메꾸는 역할을 하고 있다.

포스트모더니즘에 대한 험악한 난상 토론은 두 사건 - 1990년 새로운 정기간행물 «독창»의 출현과 모스크바 문학연구소가 1991년 3월에 조직한 '포스트모더니즘과 우리'라는 학회의 창립 - 에 의해 촉발되었다. 이 학회에는 빅또르 예로페예프, 발레리야 나르비꼬바(Валерия С. Нарбикова, 1958~), 따찌야나 쉐르비나(Татьяна Г. Щербина, 1954~), 안드레이 비또프, 그리고 이반 쥐다노프(Иван Ф. Жданов, 1948~)와 같은 저명한 작가들이 참석했을 뿐 아니라, 포스트모더니즘에 반대하는 작가들도 참석했다. 최근까지 문학잡지 «10월»의 편집부국장을 역임한 말루힌(В. Малухин)은 일간지 «이즈베스찌야»의 기고란에 이 학회에서 발생한 토론에 대해 문제를 제기했다. 그는 포스트모더니스트들이 주장하고 있는 모든 미학적 가치의 폐기와 모든 지적 재산의 무분별한 전용을 문제 삼으며, 포스트모더니즘을 강하게 비난했다.[391] 그는 포스트모더니즘 철학이 현재 발생하고 있는 위기를 표출하기 위해 새로운 중간자적 세계관을 만들고 있다고 주장한다. 그의 결론은 현재 포스트모더니스트들이 재능이 없기 때문에, 그들이 속임수와 표절에 의존하고 있다는 것이다. 뻬쩨르부르그에서 활동하는 시인 빅또르 끄리불린(Виктор Б. Кривулин, 1944~2001)은 말루힌의 주장에 대해 즉각적으로 대응하며 «독립신문»(Независимая газета)에 반박기사를 게재했다. 끄리불린은 말루힌의 포스트모더니즘에 대한 적개심은 미학적 관점에서 출발한 것이 아니고, 포스트모더니즘

390) Ibid., p.233.

391) В. Малухин, 'Пост без модернизма', «이즈베스찌야», 1991년 5월 8일.

문학이 소위 '두꺼운 문학잡지'에 스며들어, 예전에 '큰 문학'으로 인식되었던 것을 오염시킬 수 있다는 두려움의 발로라고 주장한다.[392)]

학회에서 벌어진 토론의 내용과 어조는 브레즈네프 시절에 사용했던 소비에트의 공식문학비평 언어와 정신으로 점철되어 있었다. 일부 젊은 비평가들이 정치적 논쟁거리가 된 이 토론에 관여하는 것을 거부한 것은 어쩌면 당연한 것인지도 모른다. 대신 그들은 서방세계의 문학이론 연구에 매진하며, 러시아 포스트모더니즘을 일반적으로 수용할 수 있는 이론으로 정립하려는 시도를 하고 있다.[393)] 그들 중 일부는 러시아 포스트모더니즘을 일시적인 현상으로 간주하며 향후 급격히 쇠퇴할 것이라고 예견한다.

오늘날 러시아문단에서 포스트모더니즘의 위상에 대한 만장일치의 평가는 존재하지 않는다. 그리고 러시아와 서방세계의 포스트모더니즘 사이에 유사점이 존재한다는 것은 분명하다. 그러나 많은 점에서 러시아 포스트모더니즘이 서방세계의 것과 다르다는 것을 강조할 필요가 있다. 캐럴 에머슨(Caryl Emerson)은 매우 약화된 형태의 서방세계 포스트모더니즘의 양상을 러시아 포스트모더니즘에서 발견할 수 있다고 주장한다. "러시아에는 마르크스주의를 대체하는 새로운 형태의 이론이 존재하지 않는다... 일반적으로 소비에트 인쩰리겐찌야들은 서방세계에서 훌륭한 다문화주의 작품을 집필하는 데 필요한 정의와 평등에 대한 토론을 중요하게 생각하지 않는다... 러시아사람들은 서방세계에서 이해하고 있는 페미니즘에 대한 동정심도 거의 갖고 있지 않다".[394)]

러시아 포스트모더니즘은 지난 10년간 러시아의 정치적 사회적 현실의 폭력적이고 혼란스러운 변화를 잘 반영하고 있다. 이런 변화는 미래에 탄생할 사조를 수용하기 위한 어떤 준비나 의지도 표명하지 않았던 소비에트의 과거에 대한

---

392) 'Наша литература не резиновая', «독립신문», 1991년 6월 4일, 7면.

393) 자세한 내용은 다음 글을 참조하라. В. Курицын, 'О наших разногласиях по поводу постмодернизма', «문학신문», 1992년 10월 14일, 4면.

394) Caryl Emerson, 'The Shape of Russian Cultural Criticism in the Post−communists Period', *Canadian Slavonic Papers* 34/4, (December 1992), p.367~368.

부정과 반발인 것이다. 그리고 소비에트의 독단적인 철학과 소비에트 미학이론의 얼빠진 상태에 대한 거부반응이다. 이런 반응은 심각한 의기의식을 의미하며 인간과 사회기관의 행동을 마비시킨다. 이런 상황에서 지하문학세계에서 밖으로 나온 젊은 작가들이 새롭게 획득한 자유를 마음껏 누리며 극단적인 선택을 하는 것은 어쩌면 당연한 것일지도 모른다. 그들이 생산하는 문학은 모든 사람들을 만족시킬 수는 없다. 그들은 과거 소비에트 정권에 빚진 것이 전혀 없고 검열의 압박에도 굴복하지 않았기 때문에, 과거 소비에트 작가들이 접근할 수 없었던 방식으로 창작을 시도하고 있는 것이다. 어쩌면 그들은 고령의 작가들만큼의 기량도 갖고 있지 않고, 많은 독자를 확보하지 못할 지도 모른다. 그러나 대부분의 젊은 작가들은 재능이 있기 때문에, 언젠가 훌륭한 작품을 발표할 것으로 기대된다. 우수한 예술성과 상관없이 젊은 러시아 포스트모더니즘 작가들의 산문은 새로운 다원주의의 진정한 표현이며, 그 자체가 그들의 중요한 업적인 것이다.

빅또르 예로페예프(Виктор В. Ерофеев, 1947~)

빅또르 예로페예프는 현대 러시아문단에서 가장 흥미롭고 논란의 여지가 있는 작가들 중 하나이다. 그는 소련의 고위직 외교관의 아들로 모스크바 대학교를 졸업하고 모스크바 소재 세계문학연구소에서 문학을 공부했다. 1968년 그의 첫 작품이 출판되었고, 1978년 그는 소비에트 작가동맹에 가입했다. 그는 1979년 소비에트 검열기관이 게재를 금지한 연감 «메뜨로뽈»에 작품을 기고하면서 유명인사가 되었다. 발표하자마자 그는 소비에트 작가동맹에서 축출되었고, 1988년에서야 작가동맹에 재가입되었다. 산문작가이자 비평가인 예로페예프는 포스트모더니즘을 지지하는 작가로 알려져 있다. 그의 기고문에는 자신이 주장하고자 하는 내용이 잘 묘사되어 있다. 그의 기고문 『소비에트문학에 대한 추도문』(Поминки по советской литературе; 1990)[395]은 소비에트문학을 날카롭게 지적하는 도발적인 비평인데, 주관을 완전히 배제하고 객관적인 시각으로 비평하는 글은 아니다. 그는 스탈린 사후 소비에트문학을 세 부류로 분류했다. '당국의 지시를 따르는 작품', '자유주의 성향의 작품', 그리고 '농촌산문'. 예로페예프는 정도의 차이는 있지만, 모든 소비에트 작가들이 당국의 압력에 복종하며 작품을 집필했다고 주장하고 있다. 그는 사회주의 리얼리즘을 소비에트 당국이 전체주의를 문화적으로 발산하는 장치라는 주장을 펼치며 이를 조롱하고 있다. 그의 지적은 문학을 옥죄려는 당국의 시도에 대한 분노의 표출이며, 신의 존재를 부정하는 악마에게 영혼을 파는 무신론자의 가학성애 콤플렉스의 표현이다. 예로페예프는 유토피아 사회가 종말을 맞은 후 진정한 문학으로 돌아가고, 예술가들은 창작에만 몰두하고, 진실은 '진리'(правда)의 영역 안에 머물게 된다고 주장한다. 그는 얼마 전까지 소련에서 금지된 서방세계와 러시아의 철학자들로부터 영감을 얻은 문학경향과 스타일의 수렴을 요구하고 있다.

예로페예프의 기고문에 대해 많은 비평가들과 작가들이 반응했다. 많은 비평가들과 작가들은 그가 과거 소비에트에서 발표된 모든 작품의 가치를 폄하하는 것에 동의하지 않는다. 예로페예프는 과거 공식적인 소비에트 비평가들이 사용하는 수단과 방법과 유사한 방식으로 사회주의 리얼리즘을 비난하며, 민주주의 사회에서의 문학의 역할에 대해 의문을 제기하고 있다. 그는 "문학과 민주주의는 양립할 수 없고, 문학은 성격상 비(非)민주주의적이고 믿기 어려울 정도로 계급적이다."[396]라고 주장한다. 그의 주장에는 분명히 일리가 있다. 그러나 타협의 여지를 남기지 않는 그의 어조는 공식적인 과거 소비에트 당국의 말투를 연상시킨다. 예로페예프는 인내하며 다른 사람을 존중하도록 가르치지 못한 소비에트 시스템의 산물인 것이다.

---

395) «문학신문», 1990년 7월 4일, 8면.
396) «모스크바 소식», 1990년 7월 8~15, 14면.

1989년 예로페예프는 산문집 『안나의 육체, 또는 러시아 아방가르드의 종말』(Тело Анны, или конец русского авангарда)을 발표했다. 이 산문집에 실린 이야기들은 1985년부터 1988년 사이에 집필한 것이고, 대부분의 이야기에 1인칭화자가 주인공으로 등장한다. 일부 이야기는 동시대 러시아를 배경으로 하고 있고, 또 다른 일부는 볼셰비키혁명 이전의 러시아를 배경으로 하고 있다. 그러나 시공간의 경계가 모호하고, 연대기 순서가 파괴되어있다. 대부분의 이야기들은 현실과 환상이 뒤섞여있고, 일부 에피소드는 유령과 귀신이 실제 인물과 함께 등장한다. 그리고 현실에서 환상으로의 전환뿐 아니라, 고상하고 영적인 주제에 대한 토론에서 저속하고 불경스러운 대화로의 전환도 어색하다. 이 산문집에 실린 이야기들은 식자층 독자들을 위한 것이며, 다차원적인 서술이 제공되어 있다. 무시무시하고 불길한 내용이 코믹한 것과 공존할 때도 있고, 슬픈 내용이 갑자기 말장난으로 바뀔 때도 있다. 그리고 이야기의 메시지는 내용이 아니라 형식을 통해 전달되고 있다. 작가의 이런 의도는 수년간 전통적인 교훈소설을 스스로 묵인하며 수동적으로 수용하는 독자의 무감각한 정신 상태에 충격을 가하려는 것이다. 『유명무실한 이야기』에서 예로페예프는 아방가르드 문학을 소비에트문학과 함께 매장시키려는 상징적 시도를 하고 있다. 아방가르드 작가인 남편에 의해 버림받은 여인은 남편이 자신 옆에서 자고 있다는 것을 갑자기 발견하게 된다. 그리고 그녀는 사랑스런 마음으로 남편을 깨우지 않고 그를 게걸스럽게 먹어치운다.

이 산문집에 실린 또 다른 이야기 『어머니에게 쓴 편지』(Письмо к матери)는 작가인 화자가 자신의 어머니에게 편지를 쓰는 장면으로 시작된다. 편지에서 그는 모친에게 책을 집필하기로 마음먹었다고 밝힌다. 그리고 크리스마스이브에 화자는 낯선 중년 유부녀와 침대에서 하룻밤을 지냈다는 이야기를 하며 끝을 맺는다. 이야기의 시작과 끝 사이에는 민주화 물결이 이는 뻬레스뜨로이까 시절의 현실과 볼셰비키혁명 이후 발생한 적군과 백군의 투쟁에 대한 화자의 관찰이 묘사되어 있다. 이야기가 진행되면서 전통적인 문학어를 사용하는 화자가 갑자기 소비에트 전문용어와 상투어를 사용하는 화자로 둔갑한다. 이런 전환을 통해 작가는 소비에트 관청용어를 조롱하는 충격적인 효과를 양산한다.

이 산문집에 실린 예로페예프의 이야기들을 요약하는 것은 상당히 어렵다. 왜냐하면 대부분의 메시지가 텍스트 이면에 감춰져있고, 다양한 독자들이 이 메시지를 다양하게 해석할 수 있기 때문이다. 서간문 형식으로 쓴 『앵무새』(Попугайчик)는 일정한 줄거리를 갖추고 있다. 19세기 러시아 산문어를 사용하고 있는 이 작품은 소비에트 사법시스템을 조롱하고 풍자하는 내용을 담고 있다. 실종된 아들의 운명을 걱정하는 아버지가 편지로 질문하고 이에 답변하는 심문자이자 사형집행자인 한 관리가 등장한다. 그 소년은 앵무새의 사체를 파내어 하늘로 날려 보내려했다는 이유로 고발되어 이미 투옥된 상태였다. 고문을 당한 그 소년은 동네 토종새보다 외래종 앵무새가 더 뛰어나다는 것을 증명하기 위해 앵무새를 날려보려 했다고 증언하며, 동네사람들의 자긍심에 상처를 주었다고 자백한다. 이 이야기에 소비에트나 러시아의 공식기관명에 대한 언급은 없으나, KGB식의 잔인한 고문과 처형방식을 사용하고 있다는 것이 암시되어 있다. 이야기 종반부에 심문자는 소년에게 고통을 가해 그를 자살하도록 만든다. 그는 소년이 앵무새처럼 날 수 있는지 지켜보면서 소년을 강압적으로 종탑에서 뛰어내리게 한다. 심문자는 사람들을 고문하면서 성적쾌락을 느끼는 냉소적인 독재자이다. 그는 소년을 죽음에 이르게 했고, 연민 어린 소년의 아버지도 고문한다. 그는 무기력한 자들을 몰인정하게 학대하며, 자신의 가학성애를 만족시키고 있다. 풍자와 익살로 가득 차 있는 이 이야기의 주제는 '인간의 비극'이다.

『어머니에게 쓴 편지』와 『앵무새』는 각각 속물근성의 인쩰리겐찌야와 잔인한 가학성애 심문자가 서간문의 독백형식으로 이야기를 진행하고 있다. 두 화자 모두 과거 소비에트 러시아에서 쉽게 찾아볼 수 있는 부정적인 형상들이다. 두 이야기에는 거칠고 저속한 언어, 정치적 진부한 표현, 고문 용어, 그리고 고상한 말투가 뒤섞여 있다.

예로페예프의 장편 『러시아 미녀』(Русская красавица; 1990)는 모스크바와 파리에서 동시에 출간되었다. 매스컴을 통한 대대적인 홍보에도 불구하고 이 작품은 대중의 호응을 거의 받지 못했을 뿐 아니라, 많은 독자로부터 혹평을 받았다. 다차원적인 이 소설은 감상적인 사랑이야기, 우화, 실존하는 신화, 또는 사회비평으로 간주할 수 있다. 표면상 현실세계를 다루고 있는 이 소설의 플롯은 복잡하지 않는 것처럼 보인다. 가난하지만 아름다운 시골출신 여주인공 이리나 따라꼬노바가 행복을 찾아 모스크바로 상경한다. 그녀는 문단의 주요인물인 나이 많은 유부남 블라지미르 세르게예비치와 불륜을 저지른다. 그녀가 레오나르딕(Леонардик)이라고 부르는 블라지미르는 자신의 명성을 유지하기 위해 그녀를 사랑하고 있지만, 결혼만은 할 수 없다고 말한다. 이리나와 침대에서 섹스를 하던 중, 그는 성적황홀감을 느낀 상태에서 사망한다. 그가 사망한 후에도 그녀는 그와의 섹스를 멈추지 않는다. 이리나는 자신을 불임 여성으로 생각하고 있었으나, 이 마지막 섹스에서 임신하게 된다. 그녀의 꿈속에 나타난 블라지미르가 그녀와 섹스를 하고, 그녀에게 결혼하자고 말한다. 가상의 새로운 삶을 창조하려는 그녀의 마음속에 잠재되어 있는 꿈은 현실을 상쇄해 버린다.

이리나의 불륜은 이 소설의 중심 에피소드이다. 그리고 다수의 인물들 - 이리나의 연인들, 전 남편들, 동성친구들, 외국 외교관들, 문단의 인사들, 그리고 성을 추구하는 단순한 인물들 – 이 소설에 등장한다. 그러나 그들은 단순히 그녀의 주변을 지나치는 인물에 불과하기 때문에, 일부 인물들만 독자의 뇌리에 남는다. 이 소설에는 '러시아 미녀' 이리나의 외모에 대한 디테일한 묘사가 제공되지 않는다. 따라서 독자들은 그녀 외모의 아름다움에 호기심을 품게 된다. 작가가 말하는 그녀의 아름다움은 영적인 것이 아니라, 맹목적 열정을 반영하는 파괴적인 아름다움인 것이다.

이 소설은 1인칭화자 이리나의 서술에 의해 이야기가 진행된다. 그리고 모든 사건은 그녀의 병적이고 감각적인 마음을 통해 일관성 없는 사고의 형태로 묘사된다. 독자는 단지 그녀가 현실을 어떻게 인식하고 있는지, 그리고 그녀의 잠재의식이 어떻게 그녀의 인생경험을 반영하고 있는지를 깨달을 수 있다. 그녀의 병약한 상상력은 그녀를 무절제한 삶으로 이끈다. 어떤 면에서 볼 때, 그녀는 자신을 잔 다르크와 비교하며 러시아의 구원자 역할을 떠맡는 인물이다. 그리고 다른 면에서 볼 때, 그녀는 하나님과 인간의 관계, 그리고 종교에 대한 자신의 태도를 깊이 성찰하는 인물이다.

플롯과 양식에서 실험적인 작품인 『러시아 미녀』는 과거에 금기시되었던 소비에트 삶의 다양한 측면 – 다양한 형태의 섹스장면, 동성애, 여성동성애, 노출증, 그리고 스리섬 – 을 보여주고 있다. 예로페예프에 의하면 "정치적 철학적 견해보다, '성애'(性愛)가 잠재의식과 연결되어 있을 때, 인간의 정수가 가장 잘 드러난다. 따라서 소비에트 사회에 대한 깊이 있고 가치 있는 이해를 도모하기 위해서는 레닌, 스탈린, 작가 르이바꼬프, 혹은 비평가 락쉰의 작품이 아니라, 『러시아 미녀』의 여주인공 운명을 탐구할 필요가 있다."[397] 불행하게도 이 소설에서 묘사된 성애는 애정과 친밀감이 결여되어 있고, 변태적이고 기계적이며 감정이 없는 섹스이다. 과거 소비에트문학에서 성애를 거의 접하지 못했던 독자들의 호기심을 충족시키고 있는 이 소설은 소비에트 인쩰리겐찌야들의 타락상을 반영하는 작품으로도 간주할 수 있다.

『러시아 미녀』가 발표되자 비평가들은 다양하게 반응했다. 일부 비평가들은 이 소설을 '개인적인 만족을 위해 부패한 시스템을 이용하는 무절제한 모스크바 창녀들의 부도덕한 이야기'라고 평했고,[398] 다른 비평가들은 이 작품을 부패한 소비에트 시스템과 비교하면서 이리나를 어린아이처럼 순수한 영혼을 가진 인물로 평가했다.[399] 빠벨 바신스끼(Павел В. Басинский, 1961~)는 "예로페예프 산문의 목적은 인간의 내면에 자리 잡고 있는 '동물적 본능'을 폭로하는 것이다."[400]라고 주장한다. 반면에 또 다른 비평가는 이 소설에는 문학의 자유와

---

397) 빅또르 예로페예프와의 인터뷰 내용. «인문학펀드»(Гуманитарный фонд), 1992, №12,(115), c.2.

398) «문학신문», 1992년 9월 30일, 3면.

399) Наталья Иванова, 'Жизнь прекрасна', «청춘», 1991, №1, c.62.

400) 'Грустное возвращение Чацкого', «문학신문», 1991년 5월 6일, 4면.

성적자유 외에 어떤 목적도 제시되어 있지 않다고 주장한다.[401] 비평가 올레그 다르끄(Олег И. Дарк, 1959~)는 문학잡지 «궁수자리» (Стрелец)에서 『러시아 미녀』에 대한 분석을 시도하고 있다. 그는 남성과 여성의 차이점, 그리고 기독교와 이교도 사이의 상반된 점을 탐구하고 있다. 그리고 예로페예프와 19세기 말 러시아 철학자 바실리 로자노프(Василий В. Розанов, 1856~1919)의 견해도 상호비교하고 있다. 다르끄는 예로페예프가 과거 러시아의 문화가치에서 소설의 영감을 얻었다고 지적한다. 그러나 예로페예프는 자신의 예술작품에 전통적 가치를 적용하는 과정에서 이를 고의적으로 거꾸로 뒤집었고, 충격적인 방식을 사용하여 신성모독과 조롱으로 바꾸었다는 것이다.[402]

예로페예프는 세련되고 숙련된 문인이다. 그는 이 소설에서 러시아문단에서 수용하기 어려운 속어, 외설, 음란한 표현 등을 사용하며, 상류층 언어와 저속한 언어가 자유롭게 혼합된 문체를 사용하고 있다. 이런 특징은 인간의 어두운 면을 드러내는 역할을 할뿐 아니라, 독자들로 하여금 인간의 성스러운 면을 쉽게 이해하게 만든다. 그리고 소비에트 사회의 부패상과 속물적인 일상을 드러내는 역할도 수행한다. 이런 역할들은 조지 필립(George Philiph)이 "작가는 현대사회에서 정신적으로 병든 인간의 의식이 진행되는 과정을 폭로하는 임무를 띠고 있다."[403]고 말한 것을 상기시킨다. 예로페예프는 브레즈네프 시절 소비에트 사회에서 발생한 것을 폭로하고 있다.

예로페예프의 작품은 일반 독자들을 위한 것이 아니다. 그의 작품은 논란의 여지도 많고, 모호하게 묘사한 장면도 많다. 외부효과를 위해 등장인물의 성격묘사를 희생하는 경우도 발생한다. 그리고 시간과 공간에 대한 구분도 명확하지 않다. 그의 작품은 사회와 국가, 그리고 기존질서에 대한 작가의 개인적 반란을 표출한다. 예로페예프는 예술을 다른 개념을 위한 매개체로 간주하는 것을 거부

401) Dan Cryer, 'Erostroika', *Fanfare. Newsday's Weekly Report on Entertainment and Living* (Nassau, NY) 1993년 5월 9일, p.35.

402) Олег Дарк, 'Чёрное письмо', «궁수자리», 1992, №1(68), c.187.

403) 'The Labyrinth of a Sick Man', «Moscow News», 1991년 1월 6~13일, 14면.

한다. 그는 현재 러시아에서 발생하고 있는 예상치 못한 자유가 사람들에게 상당한 좌절감을 안겨줄 수 있다고 경고한다. "나는 지금 혼돈상태에 처해 있습니다... 지금은 금기시되는 주제가 전혀 없습니다... 자유를 속박 당했을 때, 나는 자유를 위해 온몸을 불사르며 투쟁했습니다... 다시 감옥이 문을 열게 되면 나는 자유를 잃게 되고, 아무 말도 할 수 없게 됩니다."[404] 예로페예프는 자신의 산문에서 반항적인 태도와 사상을 억누르지 않는다. 그가 사용한 문체는 그의 주장을 표현하는 수단이다. 예로페예프와 그의 산문은 오늘날 러시아에서 진행되고 있는 혼란스러운 과도기를 잘 반영하고 있다. 인간은 자기 자신으로부터 결코 도주할 수 없다. 과거의 경험은 잠재의식 속에 감추어져 있고, 작가의 창작과 합리적인 행동에 적지 않은 영향을 끼친다.

예브게니 뽀뽀프(Евгений А. Попов, 1946~)

예브게니 뽀뽀프는 연감 «메뜨로뽈» 사건과 관련된 작가들 중의 하나이다. 그는 이 사건으로 1979년 소비에트작가동맹에서 축출되었고, 1988년 예로페예프와 함께 작가동맹에 재가입되었다. 정기간행물에 발표된 대부분의 그의 작품은 글라스노스찌 이전에 지하문단에서 집필한 것이다. 전통적인 사실주의 작품이 아닌 그의 소설은 독창적이고 유머러스하고 표현력이 풍부할 뿐 아니라, 역설적이고 터무니없고 신랄한 풍자로 가득 차 있다. 그의 작품 『아름다운 인생』(Прекрасность жизни; 1990)에는 우스꽝스러운 부제 – "시작과 끝이 없는, 신문과 함께하는 소설(또는 사건)의 장(章)들." – 가 달려있다. 이 작품에 소개된 이야기들은 소련에서 겪은 25년간의 경험을 연대순으로 정렬한 것인데, 발췌한 신문기사, 연설, 헤드라인, 그리고 소비에트 당국과 공공기관의 결의안 등이 포함되어 있다. 각각의 장에서 다루고 있는 기간은 1년이며, 각 장은

404) Dan Cryer, p.35.

3부분으로 나누어져 있다. 이 작품은 관찰, 코멘트, 또는 작가가 주인공으로 등장하는 짧은 이야기로 시작한다. 그리고 일간지나 정기간행물에서 따온 인용과 발췌들을 소개하고, 1980년대 초에 쓴 짧은 이야기로 끝을 맺는다.

시간대를 1961년으로 설정한 『아름다운 인생』의 제1장에는 소련의 위대한 과학기술의 성취를 다루고 있다. 소련은 인류최초의 우주비행사 유리 가가린 소령을 추앙한다. 오늘날 가가린의 공적을 찬양하고 있는 많은 사람들은 그가 자신의 인생을 탕진했다는 것을 잘 알고 있다. 그는 술에 잔뜩 취한 상태에서 우주훈련을 받다가 사망했다. 또 다른 성취에 대한 이야기가 있다. 소련의 옥수수 재배운동이 큰 성공을 거두었다. 그런데 오늘날까지 지속되고 있는 한심하고 애처로운 소련의 농업현황을 고려할 때, 과거 소련당국이 성공했다며 미쳐 날뛰는 짓거리는 오늘날 농부들에게 터무니없는 것에 불과하다. 시간대를 1985년으로 설정한 『아름다운 인생』의 마지막 장에는 체르넨꼬(Константин У. Черненко, 1911~ 1985)[405] 서기장의 죽음과 새로운 시대가 열린다는 암시가 묘사되어 있다. 끝이 없는 이 작품은 언제든지 내용을 추가할 수 있다. 역사적 사건 속에 등장하는 낙오자들과 알코올 중독자들 같은 다양한 인물들은 소비에트 사회에서 찾아볼 수 있는 평범한 사람들이다. 작가는 브레즈네프 시절의 폭정을 반영하는 소비에트 삶의 독특한 백과사전을 독자들에게 제공하고 있는 것이다.

『아름다운 인생』의 각 장은 작가인 화자에게 자신의 생각을 표현할 수 있는 플랫폼을 제공하고 있다. 즉 독자에게 작가의 서정적 초상화를 제공하고 있는 것이다. 이 초상화는 다양한 양식, 서술기법, 그리고 문학 장치로 구성되어 있다. 그리고 항상 이야기의 중심에 서있는 화자의 개성은 플롯을 연결하는 역할을 한다. 뽀뽀프에 의하면 인생은 아름답기 때문에, 인간의 목숨이 붙어있는 한 최선을 다해야한다는 것이다. 인생에 대한 이데올로기의 개념은 아무런 의미도

---

405) 역주 : 체르넨꼬는 1982~1985년 공산당 서기장을 역임했다.

없으며, 실질적인 삶 자체만이 중요하다는 것이다. 뽀뽀프는 인용구 선택에 신중을 기하고 있다. 대부분의 인용은 소비에트문화기관과 문학계의 실상과 연관이 있는 것이다. 어떤 경우에는 독자들에게 신선한 충격을 주기 위해 대조적인 내용을 담고 있는 발췌들을 병치시키고 있다. 예를 들어 오늘날 솔제니친을 숭배하며 우상시 하고 있는 작가들과 관료들 가운데, 과거 그를 비난하며 처형을 요구했던 자들이 끼어있다는 것을 독자들에게 알려주고 있다.

뽀뽀프는 자신의 모든 작품에서 거의 동일한 문체와 어조, 그리고 작가관을 견지하고 있다. 그의 작품에서 비극은 익살로, 그리고 행복은 절망으로 쉽게 탈바꿈한다. 『무샤 아줌마와 료바 아저씨』(Тётя Муся и дядя Лёва; 1988)[406]에 등장하는 1인칭화자는 긴 행렬에 서서 세상을 둘러보며 과거에 대한 명상에 잠긴다. 그는 자신의 친척들, 친구들, 그리고 삶에 대해 회상한다. 그는 시간과 공간을 자유롭게 여행하며 사람, 사건, 그리고 가치관에 대한 스케치와 인상적인 관찰을 제공한다. 화자의 무질서한 토로는 예측 불가능한 인생과 다루기 힘든 인생의 본질을 반영한다. 사람들이 서로 다른 시공간에서 움직이며 활동하지만, 독자는 그들의 경험만을 기억한다. 나머지 모든 것은 독자의 시야에서 사라진다.

러시아 지방이 공간으로 설정된 『이야기들』(Рассказы; 1989)[407]은 동성애, 알코올 중독, 그리고 자유방임과 같은 소비에트 삶을 스케치 형식으로 다루고 있다. 빈정댐과 서글픈 아이러니가 가득한 이야기의 중심에는 등장인물들보다 사건이 자리를 차지하고 있다. 각각의 이야기에는 다양한 문체가 뒤섞여 있다. 1인칭화자와 3인칭화자의 서술에는 대화, 신문에서 발췌한 내용, 그리고 시적인 형식의 서술이 혼재되어 있다. 어떤 인물들은 여러 이야기에 등장한다. 그런데 무질서하고 혼란스러운 이야기는 서로를 통합하는 실마리를 제공한다.

이야기 모음집 『우다끼』(Удаки; 1992)[408] 역시 『이야기들』과 유사한

406) «청춘», 1988, №9, c.74~79.
407) «신세계», 1989, №10, c.8~23.
408) «민족 우호», 1992, №1, c.3~27.

작품이다. 등장인물들은 평범하지 않은 외딴지방에 거주하고 있다. 뽀뽀프는 이 작품에서 역설적인 것과 감상적인 것을 혼재하여 묘사하고 있다. 이를 통해 유난을 떨지 않으면서 슬픔과 웃음을 결합하는 효과를 유발하고 있다. 작품에서 묘사된 낙담과 우울은 독자로 하여금 절망감에 빠지게 할 수도 있으나, 이와 동시에 웃음도 유발한다. 뽀뽀프는 인생은 아름다우며, 아름다운 인생은 사람들을 행복하게 만들 수 있다고 생각한다.

블라지미르 소로낀(Владимир Г. Сорокин, 1955~)

1980년대 비공식 문학의 단면을 제공하는 산문집 『우리의 모습』(Видимость нас)[409]이 1991년 모스크바에서 출판되었다. 이 산문집에는 블라지미르 소로낀의 두 작품과 안드레이 가브릴로프(Андрей Ю. Гаврилов, 1952~), 주파르 가레예프(Зуфар К. Гареев, 1965~), 니나 사두르(Нина Н. Садур, 1950~), 그리고 발레리야 나르비꼬바(Валерия С. Нарбикова, 1958~)의 작품이 실렸다. 그리고 1년 후 17개 단편소설을 담고 있는 산문집 『블라지미르 소로낀』(Владимир Сорокин; 1992)이 모스크바에서 출판되었다. 소로낀의 원래 직업은 그래픽 아티스트이다. 그는 현재 독일에 거주하고 있으며, 러시아와 서방세계를 자유롭게 왕래하고 있다. 소로낀은 소비에트 지하문단에서 활동하다 밖으로 나온 가장 재능 있는 작가들 중 하나로 꼽히고 있다. 그는 독특하고 괴팍한 산문을 집필하고 있다. 비록 많은 사람들이 그를 개념론자[410]로 이해하고 있지만, 소로낀은 자신을 포스트모더니스트로 간주하고 있다. 철학적 개념론에 의하면 보편성은 정신적 개념으로만 존재하는 것이다. 마음은 특별한 개념과 반응하며 나중에 현실에 의해 확인될 수 있는 이미지를 형성한다. 상대주의

409) Олег Дарк가 편집한 산문집.

410) 역주 : 문학적인 측면에서 볼 때, 여러 관념 속에서 공통된 요소를 뽑은 후 이를 종합하여 얻은 하나의 보편적인 관념을 언어로 표현하는 작가.

개념을 적용하는 포스트모더니즘과 상반되는 '문학에서의 개념론'은 아무 의미도 없는 언어기호를 가지고 노는 것에 불과하다. 일부 학자들은 모스크바 개념론을 사실상 '포스트문학'이며 '포스트모더니즘'으로 간주하고 있지만, 이 이론이 문학의 완전한 해체를 표방하는 것은 아니라고 주장한다. 대신 이 이론이 문학의 근간을 흔들 수 있다는 것이다.[411] 소로낀의 주장에 따르면 개념주의자들의 예술에는 '대상과의 관계'가 대상 그 자체보다 더 중요하다. 그리고 개념론은 일반적인 예술작품의 원격관계를 의미한다.[412] 소로낀에 의하면 개념주의 작가는 자신만의 특이하고 기이한 문체에 의해 인식되어진다는 것이다. 그러나 소로낀은 다양한 문체의 대가이다. 즉 그는 19세기 문학어, '농촌산문' 언어, 소비에트 건설을 다루는 소설의 언어, '세태문학'에서 사용하는 언어, 혹은 «프라우다» 신문에서 사용하는 언어 등을 자유자재로 구사하고 있다. 그의 작품은 항상 되풀이하여 발생하는 서술방식에 의해 인식되고 있다. 그의 사실적인 서술은 그로테스크하고 우스꽝스럽고 초현실주의적인 것과 깊은 연관이 있다. 그는 현실을 비현실적이며 우스꽝 스럽고 황당무계한 것으로 바꾸어버린다.

산문집 『블라지미르 소로낀』의 시작부분에는 주로 소비에트의 현실이 설정되어 있는데, 그것은 잘 알려진 사회주의 리얼리즘의 주제를 패러디한 것이다. 줄거리에 대한 설명과 실제인물을 소개한 후, 문체와 서술어조에 예상치 못한 돌발적인 변화가 발생한다. 예를 들어 어떤 경우에는 완전히 무의미하고 우스꽝스러운 장면의 묘사가 발생하며, 또 다른 경우에는 변태적인 성행위, 무분별한 살인, 또는 사람을 잡아먹는 무시무시한 장면들이 묘사된다. 서술방식의 변화가 너무나 급작스럽게 발생하기 때문에, 독자들은 큰 충격에 빠지게 되며 이를 회복하는 데 적지 않은 시간이 소요된다. 『블라지미르 소로낀』의 제2장에서 발생한

---

411) *Вестник новой литературы*, 1990, №2, c.280. Quoted from an article by Василий Бетаки «러시아 사상»(Русская мысль), Paris, 1989년 11월 10일.

412) 『블라지미르 소로낀』, Москва, 1992, c.120.

카오스는 제1장에 포함된 안정성과 이념적 신조의 기반을 약화시킨다. 그리고 이야기의 결말이 좀처럼 이치에 맞지 않기 때문에, 텍스트에 대한 독자의 최초 인식은 파괴되고, 이전과 전혀 다른 새로운 인상이 독자에게 새겨진다. 이것이 바로 소로낀이 추구하는 문학의 목적인 것이다. '공식적인 소비에트문학의 언어와 주제'를 '충격적인 장면', '외설적인 언어', 그리고 '파렴치하고 모욕적인 표현'과 결합시킴으로써, 소로낀은 전자를 후자의 밑바닥으로 끌어내린다. 그리고 대부분 단편소설의 결말부에 묘사된 횡설수설은 사회주의 리얼리즘이 미친 듯이 발광하는 것만큼이나 무의미하고 속물적이라는 것을 상징한다.[413] 이런 새로운 서술방식은 소비에트 당국의 위장전술에 의해 사회주의 리얼리즘의 본질을 깨닫지 못하는 독자들의 의식을 일깨우며, 사회주의 리얼리즘에 대한 역겨움을 느끼도록 만든다.

위에서 언급한 서술방식은 산문집에 실린 그의 모든 단편소설에서 적용되고 있다. 따라서 독자는 더 이상 충격을 받지 않게 되고, 사실적인 묘사를 하고 있는 도입부와 아무런 의미도 없고 정상적이지 않은 결론을 기대하게 된다. 질서정연하고 논리적인 토론으로 이야기가 시작되는 『사무적인 제안』(Деловое предложение; 1992)[414]은 대학신문사의 편집실이 공간으로 설정되어 있다. 토론에 참여한 자들은 심각한 주제를 다루고 있다. 토론이 끝난 후 모두 회의장을 떠나는데, 두 명의 청년이 남아서 동성연애를 한다. 그중 한 명이 남자얼굴이 잘린 사진들이 들어있는 선물상자를 꺼낸다. 두 청년은 연인관계가 분명하다. 그중의 한 명은 자신의 생모와 근친상간을 하는 인물이다.

단편 『경쟁』(Соревнование; 1992)[415]의 등장인물인 벌목공 로호프와 부드쥬끄는 목재생산량할당 문제와 사회주의 경쟁에 대해 토론을 한다. 경쟁을 중요하게 생각하는 부드쥬끄는 목재를 많이 벌목하게 하기 위해 다른 팀에게

---

413) Дмитрий Лекух, 'Метаморфозы мелкого беса' «문학신문», 1992년 5월 20일, 4면.
414) 『블라지미르 소로낀』, с.11~16.
415) Ibid., с.16~20.

도전해야한다고 말한다. 반면에 로호프는 경쟁에서 이긴다는 것은 별 의미가 없다고 말하며, 부드쥬끄의 제안에 반대한다. 짧은 토론이 끝나자 부드쥬끄는 벌목하기 위해 밖으로 나간다. 로호프가 벌목하고 있는 부드쥬끄에게 다가가 그의 목을 전기톱으로 잘라버리고, "지금 우리는 경쟁을 할 거야, 지금 우리는 경쟁을 할 거야."라고 중얼거리며 인근 강가로 달려간다. 강에서 낚시를 하고 있던 소년들은 로호프가 다가오는 것을 알아차리고 불길한 예감에 휩싸인다. 그들 중 한 명이 소비에트의 상투적인 문구와 논리에 맞지 않는 끔찍하고 오싹한 표현이 뒤섞인 욕지거리를 장황하게 늘어놓는다. 그는 '고름과 돼지기름'이라는 단어로 말을 맺는다.

단편 『시즌 오픈』(Открытие сезона; 1991)[416]은 러시아 시골로 사냥을 가는 이야기를 다루고 있다. 도입부에서 사용한 언어는 이반 뚜르게네프의 『사냥꾼의 일기』에서 사용하는 것과 유사하고, 묘사된 시골의 풍경은 '농촌산문'에서 다루는 것과 연관이 있는 것처럼 보인다. 청년 세르게이는 고향으로 내려가 고향 동료인 사냥꾼 꾸지마 예고르이치와 숲속으로 사냥을 떠난다. 그리고 갑자기 모든 상황이 뒤바뀐다. 세르게이가 목표물을 겨냥하며 방아쇠를 당기자마자, 달리고 있는 시커먼 그림자가 쓰러진다. 그들이 다가가 죽은 사람을 확인하고, 시신을 토막 낸 후 간은 생으로 먹고 나머지는 요리를 한다. 목가적인 풍경으로 시작된 이 이야기는 인육을 먹는 장면으로 끝을 맺는다.

소로낀은 사실적이고 가끔은 감상적인 묘사를 난해하고 소름끼치는 장면으로 급변시키는 서술방식을 계속해서 사용한다. 단편 『세르게이 안드레예비치』(Сергей Андреевич; 1992)[417]는 졸업소풍을 간 최우수 학생이 자신이 좋아하는 선생님의 대변을 먹는 장면으로 끝이 난다. 『지나가는 길에』(Проездом; 1992)[418]는 지역공산당위원회가 개최되고 이곳을 방문한

416) 『우리의 모습』, c.37~43.
417) 『블라지미르 소로낀』, c.58~59.
418) Ibid., p.70~76.

중앙당관리가 지역공산당관리의 책상위에 앉아 휴식을 취하는 장면으로 끝을 맺는다. 『공장위원회 회의』(Заседание завкома; 1991)[419]는 회의에 참석한 꼴사나운 공장노동자가 여성청소부를 고문하고 살해하는 장면으로 끝이 난다. 『담배쌈지』(Кисет; 1991)[420]는 전시 중 자신에게 담배쌈지를 선물한 여인을 찾고 있는 어떤 참전용사의 감상적인 이야기로 시작된다. 마침내 그녀의 소재를 파악한 후, 그녀를 만난 그는 비정상적으로 미쳐 날뛰며 헛소리를 지껄인다.

사람들은 소로낀의 산문에 대해 다양한 평가를 내리고 있다. 대부분의 러시아 편집인들은 그의 작품의 게재를 거부했다.[421] 보수민족주의 비평가들은 그의 작품을 격렬하게 비난하며 경멸을 표했다. 심지어 자유주의 비평가들조차 그의 산문에 묘사된 변태성욕, 끔찍한 장면, 발작적인 망상증세 등을 받아들이지 않았다. 일부 비평가들은 소로낀의 산문을 1920년대 말 등장한 '오베리우'(ОБЭРИУ)[422] 그룹의 작품과 비교한다.[423] 그러나 오베리우의 주요멤버인 다닐 하름스(Даниил И. Хармс, 1905~1942)와 알렉산드르 베젠스끼(Александр И. Введенский, 1904~1941)의 비논리적인 문학작품은 소로낀의 것과 비교해 볼 때 훨씬 단조롭다. 그들은 소로낀과 달리 욕설을 절제할 뿐 아니라, 소로낀의 작품에 담긴 냉소적이고 허무주의적인 메시지 대신 가끔 낙천적인 결말을

---

419) «궁수자리», 1991, №3 (67), с.122~135.

420) 『우리의 모습』, с.28~36.

421) 최근 하르꼬프(Харков)에 소재한 어떤 출판사는 "근로자들과 행정기관의 감정을 해칠 수 있다"며 소로낀의 원고를 돌려보냈다. 자세한 내용은 다음 글을 참조하라. Пётр Вайль и Александр Генис, 'Вести из онкологической клиники' 블라지미르 소로낀과의 인터뷰 내용, «구문론» (Paris), 1992, №32, с.139.

422) 오베리우(ОБЭРИУ)는 '현실적 예술협회'(Объединение Реального Искусства)의 러시아 약어이며, 1927년부터 1930년 사이에 레닌그라드에서 활동한 예술가 그룹이다. 주요 멤버로 다닐 하름스(Даниил И. Хармс, 1905~1942)와 알렉산드르 베 스끼(Александр И. Введенский, 1904~1941)를 꼽을 수 있다. 그들은 제2차 세계대전 발발 직전에 체포되어 강제노동수용소에 투옥되었다.

423) 역주 : 오베리우는 '급진적 아방가르드' 그룹이다. 그들은 새로운 언어와 감정을 소개하려 시도하며, 언어와 이미지의 비논리적 연결, 환상적인 플롯, 현실에 대한 무미건조한 풍자 등을 서술하는 방식을 실험했다. 그들은 포스트모더니즘과 거리가 있고, 초현실주의에 가깝다고 볼 수 있다.

제시하고 있다. 소로낀은 1920년대 오베리우 작가들로부터, 그리고 전반적인 러시아사회로부터 자신을 완전히 떼어놓았다. 그는 문학과 도덕을 완전히 분리하고, 정치와 사회에 대해 그 어떤 관심도 없다고 주장한다. 어느 누가 러시아를 통치하든, 그리고 러시아가 민주주의 체제, 뻬레스뜨로이까 체제, 혹은 전체주의 체제를 채택하든 아무 관심도 없다는 것이다. 소로낀에 의하면 옙뚜쉔꼬와 아이뜨마또프는 사회적 관심이 많기 때문에, 그들의 문학은 정치성을 띨 수밖에 없다는 것이다... 따라서 그들은 대중이 이해하는 언어를 사용하고 있고, 러시아 국민을 위해 글을 쓰고 있는데 반해, 소로낀은 자신만을 위해 글을 쓴다는 것이다.[424] 개념주의는 그로 하여금 별개의 방식으로 문학에 접근할 수 있게 해주고, 독자들의 관심사와 요구를 고려하지 않게 만든다.[425] 그가 관심을 두고 있는 것은 오로지 산문의 텍스트뿐이다. 그는 언어를 고급체와 하급체로 구분하지 않고, 모든 단어와 표현을 하나의 언어와 하나의 문화로 받아들인다. 소로낀에 의하면 작가는 저속한 언어와 욕설을 문학에 사용함으로써, 등장인물들의 공격적인 표현을 박탈하고 그 표현들을 일반적인 의사소통 수단으로 대체해 버린다는 것이다.[426]

물론 소로낀은 자신이 원하는 대로 창작을 할 수도 있고, 자신의 철학적 사회적 신념에 따라 작품을 자유롭게 해석할 수도 있다. 그러나 문학의 텍스트는 작가의 초기의도와는 상관없기 때문에, 비평가들은 이를 마음대로 해석할 수 있다. 따라서 그가 관심을 갖고 있는 소비에트 일상주제에 대한 의존과 자율적이고 미학적인 측면에서 사회주의 리얼리즘을 교묘하게 처리하고자 하는 집착은 그의 산문을 작가의 견해와 다른 방향으로 해석할 수 있는 여지를 제공한다.[427] 예를 들어 『공장위원회 회의』는 소련에서 다른 사람을 질책하고 징벌하는 관리자가 죄인이며 살인범이라는 메시지를 던지는 작품으로 해석할 수 있다. 『지나가

---

424) 『블라지미르 소로낀』, c.125.
425) Ibid., p.121.
426) 블라지미르 소로낀과의 인터뷰 내용, «인문학펀드»(Гуманитарный фонд), 1992, №12 (115), c.3.
427) 『블라지미르 소로낀』, c.122.

는 길에』라는 작품에서 묘사된 마지막 장면 – 중앙당관리가 지역공산당관리의 책상위에 앉아 휴식을 취하는 장면 – 은 그가 사인한 하찮은 서류뿐 아니라, 쓸데없는 서류를 양산해 내는 소비에트 시스템 자체가 아무 가치가 없다는 것을 의미하는지도 모른다. 그리고 『세르게이 안드레예비치』에서 학생이 자신이 좋아하는 선생님의 대변을 먹는 장면은 청소년들에게 독립심을 키워주지 않고, 불필요하고 쓸모없는 정보만을 제공하고 있는 소비에트 교육시스템의 문제점과 세뇌의 위험을 암시하는 것으로도 해석할 수 있다.

소로낀의 산문은 지난 10년간 소비에트와 러시아의 삶의 변화를 반영하는 특별한 현상이다. 그는 변화된 삶을 다양한 형태로 보여줄 뿐 아니라, 기존질서에 대한 반란을 표출하고 있다. 그리고 미래에 대한 희망이 결여된 채 현실을 냉소적으로 응시하고 있다. 소로낀은 작품에서 정상적인 의미를 전복시킨다. 이와 동시에 결말부의 비논리적이고 무의미한 것이 진정한 의미를 내포하고 있다는 것을 암시한다. 소로낀은 작품의 결말부에서 그래픽 아티스트가 사용하는 방식과 유사한 것을 사용하고 있다. 그는 대비되는 '그래픽 이미지', '콜라주'[428], 혼돈, 비논리, 무가치의 분위기를 조성하는 '중요하지 않는 디테일의 무질서한 축적'을 사용하여, 인간성은 결코 바뀌지 않는다는 것을 지적하고 있다.[429]

428) 역주 : 콜라주(collage)는 화면에 인쇄물, 천, 쇠붙이, 나무 조각, 모래, 나뭇잎 등을 붙여 구성하는 회화기법을 말한다. 20세기 초 입체주의화가 피카소와 브라크가 입체감을 강조하기 위해 화면에 물감 대신 신문지, 우표, 벽지, 상표 등을 붙여 화면을 구성하는 기법을 창안했다. 그래픽 디자인 측면에서, 기존의 이미지를 활용한다는 점과 애니메이션 카메라 및 스탠드로 움직임을 만들어낸다는 점에서 콜라주기법은 보는 이들에게 별난 느낌을 심어준다. 콜라주 이미지 속에는 미치광이 피에로 같은 면도 볼 수 있고, 거대한 소용돌이 속에 서 있는 느낌도 받을 수 있다.

429) Ibid., p.123.

발레리야 나르비꼬바(Валерия С. Нарбикова, 1958~)

발레리야 나르비꼬바는 비평가와 독자들로부터 상반된 평가를 받고 러시아문단에 등장한 젊은 작가들 중 하나이다. 일부 비평가들은 그녀를 재능 있는 작가로 평가하고, 또 다른 비평가들은 그녀를 저급한 현대작가로 평가한다. 그녀는 1980년 모스크바 문학연구소의 학생시절에 첫 작품을 발표했다.[430] 그리고 글라스노스찌가 출현하기 전까지 그녀는 작품을 발표하지 않았다. 1988년 첫 번째 중편소설 『낮과 밤의 별빛의 균형』(Равновесие света дневных и ночных звезд)[431]을 발표했고, 이후 『주위에, 주변에...』(Около еколо; 1990)[432], 『도주』(Пробег – про бег; 1990)[433], 그리고 일부 단편들을 발표했다.

모스크바 문학연구소에서 나르비꼬바를 가르쳤던 안드레이 비또프는 그녀의 첫 번째 중편소설 추천사에서 다음과 같이 말하고 있다. "그녀는 독특한 문체를 사용하는 재능 있는 작가이다. 그녀가 설정한 등장인물에 대한 인식과 경험 속에서의 공간적이고 일시적인 관계는 상당히 독창적이다. 전통적인 문학 취향을 갖고 있는 사람은 그녀의 산문에서 아름다움과 서정적이며 공격적인 강렬함을 느낄 수 있다. 작품의 플롯, 구성, 그리고 일반적 의미를 이해하는 것은 그리 쉽지 않으나, 전혀 불가능하지도 않다."[434] 비또프가 소설의 플롯과 구성, 그리고 의미보다 나르비꼬바의 문체에 매료되었다는 것을 알 수 있는 대목이다. 사실상 나르바꼬바의 작품을 요약하는 것은 상당히 어렵다. 왜냐하면 그녀의 작품에서 드러나는 것은 환상이 가미되어 있는 현실에 대한 흐릿한 장면뿐이기 때문이다. 발음하기조차 힘든 이름을 가진 흐릿한 등장인물들이 대화를 나누고, 이동하고,

---

430) «모스크바 소식», 1990년 4월 1일, 14면.

431) «청춘», 1988, №8, c.15~29.

432) Ibid., 1990, №3, c.10~35.

433) «깃발», 1990, №5, c.61~87.

434) «청춘», 1988, №8, c.15.

섹스하고, 사랑에 대해 이야기한다. 그들의 행동과 행동 사이에는 작금의 사회상과 정치상황 혹은 고전문학작품과 관련이 있는 화자의 코멘트, 설명, 그리고 금언이 산재되어 있다.

『낮과 밤의 별빛의 균형』의 여주인공 '사나'(Сана)[435]는 아바꿈과 결혼한다. 그러나 그녀는 '오뜨마뜨페얀'(Отматфеян)[436]과 사랑을 나누고 있다. 오뜨마뜨페얀에게는 '챠샤쥐이슈인'(Чящяжышын)[437]이라는 괴상한 이름을 가진 친구가 있다. 사나는 전화통화를 통해 오뜨마뜨페얀의 아이를 임신한다. 글라스노스찌 이전에 집필한 그녀의 단편 『우리의 모습』(Видимость нас; 1991)[438]에도 사나, 오뜨마뜨페얀, 그리고 챠샤쥐이슈인이 등장한다. 사나와 오뜨마뜨페얀은 창작세계와 어느 정도 연관이 있는 외로운 연인이다. 그들과 친분이 있는 챠샤쥐이슈인은 조각가이다. 그는 그들을 자신의 스튜디오로 초청하고, 그곳에서 첫 섹스를 하게한다. 챠샤쥐이슈인은 '금지된 창작'(섹스)을 하는 사람들의 이미지가 사라지지 않도록 그들이 섹스하는 모습을 조각품으로 제작한다.

『주위에, 주변에...』는 그리 난해한 작품은 아니다. 그러나 환상, 그로테스크, 그리고 기이한 묘사가 혼재되어 있다. 언니 '예즈단두끄따'(Ездандукта)와 함께 살고 있는 여대생 '뻬쨔'(Петя)는 보리스와 사랑하는 사이이다. 이들 세 명은 크리스마스이브에 함께 지내기로 마음먹는다. 그런데 어느 날 뻬쨔는 이성친구인 대학생 '꼬스뜨로마'(Кострома)의 집을 방문하고 밤늦게 돌아온다. 뻬쨔는 꼬스뜨로마를 통해 자신의 남자친구 보리스가 언니 예즈단두끄따와 사랑을 나누고 있다는 것과 장차 결혼을 약속한 사이라는 것을 알게 된다. 복수심의

---

435) 라틴어로 '건강'이라는 뜻이다.

436) 심한 욕설인 러시아어 '마뜨'(мат)를 의미한다.

437) 역주 : 상악음 '체'(ч), '샤'(ш), '줴'(ж), '쉐'(щ)는 '쉬'소리가 나는 자음이라고 해서 '쉬빠쉬예'(шипящие)라고도 부른다. 이 자음들 다음에는 '야'(я)와 '의'(ы) 모음을 쓸 수 없다. 그런데 나르꼬바는 정서법을 파괴하며 욕설 같은 발음이 더 강하게 나도록 만들고 있다.

438) 『우리의 모습』 Москва, 1991, с.118~134.

발로로 뻬쨔는 자신의 또 다른 이성친구와 섹스를 하나, 보리스를 향한 사랑의 불길은 꺼지지 않는다. 꼬스뜨로마는 자신을 창조한 주인을 파멸시키는 작은 괴물에게 생명을 불어넣는 과학실험에 성공한다.

나르비꼬바의 작품에는 아무런 관련이 없는 장면, 이미지, 그리고 대화가 서로 혼합된 채 무차별적으로 사용되고 있다. 그녀는 콜라주와 동의어 반복과 같은 문학 장치를 사용하여 단어와 문구의 논리적 의미를 파괴한다. 그리고 현대 러시아청년들을 대상으로 한 작품에서 그들이 사용하고 있는 속어를 차용하고 있다. 『주위에, 주변에...』는 의식의 흐름을 전개하는 내적독백으로 구성되어 있고, 주인공과 등장인물의 목소리를 구분하는 것이 거의 불가능하다. 독자는 등장인물들이 표현하는 생각, 의심, 그리고 회상 등이 등장인물이라기보다 작가인 화자의 것이라는 것을 분명하게 인식한다. 이 작품에는 플롯과 인물성격에 대한 구체적인 설명도 없다. 따라서 독자는 등장인물에 대한 어떤 정보도 얻지 못한다. 그들의 형상을 상상할 수도 없고, 그들의 이름을 기억하는 것조차 어렵다. 이 모든 것들은 작가의 의도이다. 세상에 존재하는 모든 것이 안정적이지 않고 허무하며, 인간의 존재 역시 별 의미를 갖고 있지 않다는 것을 상징하고 있는 것이다.

나르비꼬바는 작품에서 주로 사랑을 다룬다. 그런데 그녀가 다루고 있는 사랑에는 생명과 감정이 없다. 상대방을 아끼고 배려하는 낭만적, 열정적, 혹은 영적인 사랑이 아닌, 동물적 욕구를 만족시키기 위한 섹스만이 있다. 섹스에 대한 언급이 작품에 자주 등장하지만 적나라한 섹스행위는 묘사되지 않는다. 뻬쨔는 언니 예즈단두끄따가 35세인데도 불구하고, 처녀라는 것을 알아차리고 큰 충격을 받는다. 그리고 언니가 보리스를 섹스의 대상이라기보다 인간적으로 사랑하고 있다는 것에 놀라움을 금치 못한다. 뻬쨔는 언니를 다른 세계의 유물로 간주하고 있다.

어린 딸을 둔 유부녀 나르비꼬바는 자기 세대의 견해를 대변하는 작가라고 말할 수 있다. 윤리와 에로티시즘의 관계에 대한 질문을 던졌을 때, 그녀는 다음과 같이 대답했다. “도덕은 인간에게 불가결한 것이다. 그러나 억압적인 상태에서 강요되어서는 안 된다. 개인은 자유의지로 스스로의 도덕관을 확립해야한다."[439] 혼돈이 지배하고 있는 나르비꼬바의 작품세계는 모든 사람이 자유롭게 선과 악의 경계를 설정해야한다는 그녀의 생각과 깊은 연관이 있다. 그녀의 이런 생각은 많은 젊은이의 견해일 뿐 아니라, 1980년대 말과 1990년대 초의 불확실한 소비에트 사회상을 반영하고 있는 것이다. 마르크스주의자들의 신화와 소비에트 계급의 도덕성에 대한 거부는 신앙으로 채울 수 없는 윤리적 공백을 남겼다. 나르비꼬바의 작품에 기독교 교리와 종교적 색채가 배제된 것을 염두에 둘 때 그녀는 현존하는 문제의 해결방안으로 신앙을 전혀 고려하지 않고 있다.[440]

많은 비평가들은 나르비꼬바의 작품에 윤리가치가 부재하고 문학성이 떨어진다고 주장하며 강하게 비판하고 있다. 저명한 작가 게오르기 블라지모프(Георгий Н. Владимов, 1931~)는 비록 나르비꼬바가 자신만의 방식으로 능숙하게 작품을 집필하고 있지만, 윤리적 문제에 대해 심각하게 고민하고 있는 러시아문단의 주류에 그녀를 포함시킬 수 없다고 말한다.[441] 마르끄 리뽀베쯔끼(Марк Н. Липовецкий, 1964~)는 그녀가 자신의 원초적인 공허함을 기만으로 감추고 있다고 주장한다.[442] 그녀는 문체를 위해 윤리를 희생하고, 외적 효과를 유발하기 위해 내적 의미를 포기하고, 언어를 가지고 실험하고 장난치면서 자신의 독창성을 드러내고 있다는 것이다. 까렌 스쩨빠냔(Карен А. Степанян, 1952~)은 다음과 같이 지적한다. "오늘날 젊은 시인들과 작가들은 자신들이 사용하고 있는 단어의 의미를 상실할 뿐 아니라, 함축적인 면에서 볼 때 자신들의 삶 자체도 상실하고 있다. 그들이 사용하는 단어들은 젊은 독자들 마음속에 사실상 아무런 의미도 없다. 그리고 이런 단어들은 기만의 상징이 된다.

---

439) «모스크바 소식», 1990년 4월 1일, 14면.

440) 자세한 내용은 다음 글을 참조하라. 'План первого лица. И второго' *Встречный ход* (Москва 1989).

441) Г. Владимов, 'Я бы хотел сейчас быть рядом с соотечественниками' «문학신문», 1990년 6월 6일, 5면.

442) 'Свободы чёрная работа' «문학의 제 문제», 1989, №9, с.17.

따라서 젊은 독자들은 새로운 조합과 예상치 못한 연관성을 발견하며 단어의 영적인 능력과 거의 잊혀진 의미를 회복하려는 시도를 하게 된다."[443]

나르비꼬바의 산문은 그녀가 살고 있는 시대를 반영하고 있다. 그녀는 지하 문단에서 창작의 길을 걷기 시작했다. 그리고 얼마 후 지상으로 나올 수 있게 되었다. 그녀의 작품은 일반 독자들이 읽기에는 다소 부담이 된다. 그녀의 산문은 전통적인 러시아문학에 길들여져 있는 대중을 위한 것이 아니라, 과거 소비에트의 상투적인 작품에 진절머리가 난 세련되고 교양 있는 독자들을 위한 것이다. 즉 그녀가 사용하는 언어를 공유하며 쉽게 이해할 수 있는 독자층만을 위한 작품인 것이다. 그녀가 젊은 나이에 이룩한 성공이 계속해서 지속될 것인지는 지켜볼 일이다. 그녀에 대한 부정적인 평가 또한 오늘날 러시아에서 젊은 작가들이 성취한 징표로도 간주할 수 있다.

니나 사두르(Нина Н. Садур, 1950~)

1950년 노보시비르스끄에서 출생하여 현재 모스크바에 거주하고 있는 니나 사두르는 이제까지 러시아에서 찾아볼 수 없는 등장인물의 독특한 형상을 묘사하며 문단에 등단했다. 그녀의 부친은 시인이다. 1983년 모스크바 문학연구소를 졸업한 사두르는 희곡작가 로자노프(Р.С. Розанов)와 작가 마르끄 하리또노프(Марк С. Харитонов, 1937~)로부터 문학을 사사했다.[444] 사두르는 정신적으로 불안정한 사람들을 주인공으로 설정한 단편, 중편, 그리고 희곡을 집필했다. 그녀가 창조한 주인공의 이미지는 근원을 알 수 없는 곳에서 출몰하여 대기 중으로 사라지는 유령을 연상시킨다.

단편 『무엇인가가 나타날 것이다』(Что-то откроется; 1991)[445]의 제목은

---

443) 'Три шага к истине' «네바», 1989, №1, с.186.

444) С.В. Василенко, 『새로운 여전사들』(Новые амазонки), Москва, 1991, с.244.

445) 『우리의 모습』 Москва, 1991, с.44~55.

작품의 주제를 암시하고 있다. 이 소설은 출몰에 대한 이야기를 담고 있다. 독자들은 등장인물들이 실존하는 인물인지, 혹은 주인공이 상상하는 환영인지 전혀 구분하지 못한다. 고통이 없는 발작 증세로 오랫동안 시달리고 있는 주인공 뻬뜨로프는 부모님 무덤을 방문하기 위해 모스크바를 떠나 고향으로 내려간다. 그런데 그는 부모님의 묘지에 도달하지 못하고, 자신의 상상 속에 창조한 다양한 사람들과 이야기를 나누며 미친 상태로 거리를 방황한다. 사실상 그는 내면의 자아와 대화를 하고 있는 것이다. 오랫동안 잊혀진 장소를 방문함으로써 잠들어 있던 그의 잠재의식이 드러난 것이다. 주인공의 대화는 정신분열증 환자의 내적독백을 연상시킨다.

『남쪽』(Юг; 1991)[446]의 젊은 여주인공 올랴는 러시아 소치 휴양지를 방문한다. 그녀는 『무엇인가가 나타날 것이다』의 주인공 뻬또로프와 마찬가지로 자신이 병에 걸려있다는 것을 인식하지 못할 뿐 아니라, 자신이 무슨 병에 걸렸는지도 모른다. 최근에 그녀는 스트레스를 받고 망각증세를 보이며, 체중이 감량되고, 공황장애를 경험한다. 오래전에 이혼한 그녀는 사람들을 폭력적으로 대하며 대인기피증세도 보인다. 그녀는 15세 청소년과 성관계를 한다. 시간이 지나면서 그녀는 정신적·감정적으로 서서히 붕괴되고, 언어능력과 타인과의 소통능력을 상실한다. 거주할 곳도 없게된 그녀는 죽음으로 내몰리며 밤낮을 추운 바닷가에서 지낸다. 마침내 그녀는 하나님을 찾아 까프까스의 성지로 여행하는 두 노파에 의해 구조된다. 불행하게도 그들은 성지에 도착하지는 못한다.

이 단편의 줄거리는 다차원에서 서술되고 있다. 이야기를 독특한 관점에서 바라보고 있는 전지적 화자가 등장하며, 일부 서술은 병들지 않고 주변 환경을 인식할 수 있을 때의 올랴에 의해 서술된다. 그리고 완전히 미친 올랴의 3인칭서술도 들어 있다. 두 노파를 제외한 모든 등장인물들은 올랴의 눈을 통해 인지되

446) *На изломе века. Повести и рассказы молодых писарелей*, Москва, 1991, с.89~136. «깃발», 1992, №10, с.19~40에도 실렸다.

고, 그들의 이미지는 영상제작방식으로 묘사된다. 올랴의 정신분열이 심화되면서, 등장인물들의 형상은 점차 희미해지고 흐릿해진다.

사두르는 자신의 작품에서 잠재의식과 초현실주의를 탐구하고 있다. 그녀는 현실을 반(半)인지하는 상태에서부터 비이성적인 병적 인지상태에 이르는 과정의 변화를 탐구하면서, 동시에 등장인물들의 정신상태가 붕괴하는 과정에 직접 참여한다. 그리고 정신적으로 불안정한 사람들이 경험하는 평범한 사람들의 열정을 표출하고 있다. 사두르는 결말부분에서 신앙을 추구하는 등장인물로부터 위안을 삼는다. 환유법을 사용하고 있는 그녀의 산문은 강렬하고 신비스럽고 상당히 개인주의적이다. 이 소설은 글라스노스찌 이전에 수용할 수 없었던 인간의 어두운 면을 잘 드러내고 있다.

알렉산드르 라브린(Александр П. Лаврин, 1958~)

알렉산드르 라브린은 그의 최근 산문집『사람들, 야수들, 그리고 천사들』(Люди, звери и ангелы; 1992)에서 드러난 것과 같이, 현대 러시아문학에서 수용하고 있는 경향과는 거리가 있는 작가이다. 현대 러시아 포스트모더니즘의 권위자인 빅또르 예로페예프에게 헌정한 단편소설『나비』(Бабочка)[447]는 블라지미르 나보꼬프(Владимир В. Набоков, 1899~1977)와 그의 예술에 대한 패러디이다. 하나의 긴 단락으로 구성되어있는『저녁 종』(Вечерний звон)[448]에는 다양한 인물이 상호연관이 전혀 없는 이야기를 늘어놓는다. 이 작품에는 은유와 상징이 가득하고 환상적인 요소가 뒤섞여있다.

라브린의 중편『구덩이』(Яма)[449]는 상기 산문들과 전혀 다른 부류의 작품이다. 이 소설은 환상, 마술적 사실주의, 꿈, 환각 등의 요소가 혼재되어

447) А. Лаврин,『사람들, 야수들, 그리고 천사들』, Москва, 1992, с.168~184.
448) Ibid., с.184~201.
449) Ibid., с.3~140.

있는 '농촌산문', '탐정소설', 그리고 '심리적 사실주의 소설'의 형태를 띠고 있다. 주인공 레하 쥐하레프는 인생을 철학적으로 관조하는 것을 좋아하는 상습적인 게으름쟁이다. 그는 부인 다리야와 함께 까라차로보 마을에 살고 있다. 대부분의 시간을 암울하게 생활하고 있는 그에게 삶은 별 의미가 없다. 그의 옛 스승은 그에게 '자유의 노예'가 되는 것이 가장 두려운 것이라고 말한다. 그는 아무 목적도 없이 삶을 영위하고 있다. 여행을 하고 있는 어원학자들의 권고에 따라 다리야는 남편을 바쁘게 하기 위해, 그에게 지하저장고를 파게 만든다. 놀랍게도 레하가 구덩이를 파던 중 바닥에서 피가 멈추지 않고 솟아나기 시작했는데, 이 사건은 그의 삶에 새로운 의미를 부여하게 된다. 이 피를 유용하게 쓰기 위해 레하는 친구, 의사, 그리고 관료들을 방문하여 그들에게 이 사건을 설명한다. 그런데 불행하게도 그의 노력은 그를 정신병원에 입원시키게 만든다. 그는 정신병원에서 가까스로 탈출하지만, 자신이 안고 있는 문제는 해결하지 못한다. 결국 그는 상상, 꿈, 그리고 환각의 세계로 빠져들게 된다.

레하는 자신이 찾아간 관리들로부터 외면을 당하자, 늙은 돌팔이 여의사에게 조언을 구한다. 그녀는 레하에게 이 피는 죽은 자들이 흘린 것이기 때문에 사람들에게 아무 쓸모도 없다고 말한다. 구덩이 속의 흙이 고문을 당하고 고통을 받다 살해된 사람들의 피를 빨아들였다가, 더 이상 머금을 필요가 없게 되자 내뱉게 되었다는 것이다. 이 피는 인간의 잔혹성의 산물이기 때문에, 이 피를 사람들에 유익하게 사용하려는 레하의 의도는 한순간에 물거품이 된다. 결국 레하는 인간의 성품이 바뀔 수 없다는 것과 인간이 짐승과 다르지 않다는 것을 깨닫게 된다.

레하는 단순한 농부의 방식으로 소비에트 당국의 가치관뿐 아니라, 인간의 성품에 내재하고 있는 동물적 본능에 반기를 든다. 그의 반란은 소극적 무관심으로 표출된다. 이 소설의 제목 '구덩이'는 지하저장고를 파면서 발생한 진짜 구덩이를 뜻할 뿐 아니라, 소비에트 사회에서 살아가는 사람들의 정신적으로 그리고 영적으로 텅 빈 상태의 구덩이도 의미하고 있다. 그리고 인간이 길을 잃고 모든 것을 상실할 수 있는 깊은 구덩이도 상징한다. 무지와 자기중심적인 사고로 인해 세상 사람들의 눈이 멀게 되고, 이로 인해 출구를 찾지 못한다는 상징도 담고 있는 것이다. 이 소설은 정상적인 사람들이 국가와 사회기관을 운영하는 미치광이들을 힘들게 하기 때문에, 정신병원에 갇혀 생활하는 체홉의 『6호실』(Палата №6)을 연상시킨다.

라브린은 재능 있는 작가이다. 『구덩이』는 흥미진진하고 미묘하며 풍부한 상상력을 제공하는 소설이다. 등장인물 묘사와 소설의 구조에 약간의 결점이 있음에도 불구하고, 라브린은 플롯의 기반을 파괴하지 않으면서 실험적인 문체와 언어를 적절히 사용하고 있다. 그리고 인간과 사회의 문제점을 직시하는 의미 있는 통찰력도 제공하고 있다. 그의 산문은 전통적인 사실주의와 포스트모더니즘의 차이를 사람들이 기대한 것과 다른 방식으로 보여주고 있다. 이런 점에서 러시아의 포스트모더니즘문학은 서방세계의 것과 큰 차이가 있다고 말할 수 있다.

알렉산드르 베르니꼬프(Александр С. Верников, 1962~)

알렉산드르 베르니꼬프는 뻬레스뜨로이까 문학과 밀접한 관계가 있는 작가이다. 단편 『따르따리 사막』(Пустыня Тартари; 1991)은 '새로운 물결의 우랄 문학'에 헌정한 산문집 『부끄러운 산문』(Срамная проза; 1991)에 실린 작품이다.[450] 이 산문집은 예까쩨린부르그에서 발행되었다. 『따르따리 사막』에는 단순하고 직설적이며 선언적인 언어를 사용하는 익명의 1인칭화자가 등장한다. 화자는 익명의 여인에게 푹 빠져있다. 그녀가 사업차 도시를 떠나기 전에 그에게 영화 한편을 소개하며, 그것을 꼭 볼 것을 당부한다. 그리고 그녀가 돌아왔을 때, 이 영화에 대해 설명해줄 것을 그에게 요청한다. 그 영화를 보러 극장에 간 화자는 술에 취해 잠이 든다. 며칠 후 그는 그녀와의 약속을 지키지

450) 『부끄러운 산문』, compiled by Вадим Дубичев, Александр Верников, Вячеслав Курицын.

못한 것을 부끄럽게 생각하고, 그녀를 만나기 위해 공항으로 간다. 공항에 도착한 후 그는 그녀가 탄 비행기가 추락했다는 사실을 알게 된다. 슬픔에 빠진 그는 그녀가 실종된 것은 어떤 운명의 장난이라고 생각하고, 극장으로 달려가서 그녀가 부탁했던 영화를 본다. '따르따리 사막'이라는 제목의 영화는 러시아 외딴 마을에 있는 요새를 배경으로 하고 있다. 요새의 수비대 사람들은 언젠가 이 사막에 꽃이 필 것이라고 믿고 있다. 그들은 이 기적이 일어나기를 학수고대하며 수년을 기다린다. 그리고 자신들을 공격할지도 모르는 가상의 적에 대항할 준비도 한다. 가상의 적은 사막에 꽃이 피지 않는 것처럼 나타나지 않는다. 그러나 그들은 계속해서 희망을 품고 결코 일어나지 않을 것을 기대하며 살아간다.

이 영화는 변하지 않고 지속적인 것이 인간정신을 확고하게 보존할 수 있다는 사실을 상징적으로 표현하고 있다. 사막과 같은 이 세상에는 아무것도 존재하지 않기 때문에, 초자연적인 것에 대한 인간의 탐구가 끊임없이 발생한다는 것이다. 작가인 화자는 외국영화 시나리오 작가들이 소비에트 사람들의 생각에 공감을 표하는 것에 대해 만족스럽게 생각한다. 이 영화에서 묘사된 의무, 명예, 그리고 용기에 대한 고상한 사상은 사람들의 눈을 멀게 만드는 '거대한 안개'를 창조하려고 애쓰는 권력자들의 수단에 불과한 것이다.

『따르따리 사막』은 형식적인 면에서 사실주의 소설이지만, 내용적인 측면에서 볼 때 포스트모더니즘 작품이다. 이 소설에는 '이야기 속의 이야기'가 담겨있다. 그리고 등장인물의 역할을 하는 화자를 제외하고, 인식이 가능한 그 어떤 등장인물도 존재하지 않는다. 시간의 배열이 혼란스럽고, 장소 역시 모호하게 묘사되어 있다. 소설에서 언급하고 있는 대부분의 인물은 비정상적인 행동을 하며, 섹스에 관심이 없는 익명의 여인만이 정상적으로 행동한다. 그녀와 화자의 대화에서 독자는 성적 자극을 감지할 수 있다. 요새의 수비대에 근무하고 있는 사람들은 모두 남성이며, 사막에 단 한 명의 여성도 없는 상황에서 그들은 수년을 버틴다. 이런 상황을 제시함으로 작가는 동성애에 대한 강한 암시도 제공하고 있다. 그리고 독자는 현실 그 자체에 노출되는 것이 아니라, 화자에 의해 인식되는 현실에 의해 노출된다. 따라서 독자는 작가의 자기 반영을 통해 모든 것을 이해하게 된다. 소설의 결말부에서 작가는 인간의 영원한 추구가 인간의 마음속에 품고 있는 복잡성에 의해 결정된다는 것을 밝히고 있다. 현실세계 혹은 상상의 세계에서 발생하는 여러 조건들이 결국 인간의 정신세계에서 작동한다는 것이다. 이 소설은 인생사의 모든 것이 확정되지 않았고, 무한한 가능성이 열려있다는 것을 암시하는 작품이다.

≪독창≫(Соло)의 작가들

«독창»은 주로 실험적 작품을 게재하기 위해 발행된 최근의 문학잡지들 가운데 하나이다. 이 잡지에는 잘 알려지지 않은 젊은 작가들의 작품뿐 아니라, 과거 지하문단에서 활동했던 대표적인 작가들의 작품이 게재되었다. 창간호는 1990년에 발행되었고, 1991년 말까지 9권의 잡지가 발행되었다. 1992년에는 재정난으로 발행을 잠시 중단했다. 1992년 '제1회 부커상' 시상식에서 «독창»은 러시아어문학 발전에 기여한 공로를 인정받아 '소(小)부커상'을 수상했다. 그 결과 잡지발행을 재개할 수 있게 되었다. 1993년 봄 제9호와 제10호가 발행되었다. 잡지의 분량은 많지 않지만, «독창»은 아방가르드 작가들과 포스트모더니즘 작가들의 등용문이 되었다. 알렉산드르 미하일로프(Александр А. Михайлов, 1951~)가 편집장이며 제1호가 발행된 후 안드레이 비또프와 예브게니 뽀뽀프가 편집진에 참여하고 있다.

1991년 제3호에서 알렉산드르 미하일로프는 작품을 기고한 모든 작가가 독립적이고 자유롭게 집필활동을 한다는 것과, 이 잡지가 문학 집단과 정치집단으로부터 완전히 자유롭다는 것을 천명했다. 그리고 작품을 기고하는 대부분의 작가들이 전문작가가 아니라, 다양한 직업에 종사하는 인물이라는 것도 지적했다. 미하일로프에 의하면 이 잡지는 모든 작가들을 위한 것이 아니라, '언어유희'를 사용하는 작가들과 텍스트의 어순을 변화시켜 '최고조'를 양산하는 작가들을 위한 것이다.451) «독창» 제4호 서문에서 비또프는 이 잡지의 취지와 목적을 분명하게 언급하고 있다. 그는 방치되고 잊혀진 작가들과 지하문단에서 막 나온 작가들의 작품을 게재한다는 것을 밝히고 있다. 그리고 "비록 그들이 같은 나라와 같은 공간에 살고 있으나, 다른 행성과 다른 시간대에 살고 있는 자들이다."라고 주장한다.452)

«독창»의 작가들은 브레즈네프 시절 침묵했던 세대의 문제점을 지적하면서 공개석상으로 나왔다. 그들은 모두 독특한 특징을 갖고 있으며, 다양한 문체를 사용하고 있다. 그들은 무엇보다도 인간의 문제를 우선적으로 다루고 있다. 특히 인간의 증발과 소멸에 초점을 맞추고 있다. 그리고 소위 정체기라고 말하는 브레즈네프 시절에 경험한 것을 다루고 있다. 겉으로 볼 때 그들 작품의 주인공들은 정치와 사회 이슈에서 제외된 인물로 보인다. 그러나 그들은 사회적 의식을 소유하고 있는 인물이다. 주인공의 증발과 소멸은 대부분 «독창» 작가들의 공통된 주제이자 플롯이다. 과거 작가들은 의미를 상실한 삶을 살았고, 일반대중도 마찬가지였다.453) 비또프에 의하면 «독창» 작가들에게 문학은 새로운 출발점이고, 작가들은 작가일 뿐 아니라 작품을 탐구하며 조사하는 독자인 것이다. 그들의 문학은 흥미를 유발할 수도 있고, 어떤 가치와 진리를 수용하거나 거부할 수도 있다. 그러나 그들의 문학은 단순한 게임이 아니라 심각한 작업인 것이다.

«독창»에 실린 첫 번째 산문은 **아나똘리 가브릴로프(Анатолий Н. Гаврилов, 1946~)**의 작품이다. 그는 블라지미르에 살고 있는 우편배달부이다. 40세가 넘은 그는 1989년 문단에 데뷔했고, 그 이후 두 편의 산문집을 발표했다.454) 그런데 그의 최고의 작품으로 단편 『시미니꼬프 소령의 이야기』

451) «독창», 1991, №3, c.4.

452) А. Битов, 'От солиста шестидесятых', «독창», 1991, №4, №5.

453) Ibid., c.5~6.

454) *В преддверии новой жизни*, Москва, 1990. *Старуха и дурачок, Владимир*, 1992.

(История майора Симинькова; 1990)[455]를 꼽을 수 있다. 이 소설에는 1960년대 소비에트 부대의 삶을 다루고 있는 1인칭화자가 등장한다. 화자는 19세기 초에 사용된 러시아어를 구사한다. 젊은 장교 시미니꼬프는 러시아 외딴 지역에 주둔하고 있는 로켓부대에 배치된다. 그는 학업성적도 뛰어나고, 매너도 좋고, 옷도 완벽하게 입고 다닌다. 그리고 술도 마시지 않고, 거친 욕설도 쓰지 않는다. 그런데 그는 젊은 장교들을 시기하는 상관들에게 미움을 받는다. 그럼에도 불구하고 그는 항상 최우수 장교로 선정된다. 그의 업적평가는 항상 우수했고 진급도 남달랐다. 그런데 그는 퍼레이드를 하는 도중에 사령관 앞에서 미끄러지는 실수를 범하고, 당황해하며 자신감을 잃게 된다. 이 사건은 그를 파멸로 몰아넣는다. 얼마 후 비밀서류를 분실했다는 것을 깨달은 그는 당황해하며 미친 듯이 서류를 찾으려고 노력했으나 수포로 돌아간다. 소비에트 군대에서 비밀서류를 분실하는 것은 불명예이자 범죄로 여겨진다. 심지어 매국노로까지 몰리기도 한다. 그런데 운명의 여신은 그의 손을 들어준다. 그 일은 가볍게 처리되었고, 그는 강등되지도 않았다. 나중에 그 비밀서류가 부엌에서 감자를 깎는 법을 담은 지침서라는 것이 밝혀진다. 그러나 그동안 시미니꼬프는 마음고생도 많이 했고, 정신적으로도 큰 타격을 입었다. 얼마 후 제대한 그는 모스크바에서 별로 중요하지 않은 일을 하며 생활한다.

동료 장교인 1인칭화자의 서술은 비교적 부드럽게 진행된다. 장면의 묘사는 불필요한 디테일이 없고 간결하며, 심리적 분석은 존재하지 않는다. 소설에 묘사된 장면에는 심리적 충격의 이미지가 제공되고 있다. 시미니꼬프는 완벽주의자이지만, 공허함을 자주 느끼는 인물이며, 강한 의무감과 인생에 대한 기대감을 갖고 생활하는 군인이다. 그런데 상관 앞에서의 실수는 자신감을 상실하게 만들고, 자존심에 큰 상처를 준다. 결국 이 상처는 원대한 희망을 포기하고, 평범한 사람으로 살아가도록 만든다. 소설의 도입부에서 가브릴로프는 독자들의 간담을

455) «독창», 1990, №1, с.5~14.

서늘케 하는 주인공의 이미지를 만들어낸다. 기회가 인간의 운명을 결정 짓는다는 것, 우리 모두는 과오를 범할 수 있다는 것, 그리고 천하무적이라고 여기는 일부 사람들의 생각이 환상이라는 것을 보여주기 위해 그런 이미지를 만들어낸 것이다.

패러디는 러시아 포스트모더니스트들이 자주 사용하는 문학 장치이다. 가브릴로프는 뿌쉬낀이 『벨낀 이야기』(Повесть покойного Ивана Петровича Белкина)에서 사용한 언어를 기억나게 만들고, 군대생활에 대한 전반적인 분위기는 뿌쉬낀의 『벨낀 이야기』의 『일발』(Выстрел)에서 묘사된 것과 유사하다. 그리고 가브릴로프가 사용하는 세련되고 양식 있는 문구는 소비에트 일상과 소비에트 군대규율의 비상식적인 면을 역설적으로 표현하는 장치이다. 독자들은 작가가 각 장면의 도입부에 국가안보와 관련이 없는 정보를 왜 제공하고 있는지 의문을 품게 된다. 가브릴로프의 다른 소설의 도입부에도 사람, 만남, 그리고 사건들에 대한 짧은 제명(題銘)이 소개되고 있다. 어떤 작품에는 주마등같이 스쳐가는 환영이, 또 다른 작품에는 초현실적인 내용이 묘사되어 있는데, 이들 모두 현실적인 묘사와 뒤섞여 있다.

우크라이나의 리비프에서 출생한 **이고리 끌레흐(Игорь Ю. Клех, 1952~)**는 «독창»에 작품을 기고하는 작가인데, 러시아 포스트모더니스트들과 마찬가지로 러시아문화와 전통이라는 프리즘을 통해 현실을 관조한다. 대부분의 그의 단편과 스케치는 현실, 환상, 그리고 불합리가 융합되어 있는 작품이다. 러시아 현대사회의 도발적인 주제를 다루고 있는 그의 일부 산문은 소설과 저널리즘을 혼합한 형태를 띠고 있다. 그는 작품에서 많은 사회문제를 지적하고 있는데, 해결책은 제시하지 않고 있다. 그의 단편 『외국인』(Иностранец; 1991)[456]에는 오랫동안 러시아에 살다가 병에 걸려 병원에 입원하는 외국인이 주인공으로 등장한다. 그는 병원에서 자기와 환자들 사이에 보이지 않는 장벽이 있다는 것을

456) Ibid., 1991, №2, c.5~12.

실감한다. 그가 그들을 보고 있으나, 인지하지는 못한다. 따라서 그들을 이해할 수가 없는 것이다. 그는 환자들 무리에 속하기 위해 그들과 카드놀이도 하고, 도미노 게임도 하고, 기독교, 점성술, 그리고 심령론을 근거로 하는 놀이도 한다. 오늘날 이런 게임들은 러시아에 만연하고 있고, '비밀스러운 국가종교' 즉 '일종의 합성종교'가 되어 버렸다.[457] 외국인은 자신과 다른 환자들 사이에 놓여있는 깊은 골을 극복하지 못하고 결국 자살한다.

단편 『고전주의자에게 발생한 돌발사건』(Инцидент с классиком; 1991)[458]은 키예프 출신 시인에게 발생한 이상한 사건을 다루고 있다. 시인은 고골의 창작정신을 좀 더 잘 이해할 목적으로 고골의 고향인 미르고로드로 여행을 온다. 그는 미르고로드에서 고골의 천재성을 자신에게 불어넣으려고 했던 것이다. 그런데 불행하게도 시인은 기차역의 화장실 변기에 열쇠를 빠뜨리게 된다. 그는 열쇠를 건지기 위해 자석을 이용해 오물 속을 하루 종일 뒤진다. 키예프로 돌아온 그는 몸에서 나는 악취를 제거하는 데 오랜 시간이 걸린다. 엽기적인 이 이야기는 일종의 익살극이지만, 심각한 의미도 담고 있다. 진정한 재능은 예술적 창조물의 밑바닥이 아니라, 꼭대기에 있다는 것과, 다른 사람의 노동의 열매를 거저먹는 자에게는 독창성이 제공되지 않는다는 것을 암시하고 있다. 작가가 의도를 했든 혹은 의도를 하지 않았든, 이 소설은 역설적인 성격을 띠고 있는 것이 분명하다. 이 소설은 포스트모더니즘 작품의 본질을 조롱하고 있다. 그리고 천재성에 대한 개념이 잘못됐다는 것과 포스트모더니스트들이 과거 위대한 작가들의 문화적 유산을 별 죄의식 없이 함부로 빼앗고 있다는 것을 폭로하고 있다.

끌레흐의 작품 『모놀로그』(Монолог; 1991)[459]에는 작가와 문학에 대한 짧은 스케치 여러 편이 들어 있다. 그중 한편은 가수 존 레논이 살해되기 직전의

457) Ibid., c.11.
458) Ibid., c.12~14.
459) Ibid., 1991, №5, c.86~95.

사회상과 로날드 레이건 대통령에 대한 암살시도 직전의 사회상을 비교하고 있다. 끌레흐는 다음과 같은 질문을 던진다. "왜 미래의 암살자들은 샐린저(J.D. Salinger)의 『호밀밭의 파수꾼』(The Catcher in the Rye; 1951)을 열광적으로 읽는가?" 또 다른 스케치는 불가꼬프의 『거장과 마르가리따』(Мастер и Маргарита; 1966~67)에 대한 비평을 담고 있다. 끌레흐는 불가꼬프의 소설을 빈약한 고정관념을 가지고 속물근성을 다루고 있는 작품으로 평가하고 있다.[460] 그리고 또 다른 스케치는 에드가 앨런 포우(Edgar Allan Poe)와 도스또옙스끼의 삶과 죽음을 비교하는 작품이다. 끌레흐의 언어는 독특하고 그의 비유는 명확하다. 그의 작품에는 플롯이 없고, 모순과 역설이 가득하다. 그리고 독자들은 그의 작품을 '시작도 없고 끝이 없는 대하소설'처럼 읽는다.

1993년 끌레흐는 중편 『우주 속에 있는 농가』(Хутор во вселенной)를 «신세계»에 발표했다.[461] 이 소설의 배경은 카르파티아 산맥[462]이다. 화자는 산맥 언덕에 살고 있는 주민들의 삶과 인간성을 예리하게 관찰하고 있다. 그들은 고립된 지역에 거주하고 있지만, 소박하고 진솔하며 따뜻한 성품을 갖고 있다. 작가는 이들과 도시에 거주하는 사람들을 비교한다. 외형상 유사하지만 이 두 부류는 정신적·감정적인 측면에서 서로 다른 세상의 사람들이다. 그럼에도 불구하고 끌레흐는 이 모든 사람에게 동질성이 존재한다고 믿는다. 산맥 언덕의 농가는 모든 인류를 포용하는 지구촌의 일부분이다. 그리고 모든 사람이 빠져나갈 길을 찾기가 어려운 '인간존재의 미로' 속에서 방황하고 있다는 것이다.

1991년 «독창» 제4호에는 **주파르 가레예프(Зуфар К. Гареев, 1965~)**[463]의 세 단편이 실려 있다. 이 세 작품은 각각 다른 언어와 어조를 사용하며, 서로

---

460) Ibid., c.88.

461) «신세계», 1993, №9, c.34~49.

462) 역주 : 슬로바키아에서 폴란드 남동부와 우크라이나 남서부까지, 남동쪽으로는 루마니아 동부에서 세르비아 남동부까지 뻗어있는 산맥이다. 고골의 『무시무시한 복수』에 등장하는 산맥이다.

463) «독창», 1991, №4, c.41~73.

다른 주제를 다루고 있다. 그리고 『사물을 입체적으로 보는 슬라브인들』(Стереоскопические славяне; 1991)에는 명확한 플롯과 시간순서가 설정되어 있지 않다. 모스크바에 살고 있는 유령과 같은 러시아인들이 현실세계와 환상세계를 자유롭게 이동한다. 그들은 의미도 없고 아무런 설명도 없는 일에 종사하고 있다. 혼란스러운 서술구조에도 불구하고, 이 작품에는 생태학적 재난의 위험성과 가능성에 대한 경고뿐 아니라, 소비에트기관과 관리들의 부정부패에 대한 분명한 암시가 들어있다. 단편 『여름의 모방』(Подражание лету; 1991)은 『사물을 입체적으로 보는 슬라브인들』과 완전히 대조되는 작품이다.

이 소설은 열차의 같은 객실에 머물며 여행 중인 남자대학생과 사귀고 싶어 하는 여성화자의 산뜻한 언어로 이야기가 진행된다. 남자대학생의 시선을 끌게 된 그녀는 그와 전화번호를 서로 교환한다. 기차에서 내린 후 얼마 있다 전화를 걸었을 때, 그녀는 그의 전화번호가 잘못되었다는 것을 깨닫고 크게 실망한다. 그녀가 전화번호를 잘못 적었는지 혹은 그가 고의로 다른 번호를 알려주었는지 독자는 알 수 없다. 삶에 미련이 없는 그녀는 현실로부터의 도주를 시도하고 있다. 가레예프는 우연이 운명을 결정하며 환상을 낳기도 한다는 것을 지적하고 있다. 그는 환상을 현실로 착각하는 것과, 신뢰받지 못하고 있다는 것을 인식하는 것은 엄청난 충격이라고 말한다.

『다채로운 산문』(Мультипроза)은 가레예프의 이전 작품과 다른 부류의 소설이다. 이 작품은 러시아 전역을 방랑하는 부랑자들의 삶을 다루고 있다. 전국에 퍼져 생활하고 있는 그들은 서로 친하게 지내면서 여행도 하고, 가끔 일도 하고, 도둑질도 하고, 술도 마신다. 이 소설은 희극과 비극이 섞여있다. 등장인물들은 오로지 자신들이 말하는 언어에 의해서만 자신들을 인식할 수 있다. 소설 전반부에는 범법자들과 방랑자들의 속어가 주로 사용되고 있다. 그들 중 한 명의 사망 장면이 묘사되어 있는 후반부에는 영웅서사시 언어가 사용되고 있다. 표면상 부랑자들의 태평한 생활상이 묘사되어 있다. 그러나 작가의 의도는 그들의 삶이 궁핍하다는 것뿐 아니라, 헛되다는 것을 보여주는 것이라고 말할 수 있다.

예브게니 라뿌찐(Евгений Б. Лапутин, 1958~2005)의 포스트모더니즘 산문 『새의 얼굴』(Лица птиц; 1991)[464]에는 일반소설에서 흔히 볼 수 있는 갈등이 묘사되어 있다. 어린 안드레이는 가족들의 친구이자, 자신의 체스 파트너인 꾸블리쯔끼가 자신의 어머니와 연인관계라는 사실을 알고 절망에 빠진다. 꾸블리쯔끼가 집에 들어와 가족들과 함께 살게 되었을 때, 안드레이는 엄청난 충격을 받았고, 자살을 고려하다가 가출을 한다. 얼마 후 집으로 돌아온 안드레이는 꾸블리쯔끼가 집에서 나갔다는 것을 알게 된다. 표면상으로 볼 때 이 소설의 내용은 비교적 단순하다. 질투심과 소유욕이 강한 아들이 엄마의 행복을 시기한다. 그리고 안드레이는 엄마가 아들뿐 아니라, 친구이자 남편 역할을 하는 애인도 필요하다는 것을 이해하기에는 나이가 너무 어리다. 이 소설은 파편화되고 일관성이 없는 방식으로 진행되고, 1인칭화자와 3인칭화자가 번갈아가며 등장한다. 그리고 현실에서 환상으로의 전환이 지속적으로 발생하며, 등장인물의 대화를 거의 찾아볼 수 없다. 이야기 진행과 서술의 상호 연관성도 거의 존재하지 않는다. 따라서 무엇이 현실인지, 그리고 안드레이가 무슨 생각을 하고 있는지를 파악하는 것이 어렵다. 뿐만 아니라 시간개념도 모호하다. 주인공들은 러시아인들인데, 프랑스의 어떤 마을이 공간으로 설정되어 있다. 수세기 전 프랑스에서 발생한 역사적 사건들과 연관이 있는 일탈이 여러 페이지를 할애하며 묘사되어 있다. 그 사건들은 안드레이의 마음의 병과 그의 인간관계에 대한 묘사와 뒤섞여 있다. 그리고 동성애, 불륜, 그리고 인간본성의 취약점에 대한 토론이 그 묘사의 사이사이에 산재해 있다. 이런 방식은 불안정하고 혼란스러운 분위기를 조성한다. 인생은 마치 시작도 끝도 없는 흐르는 물처럼 불확실하고 질서정연하지 않은 방식으로 진행된다는 것이다.

---

464) Ibid., 1991, №3, c.25~44.

라뻬찐의 일부소설이 전통적 사실주의를 고수하는 보수주의자 잡지에 게재되었다는 것은 매우 흥미롭다. 예를 들어 그의 『사기꾼의 기념비』(Памятник обманщику; 1990)[465]는 블라지미르 구세프(Владимир И. Гусев, 1937~)가 편집장으로 일하는 모스크바 보수주의 작가동맹에서 발행하는 «모스크바 통보»에 실렸다. 이 소설은 40살 먹은 과부가 자신과 사귈 남자를 찾아 헤매는 내용을 다루고 있다. 그녀에게는 많은 연인과 구혼자들이 있다. 그들 모두는 사려 깊고 친절한 유부남들이다. 그들은 그녀와 섹스를 하기 위해 거짓말을 하고 있는 것이다. 그녀와 만난 후 그들은 한밤중 어둠 속으로 사라진다. 사기꾼들에게 계속해서 노출된 그녀는 인간성에 대한 신뢰를 상실하게 된다. 자신의 진가를 인정한 조용한 성격의 싱글남성을 만나게 되었을 때, 그녀는 그를 막 대하며 다른 구혼자들 – 유부남 사기꾼들 – 과 같은 부류라고 생각한다. 그녀는 그를 미칠 지경으로 만들었고, 결국 그는 그녀를 영원히 떠난다. 그러자 그녀는 고독감에 휩싸이게 되고 정신적으로 그리고 감정적으로 해체된다. 라뻬찐은 여주인공의 과거에 대한 언급과 그녀의 행동에 대한 심리적 분석을 시도하지 않는다. 독자들이 알 수 있는 것은, 단지 인생경험이 인간의 마음에 지울 수 없는 상처를 남겨놓는다는 것뿐이다. 사람들은 항상 접근하기 어렵고 환상에 불과한 대상을 목표로 하고 있는데, 늦기 전에 자신들이 현재 갖고 있는 것에 대해 좀처럼 감사를 표하지 않는다. 상기에 언급한 각각 다른 잡지에 게재된 라뻬찐의 두 산문은 오늘날 일부 작가들이 자신들의 창조적 본능을 정직하게 반영하기보다, 편집자들의 기대에 부응하는 소설을 계속해서 집필하고 있다는 사실을 분명히 보여준다.

«독창»에 산문을 기고하는 작가들은 주로 개인주의자들이다. 그들은 자신들의 과거에 대해 왈가왈부하지 않을 뿐 아니라, 미래에 대한 전망도 제시하지 않는다. 그들은 이 두 가지를 모두 무시한다. 그들은 러시아 사회에서 지식인들의

---

465) 1990, №2, c.238~269.

새로운 가치를 반영하는 작품을 집필하는 데 열을 올리고 있다. 특히 가레예프의 산문은 러시아의 혼란스러운 분위기와 사회적 불화를 잘 반영하고 있다. 끌레흐의 작품에는 주인공들의 이미지와 그들의 상황이 흐릿하게 묘사되어 있다. 끌레흐는 과거 러시아의 문화유산에 의지하고 있는데, 전통적인 특징에는 세심한 주의를 기울이지 않고, 대신 주인공들의 인식, 명상, 그리고 통찰력에 초점을 맞추고 있다. 그는 자신의 모든 산문의 중심에 서있다.

상기에 언급한 작가들과 드미뜨리 도브로제예프(Дмитрий Б. DatabasesДобродеев, 1950~), 안드레이 까바제예프(Андрей Кавадеев), 루슬란 마르소비치(Руслан Марсович), 그리고 블라지미르 주예프(Владимир Ф. Зуев, 1949~)[466)]를 포함한 «독창»의 기고자들은 잡지에 자신들이 들어갈 틈새를 만들고 있다. 최근까지 그 어떤 기존의 문학잡지도 그들의 작품을 출판하는 것을 고려하지 않고 있다. 따라서 그들은 자신들의 작품을 도서행태로 출판하거나, 최근에 발행된 잡지나 연감에 게재하고 있는 실정이다. «신세계», «깃발», 그리고 «민족우호»을 포함한 일부 오래된 잡지들은 과거 침묵했던 세대들에게 문호를 개방하고 있다.

러시아 포스트모더니즘 작가들은 개성이 강하고 다양하다. 그들의 산문은 유동적이고 가끔 모호하며, 특징별로 분류하는 것이 상당히 어렵다. 서방세계의 포스트모더니즘 작가들처럼 그들은 옛 전통을 파괴하고, 이성적 언어도 거부하고, 파편화된 현실세계를 묘사한다. 그리고 형식을 파괴하고, 언어유희를 강조하며 다양한 화자를 등장시킨다. 그들은 전통적인 인물묘사를 무시하고, 특별하고 환상적인 현상에 초점을 맞추고 있다. 러시아 포스트모더니스트들은 직접적인 교훈과 설교를 기피한다. 그러나 그들의 주제는 러시아 사회에 관한 중요한 메시지를 포함하고 있다. 대부분의 경우 사회적 메시지는 텍스트 표면에 드러나지 않는다. 오직 주의 깊게 읽을 때 독자는 그 메시지를 깨달을 수 있다.

466) 주예프의 산문에 대한 자세한 내용은 다음 작품을 참조하라. *Правила игры. Алхимия любви. Гороскоп*, Москва, 1991.

제6장

결론

1991년 12월 소련이 해체되고 소련의 14개 공화국들로 구성된 '독립국가연합'이 탄생했다. 그 결과 소련의 공산주의는 '민주주의'로, 그리고 계획경제는 '자유 시장경제'로 전환되었다. 1993년 12월 공산주의를 종식시키는 러시아의 '새 헌법'이 제정되었다. 공산주의가 붕괴되고 새로운 삶을 시작하는 러시아인들에게 트라우마가 발생하고 있다. 이념분쟁, 정치 및 경제의 불안정, 소련의 사회·문화기관의 붕괴, 그리고 과거 소비에트 가치관의 재평가 등이 발생하고 있는 것이다.

일당제의 폐지는 문단의 균열을 초래했고, 과거 소비에트의 '작가동맹'은 정치적 이념적 성향에 따라 다양한 협회로 분열되었다. 유리 나기빈, 아나똘리 쁘리스따프낀, 그리고 예브게니 옙뚜쉔꼬 같은 자유주의 성향의 작가들은 새롭게 누리는 '표현의 자유'를 소중하게 여기며, 민주주의 개혁, 시장경제로의 전환, 그리고 옐친정부의 정책을 적극적으로 지지하고 있다. 반면에 바실리 벨로프, 발렌찐 라스뿌찐, 유리 본다레프, 그리고 알렉산드르 쁘로하노프 같은 소위 '농촌작가'들은 민주주의개혁에 반기를 들고 옐친정부의 정책을 반대하고 있는 '보수민족주의자'들을 지지하고 있다. 농촌작가들은 자신들의 목적을 이루기 위해 극우주의자들 – 러시아정교회, 과거 소비에트의 관료층과 군고위층, 그리고 KGB – 과 연합하고 있다. '1991년 8월 쿠데타'가 발생하기 전에 작가집단은 단결된 모습을 보여주며 응집력 있게 행동했다. 그런데 1992년 말부터 작가들 사이에서 정치적 의견충돌, 그리고 권력과 재물의 추구로 인해 균열이 발생하기 시작한다.

1990년의 검열제 폐지는 정기간행물에 변화의 바람을 불러일으켰다. 많은 정기간행물이 작가동맹과의 관계를 끊고 독립기관으로 재탄생했다. 1990년 대부분의 정기간행물의 발행부수는 수백만부가 되었다. 그러나 반체제인사의 출판금지작품, 유형당한 작가들이 쓴 작품, 그리고 외국작가들의 작품 등과 연관을 맺고 있는 성공은 그리 오래가지 못했다. 정기간행물의 판매부수는 급격하게 추락했고, 1994년에 정기간행물은 뻬레스뜨로이까 초기시절보다 더 적게 팔렸다. 인플레이션은 대부분의 중산층 독자들로 하여금 문학잡지의 구입을 꺼리게 만들었을 뿐 아니라, 독자들의 취향을 변화시켰다.

출판업계도 사업방향을 전환하기 시작했다. 스스로 자립해야 하는 독립기관이 된 발행사들은 수익에 도움이 되지 않는 학술도서의 출판을 거부하고, 외국 탐정소설과 에로물을 출판하기 시작했다. 특히 대중적 시장의 구미에 맞춘 소설을 출판하려는 의도를 갖고 설립한 새로운 군소업체들이 이런 추세에 편승하고 있다. 그리고 하루아침에 나타났다 이내 사라지고 마는 새로운 정기간행물들과 연감들은 새롭게 등단하는 작가들을 위한 연단을 제공하고 있다.

지난 6년 동안(1988년~1994년) 러시아문단의 상황은 급격하게 변모했다. 1988년까지 공산당과 소비에트당국은 문학작품 발행에 여전히 영향력을 행사하고 있었다. 그러나 1992년이 되면서 작가들은 '표현의 자유'와 '출판의 자유'를 맘껏 누리게 되었다. 그리고 실용적인 측면을 우선시하며 러시아 망명 작가들과 국내에 거주하는 작가들의 정치적 이념적 차이를 더 이상 구분하지 않게 되었다.

'사회주의 리얼리즘'의 붕괴는 천천히, 그리고 고통스럽게 진행되었다. 대부분의 자유주의 성향의 작가들과 학자들은 사회주의 리얼리즘을 창작활동에 큰 장애가 되는 요소로 간주했다. 그런데 보수적인 작가들과 학자들은 1991년 말까지도 그것을 창작활동에 중요한 요소로 간주하고 있었다. 오늘날 사회주의 리얼리즘은 과거 소비에트문학사의 유물이 되어 버렸다.

소련에서 출생하고 교육을 받고 성장한 작가들은 어느 누구도 소비에트의 교육과 생활양식의 영향으로부터 자유로울 수 없다. 이런 영향력은 작가의 나이와 그가 갖고 있는 이념·정치·종교의 가치관에 의해 차이가 난다. 오늘날 고령의 구세대작가들은 새롭게 누리는 표현의 자유를 창작에 이용하거나 남용하고 있다. 하지만 그들은 과거 자신들의 모습을 여전히 고수하고 있다. 그들이 변화하기에는 너무나 나이가 많은 것이다. 이에 반해 중간세대 작가들은 자신들에게 찾아온 정체성 위기에 적지 않은 고통을 받고 있다. 그들 중 블라지미르 마까닌과 아나똘리 김 같은 작가들은 새로운 주제와 철학적 영역을 확장하고 이전에 사용했던 예술방식으로 지속적으로 집필활동을 하고 있다. 그들은 가끔 형이상학적 사색도 하고,, 디스토피아 환경에서 이야기를 서술하기도 한다. 예브게니 옙뚜쉔꼬와 아나똘리 꾸르차뜨낀과 같은 작가들은 '뻬레스뜨로이까'와 '반(反)고르바초프 쿠데타'에 관심을 보이며, 비록 성공은 거두지 못했지만 이를 주제로 한 작품을 집필하고 있다.

뻬레스뜨로이까 시절에 새롭게 등장한 작가들은 다양한 그룹을 형성하고 있다. 일부는 그 시대의 산물인 젊은 작가들이고, 또 다른 일부는 지하문단으로부터 새롭게 등장한 원숙한 작가들이다. 새롭게 등장한 작가들은 넓은 의미에서 세 그룹으로 분류할 수 있다. 첫 번째 그룹은 '전통적인 사실주의 양식을 고수하는 작가'들이다. 두 번째 그룹은 '사실주의양식과 모더니즘 서술기법을 절충한 작가'들이다. 그리고 마지막 그룹은 '러시아 포스트모더니즘 작가'들이다.

많은 산문작가들은 실험적인 도전을 하고 있다. 사실주의 작가들은 강렬한 극적효과와 주제의 혁신을 강조하고 있다. 러시아 포스트모더니즘 산문은 지난 10년간 러시아 사회에서 발생한 폭력적이고 복잡한 정치·사회상황을 반영하고 있다. 러시아 포스트모더니스트들은 과거의 가치관을 거부하고, 2차 자료에 의존하며 언어유희를 사용하고 있다. 최근에 발표된 러시아 작품의 질을 평가한다는 것은 상당히 어렵다. 일부 작품들은 신선하며 심각한 주제를 다루고 있으나, 예술적 결함을 갖고 있다. 또 다른 일부 작품들은 예술적으로 뛰어나나, 문학적 깊이가 결여되어 있다. 이런 상황은 뱌체슬라프 삐에쭈흐, 미하일 꾸라예프, 그리고 따찌야나 똘스따야와 같은 경우에서 찾아볼 수 있는데, 어떤 작가는 훌륭한 작품을 창작하고 있고, 또 어떤 작가는 예술적 가치가 없는 작품을 발표하고 있다.

오늘날 러시아문단의 상황은 역동적이며 활기에 차있으나, 동시에 혼란스럽고 불안정하다. 오늘날 러시아산문은 1920년대부터 발생하고 있는 최고조의 예술적 혁신과 실험을 시도하고 있다. 그러나 그들의 새로운 실험은 단지 소수의 세련된 독자만을 위한 것이다. 그들의 메시지는 텍스트 이면에 감추어져 있기 때문에, 일반 독자가 이를 파악하기란 쉽지 않다. 오랫동안 사실주의 문학에 길들어진 대부분의 독자들은 그들의 문학에 별 관심을 보이지 않고 있다. 러시아 포스트모더니즘은 이미 정점에 도달한 것처럼 보인다. 반면에 포스트모더니즘에 반대하는 작가들은 저속한 작품을 집필하며 독자들의 취향을 끌어내리고 있다. 미래의 러시아문학이 새로운 사실주의 방향 – 진정성 있고, 깊이 있고, 신념에 영감을 받고, 그리고 검열제로부터 자유로운 사실주의 문학 – 으로 나가게 될지는 아무도 알 수 없다.

소련시절에 문학은 소비에트 문화와 정치의 중요한 요소이자 이데올로기의 수단이었다. 따라서 작가는 철학자, 사회학자, 정치가, 그리고 선교사의 역할을 감당했다. 지금도 문학은 러시아의 사회·정치 상황을 반영하고 있다. 그러나 작가의 명예와 역할은 점차 감소되고 있고, 문학은 순수예술의 형태로 바뀌고 있다.

러시아 인쩰리겐찌야 작가들은 고통스런 자성의 과정을 거치며, 사회에서의 자신들의 위치를 재평가하고 있다. 불안정한 사회와 문화기관, 혼란한 경제, 그리고 빈곤층의 증가 등은 안드레이 비또프와 파질 이스깐제르 같은 자유주의성향 작가의 작품에 영향을 끼치고 있다. 그들은 과거에 대해 비난하거나 불평하지 않는다. 그러나 현재 상황에 낙담하고 있다. 비록 희망의 표시로 종교적 형상에 의지하고 있지만, 그들이 하나님을 찾는 것은 진솔하지 않으며 상징적인 것에 불과하다. 따라서 그것은 진정한 의미의 영적 추구나, 신앙고백이 아닌 것이다.

아직도 러시아는 혼돈상태에 빠져있다. 현재 진행 중인 정치투쟁의 결과가 어떻게 나오든, 그리고 정치가 경제와 문화에 어떤 영향을 미치든 상관없이 옛 정권은 결코 다시 집권하지 못할 것이다. 옛 소비에트의 신화는 붕괴되었고, 러시아 국민들이 다시 사슬에 묶이거나, 입에 재갈이 채워진다는 것은 상상도 할 수 없다. 그럼에도 불구하고 새로운 독재자가 출현하여 지금 러시아 국민들이 누리고 있는 자유를 어느 정도 제한할지도 모른다.

1988년부터 1994년에 발표된 러시아 산문은 '전환기 작품'이다. 러시아의 미래는 지금 러시아 사회에서 발생하고 있는 결과에 의해 어느 정도 영향을 받게 될 것이다. 그러나 러시아인들은 문학을 사랑하는 민족이다. 지난 몇 년 동안 젊은 작가들과 촉망받는 작가들의 출현은 러시아문학의 미래를 위한 길조임에 틀림이 없다.

참고문헌

Apukhtina, V.A. *Sovremennaia sovetskaia proza*. Moscow, 1984.

Arkhangel'skii, Aleksandr. *U paradnogo pod'ezda: Literatura i kul'turnye situatsii perioda glasnosti, 1987−1990*. Moscow, 1991.

Belaia, Galina A. *Literatura v zarkale kritiki*. Moscow, 1986.

Bocharov, Anatolii. *Literatura i vremia*, Moscow, 1988.

Brown, Deming B. *Soviet Russian Literature since Stalin*. New York, 1978.

_____ *The Last Years of Soviet Russian Literature. Prose Fiction 1975−1991*. New York, 1993.

Brown, Edward J. *Russian Literature since the Revolution*, revised and enlarged edition. Cambridge, MA, 1982.

Chances, Ellen. *Andrej Bitov. The Ecology of Inspiration*. New York, 1993.

Clark, Katerina. *The Soviet Novel: History as Ritual*. 2nd ed. Chicago, 1985.

Clowes, Edith W. *Russian Experimental Fiction. Resisting Ideology after Utopia*. Princeton, 1993.

Demont'ev, A.G., ed. *Istoriia russkoi sovetskoi literatury v 4−kh tomakh. 1917−1965*. Moscow, 1967−71.

Dunham, Vera. *In Stalin's Time: Middleclass Values in Soviet Fiction*. Cambridge, 1976.

Ermoraev, Herman. *Soviet Literary Theories 1917−1934: The Genesis of Socialist Realism*. Berkeley, 1963.

Friedberg, Maurice. *Russian Culture in the 1980s*. Washington, DC, 1985.

Garrard, John, and Carol Garrard. *Inside the Soviet Writers' Union*. New York, 1990.

Gibian, G. *Interval of Freedom: Soviet Literature during the Thaw, 1954−1957.* Minneapolis, 1960.

Graham, Sheelagh D., ed. *New Directions in Soviet Literature.* New York, 1992.

Hayward, Max, and Leopold Labedz. *Literature and Revolution in Soviet Russia, 1917−1962.* London, 1963.

Hosking, Geoffrey. *Beyond Socialist Realism: Soviet Fiction since Ivan Denisovich.* London, 1980.

Kuz'menko, Iu. *Soviet Literature Yesterday, Today and Tomorrow.* Moscow, 1983.

Lahusen, Thomas, and Gene Kuperman, eds. *Late Soviet Culture. From Perestroika to Novostroika.* Durham, NC, 1993.

Lowe, David. *Russian Writing since 1953: A Critical Survey.* New York, 1987.

Maguire, Robert A. *Red Virgin Soil: Soviet Literature in the 1920s.* Princeton, 1968.

Markov, D. *Problemy teorii sotsialisticheskogo realizma.* Moscow, 1975.

_____ *'O nekotorykh voprosakh teorii sotsialisticheskogo realizma.' Voprosy literatury,* 1988, no.3, 3−22.

Mathewson, Rufus W. *The Positive Hero in Russian Literature.* 2nd ed. Stanford, 1975.

Metchenko, A.I., and S.M. Petrov, eds. *Istoriia russkoi sovetskoi literatury 40−80e gody.* Moscow, 1983.

Ovcharenko, Aleksandr. *Bol'shaia literatura,* 3 vols. Moscow, 1985.

Parthe, Kathleen F. *Russian Village Prose: The Radiant Past.* Princeton, 1992.

Robin, Regine. *Socialist Realism: An Impossible Aesthetic.* Translated from the French by Catherine Porter. Stanford, 1992.

Shneidman, N.N. *Soviet Literature in the 1970s: Artistic Diversity and Ideological*

Conformity. Toronto, 1979.

_____ *Soviet Literature in the 1980s: Decade of Transition*. Toronto, 1989.

Slonim, Marc. *Soviet Russian Literature: Writers and Problems, 1917—1977*, 2nd ed. New York, 1977.

Struve, Greb. *Russian Literature under Lenin and Stalin, 1917—1953*. Norman, OK, 1971.

Svirski, Gregori. *A History of Post—War Soviet Writing: The Literature of Moral Opposition*. Ann Arbor, MI, 1981.

Vail', Petr, and Aleksandr Genis. *Sovremennaia russkaia proza*. Ann Arbor, MI, 1982.

1988~1994년에 출판된 러시아 소설

Aksenov, Vasilii. *V poiskakh grustnogo Bebi* [In search of a Sad Baby]. 1991.

Alekseev, Ivan. *Muzhchina na odnu noch'* [A Man for One Night; Collection of Prose]. 1993.

Aleksievich, Svetlana. *Tsinkovye mal'chiki* [Boys in Metal Coffins]. 1990.

Aleshkovskii, Petr. *'Chaika'* [Seagull]. 1992

_____ *'Zhizneopisanie Khorka'* [Polecat's Biography]. 1993.

Anan'ev, Anatolii. *Skrizhali i kolokola* [Tablets and Bells]. 1989.

_____ *LiKi bessmertnoi vlasti. Tsar' Ioann Groznyi* [The Images of Immortal Power. Tsar Ivan the Terrible.] 1992.

_____ *Prizvanie Riurikovichei, ili tysiacheletniaia zadadka Rossii* [The Mission of the Ruriks,

or the One-Thousand-Year Puzzle of Russia]. 1993

Arakcheev, Iurii. *Istorria odongo razocharovaniia* [The History of One

Disappointment]. 1991.

Astaf'ev, Victor. *'Liudochka'* [Liudochka]. 1989.

_____ *Prokliaty i ubity* [The Cursed nd Slain Book One]. 1992-4.

Bakin, dmitrii. *'Logoftalm'* [Logoftalm]. 1991.

Belov, Vasilii. *God velikogo perenoma. Khronika deviati mesiatsev* [A Year of Great Change. A Chronicle of Nine Months]. 1989-94.

Berg, Mikhail. *Tri romana* [Three Novels]. 1991.

Bitov, Andrei. *Chelovek v peizazhe. Povesti i rasskazy* [Man in the Landscape; Collection of Prose]. 1988.

_____ *Uletaiushchii Monakov: roman punktir* [The Disappearing Monakov: A Dotted-line

Novel]. 1990.

_____ *'Ozhidanie obez'ian'* [Waiting for the Apes] 1993.

Bondarev, Iurii. *Iskushenie* [Temptation]. 1991.

Borodin, Ieonid. *'Zhenshchina v more'* [A Woman in the Sea]. 1990.

_____ *tret'ia pravda* [The Third Truth]. 1990.

Borodynia, Aleksandr. *Spichki* [A Box of Matches]. 1993.

Buida, Iurii. *'Don Domino'* [The Domino-Player]. 1993.

Butov, Mikhail. *Izvaianie pana* [The Carved Image of a Gentleman; Collection of Prose]. 1994.

Bytov, Vasil'. *'Oblava'* [The cordon]. 1990.

_____ *'Stuzha'* [Cold Spell]. 1993.

Davydov, Iurii *'Zorovavel''* [Mr Zorovavel']. 1993.

_____ *Zagovor sionistov'* [A Zionist Conspiracy]. 1993.

Dolliniak, Igor'. *'Mir tretii'* [Another World]. 1993.

Dombrovskii, Iurii. *Fakul'tet nenuzhnykh veshchei* [Faculty of Useless Things].

1988.

_____ *'Afganskie Rasskazy'* [Afghan Stories]. 1989.

_____ *'Blagopoluchnoe vozvrashchenie'* [Safe Return]. 1989.

Ermakov, Oleg. *'kreshchenie'* [Baptism]. 1989.

_____ *'Zheltaia gora'* [The Yellow Mountain]. 1989.

_____ *'Kolokol'nia'* [Belfry]. 1990.

_____ *Znak zveria* [Sign of the Beast]. 1992.

Erofeev, Viktor. *Telo Anny, ili konets russkogo avangarda* [Anna's Body, or the End of the Russian Avant-Garde; Collection of Prose]. 1989.

_____ *Russkaia Krasavitsa* [Russian Beauty]. 1990.

_____ *Izbrannoe, ili karmannyi apokalipsis* [Selected Prose, or the Pocket Apocalypse]. 1993.

Evtushenko, Evgenii. *Ne umirai prezhde smerti* [Don't Die Before Your Death]. 1993

Gabyshev, Leonid. *Odlian, ili vozdukh svobody* [Odlian, or the Air of Freedom]. 1989.

Galkovskii, Dmitrii. *Beskonechnyi tupik* [The Endless Impasse]. 1992.

Gareev, Zufar. *'Stereoskopicheskie slaviane'* [Stereoscopic Slavs]. 1991.

_____ *'Multiproza'* [Multiprose]. 1991.

Gavrilov, Anatolli. *'Istoriia maiora Siminkova'* [The Story of Major Simini'kov]. 1990.

_____ *Starukha i durachok* [The Old Woman and the Fool; Collection of Prose]. 1992.

Golovin, Genadii. *Den' rozhdeniia pokoinika* [The Birthday of a Dead Man; Collection of Prose]. 1991.

_____ *'Pokoi i volia'* [At Peace and Liberty]. 1993.

Gorenshtein, Fridrikh. *Iskuplenie* [Atonement]. 1990.

_____ *Koiko-mesto* [Some Place]. 1990.

_____ *Psalom* [The Book of Psalms]. 1991.

Granin, Danii. *Begstvo v Rosiiu* [Escape to Russia]. 1994.

Grossman, Vasilii. *'Vse techet'* [Forever Flowing]. 1989.

Iakimchuk, Nikolai. *'Kartinki s vystavki'* [Pictures from an Exhibition]. 1990.

Iskander, Fazil. *Chelovek i ego okrestnosti* [Man and His Surroundings]. 1992.

_____ *'Pshada'* [Pshada]. 1993.

Ivanchenko, Aleksandr. *Avtoportret s dogom* [Self-Portrait with a Great Dane; Collection of Prose]. 1990.

_____ *Monogramma* [Monogram]. 1992.

Kabakov, Aleksandr. *Nevozvrashchenets* [No Return]. 1989.

_____ *'Bul'varnyi roman'* [A Cheap Novel]. 1990.

_____ *Sochinitel'* [The Scribbler]. 1991.

Kaledin, Sergei. *'Stroibat'* [Construction Battalion]. 1989.

______, *'Pop I rabotnik'* [The priest and the Worker]. 1991.

Karabchievskii, Iurii. *Zhizn' Aleksandra Zil'bera* [The Life of Aleksandr Zil'ber]. 1990.

_____ *Toska po domu* [Longing for Home; Collection of Prose]. 1991.

Khandus', Oles'. *Polkovnik vsegda naidetsia* [The Colonel Will Always Be Found]. 1992.

kharitonov, Mark. *Den' v fevrale* [A Day in February; Collection of Prose]. 1988.

_____ *Linii sud'by, ili sunduchok Milashevicha* [Lines of Fate, or Milashevich's Little Trunk].

1992.

Kim, Anatolii. *Otets-les* [Father-Forest]. 1989.

_____ *Poselok Kentavrov* [Hamlet of Centaurs]. 1992.

Kireev, Ruslan. *'Pesni Ovidiia'* [The Songs of Ovid]. 1992.

Klekh, Igor', *'Inostranets'* [The Foreigner]. 1991.

_____ *'Intsident s klassikom'* [An Occurrence with a Classicist]. 1991.

_____ *'Monolog'* [Monologue]. 1991.

_____ *'Khutor vo vselennoi'* [Farmstead in the Universe]. 1993.

Kormer, Vladimir. *Nasledie* [Heritage]. 1990.

Korolev, Anatolii. *Ozhog linzy* [The Burn of a Lens]. 1988.

_____ *'Genii mestnosti'* [The Genius of the Place]. 1990.

_____ *'Golova Gogolia'* [Gogol's Head]. 1992.

_____ *Eron* [Eron]. 1994.

Kozhevnikov, Petr. *Ostrov* [Island; Collection of Prose]. 1991.

Krupin, Vladimir. *'Proshchai, Rossiia, vstretimsia v raiu'* [Farewell, Russia, We will Meet in Heaven]. 1991.

Kuraev, Mikhail. *'Malen'kaia domashniaia taina'* [A Little Family Secret]. 1990.

_____ *'Nochnoi dozor'* [Night Patrol]. 1988.

_____ *'Petia po doroge v Tsarstvo Nebesnoe'* [Petia on His Way to Heaven]. 1991.

_____ *'Druzhby nezhnoe volnenie'* [The Tender Excitement of Friendship]. 1992.

_____ *Zerkalo Montachki* [Montachka's Mirror]. 1993.

kurchatkin, Anatolii. *'Zapiski ekstremista'* [Notes of an Extremist]. 1990.

_____ *Strazhnitsa* [A Guardian for Gorby]. 1993.

Laputin, Evgenii. *'Pamiatnik obmanshchiku'* [A Monument to a Deceiver]. 1990.

_____ *'Litsa ptits'* [The Faces of Birds]. 1991.

Lavrin, Aleksandr. *Liudi, zveri i angely* [People, Animals, and Angels. Collection of Prose]. 1992.

Levitin Mikhail. *'Sploshnoe neprilichie'* [Total Indecency]. 1993.

Lipkin, Semen. *Zapiski zhil'tsa* [Notes of a Lodger]. 1992.

Makanin, Vladimir. *'Laz'* [Manhole]. 1991.

_____ *'Tam byla para...'* [There Was a Pair...]. 1991.

_____ *'Dolog nash put''* [Long Is Our Way]. 1993.

_____ *'Stol pokrytyi suknom i s grfinom poseredine'* [Cloth-Covered Table With Carafe in the Middle]. 1993.

_____ *'Kvazi'* [Quasi]. 1993.

Matveev, Andrei. *Istoriia Lorimura ili obretenie very* [The Story of Lorimur, or the Discovery of Faith]. 1991.

Miloslavskii, Iurii. *Ukreplennye goroda* [The Fortified Cities]. 1990.

Mozhaev, Boris. *Izgoi* [The Outcast]. 1993.

Nabatnikova, Tat'iana. *Zagadai zhelanie* [Make a Wish; Collection of Prose]. 1990.

_____ *Dar Izory* [The Gift of Izora; Collection of Prose]. 1991.

Nagibin, Iurii. *Vstan'i idi. Povesti i rasskazy* [Arise and Walk; Collection of Prose]. 1989.

_____ *Prorok budet sozhzhon* [The Prophet Will Be Burnt]. 1990.

_____ *Rasskazy sinego liagushenka* [Tales of the Little Blue Frog]. 1991.

Narbikova, Valeriia. *'Ravnovesie sveta dnevnykh I nochnykh zvezd'* [The Equilibrium of the Day and Night Stars]. 1988.

_____ *'Okolo Ekolo...'* [Around and About]. 1990.

_____ *'Probeg - Pro beg'* [On the Run]. 1990.

_____ *Izbrannoe, ili shepot shuma* [Selected Prose, or the Whisper of Noise]. 1994.

Novikova, Ol'ga. *Zhenskii roman* [A Woman's Novel]. 1993.

Okudzhava, Bulat. *Uprazdnennyi teatr* [The Closed Down Theatre]. 1993.

_____ *Zaezzhii muzykant* [The Traveling Musician]. 1993.

Palei, Marina. *'Evgesha i Annushka'* [Evgesha and Annushka]. 1990.

_____ *'Kabiriia s Obvodnogo kanala'* [Cabiriia from By-Pass Canal Street]. 1991.

_____ *Otdelenie propavshikh* [The Ward of Those Ruined; Collection of Prose]. 1993.

_____ *'Reis'* [The Trip]. 1993.

Pelevin, Viktor. Sinii fonar' [Blue Lamp; Collection of Prose]. 1991.

_____ *'Omon Ra'* [Omom Ra]. 1992.

_____ *Zhizn' nasekmykh* [The Life of Insects]. 1993.

Petrushevskaia, Liumila. *'Novye Robinzony.(Khronika Kontsa 20 veka'*) [The New Robinsons.(A Chronicle of the End of the Twentieth Century)]. 1989.

_____ *'Novyi Gulliver'* [The New Gulliver]. 1990.

_____ *'Medeia'* [Medeia]. 1990.

_____ *'Pesni vostochnykh slavian'* [Songs of the Eastern slavs]. 1990.

_____ *'Vremia noch''* [The Time: Night]. 1992.

_____ *Po doroge Boga Erosa* [In the Ways of God Eros; Collection of Prose]. 1993.

P'etsukh, Viacheslav. *Novaia moskovskaia filosofiia* [The New Moscow Philosophy; Collection of Prose]. 1989.

_____ *'Anamnez i epikriz'* [Anamnesis and Epicrisis]. 1990.

_____ *'Alekandr Krestitel''* [Aleksandr the Baptist]. 1991.

_____ *Zakoldovannaia strana* [Enchanted Country]. 1992.

Polianskaia, Irina. *Predlagaemye obstoiatel'stva* [Proposed Circumstances;

Collection of Prose].

1988.

_____ *'Chistaia zona'* [Clear Zone]. 1990.

Popov, Evgenii. *Prekrasnost' Zhizni* [The Splendour of Life]. 1990.

Pristavkin, Anatolii. *'Kukushata ili zhalobnaia pesn' dlia uspokoeniia serdtsa'* [The Cuckoos, or a Sad Song for the Calming of One's Heart]. 1989.

_____ *Riazanka (cheloveka s predmest'ia)* [Riazanka (A Man from the Suburb)]. 1989.

Prokhanov, Aleksandr. *Shest'sot let posle bitvy* [Six Hundred Years after the Battle]. 1988.

_____ *Angel proletel* [An Angel Flew By]. 1991.

_____ *Poslednii soldat imperii* [The Last Soldier of the Empire]. 1993.

Proskurin, Petr. *Otrechenie* [Disavowal]. 1987 and 1990.

Radov, Egor. *Zmeesos* [Snake Eater]. 1992.

Rosliakov, Aleksandr. *'Such'i petli'* [The Loops of a Bitch]. 1991.

_____ *Lovushka D'iavola* [The Devil's Snare]. 1993.

Rybakov, Anatolii. *Tridtsat' piatyi I drugie gody* [Nineteen-Thirty-Five and Other Years]. 1988.

_____ *trakh* [Fear]. 1990.

_____ *Prakh i Pepel* [The Dregs and Ashes]. 1994.

Sadur, Nina. *'Iug'* [South]. 1991.

Sharov, Vladimir. *Repetitsia* [Rehearsal]. 1992.

_____ *Do i vo vremia* [Before and in the Time of]. 1993.

Shishkin, Mikhail, *'Urok Kalligrafii'* [A Lesson of Calligraphy]. 1993.

_____ *'Slepoi muzykant'* [The blind Musician]. 1994.

Shmelev, Nikolai. *Sil'vestr* [Sil'vestr; novel and stories]. 1992.

Slapovskii, Aleksei. *Pervoe vtoroe prishestvie* [The First Second Coming]. 1993.

_____ *Pul'naia zima'* [One Dusty Winter Day]. 1993.

Sokolova, Ol'ga, comp. *Abstinentki* [Women Who Abstain; collection includes works by N. Gorlanova, O. Sokolova, N Doroshko, E. Semashko, and oothers]. 1991.

Soloukhin, Vladimir. *Smekh za levym plechom. Kniga prozy* [Laughter Over the Left Shoulder; Collection of Prose]. 1989.

Sorokin, Vladimir. *'Zasedanie zavkoma'* [A Meeting of the Trade Union Committee]. 1991.

_____ *Vladimir Sorokin* [Vladimir Sorokin; Collection of Prose]. 1992.

_____ *'Serdtsa chetyrekh'* [Four Stout Hearts]. 1993.

Svetov, Feliks. *Tiurma* [Jail]. 1992.

Terekhov, Aleksandr. *'Zema. Ironicheskii dnevnik'* [Zema. Ironic Diary]. 1989.

_____ *'Memuary srochnoi sluzhby'* [Memoirs of a Conscript]. 1991.

_____ *'Zimnii den' nachala novoi zhizni'* [The Wintry Day of the Beginning of a New Life]. 1991.

_____ *Proshu prostit'* [I Beg your Dardon; ; Collection of Prose].1993.

Tokareva, Viktoriia. *'Ia est'. Ty est. On est'* [I Am Here. You Are Here. He Is Here]. 1991.

_____ *Korrida* [Corrida; Collection of Prose]. 1994.

Tolstaia, Tat'iana. *'Somnambula v tumane'* [Sleepwalker in a Fog]. 1988.

_____ *'Limpopo'* [Limpopo]. 1990.

_____ *'Siuzhet'* [Plot]. 1991.

Ulitskaia, Liudmila. *'Sonechka'* [Sonechka]. 1992.

Varlamov, Aleksei. *Zdravstvui, Kniaz'!* [Good Morning, Prince!; Collection of Prose]. 1993.

Vasilenko, S.V., comp. *Novye amazonki* [The New Amazons. Includes works by N. Gorlanova,
I. Polianskaia, T. Nabatnikova, V. Narbikova, M. Palei, S. Vasilenkom N. Sadur, and others]. 1991.

Vasil'ev, Boris. *Dom, kotoryi postroil ded* [The House Built by Grandfather]. 1991.

Vernikov, Aleksandr. *'Dozornyi na granitse'* [Border Patrol]. 1991.

_____ *'Pustynia Tartari'* [The Tartari Desert]. 1991.

Vladimov, Georgii. *General i ego vremia* [The General and His Time]. 1994.

Voinovich, Vladimir. *Delo No.34840* [Case No.348440]. 1993.

Zalygin, Sergei. *Ekologicheskii roman* [Ecological Novel]. 1993.

Zuev, Vladimir. *Pravila igry. Alkhimiia liubvi. Goroskop* [The Rules of the Game. Alchemistry of Love. Horoscope]. 1991.

_____ *Chernyi iashchik* [Black Box]. 1992.

Zviagin, Evgenii. *Kladoiskate'* [Treasure Seeker; Collection of Prose]. 1991.

영어로 번역된 러시아 소설

Aitmatov, Chingiz. *Mother Earth and Other Stories.* Translated by James Riordan. London, 1989.

_____ *Piebald Dog Running Along the Shore Other Stories.* Moscow, 1989.

_____ *The Place of the Skull.* New York, 1989.

Alexievich, Svetlana. *Zinky Boys: Soviet Voices from a Forgotten War.* Translated Julia and Robin whitby. London, 1992.

Astafiev, Victor. *To Live Your Life and Other Stories.* Moscow, 1989

_____ *'Lyudochka'.* Translated by David Gillespie. Soviet Literature, 1990, no.

8, 3-39.

Baranskays, Natalya. *A week Like Any Other: Novellas and Stories.* Seattle, WA., 1990.

Belov, Vasilii. *The Best Is Yet to Come.* Moscow, 1989.

Bitov, Andrei. *A Captive of the Caucasus.* Translated by Susan Brownberger. New York, 1992.

Borodim, Leonid. *The Third Truth.* Translated by Catriona Kelly. London, 1989.

_____ *The Story of a Strange Time.* Translated by Frank Williams. London, 1990.

Bykov, Vasil'. *Sign of Misfortune.* Translated by Alan Myers. New York, 1990.

Chukhontsev, Oleg, ed. *Dissonant Voices The New Russian Fiction.* London, 1991.

Erofeev, Victor. *Russian Beauty.* New York, 1993.

Goscilo, Helena, ed. *Balancing Acts. Contemporary Stories by Russian Women.* Bloomington, IN. 1989.

_____ *Lives in Transit: A Collection of Recent Russian Woman's Writings.* Ann Arbor, MI 1993.

Goscilo, Helena, and Byron Lindesy, eds. *Glasnost: An Anthology of Russian Literature under Gorbachev.* Ann Arbor, MI 1990.

_____ *The Wild Beach: An Anthology of Contemporary Russian Stories.* Ann Arbor, MI 1992.

Granin, Danil. *The Bison: A Novel about the Scientist Who Defied Stalin.* Translated by Antonina W. Bouis. New York, 1990.

Grekova, I. ed. *Soviet Women Writing: Fifteen Short Stories.* New York, 1990.

Iskander, Fazil. *Rubbits and Boa Constrictors.* Translated by Ronal E, Peterson. Ann Arbor, MI 1989

Kabakov. Aleksandr. *No Return.* Translated by Thomas Whitney. New York, 1990.

Kaledin, Sergei. *The Humble Cemetery.* Translated by Catrina Kelly London, 199

Kalina, I., Comp. Jacqueline Decter, ed. *Soviet Women Writing; Fifteen Short Stories.* New York, 1990.

Kim, Anatolii. *Father-Forest* (Experts from the novel). Whitney. New York, 1990.

Kupriyanova, Nina, ed. *Always a Woman: Stories by Soviet Women Writers,* Moscow. 1988.

Kuraev, Mikhail. *Night Patrol and Other Stories.* Translated by Margaret O. Thompson. Durhan,
NC. 1994

McLaughlin, Sigrid ed. and trans. *The Image of Women in Contemporary Soviet Fiction: Selected*
Short Stories From the USSR. New York. 1989.

Nagibim, Yuri. *An Unwritten Story By Somerset Maugham.* Moscow, 1989.

_____ *Arise and Walk.* Translated by Catriona Kelly. London, 1990.

Rasputin, Valentin. *Siberia on Fire. Storise and Essays.* Translated and Introduction by Gerald Mikkelson and Margaret Winchell. Dekalb, IL, 19893

_____ *Farewell to Matyora.* Translated By Antonina W. Bouis. Evanston, IL, 1991.

_____ *Live and Remember.* Translated By Antonina W. Bouis. Evanston, IL, 1992.

Rybakov, Anatoli. *Fear.* Translated By Antonina W. Bouis. New York, 1992.

Soloukhin, Vladimir. *Scenes from Russian Life.* Translated by David Martin. London, 1989.

_____ *Laughter Over the Left Shoulder.* Translated By David Martin. London, 1991.

_____ *A Time to Gather Stones.* Translated By Valerie Z. Nollan. Evanston, IL, 1993.

Sorokin, V. *The Queue.* Translated By Sally Laird. New York. 1988.

_____ 'A Month in Dachau. *Grand Street.* New York, No. 48,232-53.

Tolstaya, Tatyana. *On The Golden Porch.* Translated By Antonia W. Bouis. New York, 1989.

_____ *Sleepwalker in a Fog.* Translated By Jamey Gambrell. London, 1992.

Trifonov, Yuri. *Exchange.* Translated and Introduction by Michael Frayn. London, 1990.

_____ *Disappearance.* Translated By David Lowe. Ann Arbor Mi, 1991.

_____ *The Exchange and Other Stories.* Eds. Ellendea Proffer and Ronald Meyer. Ann Arbor, MI, 1991.

Vasilyev, Boris. *Don't Shoot the White Swans and Other Stories.* Moscow, 1990.

Vukolov, Leonid, ed. *Modern Soviet Stories.* Moscow, 1989.

Yevtushenko, Yevgeny. *Don't Die before your Death.* New York, 1993.

Zalygin, Sergei, comp, Jacqueline Decter, ed. *The New Soviet Fiction: Sixteen Short Stories.* New York, 1989.

_____ *The Commission.* Translated by D.G. Wilson. DeKalb, IL, 1993.

정기간행물과 연감

Aprel' (April) (Moscow)

Bezhin lug (The Bezhin Meadow) (Moscow)

Diadia Vania (Uncle Vania) (Moscow)

Drugie berega (Other Shores) (Moscow)

Ekstsentr-labirint (Eccentricity-Labyrinth) (Ekaterinburg)

Fenniks-XX (Fenniks-XX) (Moscow)

Indeks (Index) (Moscow)

Kliukva (Cranberries) (Moscow)

Kol'tso A (Ring A) (Moscow)

Kommentarii (Commentary) (Moscow)

Konets veka (The End of the Century) (Moscow)

Laterno-Magika (Laterno-Magic) (Moscow)

Leksikon (Lexicon) (Moscow)

Lepta (Mite) (Moscow)

Litteraturnyi zhurnal (Literary Journal) (Moscow)

Litsei na chistykh pruddakh (Lyceum on Clean Ponds) (Moscow)

Moskovskii vestnik (Moscow Herald) (Moscow)

Nezamechennaia zemlia (The Unnoticed Land) (Moscow-St. Petersburg)

Noi (Noah) (Moscow)

Novaia Iunost' (New Youth) (Moscow)

Novoe literaturnoe obozrenie (New Literary Review) (Moscow)

Orfei (Orphrey) (Rostov-na-Donu)

Peterburgskie chteniia (Petersburg Readings) (St. Petersburg)

Petropol' (Petropol') (Petersburg)

Predvestie (Omen) (Feodosiia, Crimea)

Rubezh. Tikho-okeanskii almanakh (The Boundary. Pacific Almanac)

Rubikon (Rubicon) (Moscow)

Russkaia viza (Russia Visa) (Moscow)

Russkii raz"ezd (The Russian Track) (St. Petersburg)

Russkoe bogatstvo (Russian Wealth) (Moscow)

Rus' (Russia) (Iaroslavl'. Kostroma, Vladimir)

Sfinks (Sphinx) (Moscow)

Slavianin (The Slav) (Moscow)

Slovo (The Word) (Moscow)

Soglasie (Concord) (Moscow)

Solo (Solo) (Moscow)

Strannik (The Wanderer) (Moscow)

Stremia (Stirrup) (Moscow)

Svoi golos (One's Own Voice) (Irkutsk)

Teplyi stan (Warm Stature) (Moscow)

Utes (Rock) (Saratov)

Vest' (News) (Moscow)

Vestnik novoi literatury (The Herald of New Literature) (St. Petersburg)

Vsemirnoe slove (Universal Word) (St. Petersburg)

Vstrechnyi khod (Counter Move) (Moscow)

Zerkala (Mirrors) (Moscow)

Zolotoi vek (The Golden Age) (Moscow)

색인

인물 색인

가니나(Майя А. Ганина, 1927~2005) / 22

가레예프(Зуфар К. Гареев, 1965~) / 296, 317

가브릴로프(Анатолий Н. Гаврилов, 1946~) / 81, 314

가브이셰프(Леонид А. Габышев, 1952~) / 77, 81, 83, 204

갈꼽스끼(Дмитрий Е. Галковский, 1960~) / 61, 102

갈리나(Мария С. Галина, 1958~) / 86

게니스(Александр А. Генис, 1953~) / 93

겔만(Александр И. Гельман, 1933~) / 44

고렌슈떼인(Фридрих Н. Горенштейн, 1932~2002) / 51

고르바초프(Михаил С. Горбачёв, 1931~) / 15

고를라노바(Нина В. Горланова, 1947~) / 82, 87

골로빈(Геннадий Н. Головин, 1940~2003) / 231

구세프(Владимир И. Гусев, 1937~) / 28, 32, 320

그라닌(Даниил А. Гранин, 1919~2017) / 41, 46

그레꼬바(Ирина Грекова, 1907~2002, 본명은 옐레나 벤뜨쩰 Елена С. Вентцель) / 87, 145

그로스만(Василий С. Гроссман, 1905~1964) / 31, 50

김(Анатолий А. Ким, 1939~) / 32, 74, 149, 158, 280

까랍치옙스끼(Юрий А. Карабчиевский, 1938~1992) / 51

까랴낀(Юрий Ф. Карякин, 1930~2011) / 41, 46

까르뽀프(Владимир В. Карпов, 1922~2010) / 41, 44

까바꼬프(Александр А. Кабаков, 1943~) / 251

까바제예프(Андрей Кавадеев) / 321

까베린(Вениамин А. Каверин, 1902~1989) / 107

깔레진(Сергей Е. Каледин, 1949~) / 30, 47, 72, 83, 200

꼬롤료프(Анатолий В. Королёв, 1946~) / 246

꼬스뜨이르꼬(Сергей П. Костырко, 1949~) / 90

꼬쉐브니꼬프(Пётр В. Кожевников, 1953~2012) / 270

꼰드라찌예프(Вячеслав Л. Кондратьев, 1920~1993) / 30, 107

꾸냐예프(Станислав Ю. Куняев, 1932~) / 22, 28

꾸라예프(Михаил Н. Кураев, 1939~) / 85, 95, 255

꾸르차뜨낀(Анатолий Н. Курчаткин, 1944~) / 95, 149, 165

꾸리쯔인(Вячеслав Н. Курицын, 1965~) / 79, 82

꾸즈네쪼프(Феликс Ф. Кузнецов, 1931~) / 34
끄루삔(Владимир Н. Крупин, 1941~) / 22, 28, 149, 186
끌레흐(Игорь Ю. Клех, 1952~) / 315
나기빈(Юрий М. Нагибин, 1920~1994) / 47, 71, 107
나르비꼬바(Валерия С. Нарбикова, 1958~) / 85, 87, 93, 101, 283, 296, 302
나바뜨니꼬바(Татьяна А. Набатникова, 1948~) / 87
나보꼬프(Владимир В. Набоков, 1899~1977) / 51, 309
넴제르(Андрей С. Немзер, 1957~) / 90
노비꼬바(Ольга И. Новикова, 1950~) / 232
누이낀(Андрей А. Нуйкин, 1931~) / 46
다르끄(Олег И. Дарк, 1957~) / 90
다브이도프(Юрий В. Давыдов, 1924~2002) / 95, 143
단굴로프(Савва А. Дангулов, 1912~1989) / 107
도브로제예프(Дмитрий Б. Добродеев, 1950~) / 321
돌리냑(Игорь В. Долиняк, 1936~1990) / 95
두진쩨프(Владимир Д. Дудинцев, 1918~1998) / 30
또까레바(Виктория С. Токарева, 1937~) / 32, 87, 183
똘스따야(Татьяна Н. Толстая, 1951~) / 86, 87, 260
뚜르꼬프(Андрей М. Турков, 1925~) / 89
뜨리포노프(Юрий В. Трифонов, 1925~1981) / 71, 90, 179, 232
라끄쉰(Владимир Я. Лакшин, 1933~1993) / 61
라뜨이니나(Алла Н. Латынина, 1940~) / 92, 226, 237
라브린(Александр П. Лаврин, 1958~) / 76, 84, 308
라뿌찐(Евгений Б. Лапутин, 1958~2005) / 319
레꾸흐(Дмитрий В. Лекух, 1965~) / 90
레오노프(Леонид М. Леонов, 1899~1994) / 22, 41
로드냔스까야(Ирина Б. Роднянская, 1935~) / 102
로바노프(Михаил П. Лобанов, 1925~) / 37
로세프(Лев В. Лосев, 1937~2009) / 61
로슬랴꼬프(Александр В. Росляков, 1954~) / 77, 228
로자노프(Василий В. Розанов, 1856~1919) / 54, 102, 250, 291
로조프(Виктор С. Розов, 1913~2004) / 35
르이뜨헤우(Юрий С. Рытхэу, 1930~2008) / 32
르이바꼬프(Анатолий Н. Рыбаков, 1911~1998) / 136
르이바스(Святослав Ю. Рыбас, 1946~) / 38
리모노프(Эдуард В. Лимонов, 1943~) / 69, 94
리뽀베쯔끼(Марк Н. Липовецкий, 1964~) / 79, 82, 265, 305
리쁘낀(Семён И. Липкин, 1911~2003) / 93, 144
리추찐(Владимир В. Личутин, 1940~) / 28, 31
리하쵸프(Дмитрий С. Лихачёв, 1906~1999) / 33, 41
마까닌(Владимир С. Маканин, 1937~2017) / 92, 93, 145, 149, 150

마뜨베예프(Андрей А. Матвеев, 1954~) / 223

마르꼬프(Георгий М. Марков, 1911~1991) / 90, 107

마르소비치(Руслан Марсович) / 321

마믈레예프(Юрий В. Мамлеев, 1931~2015) / 69, 271

막시모프(Владимир Е. Максимов, 1930~1995) / 51

모좌예프(Борис А. Можаев, 1923~1996) / 138

미하일로프(Александр А. Михайлов, 1951~) / 313

미할꼬프(Сергей В. Михалков, 1913~ 2009) / 34, 35

밀로슬랍스끼(Юрий Г. Милославский, 1948~) / 51

바끌라노프(Григорий Я. Бакланов, 1923~2009) / 46, 59, 144, 145, 207

바낀(Дмитрий Г. Бакин, 1964~) / 77

바란스까야(Наталья В. Баранская, 1908~2004) / 87

바루즈딘(Сергей А. Баруздин, 1926~1990) / 107

바를라모프(Алексей Н. Варламов, 1963~) / 77

바신스끼(Павел В. Басинский, 1961~) / 101, 290

바실렌꼬(Светлана В. Василенко, 1956~) / 87

바실리예프(Иван А. Васильев, 1924~1994) / 41

바쭈로(Вадим Э. Вацуро, 1935~2000) / 59

베끄(Александр А. Бек, 1903~1972) / 50

베르니꼬프(Александр С. Верников, 1962~) / 76, 81, 280, 310

벨렘봅스까야(Ирина А. Велембовская, 1922~1990) / 87

벨로프(Василий И. Белов, 1932~2012) / 41, 51, 61, 73, 139

보로드이냐(Александр С. Бородыня, 1957~) / 274

보이노비치(Владимир Н. Войнович, 1932~) / 32, 33, 51

본다레프(Юрий В. Бондарев, 1924~) / 24, 33, 71, 73, 83, 121

본다렌꼬(Владимир Г. Бондаренко, 1946~) / 94

부이다(Юрий В. Буйда, 1954~) / 77, 95, 230

브레즈네프(Леонид И. Брежнев, 1906~1982) / 16

브이꼬프(Василь В. Быков, 1924~2003) / 41, 51, 71, 95, 128

블라지모프(Георгий Н. Владимов, 1931~2003) / 32, 61, 305

비노그라도프(Игорь И. Виноградов, 1930~2015) / 89

비또프(Андрей Г. Битов, 1937~) / 30, 33, 90, 92, 95, 179, 273

빠스떼르나끄(Борис Л. Пастернак, 1890~1960) / 50

빨레이(Марина А. Палей, 1955~) / 87, 219

뻬뜨루쉡스까야(Людмила С. Петрушевская, 1938~) / 74, 84, 86, 87, 95, 170

뻴레빈(Виктор О. Пелевин, 1962~) / 84, 94, 95, 268

뽀뽀프(Гавриил Х. Попов, 1936~) / 52

뽀뽀프(Евгений А. Попов, 1946~) / 280, 293

뽈또라닌(Михаил Н. Полторанин, 1939~) / 61

뽈랴꼬프(Юрий М. Поляков, 1954~) / 72, 216

뽈랸스까야(Ирина Н. Полянская, 1952~2004) / 87, 225

뿔라또프(Тимур И. Пулатов, 1939~) / 28, 36

쁘로스꾸린(Пётр Л. Проскурин, 1928~2001) / 22, 37, 44, 73, 139

쁘로하노프(Александр А. Проханов, 1938~) / 34, 48, 149, 188, 207

쁘리스따프낀(Анатолий И. Приставкин, 1931~2008) / 30, 140

쁘릴레좌예바(Мария П. Прилежаева, 1903~1989) / 86

쁠라또노프(Андрей П. Платонов, 1899~1951) / 51

삐꿀(Валентин С. Пикуль, 1928~1990) / 107

삐에쭈흐(Вячеслав А. Пьецух, 1946~) / 84, 228, 238, 280

사두르(Нина Н. Садур, 1950~) / 87, 296, 306

사르노프(Бенедикт М. Сарнов, 1927~2014) / 89, 241

사포노프(Эрнст И. Сафонов, 1938~1994) / 37

샤뜨로프(Михаил Ф. Шатров, 1932~2010) / 23

샤로프(Владимир А. Шаров, 1952~) / 101

세묘노프(Георгий В. Семёнов, 1931~1992) / 107

세묘노프(Юриан С. Семёнов, 1931~1993) / 107

소꼴로프(Владимир Н. Соколов, 1928~1997) / 23

소로낀(Владимир Г. Сорокин, 1955~) / 78, 84, 92, 101, 280, 295

솔로비요프(Владимир С. Соловьёв, 1853~1900) / 54

솔제니친(Александр И. Солженицын, 1918~2008) / 21, 51

쉬슈낀(Михаил П. Шишкин, 1961~) / 95

슈가예프(Вячеслав М. Шугаев, 1938~1997) / 32, 192

슈멜료프(Николай П. Шмелёв, 1936~2014) / 52

슉쉰(Василий М. Шукшин, 1929~1974) / 71

스따드뉴끄(Иван Ф. Стаднюк, 1920~1994) / 107

스뜨렐랸느이(Анатолий И. Стреляный, 1939~) / 52

스뜨루가쯔끼(Аркадий Н. Стругацкий, 1925~1991) / 107

스탈린(Иосиф В. Сталин, 1878~1953) / 73

슬라뽑스끼(Алексей И. Слаповский, 1957~) / 81, 95, 274

시냡스끼(Андрей Д. Синявский, 1925~1997) / 31, 51, 92

시도로프(Евгений Ю. Сидоров, 1938~) / 63, 172

아게예프(Александр Л. Агеев, 1956~) / 90

아나니예프(Анатолий А. Ананьев, 1925~2001) / 31, 73, 143

아다모비치(Алесь М. Адамович, 1927~1994) / 30, 39, 41

아락체예프(Юрий С. Аракчеев, 1939~) / 39, 192

아브라모프(Фёдор А. Абрамов, 1920~1983) / 20, 71, 172

아스따피예프(Виктор П. Астафьев, 1924~2001) / 32, 33, 41, 46, 51, 72, 83, 93, 108, 172

아이뜨마또프(Чингиз Т. Айтматов, 1928~2008) / 33, 41, 73, 113

아흐마또바(Анна А. Ахматова, 1989~1966) / 97

악쇼노프(Василий П. Аксёнов, 1932~2009) / 51, 68, 90, 228, 280

안닌스끼(Лев А. Аннинский, 1934~) / 89, 95

알레쉬꼽스끼(Пётр М. Алешковский, 1957~) / 95

알렉세예프(Михаил Н. Алексеев, 1918~2007) / 77, 90

알렉시예비치(Светлана А. Алексиевич, 1948~) / 214

알리게르(Маргарита И. Алигер, 1915~1995) / 35

야낌추끄(Николай А. Якимчук, 1961~) / 273

예로페예프(Виктор В. Ерофеев, 1947~) / 68, 84, 108, 271, 273, 280, 285

예르마꼬프(Олег Н. Ермаков, 1961~) / 72, 77, 81, 93, 206

예쁘슈떼인(Михаил Н. Епштейн, 1950~) / 79

옐친(Борис Н. Ельцин, 1931~2007) / 16

옙뚜쉔꼬(Евгений А. Евтушенко, 1932~2017) / 23, 41, 141

오가노프(Иван Оганов) / 77

오꾸드좌바(Булат Ш. Окуджава, 1924~1997) / 30, 46, 93, 95, 145

오스꼬쯔끼(Валентин Д. Оскоцкий, 1931~2010) / 90, 131

올레이니끄(Борис И. Олейник, 1935~2017) / 41

울리쯔까야(Людмила Е. Улицкая, 1943~) / 87, 230

유제폽스까야(Мариам Юзефовская, 1941~2007) / 87

이바노바(Наталья Б. Иванова, 1945~) / 86, 90

이바노프(Анатолий С. Иванов, 1928~1999) / 43, 57, 93

이바노프(Вячеслав В. Иванов, 1929~) / 93

이바노프(Геннадий В. Иванов, 1950~) / 57

이반첸꼬(Александр Л. Иванченко, 1954~) / 81, 92, 266

이스깐제르(Фазиль А. Искандер, 1929~2016) / 33, 41, 83, 134

이스하꼬프(Валерий Э. Исхаков, 1949~) / 82

자마찐(Евгений И. Замятин, 1984~1937) / 50

잘르이긴(Сергей П. Залыгин, 1913~2000) / 35, 41, 51, 54, 143, 256

졸로또노소프(Михаил Н. Золотоносов, 1954~) / 164

졸로뚜스끼(Игорь П. Золотусский, 1930~) / 89

주예프(Владимир Ф. Зуев, 1949~) / 321

쥐리놉스끼(Владимир В. Жириновский, 1946~) / 70

쥬꼬프(Анатолий Н. Жуков, 1931~) / 58

쩨레호프 (Александр М. Терехов, 1966~) / 72, 77, 215
차꼽스끼(Александр Б. Чаковский, 1913~1994) / 90, 107
체르니첸꼬(Юрий Д. Черниченко, 1929~2010) / 23, 41, 46
추다꼬바(Мариэтта О. Чудакова, 1937~) / 46
추쁘리닌(Сергей И. Чупринин, 1947~) / 90
하리또노프(Марк С. Харитонов, 1937~) / 76, 84, 92, 233, 307
흐루쇼프(Никита С. Хрущёв, 1894~1971) / 88

작품명 색인

『1935년 그리고 그 밖의 해』(Тридцать пятый и другие годы) / 136
『2월의 어느 날』(День в феврале) / 233
『4개의 심장』(Сердца четырёх) / 92
『가족의 작은 비밀』(Маленкая домашняя тайна) / 256
『개와 함께 그려진 자화상』(Автопортрет с догом) / 82
『개인적인 부주의』(Личная неосторожность) / 272
『거부』(Отречение) / 139
『거주자의 일기』(Записки жильца) / 144
『건설부대』(Стройбат) / 200, 209
『게임』(Игра, 유리 본다레프 작품) / 122
『게임』(Игра, 이리나 뽈랸스까야 작품) / 227
『경쟁』(Соревнование) / 297
『경호원』(Стражница) / 168
『고골의 머리』(Голова Гоголя) / 246
『고로우흐쉬 도시의 프레스코』(Фрески города Гороухщи) / 232
『고전주의자에게 발생한 돌발사건』(Инцидент с классиком) / 316
『곤충의 삶』(Жизнь насекомых) / 269
『공간』(Место) / 92
『공장위원회 회의』(Заседание завкома) / 299
『공포』(Страх) / 137
『공표』(Оглашённые) / 181
『관습』(Привычное дело) / 139
『구덩이』(Яма) / 308
『귀국하지 않는 사람』(Невозвращенец) / 168, 252
『그들은 증기선을 어떻게 배웅했나』(Как провожают пароходы) / 227
『극단주의자의 일기: 우리 도시의 지하철 건설현장』(Записки екстремиста: строительство метро в нашем городе) / 165
『기왕증(既往症)과 추가성분리(追加性分利)』(Анамнез и епикриз) / 241
『깨끗한 지역』(Чистая зона) / 227
『끝이 없는 난관』(Бесконечный тупик) / 102
『나 그리고 그 밖의 것들』(Я и прочее) / 243
『나비』(Бабочка) / 308
『남의 것과 나의 것』(Чужое и своё) / 228
『납득』(Постижение) / 192
『낮과 밤의 별빛의 균형』(Равновесие света дневных и ночных звезд) / 302

『내가 존재하고, 네가 존재하고, 그가 존재한다.』(Я есть. Ты есть. Он есть.) / 183
『너의 이름』(Имя твоё) / 139
『노란 산』(Жёлтая гора) / 208
『농부들과 아낙네들』(Мужики и бабы) / 138
『농촌철학』(Провинциальная философия) / 234
『눈(雪) 속에 있는 사과』(Яблоко на снегу) / 266
『눈(雪) 속의 성모마리아』(Богоматерь в снегах) / 118
『다람쥐』(Белка) / 162
『다섯 발자국』(Пять шагов) / 228
『다채로운 산문』(Мультипроза) / 318
『단두대』 (Плаха) / 114
『담배쌈지』(Кисет) / 299
『대(大)변혁의 해. 9개월의 연대기』(Год великого перелома. Хроника девяти месяцев) / 139
『도주』(Пробег – про бег) / 302
『돈 도미노』(Дон домино) / 96, 230
『동 슬라브인들의 노래』(Песни восточных славян) / 173
『동정심이 부족하다』(Не хватает сердца) / 109
『따르따리 사막』(Пустыня Тартари) / 310
『랴잔까: 교외에서 온 사람』(Рязанка: человек с предместья) / 141
『러시아 미녀』(Русская красавица) / 108, 289
『렌즈에 의한 화상』(Ожог линзы) / 246
『로리무르의 이야기 또는 신앙의 발견』(История Лоримура или обретение веры) / 223
『류도치까』(Людочка) / 109
『류릭의 사명, 또는 천년 러시아의 수수께끼』(Призвание Рюриковичей, или тысячелетняя загадка России) / 144
『림뽀뽀』(Лимпопо) / 263
『마법에 걸린 국가』(Заколдованная страна) / 244
『마지막 경례』(Послений поклон) / 109
『망가진 자들을 위한 병동』(Отделение пропавших) / 221
『망명자』(Эмигрант) / 245
『맨 처음 마시는 차』(Чаепитие в преддверий) / 232
『맨홀』(Лазь) / 92, 151
『먼지가 자욱한 겨울』(Пыльная зима) / 274
『먼지와 재』(Прах и пепел) / 137
『메데이아』(Медея) / 174
『명령이 하달되기 전 100일』(Сто дней до приказа) / 216
『명판과 종』(Скрижали и колокола) / 144
『모노그램』(Монограмма) / 82, 92, 266
『모놀로그』(Монолог) / 316
『몬따츠까의 거울』(Зеркало Монтачки) / 259
『무례함의 극치』(Сплошное неприличие) / 96
『무사 귀환』(Благополучное возвращение) / 208
『무샤 아줌마와 료바 아저씨』(Тётя Муся и дядя Лёва) / 294
『무엇인가가 나타날 것이다』(Что-то откроется) / 306

『바보』(Дурачок) / 215
『밤 시간』(Время ночь; 1992) / 92, 175
『백년보다 긴 하루』(И дольше века длится день) / 113
『버림받은 사람』(Изгой) / 94, 138
『복수』(Месть) / 174
『부끄러운 산문』(Срамная проза) / 310
『불멸의 권력을 가진 자의 용모. 황제 이반 뇌제』(Лики бессмертной власти. Царь Иван Грозный) / 144
『불멸의 사랑』(Бессмертная любовь) / 170
『불행의 징표』(Знак беды) / 129
『뻐꾸기 혹은 마음의 평안을 위한 애절한 노래』(Кукушата или жалобная песнь для успокоения сердца) / 141
『뻬쨔가 천국으로 가는 길』(Петя по дороге в Царство Небесное) / 257
『블라지미르 소로낀』(Владимир Сорокин; 1992) / 295
『사기꾼의 기념비』(Памятник обманщику) / 320
『사람들, 야수들, 그리고 천사들』(Люди, звери и ангелы) / 308
『사망하기 전에 죽지마라』(Не умирай прежде смерти) / 142
『사무적인 제안』(Деловое предложение) / 297
『사물을 입체적으로 보는 슬라브인들』(Стереоскопические славяне) / 318
『사슈까』(Сашка) / 209
『사이비』(Квази) / 156
『사제와 노동자』(Поп и работник) / 202
『산딸기』(Ягодные места) / 142
『새들, 또는 인간에 대한 새로운 정보』(Птицы или новые сведения о человеке) / 181
『새로운 걸리버』(Новый Гулливер) / 174
『새로운 구역』(Новый район) / 174
『새로운 로빈슨 가족: 20세기말 연대기』(Новые Робинзоны: Хроника конца 20 века) / 171
『새로운 모스크바 철학』(Новая московская философия) / 238, 243
『새로운 여전사들』(Новые амазонки) / 87
『새로운 인생이 시작되는 겨울 어느 날』(Зимний день начала новой жизни) / 217
『새의 얼굴』(Лица птиц) / 319
『생태학 소설』(Екологический роман) / 144
『생활계획을 세우다』(Устроить жизнь) / 177
『선택』(Выбор) / 122
『섬』(Остров) / 271
『세례』(Крещение) / 208
『세르게이 안드레예비치』(Сергей Андреевич) / 298
『소꼴리니끼에서 우연히 발생한 사건』(Случай в Сокольниках) / 174
『소네츠까』(Сонечка) / 93, 230
『소비에트문학에 대한 추도문』(Поминки по советской литературе) / 286
『손』(Рука) / 174
『순수한 힘』(Чистая сила) / 245
『슬픈 탐정』(Печальный детектив) / 109
『시계의 종이 울린다』(Куранты бьют) / 258
『시미니꼬프 소령의 이야기』(История

майора Симинькова) / 313
『시오니스트의 음모』(Заговор сионистов) / 143
『시즌 오픈』(Открытие сезона) / 298
『신참의 회고록』(Мемуары срочной службы) / 216
『아름다운 인생』(Прекрасность жизни) / 293
『아버지－숲』(Отец-лес) / 74, 158
『아연으로 만든 관 속에 누워있는 젊은이들』(Цинковые мальчики) / 214
『아프가니스탄 이야기들』(Афганские рассказы) / 208
『악을 기억하지 않는 여인』(Не помнящая зла) / 87
『안개 속의 몽유병 환자』(Сомнамбула в тумане) / 261
『안나의 육체, 또는 러시아 아방가르드의 종말』(Тело Анны, или конец русского авангарда) / 287
『안녕, 러시아, 천국에서 만나자』(Прощай, Россия, встретимся в раю) / 186
『안전 공학 － I』(Техника безопасности － I) / 266
『암캐의 올가미』(Сучьи петли) / 228
『앵무새』(Попугайчик) / 288
『야간 순찰병』(Ночной дозор) / 256
『야수의 몸짓』(Знак зверя) / 82, 93
『어떤 여인의 장편소설』(Женский роман) / 232
『어떤 환멸의 역사』(История одного разочарования) / 192
『어머니에게 쓴 편지』(Письмо к матери) / 287
『얼굴과 얼굴을 맞대고』(Лицом к лице) / 118
『엄마, 있잖아』(Ну, мама, ну) / 177
『엄마의 인사』(Материнский привет) / 174
『에로스 신의 길을 따라』(По дороге бога Ероса) / 177
『여름의 모방』(Подражание лету) / 318
『여성 금욕주의자들』(Абстинентки) / 87
『예브게샤와 안누쉬까』(Евгеша и Аннушка) / 220
『오들랸, 혹은 자유의 공기』(Одлян, или воздух свободы) / 77, 204
『오몬 라』(Омон Ра) / 269
『왕복 여행』(Рейс) / 222
『외국인』(Иностранец) / 315
『우다끼』(Удаки) / 295
『우리의 갈 길은 멀다』(Долог наш путь) / 154
『우리의 모습』(Видимость нас) / 295, 303
『우정의 부드러운 흥분』(Дружбы нежное волнение) / 258
『우주 속에 있는 농가』(Хутор во вселенной) / 317
『'우회운하'거리에서 온 까비리야』(Кабирия с Обводного канала) / 221
『운명의 선, 또는 밀라셰비치의 작은 트렁크』(Линии судибы, или сундучок Милашевича) / 92, 233
『운명』(Судьба) / 139
『원숭이들의 기다림』(Ожидание обезьян) / 180
『유혹』(Искушение) / 122
『이르뜨이슈 강에서』(На Иртыше) / 132

『이야기들』(Рассказы) / 294
『인간과 그의 주변 환경』(Человек и его окрестность) / 134
『자신과 함께 한 44년』(Сорок четыре года с самим собой) / 245
『자신의 영역』(Свой круг) / 170
『작가』(Сочинитель) / 253
『작은 종』(Колокольчик) / 186
『저녁 종』(Вечерний звон) / 308
『저속한 소설』(Бульварный роман) / 254
『저주받은 자들과 살해된 자들』(Прокляты и убиты) / 72, 93, 111
『전시회의 그림』(Картинки с выставки) / 273
『전야. 1920년대 말의 연대기』(Кануны. Хроника конца 20-х годов) / 139
『전쟁이 없는 시절』(Годы без воины) / 144
『전쟁화가의 그림』(Рисунки баталиста) / 208
『전투 후 600년』(Шестьсот лет после битвы) / 188
『제 40일』(Сороковой день) / 186
『제3세계』(Мир третий) / 96
『제국의 마지막 군인』(Последний солдат империи) / 191
『제기된 상황』(Предлагаемые обстоятельства) / 225
『조로바벨』(Зоровавель) / 143
『족제비의 전기』(Жизнеописание Хорка) / 96
『종탑』(Колокольня) / 210
『죠마. 풍자일기』(Зёма. Иронический дневник) / 216
『주위에, 주변에...』(Около еколо...) / 93, 302
『죽일 것인가, 죽이지 않을 것인가』(Убить – не убить) / 119
『줄』(Очередь) / 237
『지나가는 길에』(Проездом) / 299
『지형의 천재』(Гений местности) / 246
『직선』(Прямая линия) / 150
『직쉬떼인 대위』(Капитан Дикштейн) / 255
『진정한 사람에 대한 이야기』(Повесть о настоящем человеке) / 269
『짐승의 징표』(Знак зверя) / 211
『천사가 지나갔다』(Ангел пролетел) / 190
『첫 번째 재림』(Первое второе пришествие) / 96, 274
『체겜에서 온 산드로』(Сандро из Чегема) / 134
『초라한 공동묘지』(Смирённое кладбище) / 200
『침례자 알렉산드르』(Александр Креститель) / 242
『침묵』(Тишина) / 121
『칭기즈칸의 하얀 구름』(Белое облако Чингизхана) / 114
『카불 중심가에 서 있는 나무』(Дерево в центре Кабула) / 207
『카산드라의 낙인』(Тавро Кассандры) / 121
『켄타우로스들의 부락』(Посёлок кентавров) / 163
『테이블 모퉁이에서 쓴 수기』(Записки на краю стола) / 175
『평화와 자유』(Покой и воля) / 231

『폐관된 극장』(Упразднённый театр) / 96, 145
『포위망』(Облава) / 129
『폭풍이 지나간 후』(После бури) / 256
『푸른 램프』(Синий фонарь) / 269
『풍경 속의 사람』(Человек в пейзаже) / 181
『프샤다』(Пшада) / 135
『플롯』(Сюжет) / 265
『하늘이 언덕들과 만나는 곳』(Где сходилось небо с холмами) / 150
『한 쌍이 그곳에 있었다...』(Там была пара...) / 153
『한가운데 유리병이 놓여있는, 천으로 덮인 테이블』(Стол, покрытый сукном и с графином посередине) / 93, 156
『한기』(Стужа) / 132
『해안가』(Берег) / 122
『행복한 시절』(Весёлые времени) / 243
『현장』(Место действия) / 188
『화가』(Художник) / 271
『화재』(Пожар) / 75
『황금빛 먹구름이 밤을 지샜다』(Ночевала тучка золотая) / 140
『황금빛 현관 계단 위에 앉았다』(На золотом крыльце сидели) / 261
『황제-물고기』(Царь-рыба) / 109